rowohlt

Frido Mann

Achterbahn

Ein Lebensweg

Rowohlt

1. Auflage Mai 2008

Lektorat Uwe Naumann
Satz Adobe Garamond PostScript (InDesign)
bei Pinkuin Satz und Datentechnik, Berlin
Druck und Bindung GGP Media GmbH, Pößneck
Printed in Germany
ISBN 978 3 498 04510 4

Inhalt

Karl Kraus
Traum vom Fliegen

Und wieder mir träumte, ich wäre geflogen,
und diesesmal war es doch sicherlich wahr,
denn ich hatte so leicht wie die Luft ja gewogen
und hatte die Knie an den Körper gezogen,
und es ging wie im Flug, im beherztesten Bogen
hoch über der schwergewichtigen Schar,
es war keine Täuschung, ich war nicht betrogen,
es flogen die Stunden, die Tage, das Jahr.

Mit fliegenden Hoffnungen vollgesogen,
so wach' ich mit müderen Gliedern auf.
Zu Lande ist Leben; und angelogen,
vom leichtesten Trug an der Nase gezogen,
aus allen Himmeln zur Erde geflogen,
da lieg' ich, da liegen die Lügen zuhauf.
Und trotzdem bleib' ich dem Traume gewogen,
so läuft er sich leichter, der Lebenslauf.

Prolog

Der fünfzigste Todestag Thomas Manns. Die Hansestadt feiert ihn während einer ganzen Festwoche mit Vorträgen, Ausstellungen und Führungen und einem großen Festakt zum Abschluss.

Lübeck, 12. August 2005. Nach dem Betreten der Eingangshalle zu den «Media Docks» an der Trave arbeite ich mich durch ein Menschengewühl hindurch zum ebenfalls übervollen Vortragssaal. Bald erblicke ich meinen Gesprächspartner für das öffentliche Gespräch im Anschluss an meinen Vortrag, Professor W., der freudig auf mich zueilt und mich mit bayerischer Herzlichkeit begrüßt. Gleich danach treten auch zwei Damen vom örtlichen Organisationskomitee auf mich zu und fragen mich, ob ich denn am morgigen Sonnabend am Festakt in der Lübecker Marienkirche teilnehmen möchte – mit Bundespräsident Köhler, Marcel Reich-Ranicki und Vertretern des S. Fischer Verlags. Ich teile den Damen im geräuschvollen Rummel hastig mit, dass ich morgen ganz früh nach Berlin weiterreisen werde. Ich hatte, außer einem allgemeinen Vordruck zum Ankreuzen, nie eine persönliche Einladung erhalten. Keine Einladung? So was! Das tut uns aber leid. Können Sie nicht trotzdem kommen? Leider nicht, mein morgiger Termin in Berlin steht fest. Die beiden Damen lassen von mir ab.

Dann führt mich Professor W. in das Auditorium zu dem für mich freigehaltenen Platz in der ersten Reihe. In schützender Entfernung von mir wird die erste Reihe bereits von einer ganzen Riege hochrangiger Thomas-Mann-Experten besetzt. Einer davon hat seinerzeit meinen literarischen Erstling, den autobiographischen Roman «Professor Parsifal», im Feuilleton einer großen deutschen Zeitung scharf kritisiert. Ich mustere ihn verstohlen von der Seite, da ich ihm persönlich noch nie begegnet bin. Ansonsten sind wir offenbar beide bestrebt, mit unseren Blicken einander auszuweichen. Ich halte mich an meinem Vortragsmanuskript wie an einem Talisman fest. Ich rechne mit zumindest unterschwelligem Widerstand seitens der führenden Thomas-Mann-Germanisten gegen meine heute darzulegenden Erörterungen. Es ist mehr Kampflust als Angst in mir. Mein Vorsatz, während meines ganzen Vortrags und Gesprächs jeden Blickkontakt mit den Koryphäen in der ersten Reihe zu meiden, hilft mir, der Veranstaltung mit Gelassenheit entgegenzusehen.

Ursprünglich wollte mich die Festspielleitung heute nur zu meinen Enkel-Erinnerungen öffentlich befragen lassen. Schließlich wurde mein Wunsch akzeptiert, einen dieses Gespräch einleitenden Vortrag über das für Germanisten bisher eher unpopuläre Thema «Thomas Mann und die Frage der Religion» zu halten. Das ist mir sehr wichtig. Das Thema passt nicht nur gut zu einem runden Todestag. Es verbindet auch mich, wie ich erst sehr spät herausgefunden habe, mit meinem Großvater. Denn dieser hat in den frühen vierziger Jahren die Kindstaufe aller seiner vier Enkel in der Unitarischen Kirche von Los Angeles initiiert, mit der er während seines kalifornischen Exils in engem Kontakt stand. Noch kurz vor seinem Tod korrespondierte er von der Schweiz aus mit demselben Pastor. Ich freue mich richtig darauf, der Hörerschaft das gängige Bild vom gefühlskalten Geistesriesen zu korrigieren und die Entwicklungslinien im Leben und Werk Thomas Manns aufzuzeigen – vom jugendlichen nihilistisch-atheistischen Spötter zum christlich gläubigen Humanisten nach dem schweren Schock von Krieg, Faschismus und Heimatlosigkeit.

Einer der Germanisten in der ersten Reihe steht auf und begibt sich zum Rednerpult, um mich einzuführen. Er sagt kurz etwas über den «Mythos» meiner literarischen Rolle im «Doktor Faustus», obwohl dies gar nicht zum Thema meines Vortrags gehört. Dann steige ich die Stufen zur Rednertribüne hinauf und beginne zu sprechen. Für einen unbequemen Enkel scheint mir der Kontakt zu meinem Publikum auf Anhieb besonders gut zu gelingen. Aufmerksam und neugierig nehmen die Zuhörer jedes Wort meines Vortrags mit konzentrierter Stille bis zum Schluss auf. Auf die Fragen in dem sich an den Vortrag anschließenden Gespräch mit Professor W. berichte ich unter anderem von meiner Zusammenarbeit mit der religionsübergreifenden Tübinger Stiftung «Weltethos» und von deren Mitwirkung an unserem eurobrasilianischen Kulturprojekt.

Nach dem Ende der Veranstaltung werde ich von allen Seiten aus dem Publikum mit zustimmenden Kommentaren und Fragen bestürmt, und es werden mir Bücher entgegengestreckt, die ich signieren soll. Der Blick zu der inzwischen leeren ersten Reihe zeigt mir, dass die dort platzierte Germanistenriege offenbar als Erste sofort den Saal verlassen hat. Ich nutze den noch warmen Stuhl eines der Geflohenen, um darauf den Signierwünschen aus dem Publikum nachzukommen. Aus dem Stimmengewirr heraus vernehme ich irgendwann die Frage, welche auf den kürzesten Nenner gebrachte Lebenshaltung ich für mich als besonders wichtig ansehen würde. Der junge Mann strahlt mich an, als ich ihm spontan antworte: Die Kunst des Loslassens – was mir, noch ganz unter dem Eindruck meiner Erlebnisse wenige Tage zuvor beim Dalai-Lama in Zürich, wie selbstverständlich einfällt.

Nachdem sich der Saal langsam geleert hat, tritt zum ersten Mal der örtliche Festspielleiter auf mich zu, begrüßt mich, ohne meinen Vortrag und das nachfolgende Gespräch zu erwähnen, unverbindlich jovial und so lässig, als hätten wir uns, statt vor mehreren Jahren, noch vor einer Stunde gesehen. Jetzt lädt er mich und meinen Interviewpartner zum Lunch ein. Auf dem Weg dorthin hole ich eine Zeitschrift aus meiner Mappe. Es ist ein von ihm herausgegebenes Begleitheft zur derzeit laufenden Ausstellung «Das zweite Leben» über Thomas Mann in der Lübecker Katharinenkirche. Dort hat sich eine seiner Mitarbeiterinnen in einem Artikel folgendermaßen über mich ausgelassen:

Nach dem Tode Golos machte sich die Presse auf die Suche nach anderen noch lebenden Mitgliedern der Familie Mann und stieß auf Thomas Manns Enkel Frido, den sie bei seinen Forschungen nach den brasilianischen Wurzeln der Familie begleitete. Dieser nutzte die Popularität seines Namens, um in Paraty die Casa Mann, eine Gedenkstätte für seine Urgroßmutter, einzurichten, dabei natürlich vor allem von der brasilianischen Presse treulich begleitet.

Ich konfrontiere den Herausgeber mit diesem Passus. Er reagiert verlegen und entschuldigt sich mit der Begründung, er habe diese Stelle wohl überlesen. Meinem Hinweis auf die doch etwas merkwürdige Koinzidenz zwischen diesem Artikel und der Tatsache, dass ich auch zur morgigen festlichen Ehrung meines Großvaters nicht persönlich eingeladen wurde, begegnet er mit der Behauptung, dieses sei rein zufällig ein zweites, bedauernswertes Versäumnis, wofür er sich ein weiteres Mal entschuldigt.

Nach dem gemeinsamen Lunch in etwas gezwungener Atmosphäre werde ich erneut von den beiden örtlichen Komitee-Damen gefragt, ob ich denn nicht wenigstens heute Abend die musikalisch begleitete Lesung von Monika Bleibtreu und Dietmar Mues in der Katharinenkirche besuchen wolle. Ich sage gern zu, weil ich heute Abend ja noch hier bin. In meinem Hotel werde ich dann von mehreren Journalisten wegen des morgigen Festakts in der Marienkirche angerufen. Ein Fernsehsender möchte morgen Vormittag ein Interview mit mir in der vollbesetzten Marienkirche aufnehmen. Mit Verwunderung stelle ich fest, dass für die Medien meine Anwesenheit offenbar wichtiger ist als für die örtliche Festspielleitung, und ich verweise deshalb den Journalisten auf diese. Der Journalist reagiert mit Entsetzen, spricht von einem Skandal und versucht mehrfach, mich umzustimmen. Schließlich einigen wir uns darauf, dass wir in einer Stunde irgendwo hinter dem Hotel das gewünschte Interview führen.

Abends begebe ich mich in die vollbesetzte Katharinenkirche. Die beiden Schauspieler bringen, unterstützt von einem Gitarristen, im Wechsel die Stimmen der drei Mann-Töchter und drei Mann-Söhne über den *pater familias* Thomas Mann zu Gehör. Ich bin vor allem von Monika Bleibtreu beeindruckt. Ihr Vortrag überzeugt durch Klarheit und Prägnanz. Die Schauspielerin versteht es, sich in die von ihr übernommenen Rollen intensiv hineinzuleben.

Auf dem Weg durch Lübecks dunkle Gassen zurück zum Hotel. Die Altstadt überaus vornehm, aber eng und ein wenig bedrückend. Sie «riecht wahrhaft wohlhabend, stinkt sozusagen behäbig», hat der achtzehnjährige Heinrich Mann über seine Vaterstadt geschrieben. Wie mag am *Fin de Siècle* einem übersensiblen Patriziersohn mit einer brasilianischen Mutter hier zumute gewesen sein?

Beim Frühstück am nächsten Morgen erblicke ich unverhofft Monika Bleibtreu allein an einem der Tische. Ich warte, bis sie mit ihrem Teller zum Buffet geht, spreche sie dort an und beglückwünsche sie für ihre gestrige Darbietung. Wir kommen kurz ins Gespräch und verabschieden uns dann. Das war ein guter Abschluss. Noch bevor sich die Creme des heutigen Festakts hier einfindet, hole ich meine gepackten Koffer und verlasse rasch das Hotel in Richtung Bahnhof.

Bei jeder bisherigen Abreise von Lübeck habe ich, das eine Mal stärker, das andere Mal schwächer, gespürt, wie ein auf mir lastender Druck von mir wich. Heute jedoch, kurz vor diesem gigantischen Festakt, bei dem ich und die in der ersten Reihe Sitzenden einander glücklich losgeworden sind, ist es besonders intensiv. Als der Regionalexpress nach Hamburg losfährt und sich zuerst vom Bahnhof und dann von der ganzen Stadt immer weiter entfernt, merke ich, wie ein riesiger Stein von mir abfällt. Mich überkommt ein lang anhaltendes Gefühl der Befreiung und Erleichterung.

1. Kriegskind im amerikanischen Exil

Die pränatale Achterbahnfahrt. «Der erste Enkel, Amerikaner von Geburt». Carmel und Mill Valley. Hospiz Pacific Palisades. Erste Europareise. Das Stigma von literarischem Frühtod und Verewigung.

Kalifornien im Zweiten Weltkrieg.

Was gibt es Schöneres und Privilegierteres, als im südlichen Kalifornien aufzuwachsen, unter dessen Sonne die Zitronen im herrschaftlichen Garten und die Orangen in den endlosen benachbarten Plantagen reifen und unter dessen schattenspendenden Palmen man auf das tiefblaue Meer und die weit geschwungene Küste von Santa Monica hinunterblickt? Nicht nur die idyllische Landschaft und die mediterrane Wärme der Pazifikküste machen das Leben zu einem Paradies. Es sind auch die Menschen, die in der Villa inmitten dieses Gartens wohnen: die gelegentlich von der europäischen Kriegsfront zu Besuch weilenden Onkel und Tanten, die verlässliche und fürsorgliche Großmutter und der liebevoll zugewandte, dazu noch weltweit gefeierte und übermächtige Großvater.

Frühjahr oder Frühsommer 1940. Ein Vergnügungspark im einige hundert Meilen nördlich von Los Angeles gelegenen San Francisco. Ein seit einem Jahr glücklich verheiratetes, junges Emigrantenpaar, das Anfang des Jahres auf einem Flüchtlingsschiff unversehrt den deutschen Torpedos und Minen im Atlantik entkam und bald an die kalifornische Westküste zog. Das Paar schiebt sich richtungslos durch die Menschenmasse und lässt sich vom Lärm der Drehorgelmusik, von Marktschreiern, Schlangenbeschwörern und Schießbuden betäuben. Die beiden bleiben vor einer Achterbahn stehen. Sie beobachten, wie sich die durchgeschüttelten und benommenen Fahrgäste mit noch käsebleichen Gesichtern aus den Waggons herausschälen. Das junge Ehepaar löst an der Kasse zwei Karten. Der Kassierer blickt etwas irritiert auf den deutlich vorgewölbten Bauch der Frau und schaut den beiden kopfschüttelnd hinterher. Ja, er hat ganz richtig gesehen. Die Frau ist schwanger, hochschwanger.

Vielleicht zwanzig Jahre später erzählt mir mein Vater Michael lachend von dieser Achterbahnfahrt in San Francisco. «Als dich die Mama damals erwartete, waren wir jung und unerfahren» (er war 21, sie 24), um dann, immer noch lachend, hinzuzufügen: «Und darum bist du ja auch so missraten.»

Am 31. Juli 1940 notiert Thomas Mann in seinem Tagebuch: *… Telegramm von Bibi aus Carmel, dass das Kind, ein Knabe, glücklich zur Welt gekommen. Die Großvaterschaft kommt spät und macht mir geringen Eindruck. Der erste Enkel, Amerikaner von Geburt, hat deutsches, brasilianisches, jüdisches und schweizerisches Blut, vom letzteren sogar noch von meiner Großmutter.*

Erste Erinnerungen. Die eine Szene: Ich stehe zusammen mit meinem höchstens zweijährigen Bruder Toni in der hellen Sonne vor der Garage unserer Lovell Avenue 76 in Mill Valley bei San Francisco. Eine Frau auf der Straße fragt mich etwas, was meinen kleinen Bruder betrifft, sehr freundlich interessiert, aber irgendwie auch besorgt, fast kontrollierend. Ich reagiere unsicher und vorsichtig. Was will diese Frau von mir? Habe ich etwas falsch gemacht? Irgendwann lässt sie wieder von uns ab. Die zweite Szene: Ich warte in dem schon am Morgen sommerlich hellen Badezimmer meiner Großmutter Katia in Pacific Palisades darauf, von ihr angekleidet zu werden. Heute, so geht es mir durch den Kopf – oder war es gestern oder vorgestern? –, ist ein Attentat auf Hitler verübt worden. Wer ist Hitler? Er ist jedenfalls der Inbegriff des Bösen und des Lebensbedrohlichen, und irgendetwas Wichtiges und Befreiendes gegen ihn ist gelungen, worüber alle im Haus sehr froh sind. Besonders typisch ist die dritte Szene: Heiligabend in Pacific Palisades. Ich sitze mit der ganzen Familie auf dem Sofa in Großvaters Arbeitszimmer, und wir singen, begleitet vom Geigenspiel meines Großvaters, Weihnachtslieder, während das Christkind im *living room* die Kerzen anzündet. Erst kürzlich fand ich im Tagebuch meines Großvaters von 1945, dass nicht er, sondern mein Vater es war, der damals gespielt hat, und nicht auf der Geige, sondern auf der Bratsche. Ich war damals fünfeinhalb.

Die Unklarheit meiner Erinnerungen, ob ich mich dem elterlichen oder dem großelterlichen Haus zugehörig fühle, rührt vermutlich daher, dass meine Eltern mich schon mit eineinviertel Jahren zuerst für zwei und bald danach für durchgehend vier Monate zu meinen Großeltern gegeben haben. Ein knappes halbes Jahr nach dem Umzug meiner Großeltern im Frühjahr 1941 von Princeton nach Pacific Palisades bitten meine Eltern diese, mich – laut Tagebucheintragungen meines Großvaters – *für einige Zeit* zu sich zu nehmen – zur *Entlastung* meiner Mutter, die inzwischen meinen Bruder erwartet. Nur eine Woche nach dem Eintreffen meiner Großeltern mit mir in Pacific Palisades vermerkt mein Großvater in seinem Tagebuch am 2. Dezember 1941: *Das Söhnchen mit Milchschokolade gefüttert. Herzliches Entzücken über seine Lieblichkeit, sein Lachen über Scherzerfindungen, eigene u. fremde.* Meine Apostrophierung als *Söhnchen* im Tagebuch wird sich noch einige Male wiederholen.

Bei meiner Rückkehr nach San Francisco zwei Monate später erkenne ich meine Mutter zuerst nicht wieder. Sie reagiert erstaunt über meine zwischenzeitliche Entwicklung. Kurz nach Ostern 1942 werde ich, auf Veranlassung meines Großvaters, zusammen mit meiner Cousine Angelica, Elisabeth Mann Borgeses älterer Tochter, in Los Angeles in der unitarischen Kirche getauft. Zur Geburt meines Bruders Toni bald danach im Sommer halte ich mich wieder monatelang allein bei meinen Großeltern auf. Ich sehe zum ersten Mal meinen bereits drei Monate alten Bruder im Herbst anlässlich eines Besuchs meiner Eltern mit ihm aus Mill Valley. Mir wurde später erzählt, ich hätte bald nach Tonis Ankunft in Pacific Palisades sein auf den Fenstersims in die Sonne gestelltes leeres Körbchen hinuntergestoßen.

Eine Ferienwohnung bei Torremolinos in Südspanien im Oktober 2004. Die schönsten und beglückendsten Stunden erlebe ich immer am Abend im Wohnzimmer. Endlich am dritten Abend geht mir auf, warum. Der Blick auf das Lichtermeer an der weit geschwungenen Küste und das noch sommerliche Zirpen der Grillen im Garten. Es erinnert mich plötzlich fast überwältigend an den Blick von Großmutter Katias Zimmer in Pacific Palisades auf das hell erleuchtete Santa Monica an der Pazifik-Küste. Ab jetzt sauge ich jeden Abend stundenlang die Eindrücke in mich auf. Dieses Ineinanderverschwimmen von Gegenwart und Kindervergangenheit.

Während der regelmäßigen, mehrwöchigen Aufenthalte in Pacific Palisades im Sommer oder Herbst und meistens auch über die Weihnachtsfeiertage ab 1942 reihen sich meine ersten schemenhaften Eindrücke immer mehr zu bleibend prägnanten Bildern aneinander und runden sich langsam zu filmartigen Szenenkomplexen. Sowohl im langgestreckten, zweistöckigen Haus als auch im großen Garten kann ich mich frei bewegen. Besondere Heiligtümer bleiben das Arbeits- und das Schlafzimmer meines Großvaters, genannt Opapa. In Letzterem darf ich mich nur manchmal beim ersten Morgenkaffee beider Großeltern aufhalten, wo der Tag bereits mit angeregter Unterhaltung beginnt. Besonders erinnere ich mich an die Erzählung meines Großvaters von seinem Besuch im Weißen Haus in Washington bei Präsident Roosevelt. Ich spüre seine besondere Hochachtung vor diesem Mann und sein Bedauern, dass der nur zwei Wochen vor Kriegsende verstorbene Präsident seinen Sieg über Nazideutschland nicht mehr erleben durfte. Den

Schlaganfall, den er erlitt, demonstriert mein Opapa sehr anschaulich mit einem plötzlichen Fallenlassen seines Kopfes nach vorn auf eine fingierte Schreibtischplatte. Eine Besonderheit ist auch die auf einem Sofatisch im *living room* stehende kleine Spieldose, aus der, wenn Großvater den Holzdeckel für mich aufklappt, «An der schönen blauen Donau» erklingt. Ich beobachte dabei fasziniert das Drehen der die Glockenklänge erzeugenden Miniaturwalze im Inneren und versuche, deren Mechanismus zu ergründen.

Im Arbeitszimmer pflegt unser Großvater meinem Bruder Toni und mir nachmittags auf dem hellen Sofa Märchen vorzulesen, von Hauff, aus Tausendundeiner Nacht und vor allem von Hans Christian Andersen. Die Rezitationsweise des meisterhaften Vorlesers ist ein solches Fest, dass ich oft schon kaum mehr auf den Inhalt des Vorgetragenen achte. Von dieser Stimme geht eine starke suggestive Kraft aus. Je häufiger und tiefer sie auf mich wirkt, desto anhaltender sind die Nachschwingungen. Ich glaube es noch heute zu spüren, wenn ich selber vorlese. Unvergesslich für mich sind auch die zahllosen karikaturähnlichen Zeichnungen, die mein Großvater sozusagen auf Bestellung für mich verfertigt hat: vor allem von dem polnischen Cellisten Bem in der San Francisco Symphony, in der mein Vater mitspielte und von dem ich meinem Großvater wohl viel erzählt habe. Diese Zeichnungen existieren alle nicht mehr, so wie auch fast alle Briefe, die mir mein Großvater bis zu seinem Tod geschrieben hat. Die ganz wenigen späten, die ich als Halbwüchsiger selbst verwahrt habe und die auch veröffentlicht worden sind, vermochte ich zu retten. Die Dutzende der noch von meinen Eltern aufgehobenen, ganz frühen Briefe meines Großvaters an mich und die Fülle seiner originellen Zeichnungen sind hingegen alle auf mysteriöse Weise verloren gegangen.

Genauso gern wie im Großelternhaus spiele ich auch draußen

auf der *porch*, der Veranda, wo bei schönem Wetter manchmal gefrühstückt wird. Ein schier unermesslicher Tummelplatz ist der weitläufige Garten mit den Palmen und den Zitronen-, Öl- und Eukalyptusbäumen und Pfeffersträuchern und dem großen, schnell wachsenden, warmen Rasen, der allabendlich von Großmutter Mielein mit dem sich um die eigene Achse drehenden *sprinkler* bewässert wird. Der Bereich außerhalb des großelterlichen Grundstücks ist für mich uninteressant, fast ängstigend. Die Grenze des den Garten umzäunenden Buschwerks überschreite ich allein oder mit Toni nur selten – auf die Straße oder zu den benachbarten Orangenplantagen. Wie mir Mielein später erzählte, soll ich gelegentlich mit dem in der Nachbarschaft wohnenden, etwa gleichaltrigen Sohn des Schauspielers Sir Laurence Olivier gespielt haben, einem bei meinen Großeltern ziemlich unbeliebten Jungen namens Tarquin.

Etwas ganz anderes sind die täglichen Spaziergänge vor jedem Mittagessen zusammen mit dem Großvater. Dort plaudern wir angeregt, und ich sammle manchmal schöne Steine von der Straße auf. Irgendwann holt uns Mielein mit dem Buick ein, und wir fahren alle zusammen wieder nach Hause. Manchmal spazieren wir auf der palmenreichen Promenade über dem Strand von Santa Monica. Beim Abschreiten der Strecke dreißig Jahre später erkenne ich wieder den damals schon vom Wetter gebleichten, hellgrünen Holzverschlag, an dem wir früher jedes Mal vorbeigingen. Weitere zehn Jahre später ist das Bretterhäuschen verschwunden. Trotz der Nachbarhäuser wirkt das nur mit dünner Vegetation bewachsene, bergige Land oberhalb von Pacific Palisades recht karg und trocken, fast wild. Bei meinen späteren Kalifornienbesuchen aus Europa bin ich erstaunt über die zwischenzeitliche Kultivierung und dichte Bebauung der Landschaft. Auch die früher völlig offene Einfahrt zu unserer 1550 San Remo Drive ist total zugewachsen.

Eigentlich sind es nur die Vormittagsstunden des Schreibens

und die Zeit des Mittagsschlafs und der nachmittäglichen Arbeit des Großvaters, die ich nicht mit ihm verbringe. Während aller Mahlzeiten, der Spaziergänge und beim ausführlichen abendlichen Schallplattenhören ist er immer da. Beim Frühstück ist der von ihm ausgehende Duft nach Eau de Cologne am stärksten. Auch darf ich am Morgen mit einer Berührung seiner Wange prüfen, wie gründlich rasiert diese ist. Er ist ein sehr ruhiger Großvater, trotzdem präsent, auch wenn er wenig oder gar nicht spricht. Gelegentlich sprudeln Meinungsäußerungen oder Erzählungen aus ihm heraus, heiter, hell, prägnant; gesetzt und doch leicht und oft lustig. Und durch alles hindurch spüre ich, obwohl wir einander körperlich kaum berühren, seine durchgehende, verlässliche Liebe und Zärtlichkeit mir gegenüber, besonders bei den alltäglichen Begrüßungen oder Verabschiedungen.

Mielein kann mich – im Gegensatz zu meiner Mutter – beim Gutenachtsagen am Bett wohltuend am Kopf oder im Gesicht streicheln. Sie ist in erster Linie für die Mahlzeiten und die Körperhygiene und die Strukturierung des Tages zuständig. Bei ihren Einkaufsfahrten im offenen Buick in die Stadt fahren Toni und ich oft mit. Und dabei muss sie mir, immer mit einem Kopftuch vor dem Fahrtwind geschützt, ständig von Neuem die Geschichte des Hausbaus in Pacific Palisades vor dem Umzug von der Amalfi zur San Remo Drive erzählen, alle einzelnen Schritte von den ersten Entwürfen des Architekten über die vielfältigen, spannenden Bauphasen bis hin zur Hauseinweihung. Sie erzählt so wunderbar und anschaulich, dass sie mir diesen Vorgang immer und immer wieder bis zum Überdruss berichten muss.

Bei diesen Stadtfahrten nach Santa Monica, Westwood oder Beverly Hills kommt es häufig zu enervierenden Ärgernissen mit der Polizei. Wegen ihres rasanten Fahrstils und ihres gelegentlichen Falschparkens wird sie häufig von den mit lauter

Sirene auf dem Motorrad oder im schwarzen Polizeiwagen vorfahrenden Beamten zum Anhalten aufgefordert, woraufhin sie jedes Mal mit erschreckend aufbrausendem Jähzorn reagiert. Als umso amüsanter empfinde ich dann beim folgenden Mittagessen ihre theatralisch vorgetragene Wiedergabe des Streitdialogs mit dem Polizisten, in dem sie, immer genau vorhersehbar, die Rollen vertauscht und das angebliche furiose Gebrüll des «Schutzmannes» mit ihrer eigenen ausgesuchten Sanftmut beantwortet. Sie kann auch zu uns Kindern sehr heftig werden. Aber das hält nicht lange vor, weil sie eine liebevolle, verlässliche und überaus besorgte Großmutter ist.

Eine fast ganz an das Hausinnere gebundene Figur ist vor allem meine Tante Erika, wenn sie gerade nicht auf Vortragsreisen oder in sonstigen, wichtigen politischen Missionen unterwegs ist. Unser Umgang miteinander spielt sich überwiegend in ihrem kleinen Zimmer in der oberen Etage ab. Dort verbringe ich oft halbe Nachmittage und höre mir ihre unterhaltsamen Erzählungen und scharfzüngigen Kommentare zu Alltagsbegebenheiten, zur gegenwärtigen politischen Lage und zu Personen aus dem öffentlichen Leben an. Besonders abgesehen hat sie es auf den amerikanischen Präsidenten Truman. Von dessen Frau behauptet sie zu meinem größten Amüsement wiederholt, sie sei eine erbärmliche Köchin und seine Tochter würde als schauerlich schlechte Sängerin vor sich hin dilettieren.

Am meisten faszinieren mich Erikas erst vor wenigen Jahren erlebte Abenteuer und ihre oft tollkühnen Einsätze auf dem europäischen Kriegs- und Nachkriegsschauplatz als Armeekorrespondentin. Ich lausche ihren Erzählungen über den Londoner «Blitzkrieg» und wie sie später im noch nicht vollständig befreiten Frankreich mit ihrem Jeep um ein Haar in eine der «deutschen Taschen» geraten wäre. Nicht weniger atemberaubend sind ihre Schilderungen, wie sie mit demselben Jeep zu Kriegsende in der zerstörten Innenstadt von Warschau wegen der Einsturzgefahr der Ruinen nur im Schritttempo fahren durfte, während draußen in den Wäldern die Wölfe hausten. Geradezu abgründig muten ihre Erlebnisse während der Nürnberger Kriegsverbrecherprozesse an, ihre apokalyptischen Begegnungen mit den obersten Nazi-Größen in deren Gefängniszellen und wie sie sich nach dem Ende der Prozesse zufällig in unmittelbarer Nähe von Görings Selbstmord aufhielt, als plötzlich ein amerikanischer GI angerannt kam und außer sich schrie: «Göring is having the fits.» Sie scheut sich auch nicht im Geringsten davor, mir Achtjährigem die nach der Befreiung der Nazi-Konzentrationslager ans Tageslicht gelangten, grausamsten Einzelheiten zu schildern, wozu sogar in ihrer Phantasie nachgestellte Folterszenen gehören. Und auf die Frage, ob Hitler denn Kinder gehabt habe, antwortet sie mir: «Da wären höchstens Austern entstanden.» Sie vibriert vor Erbitterung und Hass gegen die von ihr selbst so hautnah erlebten Nazis und gegen die sich jetzt als Unschuldslämmer und Märtyrer hochstilisierenden Mitläufer in der deutschen Bevölkerung, die die Verbrechen überhaupt erst möglich gemacht haben. Aber schon bei den ersten Anbahnungen des Kalten Krieges wendet sich ihr Zorn genauso kompromisslos gegen die antikommunistischen Hetzer und Gesinnungsschnüffler im eigenen Land.

Voller Bewunderung höre ich immer wieder von ihren unermüdlichen Reisen landauf, landab, bei denen sie nicht davor zurückschreckt, in ihren *lectures* selbst die mächtigsten Politiker im eigenen Land scharf zu attackieren. Ich sehe sie noch wie eine amazonenhaft stolze Kämpfernatur und Siegesgöttin mit schwarz funkelnden Augen im *living room* vor dem Radio stehen, wo sie uns alle gerade die Rundfunkübertragung ihres letzten politischen Vortrags präsentiert. Es ist faszinierend zuzuschauen, wie sie ihren eigenen gesprochenen Worten zusätzlich mimisch Nachdruck verleiht. Sie ist bei ihrem Eintreten für demokratische und humanistische Werte immer auch von

Kopf bis Fuß Schauspielerin. Ihre Mimik, jede Bewegung ihres Körpers, ihre Wortwahl und Artikulation erscheinen wie einstudiertes Theaterspiel, ohne jedoch künstlich oder affektiert zu wirken. Man sagt ihr in der Familie nach, sie trüge in ihrem Auftreten und ihrer ganzen Persönlichkeit besonders das kreolisch-brasilianische Erbe ihrer Großmutter Julia in sich.

Schauspielerin, Dramaturgin und Regisseurin ist Erika jedoch nicht nur versuchsweise auf der Weltbühne so wie früher in ihrem Kabarett «Pfeffermühle», sondern auch auf der Bühne des Mann'schen Theaters. Zu diesem gehört besonders auch die Einstudierung meiner Auftritte als Rezitator der von ihr verfassten Weihnachts-, Neujahrs- oder Geburtstagsgedichte, die ich vor dem im *living room* versammelten Familienpublikum zum Besten zu geben habe. Die geborene Veranstaltungsleiterin studiert nicht nur in ihrem Zimmer mit mir ihre von mir auswendig zu lernenden Texte ein und gibt genaue Regieanweisungen. Sie schneidert auch eigenhändig meine Kostüme und traktiert mich mit Anproben. Besonders erinnere ich mich dabei an eine breite, tiefblaue Samtschärpe, die ich, bevor ich in die Arena trete und mein Gedicht aufzusagen habe, über meine anderen Ausstaffierungen schräg über die Brust ziehe. Im Nachhinein kommt es mir so vor, als wären meine Tante und ich mit diesen manchmal an Affenzirkus grenzenden Veranstaltungen eine Art Symbiose eingegangen. Sie kann vor ihrem Vater damit glänzen, dass sie ihm mit ihrer hauseigenen Festspielproduktion wirkungsvoll seinen eigenen Liebling vorführt, und ich sichere mir damit noch stärker bei meinem Großvater die Anerkennung und die Liebe, die mir seitens meiner eigenen Eltern versagt bleibt.

Gegen Ende meiner kalifornischen Zeit 1947/48 gebe ich Erika irgendwann eine Cartoon-Geschichte wieder, mit der ich mich besonders beschäftigt habe: «The three little pigs and the big bad wolfe». Die Hauptfigur ist das jüngste und schlaueste der drei Schweinchen, welche alle zum Schutz gegen den bösen Wolf ihre Häuschen bauen. Das jüngste erstellt, statt eines leicht zerstörbaren aus Stroh oder Holz wie seine Brüder, eines aus Backsteinen, welches als Einziges den Attacken des Wolfs standhält. Erika nimmt den Faden dieser Geschichte auf und spinnt ihn gemeinsam mit mir in vielen Fortsetzungen weiter. Insbesondere die sympathische Figur des cleveren Schweinchens wird von ihr phantasiereich ausgestaltet, nimmt im Lauf der Erzählungen immer mehr menschliche Züge an und erhält schließlich den Namen Till. In einem Brief an mich vom November 1948 beschreibt Erika zum ersten Mal ausführlich ihren «literarischen» Till, die Sängerknabenfigur der ab 1953 in Deutschland erscheinenden, vierbändigen Reihe «Die Zugvögel», das letzte der vielen von Erika verfassten Kinderbücher. Till ist inzwischen endgültig *ein großer, starker, netter Bub … mit blauen Augen, hellbraunem Haar* geworden, mit einer Stimme, die *sehr schön laut und klar* ist. Als Modell für den «Till» scheint sowohl Erikas Bruder Klaus als etwa Zwölfjähriger als auch meine wohl um einige Jahre vorausgedachte Erscheinung als etwa Dreizehnjähriger gedient zu haben.

So die Erinnerungen an Erika als eine mir, ganz im Sinne ihres Vaters, emotional und geistig besonders zugewandte, liebenswerte und faszinierende Tante. Die Erika der fünfziger und sechziger Jahre in Europa wird eine sehr andere Persönlichkeit sein.

In einer ganz anderen, sehr viel verhalteneren Weise für mich bedeutsam ist mein ältester Onkel Klaus. Obwohl ich weiß, dass er sich viel mit meinem Bruder Toni und mir abgegeben hat, sowohl in Pacific Palisades als auch während seiner Besuche in San Francisco und Mill Valley, sind praktisch sämtliche Erinnerungen an ihn wie ausgelöscht. Zwei offenbar ganz frühe Bilder sind noch schemenhaft vorhanden: Ich stehe in seinem Arbeitszimmer an der Türe, sehe ihn, von Zigarettendunst umhüllt und ziemlich weit von mir entfernt, aber mir zugewandt, vor seiner Schreibmaschine sitzen, und ich frage ihn schüchtern nach jemandem, den ich im Haus suche. Er antwortet sehr sanft und freundlich. In dem anderen Bild läuft er irgendwo am Strand in Badehosen an mir vorbei. Und dann gibt es aus einer sicher späteren Zeit ein entsprechend schärferes, dafür eher statisches Familienbild im *living room* in Pacific Palisades. Dort unterhält er sich in einem dieser hellen und etwas klobigen Fauteuils mit seinen Eltern und Erika, in seiner typischen, meinem und auch seinem Vater etwas ähnlichen Art, manchmal am Ende eines Satzes mit dem kurzen, hörbaren Einziehen der Luft eine zusätzlich bekräftigende Zäsur zu setzen.

Es gibt für mich nur eine plausible Erklärung dafür, dass ich ausgerechnet den Onkel, der Jahrzehnte später postum eine wichtige Bedeutung für mich erhalten sollte, so weit aus meinem Gedächtnis verdrängt habe: Sein plötzlicher, für mich viele Jahre mysteriös bleibender Tod, von dem ich als Achtjähriger in der Schweiz erfuhr, nachdem ich kaum zwei Monate vorher Kalifornien für immer hatte verlassen müssen. Er sei an «Herzschlag» gestorben, wurde mir, vor allem von meiner Mutter, gesagt. Ich sehe auch noch vor mir die verschlossenen, betretenen Gesichter meiner Großeltern im Zürcher Hotel Baur au Lac nur etwa zehn Tage später, wo sie nach der Rückkehr von ihrer Schwedenreise abgestiegen waren. Als ich als Erstes vorsichtig nach seinem Tod frage, erhalte ich als Antwort nur ein abwehrend trauriges Nicken. Alles, was während der folgenden Jahre innerhalb der Familie oder auch mit Freunden über den an «Herzschlag» Gestorbenen gesprochen wird, klingt für mich immer wie ein düsteres, hilfloses und irgendwo schuldbewusstes Raunen, das ich nie verstanden habe.

Erst als ich als gerade Fünfzehnjähriger, unter dem unmittelbaren Eindruck des Todes meines Großvaters, meiner Mutter gegenüber Klaus und dessen «Herzschlag» erwähne, entgegnet sie mir schroff, fast ungehalten: «Herzschlag? Wie? Du wusstest nicht, dass er sich umgebracht hat?» Mit über sechsjähriger Verspätung erfolgt der Schock. Ich wusste, dass sich zwei Großtanten, die beiden Schwestern meines Großvaters, Carla und Julia, umgebracht hatten. Aber mein Onkel? «Warum hat er sich das Leben genommen?» Meine Mutter: «Weil er zu schnell geschrieben und nichts gelernt hat.» Das muss wieder entschlüsselt werden. Es ist die Zeit, in der mein Vater seine Bratsche an den Nagel hängte, um durch ein solides Universitätsstudium, möglichst weit weg vom Europa seines Vaters, in den USA, «etwas zu lernen». Diese Warnung galt auch mir. Ich hatte zu dieser Zeit angefangen, Sonatensätze zu komponieren und Romanfragmente zu produzieren. Klaus' beispielhaftes politisches Engagement und seine nur mit Erika vergleichbare Charakterfestigkeit und kompromisslose moralische Einstellung hatten mich schon früh beeindruckt. Geblieben war eine latente Bewunderung für den Frühverstorbenen. «Hätte er denn nicht auch Politiker werden können?» – «Politiker? … Nein, dafür war er ein zu rücksichtsvoller Mensch», lautet die Antwort meiner Mutter. Damit kann ich noch weniger anfangen. Für die nächsten fünfundzwanzig Jahre ist das Thema für mich erledigt.

Der dritte ein- und ausfliegende Gast im Taubenschlag der San Remo Drive ist Golo, mein Patenonkel und ebenfalls eine Art Ersatzvater. Er hat in der Familie nicht das unumstrittene Ansehen Erikas oder Klaus' und auch nicht ein vergleichbares Profil aufzuweisen. Er ist der Jüngere, der unspektakulär und still Fleißige und Kluge, aber auch einzelgängerisch Sonderbare. «Dein Onkel Golo hat die seltsame Angewohnheit, sich nicht zu verabschieden, wenn er länger das Haus verlässt», erklären mir beide Großeltern immer wieder ein wenig irritiert, aber nachsichtig. «‹Ach, bei mir ist das halt so. Wenn ich weg bin, dann bin ich eben weg›, pflegt er dann zu sagen … Aber sonst ist er ein sehr angenehmer Hausgenosse.»

Nach seiner Entlassung aus der US-Army bei Kriegsende führt er, anders als seine beiden älteren, frei herumreisenden Geschwister, eine einsame, aber geregelte bürgerliche Existenz als Geschichtslehrer in einem College im kalifornischen Claremont. Von diesem fährt er jedes Wochenende zu seinem Elternhaus. In Gegenwart seiner Eltern wirkt Golo auf mich immer etwas stiller und angespannter, als wenn wir Kinder mit ihm allein sind. Aber auch bei uns verharrt er manchmal in seiner grüblerischen und melancholischen Stimmung, gibt sich jedoch überwiegend als schlagfertiger Witzonkel. Auf eine andere nervöse Angewohnheit, die er später ablegen wird, macht mich meine Großmutter, taktloserweise in Golos Gegenwart, aufmerksam, was er nur mit säuerlicher Miene registriert: Er wickelt häufig die seitlichen Spitzen seiner Haare um den Zeigefinger und lässt sie dann eine Weile so weiter drehen. In extremen Fällen der Kränkung kann er völlig die Fassung verlieren. So etwa, als ihm einmal ein Besucher des Hauses unverfroren ins Gesicht sagt: «Wenn ich Sie mir so ansehe, könnten Sie in einem Film über Hitler diesen eigentlich sehr passend spielen.» Golo erhebt sich, brüllt den Betreffenden an und verlässt den Raum.

Golo, schon damals ein leidenschaftlicher Wanderer, nimmt uns Kinder sehr gern mit seinem Fiat Topolino auf kleine Wanderungen in den kalifornischen Bergen mit. Dort blüht er auf. So auch auf vereinzelten Fahrten zum Strand von Santa Monica. Grundsätzlich scherzt er sehr gern und nimmt uns immer wieder von Neuem durch die Erzählung origineller, teils wahrer, teils erfundener Begebenheiten für sich ein. Zu den wahren gehören die Streiche, die seine College-Studenten mit ihm treiben, etwa wenn er eines Morgens beim Betreten des Klassenzimmers sein winziges Auto auf seinem Lehrerpult stehen sieht. Schon fast ein fester, vergnüglicher Ritus sind meine mir von Golo mit gespieltem Tadel vorgehaltenen bösen, angeblichen Streiche gegen die Rektorin meiner Schule in Mill Valley, Mrs. van Loon, wegen derer diese sich regelmäßig bei meinem Onkel beklagt habe: so das Ausstreuen von Reißzwecken auf ihren Stuhl oder ihr etwas in den Weg legen, damit sie darüber stolpert. Auch von seinen Kriegserlebnissen erzählt er gelegentlich, zum Beispiel von der Überquerung des Rheins mit Lastwagen nach Aachen. Aber so viel Interessantes wie Erika hat er nicht zu berichten.

Der alles in allem sehr unkomplizierte und angenehme Umgang mit Golo wird noch bis ins Europa der frühen fünfziger Jahre bis zum Tod seines Vaters bestehen bleiben. Damals verbrachte er während der von seinem College freigestellten Monate einige Zeit bei uns in Österreich, in Florenz oder auch in seinem Elternhaus in Erlenbach am Zürchersee. Bis dahin bleibt Golo unbestritten mein Lieblingsonkel.

Das vom Schicksal geschlagene «arme Mönle», meine Tante Monika, tritt erst sehr spät in meine Erinnerung. Diese Tante führt offenbar ein Schattendasein im (in meinen Augen so riesengroßen) Großelternhaus. Eine von allen dermaßen ungeliebte Mitbewohnerin sollte ich wohl einfach nicht wahrnehmen. Dass sie etwas Entsetzliches auf der Flucht aus Europa durchgemacht hat, ist mir nur ganz unterschwellig bewusst. Erst nach und nach wird mir das Bild vor Augen geführt, wie Monika sich, nach der Torpedierung des britischen Kinderlazarettschiffs durch ein deutsches U-Boot, im eisig kalten Wasser an eine Planke festklammert und zusehen muss, wie ihr Mann Jenö Lányi neben ihr in den Fluten ertrinkt. Vor diesem Hintergrund empfinde ich nachträglich das in dieser Zeit familienintern über sie Gesagte als ausgesprochen herzlos und unfair. *Denke auch schon viel darüber nach, was man mit Moni tun könnte. Ist ja auch ein ganz unseliges Problemata,* schreibt Erika bereits 1941 an ihre Eltern, und auch Katia nennt sie damals ein *unlösbares Problem.* Erschreckend drastisch und bösartig urteilt Erika 1942: *Urmimchens Putzvasen – soviel ist richtig* – können *nicht nutzloser gewesen sein als diese meine Schwester.*

In meinem Gedächtnis voll präsent ist nur eine mir sehr nachgehende, furchtbare Szene im Haus, die 1948 stattgefunden haben muss, als Monika in einem anthroposophischen Heim untergebracht werden soll. Ich verfolge vom *living room* aus eine dramatische Auseinandersetzung zwischen ihr und ihren Eltern im anliegenden Esszimmer. Dabei sehe ich nur sie. Ihre Eltern sind durch die halb zugezogene Schiebetüre zum Esszimmer verdeckt. Von meiner Großmutter höre ich donnerndes Gebrüll, während mein Großvater schweigt. Monika stampft schluchzend und schreiend mit dem Fuß auf. Der Inhalt des schrecklichen Streits ist völlig nebensächlich. Ich höre nur heraus, dass Monika das Haus verlassen soll. Als das Gewitter vorüber und Monika verschwunden ist, trete ich auf meinen Großvater zu und frage ihn verängstigt, aber vertrauensvoll wie immer, was passiert ist. Er erklärt mir, dass Monika jetzt leider wegzugehen habe, und er begründet dies mit ihrer zunehmenden Untragbarkeit als Hausgenossin. Untragbarkeit? Warum? Mein Großvater antwortet sehr ruhig sinngemäß: «Früher war die Tante Moni ein ausgesprochen netter und freundlicher Mensch. Aber seit dem, was ihr damals auf dem Schiff Furchtbares passiert ist, ist sie völlig verändert, nur noch ganz schwierig und zurückgezogen und eben überhaupt nicht mehr so, dass man mit ihr zusammen sein mag.» Monika wird zeitlebens für mich die Verfemte, Zurückgesetzte bleiben. Ich werde erst als Abiturient und dann als Musikstudent, wenigstens für einige Zeit, eine gute Beziehung zu ihr haben.

Eine ganz andere Stellung als ihre vier älteren Geschwister nimmt in Pacific Palisades meine Tante Elisabeth, genannt Medi, ein. Sie hat ihre eigene Familie mit festem Wohnsitz in Chicago und besucht in größeren Abständen, immer zusammen mit ihren beiden kleinen Töchtern Gogoi (Angelica) und Nica (Dominica), das kalifornische Elternhaus. Manchmal ist auch ihr schon früh aus dem faschistischen Italien emigrierter Mann

Giuseppe Antonio Borgese dabei. Meine Erinnerungen an sie aus dieser Zeit sind sehr blass. Meine beiden Cousinen hingegen sind mir als temperamentvolle und originelle Gespielinnen im Großelternhaus im Gedächtnis geblieben. Gelegentlich werden zu Weihnachten oder an Mieleins oder Opapas Geburtstagen irgendwelche Kinderdarbietungen zu dritt oder zu viert gebracht. Wahrscheinlich wurde für einen dieser Anlässe die in der Öffentlichkeit bekannte Schwarzweiß-Studioaufnahme mit allen vier Enkeln gemacht: wir beiden Buben in Matrosenanzügen, die Mädchen in blütenweißen Kleidchen. Meine noch klarsten Erinnerungen an die Tante Medi und den Onkel Antonio in Amerika stammen von einem Besuch meiner Familie bei den Borgeses in Chicago, vermutlich auf der Durchfahrt nach New York vor dem ersten Einschiffen nach Europa, knapp zwei Jahre nach Kriegsende.

Wieder anders sind die wenigen, eher statischen Eindrücke, die mein Großonkel Heinrich bei mir hinterlassen hat. Ich sehe ihn vor allem als irgendwo im *living room* in sich zusammengesunken sitzenden, schnurrigen Greis. Das deutlichste Bild von ihm existiert für mich auf seinem Schoß sitzend: über mir das altersweiße, schief geneigte, schnurrbärtige Gesicht mit hoher Stirn und Brille. Ich erinnere mich auch, dass meine Großmutter regelmäßig ihren Schwager in der Nähe von Los Angeles besucht, ihm irgendwelche Sachen gebracht und mich dazu gelegentlich in ihrem Buick mitgenommen hat. Es gibt ein Bild, das sich mir noch als Vierjährigem eingeprägt haben muss: ein dunkler, wenig gemütlicher Raum mit einem von Manuskriptstößen beladenen Schreibtisch, vor dem ich auf einem Stuhl sitze. Seitlich von mir steht eine lächelnde Frau mit großen Zähnen und welliger Frisur, und ich höre die Stimme meiner Großmutter sagen: «Das ist die Tante Nelly.»

Von den Freunden des Hauses ist Bruno Walter am häufigsten zu Gast bei meinen Großeltern. Wegen der noch bis in die Münchner Zeit zurückreichenden, engen Freundschaft zwischen seiner und meiner Familie ist er für mich der «Onkel Kuzi». Er spielt gern auf dem Flügel im *living room*, der auch öfters für die von meinem Vater organisierten Hauskonzerte genutzt wird, meistens mit namhaften Musikern aus der deutschen Emigrantenkolonie in der Nachbarschaft. Für mich besonders einprägsam ist das sehr häufige Anhören von Bruno Walters neuesten Schallplattenaufnahmen mit den New Yorker Philharmonikern im *living room* zusammen mit meinen Großeltern und Erika. Da Erika und Bruno Walters Tochter Lotte seit ihrer Kindheit ein Herz und eine Seele sind, besucht Erika auch gern die Walters in Beverly Hills. Manchmal werde ich zu diesen Besuchen mitgenommen, und wir verbringen dann ganze Nachmittage in der geräumigen Villa oder am Swimmingpool auf Liegestühlen.

Von den zahlreichen Gästen in Pacific Palisades erinnere ich mich an erstaunlich wenige. Ich weiß heute, dass die Musiker Otto Klemperer, Artur Rubinstein, Igor Strawinsky, Arnold Schönberg und Theodor W. Adorno dort verkehrt haben und dass Adorno meinem Großvater für seinen Roman «Doktor Faustus» die Gesetze der Zwölftonmusik erläutert hat. Als Schriftsteller tauchen insbesondere Franz Werfel, Lion Feuchtwanger und Bruno Frank mit ihren Gattinnen im Haus auf. Erinnern kann ich mich nur an eines der mich besonders beeindruckenden Gesichter, welches einmal beim Vorbeigehen vor der Küche länger durchs Fenster schaute, als wir dort während des großen Dinners im Hause aßen. Vielleicht sah ich dieses Gesicht auch einmal über mir in meinem Kinderbett beim Gutenachtsagen. Einer der Zeichnungen meiner Patentante Eva Herrmann zufolge muss es Bruno Frank gewesen sein.

An Eva Herrmann erinnere ich mich wohl deshalb fast so gut wie an Bruno Walter, weil sie sich in ihrer Patentantenrolle auch noch nach unserer Rückkehr aus dem amerikanischen Exil nach Europa ein wenig verantwortlich für mich gefühlt hat. Sie hat mir Briefe geschrieben (die leider verloren gingen) und mir noch zu meiner Hochzeit mehrere Bände der Cotta'schen Goethe-Ausgabe von 1828 geschenkt. Ihre Schönheit und ihr vornehmes Aussehen, welches sie gern mit ihrer etwas prätentiösen Art zur Schau trug, brachten ihr bei meinem Großvater den Spitznamen «Gemme» ein.

Dass fast alle Besucher in Pacific Palisades für mich mehr oder weniger eine anonyme Masse geblieben sind, zeigt sich auch darin, dass ich mich vor allem an kollektive Begegnungen mit ihnen erinnere. Besonders eingeprägt hat sich mir die wiederholt vorkommende Szene, wenn meine Großmutter mich gegen Ende eines jener großen Dinners vom Kindertisch in der Küche ins kerzenbeschienene Esszimmer bittet, um mich der Gästeschar vorzustellen. Als Belohnung für meinen artigen Auftritt schält sie, während ich verlegen neben ihr stehe, einen Pfirsich, steckt mir vor allen anderen zufrieden lächelnd ein besonders großes und süßes, saftiges Stück in den Mund und entlässt mich dann wieder zurück in die Küche.

Es gibt für mich allerdings noch eine ganz besondere Hausgenossin, die oft am Nachmittag auftaucht. Es ist die auch aus Deutschland emigrierte Sekretärin meines Großvaters, Hilde Kahn, eine feine, attraktive junge Dame mit glänzender Gesichtshaut und stark geschminktem Rosenmund. Sie ist mein erster erotischer Schwarm. Ich fühle mich von der sich immer diskret im Hintergrund haltenden, schönen Frau früh verzaubert. «Die Frau Kahn hat schöne Beine», bekenne ich als Sechs- oder Siebenjähriger wiederholt Mielein gegenüber. Erst als Hilde Kahn fast sechzig Jahre später in der deutschen Mann-Fernseh-Trilogie zu ihren Erinnerungen befragt wird, erfahre ich, dass meine Kinderliebe wohl auf Gegenseitigkeit beruht hat. Bei dieser filmischen Wiederbegegnung mit ihr nach so langer Zeit stelle ich mit Genugtuung fest, dass sie sich in all den Jahrzehnten eigentlich überhaupt nicht verändert hat und in meinen Augen immer noch dieselbe Schönheit ist. Während eines Kalifornienaufenthalts sehr bald nach jener Fernsehübertragung nehme ich mir vor, mit ihr Kontakt aufzunehmen, sie hoffentlich wiederzusehen. Bei der Suche nach ihrer Adresse erfahre ich, dass sie kurze Zeit vor der Fernsehausstrahlung verstorben ist. Deshalb schreibe ich an ihren Mann, Mr. Reach in Santa Monica, einen Brief, woraufhin er mich sofort gerührt anruft und wir ein langes und bewegendes Gespräch miteinander führen.

Mill Valley seit den siebziger Jahren. Nach meinem Abschied vom kalifornischen Kinderparadies als Achtjähriger darf ich dieses erst Jahrzehnte später, 1975, zum ersten Mal wiedersehen. Während all meiner nachfolgenden Kalifornienbesuche zieht mich dieser Ort immer wie ein Magnet an. Die Erinnerung daran würde mich nicht so konsequent dorthin zurückholen, wenn – für die USA sehr ungewöhnlich – dieser Ort nicht wie nach einem Dornröschenschlaf praktisch unverändert geblieben wäre: Mill Valleys Ortskern, dessen etwas höher gelegene Straßen, darunter auch unsere Lovell Avenue, mein einstiges Elternhaus, die Nachbarhäuserreihe, der dichte Wald mit dem Spielplatz mitsamt noch genau derselben Schaukel, das (nur um einen Neubau etwas erweiterte) Schulhaus, ja sogar eine immer noch mit demselben Giftgrün angestrichene, aber innen völlig verfallene, ehemalige Bäckerei zwischen Spielplatz und Schule. Immer wieder dasselbe Gemisch aus Wehmut, Vertrautheit und Staunen, das mich beim Betrachten dieser Stätten überkommt.

Der Ort ist mit dem Auto leicht erreichbar. Entweder von San Francisco über die Golden-Gate-Brücke und dann an Sausalito vorbei – das war der tägliche Weg meines Vaters in die San Francisco Symphony – oder von Norden von Berkeley über die Richmond-Brücke und San Rafael bis kurz vor der Golden-

Gate-Brücke. Am Ende der langen und schnurgeraden Ortszufahrt steht noch dasselbe Sägewerk mit riesigen Brettern. Und am Ortseingang, wo früher die Greyhound-Busstation war, ist, neben immer noch demselben gewaltigen Baum, ein betonierter Parkplatz angelegt. Das erstaunlichste Phänomen ist jedes Mal die Uhr am Ortseingang auf dem Laternenpfahl, noch heute mit demselben Zifferblatt, aber mit stehen gebliebenen Zeigern.

Die Geschäfte haben sich natürlich alle verändert. Der Frisörladen an der Ecke unterhalb der Lovell Avenue, bis vor einigen Jahren immer noch mit denselben Sitzen, auf denen wir als Kind unsere Haare schneiden ließen und auf dem Toni bei dieser Prozedur immer wie am Spieß schrie, ist inzwischen verschwunden. An einer Hausmauer daneben klebten früher die Filmplakate: mit Abbildungen der amerikanischen Filmgrößen aus den vierziger Jahren: die junge Elizabeth Taylor, Rita Hayworth, Errol Flynn, Humphrey Bogart, Charles Laughton, Clark Gable, Cary Grant und viele andere meiner damaligen Lieblinge. Am anderen Ende des Dorfes steht heute noch das ebenfalls erst kürzlich renovierte Kino. Dessen klassische Einrichtung war noch während meiner ersten Besuche in den siebziger Jahren unverändert: der Eingang, die Kasse, unter der Toni und ich vorbeischlüpften, um nicht bezahlen zu müssen und mit dem Eintrittsgeld Popcorn kaufen zu können, dahinter die Plakatwand und der dunkelrote Samtvorhang vor dem Vorführraum.

Dieses Kino war ein Herzstück unseres Kinderdaseins in Mill Valley. Ein Jugendverbot für Kinobesuche gab es damals in Kalifornien überhaupt nicht. Wenn meine Eltern ins Kino gingen, nahmen sie uns schon in den ersten Jahren einfach mit. Ich erinnere mich besonders an eine Gewaltszene zwischen einem Mann und einer Frau, bei der ich den schlagenden Mann mit grotesk deutschem Akzent reden zu hören glaubte. Ich vermute, dass diese Assoziation etwas mit der gelegentlichen Gewalttätigkeit meines Vaters meiner Mutter gegenüber zu tun hatte sowie mit dem überaus starken deutschen Akzent, mit dem er Englisch sprach. Dazu kam meine Horrorvorstellung von Deutschland, die ich mir aus den täglichen Tischgesprächen im Eltern- und Großelternhaus bildete. Dort sickerten andauernd neue Schreckensberichte vom europäischen Kriegsschauplatz in meine Kinderohren und vermittelten mir über die Jahre hinweg das Bewusstsein, trotz meiner Zugehörigkeit zu Amerika ein Emigrantenkind, ein Fremder, irgendwie Ausgeschlossener zu sein. Auch an eine Kino-Wochenschau erinnere ich mich, in der Truman noch als Vizepräsident Roosevelts bezeichnet wurde. Andere Filmszenen wiederum wurden dann zu Hause unter meiner Regie zusammen mit Toni nachgespielt, nachdem ich ihn zu fragen pflegte: «Möchtest du heute lieber *love* oder *crime*?» Einmal übernahm ich jedoch eigenmächtig die Rolle des klugen Roosevelt und überließ meinem kleinen Bruder die des dummen Truman.

Unser Elternhaus habe ich seit den siebziger Jahren mehrere Male ausführlich besichtigt, meistens allerdings nur von außen. Von dem allerersten, mich sehr bewegenden Besuch gibt es ein Foto vor dem Haus, zusammen mit meinem Sohn Stefan etwa in dem Alter, in dem ich Mill Valley verließ. Auffällig neu seit den vierziger Jahren ist nur die große Hecke auf der Mauer am Treppeneingang zum Vorgarten. Der Blechbriefkasten mit Öffnungsklappe und rotem Blechfähnchen ist jedoch bis heute derselbe geblieben. Ansonsten gibt es immer noch die Garage wie damals mitsamt der Einfahrt, darüber das frühere Zimmer meiner Mutter mit dem kleinen Balkon davor. Rechts im Parterre das *study* meines Vaters, sein Arbeits- und Schlafzimmer zugleich, in dem ich als Siebenjähriger für meine Klavierstunden bei Marion Winkler übte. Dort wurde auch viel Kammermusik mit Freunden aus der Nachbarschaft oder aus San Francisco gespielt, wofür immer Stühle aus dem gegenüberliegenden Beerdigungsinstitut ausgeliehen wurden. Ganz rechts neben dem heute verglasten Hauseingang lagen früher Esszimmer und Küche. Kinderzimmer und Bad gingen oben nach hinten in den Garten hinaus. Einmal in den frühen achtziger Jahren klingelten meine Mutter und ich aufs Geratewohl an der Haustüre, und wir wurden sofort mit freundlicher Selbstverständlichkeit zur Besichtigung hereingelassen. Der ganze Vorderteil des Hauses, der mir jetzt natürlich überall winzig vorkam, war weitgehend unverändert geblieben. Dort, wo hinter dem obengelegenen Kinderzimmer früher der Garten gewesen war, in den man durch das Schiebefenster hinaussteigen konnte, waren jetzt mehrere neue, angebaute Räume.

Ganz anders als in Pacific Palisades fühle ich mich während all meiner Kindheitsjahre in Mill Valley am glücklichsten außerhalb des Hauses. Das Haus ist eng und sehr hellhörig, besonders wegen des in alle Räume hinein geöffneten Heizungsschachts. Am sichersten fühle ich mich im Kinderzimmer, in dem ich frühmorgens im Bett manchmal bei Nebel die Schiffshörner in der San-Francisco-Bucht oder abends vor dem Einschlafen meine Mutter im Treppenhaus telefonieren höre. Wenn ich nicht im steil den Hang hochsteigenden und verwilderten Garten, auf der Straße, auf dem Spielplatz am Waldrand oder bei Freunden spielen kann, halte ich mich im eigenen Zimmer auf. Aber auch da kann der Vater, wenn wir während seiner Mittagsruhe zu laut sind, die Treppe hochgepoltert kommen, ins Zimmer stürmen und uns mit wutverzerrtem Gesicht anzischen oder uns auf den Kopf schlagen. Ein weiterer sicherer Platz ist die Küche. Denn dort essen wir Kinder immer, auch abends, wenn beide Eltern ungestört im Esszimmer nebenan speisen wollen, manchmal sogar mit geschlossener Türe.

In dieser Küche hat der alte, defekte Gasherd einmal gebrannt, wahrscheinlich viel harmloser, als ich es mir damals einbildete, da ich nach meiner Erinnerung mitten in den Flammen stand, ohne dass ich diese irgendwie gespürt habe. Sehr anders verhielt es sich mit dem selbstverschuldeten kleinen Brand oben im Kinderzimmer während meiner ganz frühen Schulzeit. Wir hatten im Unterricht gerade gelernt, dass jedes Feuer ohne Sauerstoffzufuhr erlischt, was uns mit einem über eine Kerzenflamme gestülpten Glas demonstriert wurde. Abends bricht ein Gewitter los, und meine Mutter stellt uns eine Kerze ins Kinderzimmer. Ich will nun das Schulexperiment wiederholen. Da ich mich im Dunkeln nicht in die Küche hinuntertraue, um ein Glas zu holen, behelfe ich mir mit einem dachförmig dicht über die Flamme gewölbten Stück Papier. Das fängt natürlich gleich Feuer. In meiner Panik, das ganze Haus könne in Brand geraten, halte ich das lichterloh brennende Papier weiter so lange mit zusammengebissenen Zähnen in der Hand fest, bis ich mir den ganzen Daumenballen verbrenne. Ich versuche die mir dabei zugezogene, schmerzhafte Brandwunde so lange wie möglich vor meiner Mutter zu verbergen. Aber sie entdeckt sie natürlich abends beim Auskleiden im Badezimmer. Ihre Ausheilung wird mehrere Monate dauern.

In dem gegenüber dem Kinderzimmer gelegenen Zimmer meiner Mutter halte ich mich sehr viel seltener auf als in dem meines Vaters unten am Treppenfuß. Denn im Zimmer des Vaters steht das Klavier. Mein Vater hat mir später gesagt, ich sei als Drei- oder Vierjähriger beim Zuhören der dort gespielten Kammermusik mit Freunden wiederholt in Trance gefallen, mit verdrehten Augen und seltsam schaukelnden Bewegungen des Oberkörpers. Mein Vater spielt mir auch gern Schallplatten vor, beispielsweise «Peter und der Wolf», und erläutert dabei die Programmmusik besonders spannend, anschaulich und originell. Dafür besteht eine meiner täglichen Aufgaben darin, kurz vor seiner Rückkehr aus der San Francisco Symphony die Fransen seines Teppichs im Arbeitszimmer mit den Fingern gerade zu rechen. Mein Vater hat nicht lange nach meiner Geburt seine Stelle als Bratschist in der San Francisco Symphony bekommen, weswegen wir von Carmel nach Mill Valley umgezogen sind. Mit seinen einundzwanzig Jahren das jüngste Mitglied des Orchesters, will ihn sein Chefdirigent Pierre Monteux schon bald wieder entlassen, angeblich, weil er im Konzert einmal mit braunen statt mit schwarzen Schuhen erschienen ist. Aber die Intervention seines Vaters bei Monteux bewahrt ihn vor dem Hinauswurf, sodass mein Vater bis zu unserer Übersiedlung nach Europa in diesem Orchester bleiben wird.

So unberechenbar sich mein Vater als nervös überspannter Wüterich aufführen kann, so überraschend zugewandt, liebevoll und lebendig humorvoll kann er sein. Als einen der schönsten Augenblicke erinnere ich es, einmal auf seinen Schultern zu sitzen, während er von der Küche ins Esszimmer und wieder zurück geht und ich dabei aus dieser riesigen Höhe den abgründig tiefen Boden betrachten kann. Auch zu einem Kinderkonzert der San Francisco Symphony nimmt er mich manchmal mit, und ich darf von meinem Fauteuilsitz aus stolz seinem Bratschenspiel an einem der Pulte zuschauen, bis er mich wieder abholt. Eines Nachmittags darf ich mich in einem Fotostudio ablichten lassen (ein Foto, das noch bis vor Kurzem lose in meiner Fotosammlung herumlag) und mir anschließend ein wenig Marzipan aussuchen. Unvergesslich geblieben ist mir auch eine Nachtwanderung mit meinem Vater und Toni bei Vollmond durch den unheimlich dunklen Wald am Fuß des Mount Tamalpais über Mill Valley. Auf dem Heimweg verirren wir uns hoffnungslos. Mein Vater versteht uns jedoch zu beruhigen. Mit dem kleinen Toni auf seinen Schultern leitet er uns wohlbehalten zurück nach Hause. Gelegentlich nimmt er uns zum Krebsefangen am Waldbach neben der alten Mühle mit, die unserem Wohnort seinen Namen gegeben hat. Ein recht gruseliger Anblick ist es dann nur, wenn der Vater zu Hause vor unseren Augen die Tiere lebend in das kochende Wasser im Topf auf dem Herd wirft und dann begeistert den raschen Wechsel ihrer dunkelbraunen Farbe ins Rote kommentiert. Als er beim Krebsefangen einmal in den Bach stürzt, gibt er sein Missgeschick geistesgegenwärtig als eine Clown-Einlage für uns Kinder aus.

Im Vergleich zu meinem Großvater oder zu Golo erlebe ich meinen Vater im Grunde wie ein riesiges Kind mit völlig unberechenbaren und daher sehr anstrengenden, extremen Stimmungsschwankungen. Er leidet sehr deutlich unter seiner eigenen Zerrissenheit und darunter, sich selbst so wenig unter Kontrolle zu haben. Ich habe aber nie erlebt, dass er mit seiner sich manchmal plötzlich und brutal entladenden Wut wirklich mich meint. Auch Eifersucht seinerseits, weil sein Vater mich vergöttert, ihn jedoch als Kind ausgesprochen schlecht behandelt hat, habe ich nie gespürt. Nur manchmal merke ich deutlich, dass er sich mit meinem vom Großvater weniger angesehenen, schwächeren kleinen Bruder solidarisiert, wenn er mich dabei erwischt, dass ich diesen ärgere oder tyrannisiere. Dann droht er mir: «Warte nur, wenn du groß bist, dann ist der Toni stärker als du und wird dich verhauen.» Ob mein Vater stolz darauf war, einen Sohn zu haben, den sein Vater über alles liebte, weiß ich nicht. Erst sehr viel später bekennt mir mein Vater etwas verlegen, er und meine Mutter hätten erwogen, mich wegen meines engelhaften Aussehens nach Hollywood zum Film zu geben. Ich kann nicht beurteilen, wie ernst diese Überlegung je gewesen ist und was sie wieder davon abgebracht hat. Manchmal denke ich, dass es ein Machtwort von meinem Großvater war, aber das mag eine vorschnelle und ungerechte Unterstellung meinen Eltern gegenüber sein.

Meine Mutter ist im Vergleich zu meinem Vater entschieden berechenbarer in ihrer gleichmäßig unterkühlten und eher desinteressiert wirkenden Art. Ihre Beziehung zu uns Kindern besteht hauptsächlich darin, uns zu verwalten. Sie ist immer ruhig und freundlich, versorgt uns und nimmt uns auch zum Einkaufen in den Ort mit. Aber an etwas anderes kann ich mich eigentlich nicht erinnern: an irgendeine körperliche Berührung von ihr. Auch ihre Bestrafungs- oder Androhungsmethoden zeichnen sich durch besondere, angsterzeugende Subtilität aus. Schon fast ein Ritual, vor dem ich mich jedes Mal fürchte, ist es, wenn sie abends im Bad meine beschmutzte Unterhose entdeckt, das Schiebefenster öffnet, die Hose hinausstreckt und sagt: «Jetzt zeige ich deine Bäh-Hose dem lieben Gott im Himmel.» Daran, dass sie mir etwas vorgelesen hat, kann ich mich kaum erinnern – nur einmal, als ich erkältet und mit Fieber im Bett lag, las sie mir abends in ziemlich grellem Licht aus Grimms Märchen vor. Als ich sie später einmal, auch noch als Kind in der Schweiz, stolz und verlegen zugleich auf meinen mir von Großmutter Katia nahegebrachten, besonderen Charme und Liebreiz als kleines Kind anspreche, glaubt sie, mir meine vorsichtig vorgetragene Bemerkung rasch zurechtrücken zu müssen: «Du warst als kleines Kind schön, aber affektiert, und der Toni war dafür mehr *herzig.*»

Wir alle vier fahren, besonders in den warmen Sommermonaten, häufig über Mittag mit unserem hustenden Vorkriegs-Plymouth über den Berg zum idyllischen Stinson Beach, wo wir den sich im Pazifischen Ozean auf die Golden-Gate-Brücke zubewegenden oder von dorther kommenden Schiffen nachschauen, während wir in den Dünen picknicken oder am Strand entlanglaufen. Wenn das Wasser nicht zu kalt ist, springen meine Eltern auch einmal in die Wellen.

Jahrtausendwechsel in San Francisco Downtown, Embarcadero. Es ist der 31. Dezember 1999, wenige Stunden vor Mitternacht. Meine Frau C. und ich quetschen uns in die von Berkeley nach San Francisco fahrende, überfüllte und im Inneren von Zigarettenrauch benebelte BART *(Bay Area Rapid Transit)*. Im Zug lauter ausgelassenes Jungvolk in Vorfreude auf das Feiern in der Stadt. Plastikflaschen mit einer braunen, vermutlich mit Ecstasy oder einem anderen Aufputschmittel versetzten Flüssigkeit werden geschwenkt. Auch nach der beengenden Fahrt unterirdisch durch die Bucht geht das Gedränge und Geschiebe unvermindert weiter. Am Hafen ist für Mitternacht ein riesiges Feuerwerk angekündigt. Irgendwann verteilt sich die Menge ein wenig. Man kann wieder atmen und freier herumlaufen. Kurz vor 24 Uhr geht es richtig los. So ein reichhaltiges und rasant abgeschossenes Feuerwerk habe ich noch nie gesehen. Trotzdem kommt mir bald etwas bekannt vor. Das Krachen der Feuerwerkskörper, die euphorisch schreienden und blind lachenden Gesichter, die tanzenden Körper, der Klang der Stimmen, die Artikulation der nur bruchstückhaft zu vernehmenden Äußerungen. Habe ich das alles nicht schon einmal erlebt? Dazu noch etwa hier, an dieser Stelle? Je mehr wir uns im Stadtinneren der Market Street nähern, desto mehr dämmert es mir. Plötzlich sehe ich mich inmitten des Taumels der Siegesfeier am 8. Mai 1945. Aber ich befinde mich nicht draußen auf der Straße, sondern zusammen mit Toni und unserem Hund Micky im Inneren unseres Autos eingesperrt. Meine Eltern hatten hier den Wagen abgestellt und sich dann zu Fuß ein Stück weit durch das Gewühl der wildgewordenen Menge vorwärtstreiben lassen. Das Krachen um mich herum klingt ähnlich wie Feuerwerk. Es sind Schüsse von heimgekehrten Soldaten. Ich sehe vom Autofenster aus, wie sie im entfesselten Trubel auf der Straße ihre Munition ins Leere verschießen. Überall bis dicht um die geschlossene Fensterscheibe herum schieben sich Massen verzerrt lachender Gesichter, tobende und tanzende Körper, gestikulierende Arme und Hände. Ich höre wilde Schreie. Und überall fliegen Massen an Zeitungspapier durch die Luft. Es ist, als triebe ich in einer Taucherglocke inmitten eines Meeres überschäumender Ausgelassenheit umher. Jetzt, bei der Jahrtausendwende, sind der

Klang der Stimmen, die Redeweise der Menschen und ihre Art, sich zu bewegen, mir unheimlich vertraut. Aber spätestens als wir uns wieder auf den Heimweg machen, hat mich die Gegenwart aus der Illusion geholt, immer noch oder wieder zu diesem Land und seinen Menschen zu gehören.

Nach dem Ende des Krieges dauert es noch fast zwei Jahre, bis meine Eltern mit uns einen ganzen Sommer lang ihre kurz nach Kriegsausbruch verlassene europäische Heimat besuchen werden. Die Entminung des Atlantiks braucht ihre Zeit, und meine inzwischen auch zu amerikanischen Staatsbürgern gewordenen Eltern und Großeltern (wir vier Enkel sind es schon von Geburt an) warten auf ihre neuen Reisepässe. Bei deren Erhalt werden sie ihre tschechoslowakischen Pässe zurückgeben, welche sie 1936 als aus Deutschland Ausgebürgerte geschenkt bekommen hatten, um reisen zu können. Meinem Bruder und mir wird als Vorbereitung auf unsere Reise viel über die Schweiz erzählt, nachdem meine Mutter über Briefe mit meinen «anderen», mir noch unbekannten Großeltern wieder Verbindung aufgenommen hat. Von jenen «anderen» Großeltern, auf die ich zunehmend neugierig werde, bekommen wir Kinder zur Einstimmung ein faszinierendes Schweizer Bilderbuch über den Ozean geschickt. Es ist eine Bubengeschichte vom «Schellenursli», die im von Kalifornien wirklich extrem weit entfernten, bergigen und schneereichen Engadin spielt. In den Bildern klettern die martialisch der Natur trotzenden Leute mit Nagelschuhen über Felsen und über in schwindelerregender Höhe gespannte, schmale Hängebrücken und versinken tief im Schnee. Sie wohnen in massiven, mit vielen Holzschnitzereien versehenen Häusern mit Ställen daneben und essen allerlei wunderliche Gerichte. Der auf Deutsch verfasste Erzähltext ist mit vielerlei mir recht fremdartig vorkommenden Ausdrücken durchsetzt, die uns als «schweizerisch» nahegebracht werden.

In der Zwischenzeit werde ich in Mill Valley eingeschult. Vorn im Klassenzimmer steht, neben dem Lehrerkatheder, immer eine große amerikanische Flagge aufgepflanzt. Vor dieser haben wir täglich vor Unterrichtsbeginn die Nationalhymne abzusingen, die Jungens in salutierender Haltung, die Mädchen mit der Hand auf dem Herzen. In der Klasse schließe ich neue Freundschaften. Bei gelegentlichen Raufereien im Hof kann ich meine körperlichen Kräfte messen, mit leider ernüchterndem Ergebnis. Zu mir nach Hause bringe ich nur einmal einen der neugewonnenen Freunde aus der Klasse mit: einen hochaufgeschossenen, dunkelhaarigen Jungen namens Peter. Als dieser meinem Vater begegnet, flüstert er nur noch vor lauter Schüchternheit. Deshalb gebe ich solcherlei Versuche wieder auf.

Meine beiden besten Freunde sind nicht Mitschüler, sondern Söhne meiner kanadischen Klassenlehrerin Mrs. Anderson. Diese wohnt mit ihrer Familie in einem etwas höher gelegenen Holzhaus im Wald jenseits des Baches. Der ältere, Stewart, ist weniger interessant, aber für den temperamentvollen, originellen Schlingel Bobby begeistere ich mich immer wieder von Neuem. Mit beiden und meiner besten Freundin Joannie aus der Nachbarschaft spiele ich bei gutem Wetter ganze Nachmittage auf den breiten Strunken der Redwood-Bäume im dichten Wald, auf dem Spielplatz davor, auf den morschen Balken der ganz alten Mühle am Bach oder am Rande des seichten Bachbetts. Wir veranstalten wilde Indianer- und Cowboy-Spiele. Diese ausgelassenen, expansiven Streifzüge geben mir ein Gefühl immenser Freiheit und gleichzeitig das Empfinden einer so elementaren Gebundenheit an dieses Stück Erde, dass ich mich noch sehr lange, spurenhaft sogar bis heute, danach sehnen werde. Bei schlechterem oder kaltem Wetter hocken wir bei einem der Freunde zu Hause herum. Am liebsten gehe ich allein zu Joannie und ihren Eltern und ihren noch sehr kleinen Geschwistern.

Joannie ist ein sanftes Mädchen mit etwas knabenhafter Figur und hübschem Pagenkopf. Wenn ich mich recht erinnere, sind ihre Eltern auch Emigranten. Der schon mit jungen Jahren glatzköpfige Vater arbeitet in einem Grocery Store unten im Dorf, die mächtige, schwarzhaarige und meist zu Hause thronende Mutter hat etwas ausgesprochen Matronenhaftes an sich. Bei ihnen im kleinen Wohnzimmer ist es ziemlich dunkel, und es riecht meistens etwas süßlich nach vollen Windeln. Aber das hält mich nicht davon ab, immer wieder dorthin zu gehen. Auch gemeinsame Filmbesuche mit der ganzen Gang gehören zu unserem Programm.

Meine Tendenz, dem eigenen Elternhaus zu entfliehen, treibt, glücklicherweise nur kurz, auch etwas seltsame Blüten. Irgendwann beginne ich auf den Geschmack von amerikanischem Kaugummi zu kommen. Da mir meine Eltern offenbar die gewünschte Menge nicht zubilligen wollen, bettle ich überall auf der Straße wildfremde Menschen darum an. Meine Eltern kommen irgendwann dahinter und verbieten es mir. Das erhöht für mich jedoch den Reiz, heimlich verstärkt weiterzumachen. Die Eltern erwischen mich erneut, und mein Vater droht mir eine Tracht Prügel an. Eines Tages habe ich unten an der Ecke gegenüber dem Frisörladen und der Filmplakatwand wieder einen Passanten dazu gebracht, mir einen Kaugummistreifen zu schenken. In dem Augenblick, als er mir seine Gabe überreicht, tauchen meine Eltern oben an der Lovell Avenue auf und schreiten die Straße hinunter auf mich zu. Ich sehe ihren Gesichtern an, was mir jetzt blüht. Auf die schroffe Anweisung meines Vaters hin folge ich ihnen nach Hause. Dort öffnet mein Vater seinen Kleiderschrank, der aus Platzgründen auf dem Flur vor seinem Zimmer steht, und sucht sich aus seiner Kollektion an Ledergürteln ein besonders breites Exemplar aus, nimmt mich aufs Knie und versetzt mir eine ganze Anzahl schmerzhafter Hiebe aufs Hinterteil. Damit ist die Episode des Kaugummibettelns für immer beendet.

Vor unserer ersten Atlantiküberfahrt wird Pacific Palisades zu einer Art von paradiesischem Exil. Schon während der Kriegsjahre 1943 und 1944 verbringen Toni und ich die Sommermonate dort, davon nur eine kurze Zeit zusammen mit meinen Eltern. Auf vielen Familienfotos ist die Idylle im großelterlichen Garten festgehalten. Trotz des fast subtropisch-mediterranen Flairs wird das Haus für mich jetzt während der Vorbereitung auf Europa immer bewusster eine Enklave deutsch-europäischer Kultur, noch stärker und vielfältiger als mein täglich mit deutscher Musik erfülltes Vaterhaus. Die meisten Weihnachtsfeste verbringen wir in Pacific Palisades, auf sehr deutsche Art: mit Tannenbaum, mit in den USA an Weihnachtsbäumen verbotenen Wachskerzen und mit von Katia während des ganzen Jahres gesammelten und zu Lamettastreifen zurechtgeschnittenem Schokoladenpapier. Es wird, wie in Mill Valley, deutsch gesprochen und deutsche Musik gehört und gespielt, und der Großvater liest deutsche und skandinavische Märchen vor. Die vielen Besucher zum Tee oder Dinner sind fast alles berühmte deutsche «Onkel und Tanten» aus der Nachbarschaft.

Im März 1947 ist es endlich so weit. Meine Mutter und wir zwei Kinder durchqueren von San Francisco mit dem Pullman-Zug fünf Tage und Nächte lang, zwischen unserem abends immer umgebauten Abteil und dem Speisewagen hin und her pendelnd, den amerikanischen Kontinent nach New York. Dort besteigen wir die «Veendam», einen dickbäuchigen holländischen Koloss aus der Vorkriegszeit, der uns nach Rotterdam bringen soll.

Das Meer ist während der elf Tage dauernden Überfahrt nach Holland am Ende des Winters sehr bewegt, und das ständig schaukelnde und in seinen Fugen ächzende Schiff beschert seinen Passagieren, fast alles aus der Emigration heimkehrende Holländer, wahrlich keine komfortable Fahrt. Auch das Essen an Bord des aus dem schwer kriegsgeschädigten Holland stammenden Dampfers ist fast ungenießbar. Ausgerechnet während dieser Überfahrt erkranken Toni und ich an Windpocken und müssen einen großen Teil der Reise im Schiffslazarett zubringen.

Endlich ist die zermürbende Schiffsreise zu Ende, und wir fahren im Hafen von Rotterdam ein. Es ist ein schockierender Anblick. Alle Heimkehrer stehen dicht gedrängt vorn auf dem Deck und starren, in der plötzlichen Stille des mit abgestellten Motoren in den Hafen gleitenden Schiffs und vor Erschütterung stumm, auf das Ruinenelend ringsherum. Mein erster nicht von Bilderbüchern, sondern von der konkreten, gegenwärtigen Realität bestimmter optischer Eindruck von Europa wird zu einem Synonym für Krieg und Zerstörung. Und dieser Krieg ist nicht mehr eine abstrakte Größe aus den in der kalifornischen Idylle fast täglich gehörten Berichten über die Hölle am anderen Ende der Welt. Hier in unserem Ankunftshafen nimmt er jetzt greifbare und wirkliche Gestalt an.

Die einstigen Gebäude am Hafen sind nur noch eine Ansammlung von rauchgeschwärzten und kraterartigen Häuserstümpfen ohne Dach und mit leer gähnenden Fensterlöchern. Für ein in der Unschuld des kalifornischen Friedens aufgewachsenes Kind erweckt dieser Anblick ein Gemisch aus Staunen und Grauen. Aber es ist eine fremde Welt, weit weg. Toni und ich kommen bei diesem Anblick nicht auf die Idee, uns unserer ahnungslos über den Mantel geschulterten Spielgewehre zu entledigen. Es ist unsere Mutter, die sich, wie sie viel später bekennt, inmitten der Menge entsetzter und trauriger Heimkehrer für uns schämt.

Als wir angelegt haben, erwarten uns unten in der Schiffshalle meine Schweizer Großeltern. Die uns hinter der Absperrung aufgeregt zuwinkende Großmutter Mams sehe ich als Erste, dann Paps. Es ist schön, sie kennenzulernen. Vor allem Mams begegnet uns sehr aufmerksam und zugewandt. Dann endlich betreten wir europäischen Boden, Holland, die Stadt Rotterdam. Wir verlassen sie schnell und fahren im Direktorendienstwagen meines Großvaters über die belgische Grenze zu einem Ort namens Herentals in der Nähe von Antwerpen. Dort liegt eine der Straßenbaumaschinenfabriken, die Paps im Lauf seines Lebens aufgebaut hat, sowie das neu errichtete Haus meines Onkels mütterlicherseits, Hans. Die große, schwarze Limousine wird von einem Chauffeur gefahren und hat für die ungestörte Unterhaltung zwischen den Fahrgästen eine hinter dem Fahrer angebrachte, herunterkurbelbare Glastrennscheibe. So etwas habe ich bei meinen Großeltern in Kalifornien nie gesehen. Auch gab es dort keinen Chauffeur. Großmutter Katia nahm die Dinge gern selbst in die Hand, fuhr einkaufen und besorgte an den Sonntagen die Küche.

Bald treffen wir in Herentals ein und begrüßen Hans, einen sehr freundlichen und gut aussehenden Onkel, und seine Frau Isabel. In Herentals hat mein Großvater gleich nach dem Krieg von der Schweiz aus seine Maschinenfabrik und die Gießerei wieder in Betrieb genommen. Er hat noch eine kleine Fabrik in der Schweiz, die sein ältester Schwiegersohn verwaltet. Die in Leipzig wurde von der sowjetischen Besatzung enteignet. Auch in Wien und in Südamerika hatte er eine Fabrik mit seinen Patenten betrieben.

Mein Großvater Fritz Moser, ein kräftiger, untersetzter Mann mit breitem, aber ausdrucksvollem Gesicht, ist ein Selfmademan nach frühkapitalistischem Muster. Er fing, als Sohn einer Emmentaler Bäuerin und des Besitzers der ersten Bernischen Eisenbahn, als Lokomotivheizer bei seinem Vater an und studierte dann an der Technischen Hochschule in München. Dort pflegte er als begeisterter Wagner-Anhänger bei jeder Gelegenheit dessen Opern in der Bayerischen Staatsoper zu besuchen, ganz oben auf dem «Juchee» genannten Stehplatzboden für jeweils eine Reichsmark. Als Ingenieur entwickelte er später in

Zürich seine Patente für die von ihm konstruierten Betonmischmaschinen für den Bau der ersten europäischen Autobahnen.

Er heiratete Paula Reichenbach, eine aparte, schwarzhaarige Schönheit, die jüngste Tochter einer aus dem Vorarlberg ins Sankt-Gallische eingewanderten jüdischen Kaufmannsfamilie. Mit ihr bekam er drei Kinder, die in einem großen Haus mit Garten und Tennisplatz in Zollikon am Zürchersee eine glückliche Kindheit verbrachten. Das besonders vom Vater geliebte Nesthäkchen war meine Mutter Gret. Sie erinnerte sich noch Jahrzehnte später daran, dass ihr Vater manchmal mitten in der Nacht aufstand, um in der Küche seine neuesten Erfindungen zu überprüfen, indem er Reis in irgendwelche Zylinder füllte und wieder ausleerte. Der wie sein Vater zum Ingenieur ausgebildete Sohn Hans wanderte bei Kriegsausbruch nach Rio de Janeiro aus, wo er die Patente seines Vaters vertrat, und kehrte nach dem Krieg mit seiner neuen (nichtbrasilianischen) Frau in die Schweiz zurück, um dann in Belgien die Fabrik seines Vaters zu übernehmen. Die älteste Schwester Beth «überwinterte» wie ihre Eltern im Krieg in der Schweiz und heiratete einen Berliner Emigranten, dem mein Großvater zum Schutz vor einer Ausweisung seine Schweizer Fabrik überließ und für dessen Einbürgerung er sich später auch einsetzte. Beth und ihren Mann Franz werde ich also bald in der Schweiz kennenlernen.

Meine Mutter, ihr Bruder und ihre Eltern haben, siebeneinhalb Jahre nach dem überstürzten und völlig unsicheren Abschied voneinander bei Kriegsausbruch, einander viel zu erzählen. Paps hatte, als Offizier in der Schweizer Armee, im Reduit in den Alpen für den Fall eines Einmarsches der Deutschen einen Fluchtort für sich und seine jüdische Frau und Familie sichergestellt. Jetzt, da diese schreckliche Zeit vorüber ist, ist allen klar, mit wie viel Glück und Geschick die Schweiz eben an der Katastrophe vorbeigeschlittert ist. An eine bekanntlich erst Jahrzehnte später einsetzende selbstkritische Reflexion der umstrittenen und zwiespältigen Rolle der Schweiz im Krieg ist jetzt, so kurz nach der Erlösung von den jahrelang ausgestandenen Ängsten, gewiss nicht zu denken, schon gar nicht seitens meines extrem patriotischen und konservativen Paps. Ich stelle mir jedenfalls noch heute manchmal vor, wie sehr meine Mutter während der kritischsten Phasen der Schweiz im Krieg im fernen Kalifornien um das Schicksal ihrer Eltern und ihrer Schwester samt Familie gebangt hat.

Wir bleiben ein paar Tage in Herentals und lassen uns dort von Paps stolz seine Fabrik und die Gießerei zeigen. Dann reisen wir weiter, mit der Eisenbahn durch Frankreich nach Basel. Dort steigen wir im Schweizer Bahnhof in einen Zug in die dritte Klasse mit Holzbänken um, womit Paps das erste Beispiel für seinen im Vergleich zu den Großeltern in Pacific Palisades spartanischen Lebensstil gibt, trotz seines materiellen Reichtums.

Zürich und Zollikon im Sommer 1947. Diese erste Reise in die Schweiz ist von Anfang als ein auf einige Monate begrenzter Besuch bei den «anderen» Großeltern gedacht. Es ist deshalb eine recht glückliche Zeit, eine Zeit des Erkundens von völlig Neuem im Land des «Schellenursli» und doch eine Zeit der Geborgenheit bei ebenfalls lieben, sehr andersartigen Großeltern.

Witterungsmäßig verleben wir einen traumhaft schönen Sommer, der allerdings in der zweiten Hälfte in gewaltige, trockene Hitze ausartet. Besonders freue ich mich auch auf den nach dem Krieg ersten Besuch meiner jetzt mit amerikanischen Pässen ausgestatteten Großeltern aus Pacific Palisades in der Schweiz, der für Ende Mai angesagt ist. Es ist für mich ein herrliches Gefühl, an diesem so hübschen Platz an einem großen See mit unkalifornischen Wäldern und mit dem Blick auf mir bisher völlig unbekannt gewesene Gletscheralpen die ganze, große Familie bald vereint zu sehen.

Ursprünglich war der ganze Sommeraufenthalt als Schulferien für mich gedacht gewesen. Aber ich widersetze mich dem, weil ich sehr gern eine Schweizer Schule kennenlernen möchte. Obwohl ich in Amerika schon fast vor einem Jahr den Übergang vom Vorschul-*kindergarden* in die reguläre Schule vollzogen habe, bleibt mir als noch nicht Siebenjährigem im Frühjahr in der Schweiz nur eine Neueinschulung in die erste Primarschulklasse übrig. Großmutter Mams begleitet mich am ersten Tag dorthin. Ich bin glücklich, dass mir wegen meiner amerikanischen Schulvorkenntnisse der hiesige Unterricht so ungeheuer leicht fällt.

Ziemlich bald nach unserer Ankunft kommt auch mein Vater aus Amerika nach, wo er noch ein paar Wochen mit seiner San Francisco Symphony auf Tournee gewesen war. Auch für meine Eltern ist das Elternhaus meiner Mutter ein willkommener, ruhender Pol bei ihrem ersten, vorsichtigen Abtasten des Terrains für eine langfristig geplante solistische Bratschistenkarriere meines Vaters. Sein sich vorerst überwiegend auf die Schweiz erstreckender Wirkungsradius ergibt sich allein schon aus den noch sehr eingeschränkten Möglichkeiten für eine Konzerttätigkeit in den umliegenden, vom Krieg schwer zerstörten Ländern, vor allem in Deutschland.

Die Sommermonate gestalten sich überaus vielfältig für mich. Insbesondere die interessante Schule und dazu ein Großvater, der mich an fast allen Sonntagvormittagen zu seinen wunderbaren Spaziergängen im Zolliker Wald oder in das Küsnachter Tobel mitnimmt, wo wir im kühlenden Schatten der hohen Bäume die faszinierenden Stromschnellen entlanglaufen. Auch die Übungen seiner täglich ausgiebigen Morgengymnastik auf dem Teppich neben dem Flügel im Musikzimmer mache ich an den schulfreien Tagen eifrig mit. Und als besonderes Privileg vor allem an Sonntagen erlebe ich es, morgens zu ihm ins Bett kriechen zu dürfen.

Großmutter Mams nimmt uns dafür oft zu ihren «Kommissionen» in Zürich mit, wo wir meistens auch in einer Konditorei «einkehren» und wo ich die besondere Schweizer «Confiserie» schätzen lerne sowie die bei heißem Wetter angenehm durstlöschenden, landestypischen Limonaden, deren Marken es teilweise heute noch gibt. In dem sonst streng und fast asketisch sparsamen Haushalt meiner Großeltern sind dies herausragende lukullische Unternehmungen. Den Schweizer Dialekt lerne ich in kürzester Zeit in der Schule und durch Nachbarfreunde. Später bekennt mir meine Großmutter ihre Erleichterung darüber. Denn bei unseren ersten gemeinsamen Stadtgängen habe sie sich, wie sie mir etwas später erzählt, wegen unserer Unterhaltung auf Hochdeutsch geschämt, weil dies damals die Sprache der Nazi-Aggressoren gewesen war.

Umso weniger kann ich verstehen, dass meine Großeltern ihr aus dem Schwäbischen stammendes und schon seit Jahrzehnten hier angestelltes «Dienstmädchen» Anna nicht sofort bei Kriegsende entlassen haben. Anna, eine biedere, vierschrötige und etwas überlaut sprechende Person mit rotem, faltigem Gesicht und immer ein wenig nach Abwaschwasser riechender Schürze, hat während des ganzen Krieges geradezu aufdringlich mit dem Naziregime ihrer deutschen Heimat sympathisiert. Sie hatte in ihrer Kammer ihr Herz-Jesu-Bild über dem Bett gegen ein Porträt Hitlers ausgetauscht und zum Entsetzen ihrer Herrschaft in der Küche statt der bisherigen Kirchenchoräle laut Nazilieder gesungen. Wiederholt soll sie bei Streitigkeiten mit ihrer jüdischen Hausherrin mit der Drohung aufgetrumpft haben, es werde sich schon zeigen, wer hier Meister sei, wenn auch die Schweiz endlich durch ihre Landsleute besetzt werde. Auch soll sie am Telefon ihren Freundinnen gegenüber geäußert haben, dass sie als Deutsche vorhabe, im besetzten Paris eine «leitende Position» einzunehmen. Ich spüre während meines ganzen Zollikon-Aufenthaltes den von allen Seiten der wieder streng katholischen Anna zufliegenden Hass und die Verachtung für sie.

Insbesondere Mams weiß sich gelegentlich für ihre durch Anna erlittenen Demütigungen mit so verletzenden Retourkutschen zu rächen, dass Anna schreiend und mit dem Fuß aufstampfend in Tränen ausbricht und überhaupt des Öfteren mit still verweinten Augen durchs Haus schleicht. Obwohl mir bei all dem, was ich über Anna weiß, etwas gruselig zumute ist, verbringe ich, vielleicht auch aus Mitleid, viel Zeit mit ihr zusammen in der Küche, wo sie allein essen und während der Mahlzeiten darauf warten muss, bis sie von Mams ins Esszimmer geklingelt wird. Ich schwätze mit ihr, lasse mir aus ihrer Kindheit auf der deutschen Seite des Bodensees erzählen und gehe manchmal auch aus purer Neugierde mit ihr mit, wenn sie am Sonntagmorgen auf schiefen Absätzen und gebetbuchschwingend zum katholischen Gottesdienst schreitet.

Die Hauptperson in Zollikon ist und bleibt jedoch Großvater Paps. Schon sehr früh lasse ich mich von ihm in seine überaus spannend wiedergegebene, sehr patriotische Version der frühesten Schweizer Geschichte einweisen: in die siegreichen Schlachten der ersten Eidgenossen gegen die Habsburger und den staatsgründenden Rütlischwur im Jahr 1291. Am liebsten jedoch gibt er in seinem drolligen Berner Dialekt die Wilhelm-Tell-Sage mit eingestreuten hochdeutschen Schiller-Zitaten wieder.

Bereits Ende April vermerkt mein Großvater Opapa in Chicago, inzwischen auch auf dem Weg in die Schweiz, ganz eifersüchtig in sein Tagebuch: *Nachrichten über die Enkel in Zürich. Freundschaft zwischen Frido u. dem dortigen Großvater, der aber doch keinen Echo schreiben kann.* Ende Mai trifft er dann selber mit Katia und Erika in einer kleinen Propellermaschine aus London in Zürich ein, und ich darf ihn kurz, aber mit unveränderter beiderseitiger Herzlichkeit wiedersehen, bevor er sich einige Monate lang in Flums aufhält, wo er die Korrekturfahnen des «Doktor Faustus» durcharbeitet.

Davor allerdings verdanke ich meinem Vater mein erstes großartiges europäisches Kulturerlebnis: eine Aufführung von Johann Sebastian Bachs Johannespassion in der Zürcher Tonhalle unter der Leitung des damaligen Tonhalle-Chefdirigenten Erich Schmid, mit Ernst Haefliger als Evangelist und meinem späteren Klavierlehrer Hans Andreae am Cembalo. Für mich unvergesslich wird dieses Erlebnis erst recht dadurch, dass mein Vater an meiner Seite während der Aufführung an bestimmten Stellen die Symbolik der orchestralen Gestaltung erläutert. Beispielsweise beim Rezitativ «und siehe da, der Vorhang im Tempel zerriss in zwei Stück, von oben an bis unten aus» die Begleitung durch die bis in die tiefsten Tiefen absteigenden Celli und Kontrabässe und dann, beim Beben der Erde, dem Zerreißen der Felsen und dem Öffnen der Gräber der Heiligen, die gewaltigen Streicher-Tremoli.

Auch in Zollikon wird viel musiziert. Paps, der einstige leidenschaftliche Wagner-Fan, improvisiert, am liebsten schon vor dem Frühstück im Morgenmantel, auf dem Bechstein im geräumigen und hellen «Musikzimmer» ausdauernd im rauschenden Richard-Strauss-Stil. Mams meistert bravourös Beethoven-Klaviersonaten. Sie spielt vor allem verblüffend virtuos Kammermusik- und Liedbegleitungen vom Blatt, besonders bei den Gesangsdarbietungen ihrer älteren Tochter Beth bei deren häufigen Besuchen. Tante Beth, die mit ihrer Familie am anderen Ende des Zürcher Sees wohnt, ist eine vitale und warmherzige Person, die viel und laut lacht. Golo bezeichnet sie mir gegenüber als «famoses Frauenzimmer». Von Beth wird erzählt, dass sie sich in den späteren dreißiger Jahren für ein paar Schweizer Franken von einem armen, aber überaus fähigen, aus Ungarn in die Schweiz emigrierten Klavierspieler begleiten ließ. Es ist der später weltberühmte Dirigent Sir Georg Solti, von dem meine Mutter sagen wird, er habe ihrer Schwester Beth «die Windeln gewaschen». Die während meines ersten Schweizbesuchs noch sehr kleinen Töchter von Beth, Connie und Lux, werden später ebenfalls Berufsmusikerinnen werden.

Als etwas merkwürdigen und mir nicht ganz erklärlichen Einschnitt in diesem idyllischen Sommer empfinde ich meinen mehrwöchigen Aufenthalt zusammen mit Toni in einem Kinderferienheim in Zuoz im Engadin. Der Grund hierfür ist vermutlich, dass meine Großeltern ihre alljährlichen Sommerferien im nicht weit entfernten Schuls-Tarasp diesmal allein mit ihrem Liebling Gret verbringen möchten, bevor es im Spätherbst wieder Abschied zu nehmen gilt. Ich habe die in jeder Hinsicht kargen Wochen im Kinderferienheim an sich in ganz guter Erinnerung. Das Heim ist sehr einfach, und unsere junge, hochgewachsene Erzieherin wirkt zwar ziemlich herb und freudlos, ist aber sehr verlässlich. Vielleicht verstärkt die steinige, in diesem heißen Sommer besonders vegetationsarme Engadiner Bergwelt diesen Eindruck. Das Tagesprogramm besteht vor allem aus Wandern, Spielen und Singen. Als belastend empfinde ich es nur, dass der knapp fünfjährige Toni die Heimatmosphäre partout nicht akzeptiert und mit seinen unkontrollierten Jähzornausbrüchen, die ich so schlimm von zu Hause gar nicht kenne, das ganze Heim in Atem hält, während ich nur hilflos und beschämt danebenstehen kann.

Ein besonders schönes Erlebnis hingegen ist die Schweizer Bundesfeier am 1. August, einen Tag nach meinem Geburtstag. Ich spüre genau die feierliche Stimmung an dem Tag, damals noch ohne das aufgeblasene Feuerwerks- und Knallkörpergedröhne von heute. Der stärkste Eindruck für mich an diesem Tag sind die während der Abenddämmerung mehrfach angezündeten Feuer auf den Berggipfeln.

Die restlichen Monate vergehen rasch. Im Spätherbst schiffen wir uns, diesmal zusammen mit meinem Vater und nach einem schmerzvollen Abschied besonders von Paps, wieder in Rotterdam auf der etwas solideren, auch holländischen «Noordam» nach New York ein. Die Überfahrt verläuft komplikationslos, mit ruhigerem Seegang und wohl auch ein wenig schneller als die Hinfahrt. Auf dem amerikanischen Festland kaufen meine Eltern einen gebrauchten schwarzen Plymouth, nachdem der aus der Vorkriegszeit stammende, verrostete grüne Vorgänger kurz vor unserer Abreise abgestoßen worden war. Dann durchqueren wir mit nur kurzen Nachtpausen den Kontinent.

Ich freue mich riesig, wieder in Mill Valley zu sein. Besonders gefehlt hat mir unser Hund Micky, eine Kreuzung aus Collie und Schäferhund, der schon vor meiner Geburt angeschafft worden war und der mich in den ersten Jahren treu in meinem Körbchen bewacht haben soll. Gleich am Tag nach unserer Ankunft holen wir ihn bei den Freunden aus der Nachbarschaft ab, die ihn während unserer Abwesenheit versorgt haben.

Die letzten knapp anderthalb Jahre in Kalifornien verlaufen in einiger Hinsicht etwas anders. Der Einschnitt des Aufenthalts in der Schweiz wirkt zumindest unbewusst nach. Aber auch die politische Situation hat sich verändert. Der Kalte Krieg bahnt sich an und damit auch ein recht grundlegender Stimmungswechsel meiner Familie dem einst sie rettenden Amerika gegenüber. Spürbar wird dies vor allem über Weihnachten in Pacific Palisades, wo wir dieses Jahr wieder die Feiertage verbringen, nachdem die Großeltern bereits im Frühherbst aus der Schweiz zurückgekehrt sind. Die in der Zwischenzeit einsetzenden antikommunistischen Verdächtigungs- und Hetzkampagnen und geheimdienstlichen Beschattungsaktionen gegen Klaus und Erika sorgen für immer größeren Unmut in der Familie. In diesem erstickenden Klima werden zum ersten Mal Erwägungen einer Rückkehr nach Europa ausgesprochen.

In Mill Valley greift die allgemeine Politisierung auch auf die Schule und meine Freunde in der Nachbarschaft und auf der Straße über. Gedankenlose Kinderrufe nach einem Atombombenabwurf auf Russland werden laut. Im Frühjahr 1948 beginnt der Präsidentschaftswahlkampf. In meiner Schulklasse formieren sich langsam die Fraktionen für die Kandidaten. Es sind diesmal drei: der Demokrat Truman, der erzkonservative Republikaner Dewey sowie der intellektuelle Kandidat der Progressive Party Henry Wallace, unter Roosevelt Landwirtschaftsminister und dann lange dessen Vizepräsident vor Truman. Er ist in meiner Familie, quer durch alle Generationen hindurch und in Pacific Palisades wie in Mill Valley, der uneingeschränkte Favorit. Während der Sommermonate lässt unsere Lehrerin einmal uns alle durch Handzeichen abstimmen. Das Votum für die beiden chancenreichsten Kandidaten Truman und Dewey hält sich in etwa die Waage. Für Wallace stimmt, zusammen mit mir, nur noch ein einziger Mitschüler, der sich, wie ich, ein wenig dafür schämt.

Zu dieser Zeit korrespondieren mein Großvater Opapa und ich recht viel miteinander. Er schickt mir Kinderbücher. Einen Teil der Schulferien im Spätsommer verbringen wir in Pacific Palisades, wo Toni und ich wieder fast täglich Märchen vorgelesen bekommen. Auch besuchen wir oft die Konzerte der «Hollywood Bowl», in deren Sommerfestspielorchester dieses Jahr mein Vater engagiert wurde.

Noch vor unserer nächsten Europareise im Frühjahr 1949 gibt es für Toni und mich einen Interimsschulwechsel. Meine Eltern beschließen, zum Jahresbeginn allein eine dreimonatige Mexiko-Reise zu unternehmen. Wir Kinder werden während dieser ganzen Zeit wieder von unseren Großeltern in Pacific Palisades aufgenommen. Von dort aus sollen wir Ende März zusammen mit den Eltern mit dem Auto direkt nach New York zum Überseehafen fahren. Diesmal weiß ich, dass der Europaaufenthalt nicht nur ein halbes Jahr dauern wird, sondern, wie mir versichert wird, «zwei Jahre». Darauf verlasse ich mich, als es beim Auszug aus dem Haus von Mill Valley, von dem Dorf, von der Schule, von Spielplatz und Wald und insbesondere von allen meinen langjährigen, lieben Freunden Abschied zu nehmen gilt. Zwei Jahre sind lang, aber sie sind eine tröstliche Perspektive für mich und für alle, die sich so ungern von mir trennen.

Ich habe die bewegte Szene, in der alle meine Freunde und insbesondere Joannie vor dem vollbepackten und abfahrbereiten Auto versammelt sind, in meinem Roman «Hexenkinder» beschrieben. Joannie selbst, die ich nie wiedergesehen habe und deren traurig wissenden Abschiedsblick ich nie vergessen werde, ist in dem besagten Roman das Modell für die Protagonistin Judith Herbst. Sie ist es allerdings nur, was deren früheste Kindheit betrifft, weil mir Joannies weiterer Lebensweg bis heute unbekannt geblieben ist. Vielleicht habe ich sie mir auch deshalb als Modell für meinen Roman ausgesucht, weil ich insgeheim hoffe, Joannies Lektüre einer englischen Übersetzung der «Hexenkinder» könnte uns eines Tages wieder zusammenführen.

Unter dem Weihnachtsbaum in Pacific Palisades ist dieser schwere Abschied erst einmal vergessen. Kurz nach Neujahr, als meine Eltern ihre Reise antreten, werde ich zum ersten Mal vor der San Remo Drive vom gelben Schulbus abgeholt und zur Schule gebracht. Nach meiner Erinnerung bereitet mir die Umstellung auf diese neue Schule keinerlei Schwierigkeiten. Obwohl sich mein Alltag zum ersten Mal zu einem großen Teil außerhalb des Großelternhauses abspielt, ist das Verhältnis zum Großvater nicht minder herzlich. Vor allem «schwätzen» wir an den Wochenenden sehr viel. Er liest mir zeitweise auch am Ende meines Schultags Märchen und kleine Geschichten vor, die er im Tagebuch immer genau vermerkt.

Neu ist, dass ich während dieser Monate aus Radiohörspielen, Comics und der mich an jeder Straßenecke überschwemmenden Kinderwerbung meine Begeisterung für Superman und Cowboyhelden entdecke, mit denen ich mich gern identifiziere. Bald schmücke ich mich mit deren Attributen Gürtel und Pistolentasche und ziehe mir immer häufiger Supermans blaues Trikot über, wobei ich mich an der Vorstellung berausche, ebenfalls mit der Allmacht des Fliegens ausgestattet zu sein. Mein Großvater notiert dies zweimal während jener Wintermonate im Tagebuch. Einmal meint er sogar eifersüchtig, fast resignierend, nachdem er mein *unersättliches Reden … über die Superman-Show* und meine *Sehnsucht nach dem Trikot-Kostüm* erwähnt hat: *Hauff und Andersen kommen dagegen nicht auf …* Ich erinnere mich, dass ich damals an den Nachmittagen oft stundenlang im Buick in der Garage am Autoradio hing und sehnsüchtig vom ersten bis zum letzten Wort in den fast täglichen Hörfolgen versank, in denen meine Helden mit immer wieder neuen Großtaten siegreich für die bedrohten Schwachen und gegen die Bösen einstanden. Zusätzlich zu meinem Superman ist «The Lone Ranger» mein wichtigster Cowboy-Heros, der fast stereotyp in jedem Hörspiel eben noch rechtzeitig erfolgreich in ein Verbrechen eingreift und sich dann wieder in seine Einsamkeit zurückzieht. Sein Auftreten wird in der Vor- und Nachspannmusik der Sendung immer mit denselben, mein Herz erhebenden Takten aus Rossinis Ouvertüre zu «Wilhelm Tell» umrahmt. Ein regelrechtes Donnerwetter setzt es einmal, als meine Großmutter eines Morgens feststellen muss, dass sich die Autobatterie völlig entladen hat. Erika nimmt dies zum Anlass, mich eindringlich vor den Folgen meiner Hörspiel-Orgien zu warnen: «Diese Hörspiele verkleben dir wie Honig dein Gehirn.»

Ein unvergessliches Erlebnis während meines letzten Aufenthalts in Pacific Palisades ist, nur eine Woche nach meiner ersten Fahrt zur Schule noch in der ersten Januarhälfte, völlig überraschender Schneefall über Nacht. Trotz der nur hauchdünnen und bald wieder wegschmelzenden Decke ist das eine ungeheure Sensation und macht an diesem Tag den Schulunterricht fast unmöglich. Mein erstes Schneeerlebnis ausgerechnet im mediterranen Pacific Palisades. Auch meine Großeltern haben in ihrem kalifornischen Exil noch nie Schnee gesehen. Deswegen beschließen Großvater und ich, während im Treppenhaus eine Heizung installiert wird, einen Schneespaziergang zu machen, vorbei an verschneiten Hausdächern und Autos, wo wir bald, etwas erschrocken, plötzlich einen erfrorenen Schmetterling entdecken.

Kurz vor meinem Abschied von Amerika versucht sich Erika als Handleserin. An einem Abend studiert sie im Lampenschein des *living room* die Linien und Furchen meiner Handfläche. Bei meiner «Lebenslinie» runzelt sie die Stirn und erklärt mir dann, dass diese Linie etwa an meinem 60. Lebensjahr unterbrochen sei. «Dann wirst du eine schwere Krankheit durchmachen, aber wenn du die überstehst, dann wirst du, gesund und glücklich, uralt werden.»

Zürich, 7. Juni 1997. Jahresversammlung der Schweizerischen Thomas-Mann-Gesellschaft mit dem Thema: Fünfzig Jahre «Doktor Faustus». Mein Vortrag hat den Titel «Echo zwischen Tod und Leben. Betrachtungen zum Verhältnis von Figur und Modell in Thomas Manns ‹Doktor Faustus›». Ich habe mich mit ein bisschen Angst an dieses Unternehmen gewagt. Mit umso größerer Erleichterung nehme ich das Wohlwollen und die deutliche innere Bewegtheit meiner Hörer auf. Das diesem Thema zugrunde liegende Geschehen hat mich bisher andauernd unterschwellig verfolgt. Ich habe es jahrzehntelang immer wieder beiseitezuschieben, zu vergessen, aus meinem Gedächtnis zu verbannen versucht. Es bleibt jedoch wie ein unauslöschliches Skript in mir eingraviert und begleitet und bestimmt mich in meinem ganzen Leben. Jetzt endlich äußere ich mich darüber zum ersten Mal öffentlich.

Es geht mir vor allem um die Frage nach den von mir vermuteten Hintergründen, Motiven und Folgen meiner literarischen Verewigung als Nepomuk Schneidewein, genannt «Echo», der im «Doktor Faustus» als vierjähriger Himmelsbote nach qualvoller Krankheit buchstäblich vom Teufel geholt wird. Ich beginne in meinem Vortrag mit den empfindlichen Folgen dieser literarischen Vereinnahmung. Ich berichte zuerst über die vielen still auf mir lastenden Blicke der im großelterlichen Haus in Pacific Palisades ein und aus gehenden deutschen Gäste, einzeln oder wenn sie alle am Abendtisch versammelt waren und ich ihnen an der kerzenbeschienenen Dinnertafel vorgeführt wurde. Ihr heimliches Beobachten war ein verwirrendes Gemisch aus Entsetzen, Mitleid, Bewunderung, Neid und Sensationslust. In meiner Erinnerung waren diese Menschen eine undefinierbare, amorphe Masse, die kaum eine individuelle Zuordnung zu einzelnen Personen zulässt. Das auf mir lastende Stigma ist also weniger ein literarisches als ein soziales.

Von den Mitgliedern des engsten Familienkreises dagegen erwarte ich, dass sie mit mir über meine doppeldeutige, da ehrenvolle und zugleich verletzende literarische Verewigung sprechen. Aber genau das tun sie nicht. Keiner. Nicht einmal mein Großvater oder meine Großmutter. Dies ist vermutlich der Hauptgrund dafür, denke ich heute, dass ich meinem Großvater lange jene literarische Vereinnahmung nachgetragen und mich deshalb mein halbes Leben über geweigert habe, seine Werke zu lesen. Die Intensität dieser Verletzung nimmt im Laufe der Jahrzehnte zwar immer mehr ab, aber ich meine jene «Blicke» subtil bis heute in der Wahrnehmung meiner Mitmenschen ausmachen zu können, sogar im Freundes- und Verwandtenkreis. Inzwischen beziehen sie sich auch gar nicht mehr speziell auf meine «Echo»-Rolle, sondern auf mein Dasein als Lieblingsenkel generell. Und überall und immer wieder muss ich deshalb auch schmerzlich lernen zu unterscheiden zwischen der Masse der sensationsgierigen und sich gern bei mir einschmeichelnden Trophäenjäger und den wenigen wirklich an mir persönlich interessierten, echten Freunden.

Zum Enkel-Klischee gehört auch, dass ich immer einseitig am Großvater gemessen werde und dementsprechend überhöhte Erwartungen wecke. Die daraus folgende Enttäuschung lässt mich in der Achtung der anderen sinken. Dies spitzt sich geradezu provokativ weiter zu, als ich beginne, mich «in den Fußstapfen des Großvaters» mit eigener literarischer Tätigkeit zu exponieren und mich offen meinen Gegnern, meinen Neidern und besonders auch denjenigen Literaten und Thomas-Mann-Spezialisten zu stellen, die Angst zu haben scheinen, dass ich ihnen ihren Expertenstatus als «wahre geistige Enkel» streitig mache. Es ist mittlerweile ein offener Kampf geworden.

Da es mir in meinem Vortrag besonders darum geht, meine jahrzehntealte Verletzung durch meinen Großvater neu zu reflektieren und zu beurteilen, gehe ich im letzten Teil meiner Ausführungen der Frage nach den möglichen Motiven für meine Porträtierung im «Doktor Faustus» nach:

Wenn ich mir die Hinweise darauf in Briefen und in den Tagebüchern Thomas Manns und vor allem in der «Entstehung des Doktor Faustus» vor Augen führe, dann scheint mir hauptsächlich eine «positive Betroffenheit» seitens des Autors maßgeblich gewesen zu sein. Im Einzelnen sehe ich mich hierbei hauptsächlich auf Spekulationen angewiesen. Denn ich habe über diese Frage gewiss nie mit meinem Großvater selbst gesprochen, so wenig, wie wahrscheinlich auch er mit anderen Familienangehörigen. Es ist ja bekannt, dass Thomas Mann beim Vorlesen des «Echokapitels» im Familienkreis in Anwesenheit meiner Mutter besonders dieser gegenüber ein schlechtes Gewissen verspürt hat. Erst Jahrzehnte später, lange nach dem Tod meines Großvaters, war für mich dieses Tabu so weit durchbrochen, dass Gespräche meinerseits mit Freunden und Bekannten möglich wurden. Dabei drängten sich einige Interpretationsmöglichkeiten auf. Etwa, dass mit der Ver-

zauberung durch ein Kind, dazu den eigenen Enkel, auch die Angst vor dessen Verlust verbunden war, dass die Fassungslosigkeit über das Geschenk dieses Kindes die Befürchtung beinhaltete, dieses nicht behalten zu dürfen, es wieder hergeben zu müssen und dass das im Roman phantasierte Sterben des Kindes zugleich ein Schutz war vor der Angst vor dem wirklichen Verlust. Nach einer anderen, weniger freundlichen Version war der fingierte Tod des kleinen Nepomuk ein Mittel, die verzehrende Sehnsucht nach dem geliebten, aber unerreichbaren, da mit einem Tabu und Verbot belegten Objekt, den Zwang auf den letztendlichen Verzicht erträglicher zu machen …

Meine heutige, der Einladung zu diesem Vortrag zu verdankende, erneute Auseinandersetzung mit meinem Urbildschicksal in einem der großen Werke dieses Jahrhunderts hat für mich mehrere Fragen und teilweise Antworten erbracht. Es war einmal die Frage nach den Gründen und Hintergründen für dieses Schicksal, nach dem Verhältnis des Autors des «Doktor Faustus» zur «Echo»-Figur und zu seinem Urbild. Dies sind historisch abgeschlossene Themen, in denen die literaturgeschichtliche und literaturwissenschaftliche Forschung einige Erkenntnisse ans Licht bringen mag, was aber an der Unabänderlichkeit des Gewesenen nicht weiter rührt. Noch nicht abgeschlossen und daher nur teilweise beantwortbar hingegen ist die Frage nach den endgültigen Folgen dieser Modellwahl für den immer noch weiterverlaufenden Lebensweg des Modells. Was sich inhaltlich in meinem Leben auch immer entwickeln mag, der gemeinsame Nenner, sozusagen die formale Klammer bleibt die Zweiheit von Last und Verantwortung einerseits und ehrenvoller, dankbar ausgeübter Pflicht andererseits. Und diese Pflicht folgt nicht nur allgemeiner dynastischer Tradition. Ich fasse sie immer mehr auf als persönliche Widmung demjenigen, von dessen Seite mir einst jene prägende, unsterbliche «Überliebe» zuteil wurde.

Nach dem letzten von mir gesprochenen Satz geschieht etwas Überraschendes. Der Tagungsleiter und Leiter des Thomas-Mann-Archivs und damals Präsident der Thomas-Mann-Gesellschaft Zürich, Thomas Sprecher, erhebt sich, geht auf mich zu und drückt mir die Hand. Auch mit seinen darauffolgenden Worten und mit seiner ganzen Haltung zeigt mir Thomas Sprecher erneut, dass er zu den wenigen geistigen Nachlassverwaltern meines Großvaters gehört, die mich nicht als Trophäe sehen, sondern dass er ein vertrauenswürdiger Freund ist.

Doch an jenem Tag scheint mich die gesamte Hörerschaft weitgehend verstanden zu haben. Dies geht immer deutlicher aus den nachfolgenden Gesprächsbeiträgen und Fragen hervor. Hat sich mit diesem Vortrag etwas verändert? Er ist vielleicht ein Anfang. Aber er wirft mich auch ein wenig auf mich selbst zurück. Vielleicht sollte ich mich fragen, ob diese «Blicke» wirklich immer genau das waren und sind, was ich in ihnen gesehen und wohl auch ein bisschen in sie hineingedeutet habe.

2. Die Verpflanzung in die Kulturheimat Europa

Die Schweiz als ruhender Pol. Zwei Jahre lang im düsteren Nachkriegs-Österreich. Leben zwischen beiden Großeltern und Internat in der Schweiz. Zwischenstation Florenz. «Der König geht». Elternlos im musealen Kilchberg. Gymnasium und Musikstudium.

Zürich, Ende August 2005. Gang durch die verregnete Parkanlage an dem noch vom gestrigen Sturm aufgewühlten See in Richtung Hotel Baur au Lac. Ich passiere das «Rote Schloss» am General Guisan Quai. In diesem haben meine aus Deutschland geflüchteten Urgroßeltern Pringsheim zwischen 1939 und 1942 in einer der Wohnungen ihre letzten, einsamen Lebensjahre verbracht. Die geradezu gespenstische Ähnlichkeit dieses palastartigen Anwesens mit seinen vielen Türmchen und Erkern mit dem prunkvollen Palais Pringsheim an der Münchener Arcisstraße, in dem die beiden vorher fast fünfzig Jahre lang gewohnt hatten. Ich beschleunige meine Schritte und gelange, vorbei an Kongresshaus und Tonhalle, zum Baur au Lac und flüchte vor dem neu einsetzenden Regen in die Hotelhalle. Seit dem achtzigsten Geburtstag meiner Großmutter Katia 1963 habe ich diese Halle nicht mehr betreten. Heute treffe ich, zum ersten Mal seit Ende meines Musikstudiums am Zürcher Konservatorium vor über vierzig Jahren, meinen Kommilitonen aus derselben Klavierklasse, Peter Aronsky, jetzt ein angesehener Pianist, der im Schweizer Musikmanagement Beachtliches auf die Beine gestellt hat.

Es ist merkwürdig, nach so langer Zeit in dem Raum zu sitzen, in dem ich mich mehrmals mit meinen Großeltern traf, wohl das erste Mal im Sommer 1947 und dann wenige Tage nach dem Tod meines Onkels Klaus im Mai 1949. Die Halle wirkt heute entschieden weniger feierlich und deutlich steriler als damals, vielleicht auch wegen des zwischenzeitlich sicher mehrfach ausgewechselten Mobiliars und der Bilder an der Wand.

Jetzt betritt Peter die Halle. Sein Gesicht ist unverändert, nur von grauen Locken umrahmt. Er trägt Blue Jeans und ein elegantes Jackett mit großer, gelber Krawatte. Wir setzen uns an einen der Tische, bestellen Tee und Obstkuchen und kommen langsam ins Gespräch. Erinnerungen an die gemeinsamen Jahre im Zürcher Konservatorium. Dann berichten wir aus unserem Leben seither. Er erzählt mir von den internationalen Musikfestivals, die er in St. Moritz organisiert, und ich ihm von meinen Bemühungen um den Aufbau eines Kultur- und Begegnungszentrums in der brasilianischen Geburtsstadt meiner Urgroßmutter Julia Mann-Bruhns-da Silva. Danach ergehen wir uns noch ein wenig in Träumereien von eventuellen gemeinsamen, zukünftigen Projekten in Europa oder Südamerika. Nach anderthalb Stunden verabschieden wir uns.

Glücklicherweise hat der Regen inzwischen nachgelassen. Am Bellevueplatz an der anderen Seite der Quaibrücke bin ich mit C. verabredet. Wir wollen zusammen zu Fuß am linken Seeufer die hübsche, mir seit der Kindheit vertraute Strecke durch das «Zürichhorn» bis Zollikon zurücklegen. Wir laufen zuerst bis zur Tram-Endstation Tiefenbrunnen. Von dort geht es über eine Autoüberführung nach Zollikon. Während meiner Kindheit musste man eine Bahnschranke passieren, die nach einem lauten Glockenton von einem Bahnwärter per Handkurbel geschlossen und geöffnet wurde. Wir gehen die Dufourstraße hoch und passieren auf der rechten Seite das große, freistehende ehemalige Haus meiner Großeltern Mams und Paps. Bis zum Verkauf des Hauses vor zwei Jahren haben wir bei allen gemeinsamen Reisen in die Schweiz seit unserer Verlobung viel Zeit dort verbracht. In den vierziger Jahren hatte es noch einen violetten Farbanstrich. Ich empfinde es beruhigend, mit C. an meiner Seite an meine alten Stätten zurückzukehren.

Wir laufen weiter, meinen früher täglich mit meinem «Schul-Tornister» auf dem Rücken und im Sommer barfuß zurückgelegten Weg entlang hoch zum Dufourplatz. Von dort geht es, am Dorfzentrum vorbei, zu meiner ehemaligen Primarschule. Anstelle des Konsum und der Bäckerei vor dem Springbrunnen am Dufourplatz, wo Mams früher oft einkaufen ging oder uns hinschickte, stehen jetzt andere Geschäfte. Nur die Tapeziererei gibt es noch. Das Schulhaus oben wurde inzwischen um einiges ausgebaut. Das Kerngebäude ist jedoch völlig unverändert. Wir gehen um das Schulgebäude herum auf den Pausenhof. Von dort kann ich durchs Fenster in mein ehemaliges, ebenerdiges Klassenzimmer blicken.

Mir fällt eine komische Situation ein. In der Parallelklasse genau über uns unterrichtete damals ein kurz vor seiner Pensionierung stehender Koloss mit grauem Bürstenschnitt und wässerigen Augen. Dieser war in den frühen zwanziger Jahren der Lehrer meiner Mutter gewesen und hatte seine Schüler vor der ganzen Klasse auf dem Katheder mit dem Lineal auf das bloße Gesäß geschlagen. Da ihm solches während meiner Grundschulzeit inzwischen untersagt war, beschränkte er sich jetzt auf ein martialisches Gebrüll, das wir während unseres Unterrichts häufig bis in unser Klassenzimmer hinunter hören konnten, wobei wir jedes Mal froh waren, nicht zu den bedauernswerten Mitschülern dort oben zu gehören. Einmal, als wieder einmal die Wände von seinem Gebrüll wackelten, verzog unser junger, sehr viel netterer Lehrer, Herr Wieser, amüsiert das Gesicht und meinte, zu unserem befreienden Gelächter: «Aha, er singt wieder!»

Unsere zweite Überfahrt nach Europa im April 1949 unternehmen meine Mutter, Toni und ich, diesmal mit unserem Hund Micky, auf einem polnischen Dampfer von New York durch die Meerenge von Gibraltar bis nach Genua. Mein Vater, der in New York noch etwas zu erledigen hat, wird bald in die Schweiz nachkommen. Beinahe hätten wir das Schiff verpasst, weil unser Plymouth auf der Fahrt durch den ganzen Kontinent fast täglich wegen neuer Motorschäden in die Werkstatt gebracht werden musste. Auf dem Schiff sind wir in einer Mehrbettkabine unter Deck untergebracht, in der man wegen des häufig recht hohen Seegangs nachts im Dunkeln die weiblichen Passagiere beten oder sich geräuschvoll übergeben hört. Nach neun Tagen ist alles überstanden, und wieder holen uns Mams und Paps am Hafen ab. Genua ist nicht so zerstört wie Rotterdam vor zwei Jahren, wirkt jedoch unglaublich schmutzig und heruntergekommen, und ich bin froh, als wir, diesmal mit Papsens Limousine, der Stadt den Rücken kehren und Richtung Gotthardpass in die Schweiz fahren.

Unsere zweite Ankunft in der Schweiz, insbesondere in Zollikon, hat sich in meiner Erinnerung sehr viel weniger eingeprägt als die erste, weil der Zauber des Neuen, Spektakulären fehlt. Ich fühle diesmal von Anfang an ein wenig Heimweh nach Amerika. Vielleicht ahne ich, dass es ein Abschied für immer sein wird. Auch sonst gestaltet sich im Laufe der Wochen und Monate vieles recht anders. Meine Eltern wohnen zwar auch diesmal im Gästezimmer auf der Zwischenetage unterhalb des Erdgeschosses, während wir Kinder wieder oben neben den Großeltern schlafen. Aber sie sind, obwohl die diesmal weiträumigeren Konzerttourneen meines Vaters quer durch Europa erst im Herbst beginnen, für uns bereits jetzt kaum mehr erreichbar.

Mams und Paps dagegen übernehmen rasch die Elternrolle. Sie sind nicht mehr die uns nur aus dem Hintergrund wohlwollend beobachtenden und verwöhnenden Großeltern wie vor zwei Jahren. Sie gestalten aufmerksam und fürsorglich, aber auch viel strenger und ungeduldiger als damals unseren Kinderalltag. Sozusagen als kompensatorisches Gegengewicht zu meinen anderen Großeltern kümmern sie sich fürsorglich um meinen Bruder Toni, ohne dass ich das Gefühl habe, von ihnen benachteiligt zu werden. Sie spüren sehr rasch, dass Toni einer besonderen Zuwendung und Rücksichtnahme bedarf. Er hat infolge einer sehr schwierigen Geburt bleibende Schäden zurückbehalten, unter anderem eine Sprachstörung und eine Sehbehinderung, wegen der er noch als Fünfjähriger besondere Hilfe beim Anziehen, beim Schuhebinden oder beim Essen benötigte. Sie werden auch nie müde, dem Jungen gut zuzureden und sein Selbstvertrauen aufzubauen, was ihnen allerdings nur schwer gelingt.

Mir fällt es nicht leicht, meine Großeltern mit ihren für mich recht andersartigen, schweizerischen Ansichten und ihrem festgefügten Lebensstil als unsere Erzieher zu akzeptieren. Die in Pacific Palisades vorherrschende Freiheit und Großzügigkeit und der luxuriöse Lebensstil des sonnigen kalifornischen Paradieses fehlten mir hier. Unser tägliches Frühstücks-Graubrot beispielsweise ist, nicht aus Geiz, sondern aus gesundheitsideologischen Gründen, so hart, dass mein Vater sich und meine Mutter frühmorgens heimlich mit frischen Frühstücksbrötchen versorgt. Er verlässt das Haus durch die Kellertüre und über den Garten, schlägt einen Bogen hoch zum benachbarten Bäcker und legt danach wieder denselben umständlichen Weg zurück. Nur am Sonntag gibt es statt des harten Brotes Milchzopf, aber pro Person genau drei abgezählte Scheiben, und wer danach immer noch Hunger hat, muss wieder mit dem harten Werktagsbrot vorliebnehmen. Unsere obligate Sonntagskleidung bei den Schweizer Großeltern besteht, je nach Jahreszeit und Witterung, aus besonderen Shorts oder feineren Knickerbockerhosen und einem Woll-Pullunder, und mit dieser Kleidung wird der ebenfalls obligate Sonntagsspaziergang mit Paps oder manchmal beiden Großeltern im Zolliker Wald absolviert.

Am Ende einer Nachtfahrt aus Italien mit meinen Eltern Anfang der sechziger Jahre. Wir kommen gerade von einigen Wochen Sommerurlaub auf Ischia in Süditalien zurück. Meine schon lange wieder nach Amerika zurückgekehrten Eltern pflegen seit ihrer Rückkehr in die USA fast jedes Jahr einige Sommermonate in Europa zu verbringen und nehmen für ihre Süditalien-Ferien im Hochsommer in der Regel uns Söhne mit. Ansonsten sieht man sich nur unregelmäßig und kurz. Während eines unserer Italien-Aufenthalte hat mein Vater einmal am späten Abend, als ich noch wach im Bett lag, einem Gast gegenüber laut vermerkt: «Half a year of family life is enough!» Nach unserer Rückkehr nach Zürich werden meine Eltern wieder bald nach Amerika zurückfliegen.

Unser Zug hat eben den Zürcher See erreicht. Gerädert durch das unbequeme Liegen im Abteil und ein bisschen traurig nach dem Abschied von unserem Ferienparadies, schauen wir griesgrämig aus dem Fenster. Sehr bald erreichen wir die Stelle am See, von der aus man auf der gegenüberliegenden Seite Zollikon erkennen kann. Da nimmt das verschlafene Gesicht meines Vaters einen galgenhumorigen Ausdruck an, und er seufzt laut vor sich: «Und jetzt grinst uns auch schon wieder der Kirchturm von Zollikon entgegen …»

Ich spüre als Achtjähriger in Zollikon sehr wohl das recht distanzierte Verhältnis meiner Großeltern zu ihrem jüngeren Schwiegersohn, meinem Vater. Vieles hat sich seit meinem ersten Besuch hier verändert. Ich bin vor allem erschrocken über mein Versagen in der Schule, mit denselben Mitschülern und demselben Herrn Wieser, jetzt in der dritten Klasse, nachdem ich das letzte Mal noch der große Star gewesen war. Die anderthalbjährige Unterbrechung durch das völlig andersartige amerikanische Schulsystem, dazu dort noch aufgeteilt zwischen Mill Valley und dem dreimonatigen Schulbesuch zuletzt in Los Angeles, scheint mich völlig aus der Bahn geworfen zu haben. Herr Wieser steht dem Absinken meiner Schulleistungen fassungslos gegenüber und sieht sich veranlasst, Rücksprache mit meinen ebenfalls ratlosen Großeltern zu halten. Zu meiner veränderten Schulsituation passt auch, dass ich meine Hausaufgaben falsch oder gar nicht erledige. Einmal werde ich gleich zu Beginn der ersten Schulstunde von Herrn Wieser nach Hause geschickt, um mein dort vergessenes Hausaufgabenheft zu holen. Der schlimmste Augenblick für mich ist, als ich beim Betreten des großelterlichen Schlafzimmers, wo ich meine Rückkehr erklären muss, den entsetzensgeweiteten Augen meiner noch im Bett liegenden und sich jetzt jählings aufrichtenden Großmutter begegne.

Aber es ist nicht nur die Schule, die mir Kummer bereitet, sondern auch vieles, was außerhalb der quälenden Unterrichtsstunden passiert. Prügeleien gab es in dem amerikanischen Klima von Akzeptanz und Toleranz nur selten. Hier aber werden innerhalb der Schulklasse und bisweilen auch zwischen den verschiedenen Klassen regelrechte Kampffronten aufgebaut, oder es vollziehen sich spontane, kleinere Zusammenrottungen. In diesen wird fast täglich in Geheimaktionen beschlossen, wem heute wo aufgelauert werden soll, um ihm eine Abreibung zu verpassen, das sogenannte «Abschlagen». Ich selbst werde nur gelegentlich das Opfer solcher Übergriffe oder Zeuge davon. Um nicht zu sehr ins Abseits zu geraten und etwaige Angriffe auf mich zu ziehen, gebe ich manchmal vor, bei der einen oder anderen dieser unrühmlichen Aktionen dabei gewesen zu sein. Zeitweise entsteht aus dem Ganzen regelrechte Hysterie und Angst.

Um mich zu entlasten, spreche ich über diese Vorfälle oft mit meinen besten Freunden in der Umgebung. Einer ist der Sohn eines mit meinen Großeltern befreundeten Kunstmalers aus der Nachbarschaft, dessen Enkelporträts einige Jahre später das großelterliche Treppenhaus in Zollikon schmücken werden. Einen weiteren freundschaftlichen Kontakt pflege ich mit dem Sohn eines zwei Straßen weiter wohnenden spanischen Fruchthändlers aus Valencia, der auch bei meinen Großeltern ein häufiger und gern gesehener Gast ist. Hilfreich finde ich anfangs, dass ich Paps mein Herz über das Erlittene ausschütten darf und von ihm Ratschläge erhalte. Diese Gespräche arten mit der Zeit allerdings immer mehr in fruchtlose und missbilligende Anhörungen aus, sodass ich ihnen zunehmend ausweiche.

Unter den Zolliker Pfadfindern, zu denen ich von meinen Großeltern geschickt werde, herrscht dagegen ein angenehm freundliches Klima. Ansonsten kann ich weder deren mir trotz allem etwas militärisch vorkommenden Geist noch den überbetriebsamen Unternehmungen an jedem Samstagnachmittag viel abgewinnen. Mir sind auch die dort abverlangten körperlichen Höchstanstrengungen zuwider, besonders während des kalten und recht schneereichen Winters in den unwegsamen Zolliker Wäldern. Bei den seltenen Besuchen meiner Eltern in Zollikon kann es vorkommen, dass ich ihnen in meiner Pfadfinderuniform begegne, was zur Folge hat, dass sich mein Vater über meine Aufmachung mokiert und mich, wie er mir später einmal bekennt, als «dicken, unglücklichen Pfadfinder mit großem, rotem Gesicht» bezeichnet. Zu dieser Zeit beklagt er sich auch in einem Brief an seine in Amerika weilenden Eltern über mein Bemühen, mich in die Schweiz zu integrieren, und bezeichnet mich als *a little speassing* (was wohl eine Anglifizierung des deutschen Wortes «spießig» sein soll). Meine Tante Monika verrät mehr Charme und weniger Missgunst, wenn sie, laut Tagebucheintragung ihres Vaters vom 14. Oktober 1949, diesem nach Pacific Palisades schreibt: *Frido als Schweizer Boy Scout sieht aus wie ein Tänzer in einer Soldatenrolle.*

Onkel Klaus erlebt mich in dieser sehr durchwachsenen Lebensphase nicht mehr. Trost hingegen bringt mir der Besuch der Großeltern aus Pacific Palisades unmittelbar nach Klaus' Tod. Sie halten sich den ganzen ersten Monat über in Zürich auf, bevor sie ins Engadin weiterreisen und noch vor Ende des Sommers nach Kalifornien zurückkehren. Golo ist zeitweise auch im Lande, und ich erinnere mich gern an eine Bergwanderung mit ihm und seinem Schweizer Freund Manuel Gasser. Auch Onkel und Tante mütterlicherseits, Beth und Hans, erscheinen zwischendurch im Zolliker Haus und erfreuen uns mit musikalischen Einlagen (Hans spielt Geige), so wie hin und wieder auch mein Vater mit der Pianistin Bärbel Andreae ein Hauskonzert gibt. Da Mams an der laufenden Vertiefung meiner musikalischen Bildung besonders gelegen ist, lädt sie mich wiederholt zu Tonhallekonzerten vor allem mit mir bisher kaum bekannten europäischen Pianisten wie etwa Wilhelm Backhaus oder Wilhelm Kempff ein.

Mein erstes volles Jahr in Europa rundet sich langsam. In dieser Zeit sitze ich wieder so manche Stunden bei unserem «Dienstmädchen» Anna in der Küche. Ich frage sie, neugierig wie schon bei unserem ersten Besuch in der Schweiz, nach ihrem Leben und ihrer Kindheit aus – sie bringt mir sogar auf meine Bitte hin einmal verschämt das Horst-Wessel-Lied bei, und ich gehe mit nicht nachlassendem Eifer und Interesse weiter mit ihr in die Sonntagsmesse in ihrer Kirche. An den Sonntagnachmittagen besuche ich manchmal zusammen mit ihr eine ihrer meist in irgendeiner Mansarde in der Stadt lebenden Freundinnen. Alle sind, wie sie, Dienstmädchen, deren Frömmigkeit ihr kümmerliches und leidensvolles irdisches Dasein erträglich, vielleicht sogar lohnend erscheinen lässt.

Ein Einschnitt für mich ist meine erste europäische Weihnacht, fern von meinen Großeltern väterlicherseits. Es ist, als spürte ich in dieser sensiblen Jahreszeit, dass mein Opapa an mich denkt, wenn er Anfang Dezember in seinem Tagebuch notiert: *... Frido uns völlig entzogen und entfremdet. Träumte von ihm heute Nacht.* Bald beginnt das neue Jahr und damit die zweite Hälfte dieses Jahrhunderts, wie mir die mir überall entgegentretende magische Zahl 1950 sagt. Es sind nur noch knapp drei Monate bis zu meinem nächsten Wechsel in ein für mich völlig neues Land. Mir wird immer deutlicher, dass bis auf weiteres keinerlei Aussicht auf eine Rückkehr in meine vertraute und immer stärker vermisste Umgebung von Mill Valley und zu meinen dortigen Freunden und zu meinen Großeltern in Pacific Palisades besteht. Es scheint vielmehr bald in die umgekehrte Richtung nach Osten zu gehen. Aber ich bekomme auf meine Fragen keine klaren Antworten. Meine Großeltern fühlen sich dafür nicht zuständig, und meine Eltern sind kaum anwesend.

Anfang März 1950 holen mich meine Eltern aus Zollikon zu einem kurzen Skiurlaub im österreichischen Vorarlberg ab, wo ich in einer Skischule meine erste Bekanntschaft mit dem Wintersport machen soll. Toni wird bei den Zolliker Großeltern zurückgelassen. Ich soll auch nach dem Urlaub allein mit meinen Eltern in das Salzkammergut weiterreisen. Dort werden wir «für die nächste Zeit» leben, und ich werde die Schule besuchen. Mein Vater wird im österreichischen Rundfunk in Salzburg spielen und sich auf europaweite Konzerttourneen mit seiner Bratsche vorbereiten.

Schon beim Grenzübertritt fallen mir die im Vergleich zu den selbstbewussten Schweizer Zollbeamten fast halbwüchsig jungen und ungesund bleich aussehenden Kollegen im besetzten Österreich auf. Sie wirken eingeschüchtert, sehen weder uns noch unsere Dokumente richtig an, sprechen kein Wort und verschwinden dann auch gleich wieder. Das Hotel in Zürs am Lech ist ärmlich und kahl. Wir sind fast die einzigen Gäste, da der Fremdenverkehr fünf Jahre nach Kriegsende hier noch äußerst schwach ist. Umso neuer und eindrucksvoller ist für mich die Einsamkeit der tief verschneiten Bergwelt, durch die uns am Ende unseres Aufenthalts ein großer, klingelnder Pferdeschlitten zur Bahnstation St. Anton bringt. Von da aus geht es mit der Bahn weiter nach Salzburg und dann an den Wolfgangsee. Dort wohnen wir so lange in einem ebenfalls beinahe leeren Hotel in Sankt Wolfgang, bis eine geeignete, dauerhafte Wohnmöglichkeit in der Nähe gefunden ist.

Während eines Lunchs im Hotelspeisesaal teilt mir mein Vater mit, dass mein Großonkel Heinrich in Kalifornien gestorben ist. Im Vergleich etwa zur Todesnachricht über meinen Onkel Klaus fühle ich mich durch diese Mitteilung nicht sehr getroffen, da mein Verhältnis zu Heinrich nicht sehr eng war.

Bald nehmen wir im gegenüberliegenden Strobl festen Wohnsitz in der geräumigen «Villa Pietz». Sie hat einen großen Garten und liegt direkt am Ufer des Wolfgangsees, mit einem Bootshaus und einer auf dem Grundstück wohnenden Hausmeisterfamilie. Unsere Vermieterin ist eine Engländerin, die unseren Vertrag auffällig rasch für einen offenbar sehr niedrigen Mietpreis abwickelt und dann sofort verschwindet. Sie trägt auch im Haus eine Sonnenbrille und wirkt die ganze Zeit, als wollte sie diesen Ort und dieses Land möglichst schnell wieder verlassen. Man erzählt uns hinterher über sie, sie sei gleich nach dem «Anschluss» Österreichs an Nazideutschland im März 1938 mit ihrer jüdischen Familie nach England emigriert und ihr Mann, Vater oder vielleicht auch ihr Bruder sei wenig später nochmals wegen des Hauses nach Österreich zurückgekehrt, dort sofort festgenommen und in eines der Konzentrationslager deportiert und ermordet worden. Das Haus, der Garten und der See mit Blick hinüber zum «Weißen Rössl» in St. Wolfgang und auf den Schafsberg ist genau so idyllisch wie die ganze umliegende Gegend – die Almen über Strobl, die großen, unberührten Wälder und die rauschenden Bäche.

Strobl selbst wäre eine Idylle, würde einen nicht aus allen Ecken schwerste physische und moralische Beschädigung, ja Zerstörung durch den Krieg und die Nazizeit anschauen. Die Menschen sind, jedenfalls für einen aus der Schweiz kommenden Landsmann der amerikanischen Besatzungsmacht, arm und sehr schlecht gekleidet. Die Dorfstraße weist große Löcher auf, und im dicht gedrängten Überlandbus nach Salzburg oder Bad Ischl sind in der Hitze der Schweißgeruch oder bei Regen die von den durchnässten Lodenmänteln ausgehenden Ausdünstungen der Fahrgäste schwer zu ertragen. Reihenweise sieht man Kriegsversehrte und gebrochene Gesichter, aber auch, sicher nur indirekt mit dem Krieg in Zusammenhang zu bringen, erstaunlich viele Kröpfe, Verkrüppelungen oder schwere geistige Behinderungen.

In unserer Nachbarschaft wohnen die bettelarme, alleinerziehende «Trang-Liesel» und deren traurig verwahrloster Sohn «Trang-Toni», für deren paar Schweine wir alle unsere scharf vergorenen Abfälle («Trang») in einem Eimer aufbewahren. Viele Einkaufsläden werden von schwarzgekleideten Kriegerwitwen geführt, die man manchmal mit ihren Kundinnen über ihre «immer noch» in Russland vermissten Männer reden hört. Man sieht an den Verkaufstheken auch alleinstehende Mütter unehelicher Kinder, von denen es hier anscheinend recht viele gibt und die gern mit dem Ausdruck «Ledigenverdruss» etikettiert werden. Andere Krämerladenbesitzer versuchen uns amerikanische «Zugereiste» auf ihre Seite zu ziehen, indem sie uns gegenüber beteuern, sie seien nie Nazis gewesen, im Gegensatz zum Bäcker und zum Spezereihändler «do drüam», und deshalb sollten wir unsere Brötchen nur bei ihnen kaufen. Und der Tapezierer des Dorfs versieht uns gleich nach unserem Einzug in unsere Villa bereitwillig mit Wolldecken, die wir sofort als Eigentum der US-Armee identifizieren. Wir gutgekleideten und aus den Geschäften immer nur das Beste herauskaufenden US-Besatzer in Zivil werden von allen im Dorf umworben.

Ich bekomme unsere Sonderstellung auch in der Schule zu spüren. Denn in der Strobler Volksschule gibt es noch, anders als in Zollikon, die Prügelstrafe in Form kräftiger Ohrfeigen. Mich trifft es allerdings kein einziges Mal, obwohl ich kaum braver bin als meine Mitschüler. Einer meiner Lehrer trägt fast immer dieselben schwarzen Hosen, die wie ein Relikt aus seiner vermuteten SS-Mitgliedschaft im besetzten Norwegen aussehen, und an einer seiner Handinnenflächen ist permanent ein Holzklotz mit einem Verband befestigt. Dieser Lehrer tut sich mit körperlichen Züchtigungen besonders hervor. Er hat, auch wenn er nicht schlägt und normal unterrichtet, immer einen starren, toten Blick, und ich habe ihn kein einziges Mal lächeln gesehen. Als wesentlich angenehmer empfinde ich den Oberlehrer der Schule, der meine Klasse im ersten Jahr unterrichtet, ein älterer, stets freundlicher Herr, der es bei seinen Schülerbestrafungen beim symbolischen Ziehen an den Ohren oder Schläfenhaaren belässt.

Trotz meiner im Vergleich zu meinen Mitschülern guten Ernährung zu Hause bin ich in der Schule auch Nutznießer der täglichen Schulspeisung in der großen Pause. Dort wird in mein immer mitgebrachtes, dunkelrotes «Haferl» Erbsensuppe oder Kakao abgefüllt und mir dann die obligate Lebertrankapsel ausgehändigt. Obwohl ich mich mit meiner Eingewöhnung in diese schon wieder neuen Verhältnisse schwertue und mich mit Heimweh nach Amerika herumquäle, genieße ich das wunderschöne Frühsommerwetter in der ländlichen Idylle. Wir befassen uns im Heimatkundeunterricht gerade mit dem für viele hiesige Landwirte schädlichen Kartoffelkäfer und müssen den Lehrstoff, mit entsprechenden Zeichnungen illustriert, in unser Heft eintragen. Ich schreibe für mich denselben Inhalt auf Englisch («Potato Bug») in ein dafür extra geführtes zweites Heft. Häufig führe ich auch flüsternde Selbstgespräche mit mir auf Englisch.

Hin und wieder kommt eine Kolonne von Armeelastwagen und Jeeps der amerikanischen Besatzung aus Salzburg durch das Dorf gefahren. Es ist jedes Mal ein Fest für mich, am Straßenrand zu stehen und mit Herzklopfen und leuchtenden Augen meinen Sieger-Landsleuten hinterherzuschauen.

Ansonsten verbringe ich meine Freizeit mit Bootsfahren, Schwimmen und Angeln im See, oder ich besuche einen Mitschüler auf dem Bauernhof seiner Eltern, wo ich beim Melken und Käsemachen zuschaue. Besonders gern streife ich mit der dreizehnjährigen, hübschen und blondzöpfigen Tochter unseres Hausmeisterehepaars, die Christl heißt, durch die Wälder oder durchs Dorf, oder wir sehen uns am Sonntag zusammen im Dorfkino Tarzan- oder Wildwest- oder Heimatfilme an. Häufig kommen barfüßige Mädchen zu uns nach Hause und bieten uns ihre im Wald gepflückten Beeren zum Verkauf an. Zusammen mit meinen Eltern fahre ich gelegentlich mit der Zahnradbahn den Schafsberg über Sankt Wolfgang hoch, oder wir besuchen Salzburg oder die prächtig altmodische Franz-Lehár-Stadt Bad Ischl mit der legendären Konditorei Zauner. Dorthin gelangen wir entweder mit dem Überlandbus oder mit der noch aus dem vergangenen Jahrhundert stammenden, rußigen Dampfeisenbahn, die wegen ihrer Langsamkeit «Bemperlbahn» genannt wird.

Als in Strobl das Sommernachtseefest ansteht, bittet uns eine benachbarte Schreiner-Familie, ihnen unser großes flaches Boot mit Stehruder, die «Plätte», für den betreffenden Abend auszuleihen. Meine Eltern gestatten ihnen dies unter der Bedingung, dass sie mich mitnehmen. Als wir uns dann abends auf dem festlich beleuchteten See bewegen und ein im Dorf abgeschossenes Feuerwerk den Himmel erhellt, ruft die Schreinersfrau entzückt aus: «Das ist ja genau so schön wie bei der SS.»

Anfang Juni darf ich endlich Opapa wiedersehen. Wir fahren für ein paar Tage nach Zürich zu seinem Geburtstag, der im Hotel Baur au Lac gefeiert wird. Währenddessen logieren wir in Zollikon, wo ich auch meinen dort die Schule besuchenden Bruder kurz wiedersehe. Mein Großvater wird diesen Sommer wieder fast ganz in der Schweiz verbringen, vor allem im Engadin. Kurz vor unserer Rückreise nach Strobl kommt es, noch in Zürich, zu einer Unterredung zwischen ihm und meinen Eltern: *Ich brachte das Verbleiben Fridos bei uns in Californien zur Sprache. Er wünscht es, aber der Aufenthalt Bibis in Europa scheint sich Jahre lang hinziehen zu sollen (auf Kosten des Herrn Moser) und ein so langes Entferntsein der Kinder von der Mutter ist nicht zu verlangen. Er sah mich forschend an.* Und wenige Wochen später, Ende Juli, vermerkt er, im Engadin, in seinem Tagebuch: *Sehr komisches und gewissermaßen Beglückendes von Frido, der mir heimlich geschrieben und bei dem man «Geheimbogen» gefunden über Rückkehr zu uns, nach Amerika. Komplizierte Gründe; dürfen uns nicht zuviel darauf einbilden. Hat mir geschrieben, nachdem der Papa ihm vorgehalten, es sei doch kränkend für die Mama etc.*

Mitte August, kurz vor seiner Rückkehr nach Kalifornien, beschließt mein Großvater, extra nochmals nach Innsbruck zu fahren, um dort auf halber Strecke meine Mutter und mich zu treffen. Dort nehmen wir ausführlich und besonders herzlich Abschied voneinander. Er vermerkt resigniert in seinem Tagebuch, dass ich *endgültig* nicht mit ihm mitgehen, sondern *wenigstens noch ein Jahr bei seinen Eltern in Österreich* verbleiben würde. Meiner Mutter händigt er beim Abschied seine goldene Armbanduhr für mich aus, *falls ich ihn so bald oder überhaupt nicht wiedersehe – ...*

Wie schon in Mill Valley steht auch in unserer Strobler Villa die Musik im Zentrum unseres Alltags. Die wenige Zeit, in der ich mich im Haus aufhalte, höre ich meinen Vater in seinem Zimmer neben meinem Schlafkämmerchen fast nur Bratsche üben, überwiegend zeitgenössische Musik und einige barocke Werke oder das Bratschenkonzert von Michail Glinka. Meine Mutter weckt mit ihrer Behauptung, mein Vater wäre «nach William Primrose der zweitbeste Bratschist der Welt», in mir einen Riesenstolz auf meinen Vater, und ich werde noch jahrelang bei jeder Gelegenheit aus diesem Stolz keinen Hehl machen. Mein Vater beschränkt sich in unserem österreichischen Domizil ganz auf die Vorbereitung seiner solistischen Tätigkeit und auf seine Rundfunkaufnahmen in Salzburg (in einem ehemaligen Gestapokeller, wie er uns einmal verrät). Wohl auch deshalb wird hier, im Gegensatz zu Mill Valley, auf das entspannte häusliche Musizieren im Freundeskreis verzichtet.

Später im Winter trifft eine neue Klavierbegleiterin meines Vaters bei uns ein. Die beiden werden über mehrere Wochen die Vortragsstücke ihrer Konzerttournee einstudieren, bei der sie auch meine Mutter begleiten wird. Die Pianistin logiert im Gästezimmer in der obersten Etage der Villa und übt dort, zwischen den Proben, auf ihrem mitgebrachten stummen Klavier. Es ist Yaltah Menuhin, die jüngere Schwester des großen Geigers, eine sanfte, attraktive Blondine mit ähnlich weichen Gesichtszügen wie ihr Bruder Yehudi. Meine Eltern standen schon im kalifornischen Exil in San Francisco mit ihr und ihrem Mann in Verbindung, und ich spielte auch gelegentlich mit deren Sohn Lionel, der seinem Onkel Yehudi verblüffend ähnlich sah. Bei den gemeinsamen winterlichen Erholungsspaziergängen in Strobl trägt Yaltah immer dieselben aparten roten Stiefeletten, die ich besonders liebe.

Ich habe schon vor ihrem hiesigen Aufenthalt meinen in Amerika aufgegebenen Klavierunterricht wiederaufgenommen. Dafür fahre ich immer mit dem Bus nach Bad Ischl zu einer älteren, etwas nervös wirkenden, aber freundlichen Dame mit hervortretenden Augen, die mich in einer Wohnung mit stets geschlossenen Fensterläden unterrichtet. Von meinen Eltern erfahre ich, dass sie ständig gegen jemanden prozessiert. Zu Hause übe ich mit leidlichem Fleiß und versuche mich zusätzlich, angeregt durch den Gesangsunterricht in der Schule, im Komponieren simpler, dreistimmiger Volkslieder. Auch höre ich, wenn ich nicht gerade wieder einen neuen Karl-May-Band verschlinge, besonders gern Radiosendungen mit klassischer Musik. Mein absoluter Favorit ist zu der Zeit Schubert.

Schließlich feiern wir unsere erste österreichische Weihnacht, an der ich, zusätzlich zu Skiern, einen Meccano-Baukasten geschenkt bekomme. Den hatte ich mir gewünscht, weil ich inzwischen nicht mehr Musiker werden will wie noch als Sechsjähriger in Amerika, sondern Ingenieur wie mein Schweizer Großvater. Nach Weihnachten übe ich zusammen mit Freunden und Nachbarkindern das Skifahren auf den umliegenden Hängen und beteilige mich, offenbar etwas verfrüht und mit entsprechendem Misserfolg, an einer lokalen Ski-Olympiade mit der Abfahrt von einer der Almen über vorgebahnte Pisten und Waldwege hinunter ins Dorf. Ich bin danach derart erschöpft, dass mich eine schwere Grippe für längere Zeit aufs Krankenbett wirft. Von dort aus verfolge ich im Radio die Krönung Elisabeths II. zur englischen Königin, kurz nach dem ebenfalls im Radio übertragenen Staatsbegräbnis ihres Vaters Georg VI.

Bald begeben sich meine Eltern zusammen mit Yaltah einige Wochen auf Konzerttournee und lassen mich währenddessen durch die so lange hier wohnende junge Hausangestellte aus einem der umliegenden Bauernhöfe versorgen. Vorher spreche ich noch für meinen Großvater in Pacific Palisades Schillers in der Schule auswendig gelernte Ballade «Die Bürgschaft» auf den alten, schweren *wire-recorder* meines Vaters. Die Aufnahme wird auf eine Schallplatte übertragen und diese zu den Großeltern nach Amerika geschickt. Dann beginnen die Wochen allein mit der permanent schlechtgelaunten Haushälterin. Diese weiß sich den für sie offenbar überaus langweiligen Alltag mit mir dadurch zu versüßen, dass sie nachmittags den hitzköpfigen und von den Dorfschönen umschwärmten jungen katholischen Pfarrer, zu dem ich schon seit einiger Zeit wegen privater Lateinstunden geschickt werde, in unser Haus einlädt. Dort traktiert sie ihn mit Tee und großen Mengen hineingeschütteten Rums und mit ihren schönsten Augen.

Bald jedoch ereilt mich die für mich bisher schlimmste Katastrophe. Mein geliebter Hund Micky wird vergiftet und siecht tagelang dahin. Bei meiner Rückkehr aus der Schule an einem Sonnabendmittag eröffnet mir die Haushälterin, dass er heute Vormittag verendet sei. Ich stürme sofort in den ungeheizten, eiskalten Hinterraum, in dem der Arme auf einer Decke gebettet liegt. Es bricht mir schier das Herz. Seine mich glasig anstarrenden Augen und dieses immer noch wunderschön seidige und edelgemusterte Fell. Am Nachmittag begraben wir ihn irgendwo weit draußen im Moor. Dann verkrieche ich mich in mein Bett. Auch den ganzen Sonntag über bleibe ich dort liegen, niedergeschlagen und einsam, nur mit meinem Musikradio. Irgendwann ertönt aus diesem die Zwischenaktmusik von Schuberts «Rosamunde», die mich doppelt aufwühlt. Ich weine Bäche von Tränen. Mein treuer Vierbeiner hat mich doch mein ganzes Leben begleitet, seit Mill Valley und Carmel. Ich kann es nicht fassen, dass er jetzt nicht mehr da ist. In dem bald darauf im Dorfkino besuchten Film «Lassie» lasse ich, vor allem wegen der äußeren Ähnlichkeit jenes wunderbaren Collies mit unserem Micky, meinen Tränen noch einmal vollen Lauf.

Endlich kehren meine Eltern von ihrer Konzerttournee zurück. Danach belebt viel Besuch unser Haus. Als Erstes wohnt Golo mehrere Wochen lang bei uns. Er wandert, in seiner gefütterten, kakigrünen Armeejacke noch aus seiner Zeit als amerikanischer Sergeant, häufig mit mir durch die Vorfrühlingsschneeschmelze der umliegenden Felder und Wälder. Abends erzählt er mir dann am gemütlichen Holzofen in seinem Gästezimmer bei Glühwein und mit raunender Stimme Gespenstergeschichten. Oft reden wir auch über die gegenwärtige Lage im McCarthy-Amerika, über das unmittelbar bevorstehende Rennen zwischen dem Republikaner Eisenhower und dem Demokraten Stevenson um die nächste amerikanische Präsidentschaft und über den Korea-Krieg. Über den informiere ich mich schon lange aus eigenen Stücken fast täglich in einer österreichischen Tageszeitung.

Meine starke Politisierung zu dieser Zeit ist die Folge der in Österreich damals um sich greifenden Angst vor einem kommunistischen Staatsstreich in Wien, nach dem Prager Muster von 1948. Anlass für diese Sorge ist eine österreichische Regierungskrise 1950. Die Vorstellung, dass eines Morgens vor dem Fenster unserer Strobler Villa sowjetische Panzer stehen, ist auch bei uns in der Familie ein ständiges Thema. Mein Vater beschwichtigt uns dabei sarkastisch mit dem Hinweis, dass wir uns für den Fall, dass die Russen uns als Amerikaner einsperren sollten, «immer noch an die Tante Goschi in Prag» wenden könnten, denn die würde «als hohes, kommunistisches Tier» ganz bestimmt «ein gutes Wort für uns einlegen».

Goschi ist der Spitzname für Leonie, die Tochter meines Großonkels Heinrich und dessen erster Frau Mimi. Mimi hat nach ihrer Scheidung von Heinrich in Prag die Jahre bis zur Okkupation der Tschechoslowakei durch die Nazis ziemlich kümmerlich zusammen mit Leonie durchlebt. Als ihre Mutter nach dem Einmarsch der Deutschen ins Konzentrationslager Theresienstadt verschleppt wird, schlägt sich Leonie bis Kriegsende irgendwie allein durch und wird wiederholt von der Gestapo verhört. Ihre Mutter stirbt etwa ein Jahr nach ihrer

Befreiung an den Folgen der Haft. Der Beitritt von Leonie und ihrem Mann Ludvik Aškenazy in die tschechoslowakische kommunistische Partei nach dem Krieg und ihr angeblicher Aufstieg dort zum «hohen Tier» wird zwar in meiner Gegenwart nie ausführlicher thematisiert. Aber ich merke nach und nach, dass irgendwelche für mich ungreifbaren Spannungen vor allem zwischen Katia, Erika und Golo einerseits und jener etwas verfemten Prager «Goschi» herrschen.

Golo, mit dem ich mich sehr viel intensiver als mit meinem Vater über aktuelle politische Themen unterhalte, unterweist mich während unserer Wanderungen auch einschlägig in der europäischen Geschichte des neunzehnten und zwanzigsten Jahrhunderts. Während ich mich hier in Österreich sehr langsam an den Gedanken eines zeitlich unbegrenzten Lebens in Europa gewöhne, bleibt Golo, der weiterhin jedes Jahr von September bis März in seinem kalifornischen College unterrichtet, für mich eine Art Bote Amerikas. Denn mir kommt es vor, als würde die mir sehr vertraute und immer noch herbeigesehnte Leichtigkeit des amerikanischen Seins irgendwie wohltuend auf ihn abfärben. Nach einer abenteuerlichen Zweitagestour mit uns allen zusammen auf eine tief verschneite Alm mit Übernachtung in einer Hütte verlässt er uns wieder.

Als Nächstes besuchen uns Mams und Paps aus Zollikon sowie, etwas später, die Tante Beth. Zwischen meinem Vater und seinem gegen jeden Hauch von Kommunismus cholerisch polternden Schwiegervater kommt es wiederholt zu heftigen Disputen. Mams und Paps lassen durchblicken, dass sie unsere Wohnsitznahme ausgerechnet in dem durch die Nazivergangenheit besonders belasteten Salzkammergut als sehr fragwürdig betrachten. Dies zeigt sich unter anderem in der Forderung Beths, wir sollten eine gewisse Abgrenzung von der österreichischen Bevölkerung durch konsequentes Schwyzerdütschsprechen innerhalb der Familie zum Ausdruck bringen. Dies nutzt meine

Mutter, um mich wegen meines sehr ausgeprägten österreichischen Dialekts zu tadeln, mit dem ich mich mit meinen Freunden so laut verständige, dass sie es vom Garten oder von der Straße aus oft durchs Fenster hört.

Anfang August kommen zu meiner Freude meine auch diesen Sommer in Europa verbringenden Großeltern und Erika für zehn Tage nach Strobl. Sie logieren im dortigen «Grand Hotel» und verbringen die meiste Zeit mit uns zusammen, wenn sie nicht Ausflüge nach Salzburg oder Bad Ischl unternehmen. Ich bin sehr viel mit meinem Großvater zusammen, in unserem Garten und auf kleinen Spaziergängen. Ich versuche ihn vergebens zum Schwimmen im See und zu größeren Bergfahrten zu bewegen. Fast alle Mahlzeiten werden bei uns zu Hause eingenommen. Ende des Monats fahren sie für ein paar Wochen zur Kur nach Bad Gastein, bevor sie dann über Zürich nach Amerika zurückkehren. Laut Tagebucheintragung meines Großvaters habe ich am Abend des Abschieds von ihm noch ein letztes Mal meinen Wunsch geäußert, mit nach Kalifornien gehen zu dürfen.

Bald nach der Abreise meiner Großeltern kündigt sich neuer Besuch an. Es ist Großmutter Katias Bruder Heinz und dessen Frau Mara Pringsheim, die gern einmal ihr Dasein im immer noch weitgehend kriegszerstörten München für einige Zeit gegen das Landleben in der Idylle des Salzkammerguts eintauschen und bei uns Verwandten ein wenig auftanken möchten. Die beiden gelten, ähnlich wie Thomas Manns wenige Jahre zuvor verstorbener Bruder Viktor, wegen ihres Bleibens in Nazi-Deutschland als schwarze Schafe der Familie. Meine Eltern beschließen kurzerhand, während dieses unliebsamen Verwandtenbesuchs irgendwohin zu flüchten und mich mit den Gästen, zusammen mit unserer sie versorgenden Hausangestellten, allein zu lassen.

Dann treffen die Verwandten mit ihrem altmodischen kleinen Cabriolet ein und beziehen in unserer «Villa Pietz» Quartier. Großonkel Heinz wirkt auf mich klein und verdrückt, Großtante Mara dagegen groß, mächtig und weißhaarig, so wie ich mir eine Gesangsprofessorin immer vorgestellt habe. In ihrer Unsicherheit und ihrem offensichtlich schlechten Gewissen fangen sie gleich an, vor mir Elfjährigem wie zur Selbstrechtfertigung die braune Vergangenheit zu beschönigen. Sie sagen wie im einstudierten Chor, Hitler hätte zwar schlimme Verbrechen begangen und den Krieg angefangen, aber zwei positive Leistungen müsse man doch hervorheben, nämlich die Beseitigung der Arbeitslosigkeit und den Bau der Autobahnen. Spätestens nach diesem abstoßenden Geschwätz freue ich mich schon wieder auf ihre Abreise. Doch diese wird noch vierzehn Tage auf sich warten lassen.

Ich empfinde es als unfair und als Zumutung, dass mich meine Eltern mit diesen unangenehmen Verwandten allein gelassen haben. Ich unterhalte die beiden, so gut ich kann, und einmal begleite ich sie auf einer recht abenteuerlichen Autofahrt mit ihrem kaum den Pass hochkommenden Auto mit Knüppelschaltung nach Bad Gastein, wo sie einen Überraschungsbesuch bei Katia und Thomas abstatten und am selben Tag wieder mit mir nach Strobl zurückkehren. Endlich ist der Besuch ausgestanden, und meine Eltern können wieder in die «reine Luft» zurückkehren.

Bald beginnt mein letztes Jahr in Österreich. Toni kommt jetzt aus der Schweiz nach Strobl und geht dort für ein paar Monate zur Schule. Meine Freundschaften zu Christl, zu ihrem etwas älteren Bruder Hansi und zu verschiedenen Nachbarkindern vertiefen sich. Ich werde immer vertrauter mit dem Alltag meiner Freunde und Bekannten im Ort, wozu auch das religiöse Brauchtum und das ländliche, katholische Kirchenleben gehört. An diesem nehme ich sehr viel wacher teil als seinerzeit an den Sonntagsgottesdiensten in Zollikon mit Anna. Ich beginne eine innere, auch religiöse Verbundenheit mit den hiesigen Menschen zu entwickeln und spüre, wie die religiöse Ergriffenheit und Inbrunst, die ich bei vielen immer bewusster wahrnehme, auch auf mich übergreift. Irgendwann trete ich vor meine Mutter und äußere ihr gegenüber den Wunsch, in die katholische Kirche einzutreten. Sie reagiert verständig, gibt jedoch zu bedenken, dass dieser Entschluss reifen müsse. Sie erklärt sich bereit, meinem Wunsch stattzugeben, falls dieser mindestens noch ein oder zwei weitere Jahre anhalten sollte. Es dauert auch nicht lange, und meine Anwandlung löst sich wieder auf.

Nach dem nächsten Winter brechen langsam die Abschiedsmonate an. Ich fülle sie aus mit immer weitläufigeren Bergwanderungen mit Übernachtungen auf Almhütten. Und wieder bescheren mir meine Großeltern aus Amerika einen einwöchigen Besuch im August, diesmal in einer Pension in dem Strobl am See gegenüberliegenden und daher leicht erreichbaren Sankt Wolfgang. Besonders gut erinnere ich mich an die intensiven Gespräche mit meinem Großvater während meines täglichen Zusammenseins mit ihm, wobei es überwiegend um Politik und um die beiden Weltkriege geht. Als ich ihn frage, ob er an die Unvermeidlichkeit eines dritten Weltkriegs glaube, antwortet er, wegen der geradezu hellseherischen Schärfe für mich unvergesslich: «Das glaube ich nicht. Aber die Russen und die Amerikaner werden sehr, sehr lange wie zwei große, feindliche Lager einander gegenüberstehen und sich scharf voneinander abgrenzen und gegenseitig bewachen.» Sehr viel später lese ich am Ende seines knapp zwei Jahre vorher geschriebenen Essays «Meine Zeit»: *Amerika wird im Vertrauen auf die Zeit Russland nichts nachgeben. Sie sind beide groß und geduldig. Die Zeit arbeitet für uns alle … Die Zeit ist ein kostbares Geschenk, uns gegeben, damit wir in ihr klüger, besser, reifer, vollkommener werden.*

Ende September 1952 steht eine auf ein bis zwei Jahre projektierte Weltreise meiner Eltern an, zuerst nach Kalifornien, dann nach Japan und Indien. Und wir Kinder? Wir sollen für diese

Zeit in einem Internat für Jungen in der Nähe von Bern untergebracht werden und unsere Ferien zwischen beiden Großeltern am Zürichsee aufteilen. Denn gleichzeitig brechen die amerikanischen Großeltern ihre Zelte in der Neuen Welt ab und kehren nach Europa zurück, irgendwohin an den Zürichsee. Das ist mehr als ein Trost. Erst Jahrzehnte später kann ich nachlesen, dass wir ohne das energische briefliche Einschreiten meines Großvaters nicht in einem Schweizer Internat in seiner Nähe untergebracht worden wären, sondern, nach Golos Empfehlung an meine Eltern, im Internat Salem am Bodensee, in dem Golo wichtige Jahre seiner Jugend verbracht hatte. *Er* (Golo) *brachte es fertig, die Eltern seines Neffen zu überreden, das Kind auf eine* deutsche Schule … *zu schicken, wodurch er uns allen vollkommen entfremdet worden wäre,* schreibt mein Großvater im Februar 1952 an Ferdinand Lion.

Es existiert aus dieser Zeit auch ein Brief von mir an meine Schweizer Großeltern, in dem ich mich selbst zu trösten versuche: *Jetzt also erfolgt ein neues Kapitel in meinem Leben. Ich werde bald ein Gymnasiast sein und damit das alte Leben hinter mich lassen.* Umso intensiver durchlebe ich die letzten Septemberwochen in meiner österreichischen Umgebung bei unvergesslich sonnigem Wetter. Ich bin zwölf, und die um drei Jahre ältere Christl hat sich im Lauf unserer zweieinhalbjährigen Freundschaft zu einem feschen «Dirndl» entwickelt. Wir sind uns der sich unaufhaltsam nähernden Trennung bewusst und versuchen, die kurze uns verbleibende Zeit umso intensiver zu nutzen.

An einem der letzten Tage vor unserem Auszug aus Strobl werde ich überraschend und so tief wie noch nie mit Tod und Leben zugleich konfrontiert. Die eben verstorbene Großmutter einer Nachbarfreundin liegt im Totenzimmer aufgebahrt. Ich darf mich auch von ihr verabschieden. Ein toter Mensch. Das habe ich noch nie gesehen. Das kerzenbeschienene und von Blumen umgebene, wächserne Antlitz mit schneeweißem Haar und die auf der Brust gefalteten Hände versetzen mich in Angst und Schrecken. Ich flüchte gleich zur Christl. Diese erfüllt mir meinen sehnlichsten Wunsch. Sie begibt sich in den Holzschuppen neben ihrem Wohnhaus, während ich draußen warten soll. Wenige Augenblicke später ruft sie mich herein. Ich erblicke im Halbdunkel ihr vor Scham puterrotes Gesicht und ihren gleichzeitig mir stolz dargebotenen, entblößten Oberkörper. Zitternd nähere ich mich ihr, stelle mich mit pochendem Herzen dicht vor sie hin und bestaune ihre strotzende und einladende Weiblichkeit. Ein rauschhaftes Gefühl von Freiheit und Macht erfüllt mich. Aber dieses Glück ist gleichzeitig von gewaltiger Angst überlagert. Wie gelähmt stehe ich da und verzichte auf noch so zaghafte, weitere Erkundungen. Ein paar Minuten später mischen wir uns wieder draußen unter die Menschen, als sei nichts gewesen.

München, Hofgarten am Odeonsplatz, Ende Mai 2006. Letzter Drehtag der «Preview Productions» für einen Dokumentarfilm des Bayerischen Fernsehens über die Familie Mann in München. Im Zentrum des Films steht das Haus in der Poschingerstraße, der letzte Wohnsitz der Familie vor der Emigration. Ich bin das Schlusslicht des Films, da ich als letzter «Mann» während der sechziger Jahre in München gelebt und studiert habe und auch schon sehr viel früher öfters in der Geburtsstadt meines Vaters gewesen bin. Deshalb soll ich heute an den für mich wichtigsten Orten in München, unter anderem auch in der Universität, meine Erinnerungen wiedergeben.

Wir stecken am Vormittag die wichtigsten Drehorte in chronologischer Reihenfolge ab. Am Anfang steht der Hofgarten beim Café Annast/Tombosi hinter dem Odeonsplatz, meine erste Begegnung mit München als Zwölfjähriger. «Meine Mutter und ich hatten während unseres Auszugs aus Österreich in die Schweiz in der zweiten Septemberhälfte 1952 bei einem

Zwischenaufenthalt in München nachmittags in diesem Café hier einen Freund getroffen, der sich auch gerade in München aufhielt», erzähle ich vor laufender Kamera. «Hier haben wir dann mehrere Stunden lang gesessen und mit ihm geplaudert.» Ich begebe mich genau an die Stelle auf dem Kies vor dem offenen, zum Odeonsplatz hinführenden Hofgartentor innerhalb der einstöckigen, umlaufenden Arkaden, wo damals die Tische des Cafés gestanden haben. «Hier, ja hier saß ich, mit dem ständigen Blick auf dieses Tor mit den damals großen Einschusslöchern und Scharten vom Krieg … vor allem auf der linken Seite des Steinbogens», berichte ich weiter. «Meine Mutter und unser Freund hatten einander den ganzen Nachmittag viel zu erzählen. Wir aßen schlechten Obstkuchen mit glibberiger Glasur, und als es langsam Abend wurde, bestellte meine Mutter noch russische Eier.»

Mein Bericht veranlasst das Filmteam zum Stellen neuer, weiterführender Fragen. Wie war denn München damals? «Nach dem Abendessen und der Verabschiedung von unserem Freund sind wir dann mit einer Straßenbahn ohne Fenster und mit einer Schaffnerin ohne Strümpfe zum ‹Hotel Eden Wolf› hinter dem Bahnhof gefahren. Nach meiner Erinnerung war dieses das einzige, wohl bald nach dem Krieg hochgezogene Gebäude in dem sonst nur von einem Bretterzaun umgebenen, freiplanierten Ruinengeviert neben dem Hauptbahnhof. In Rotterdam habe ich die Zerstörung nur von weitem bei der Ankunft aus Amerika vom Schiff aus gesehen, und in Österreich haben wir auf dem Land mit nur unzerstörten Häusern gelebt. Aber hier in München habe ich die Spuren des Bombenkrieges zum ersten Mal dicht vor meinen Augen gehabt», schließe ich meine Erläuterungen ab.

Landschulheim Oberried in Belp bei Bern, 26. September 1952. Meine Eltern liefern Toni und mich mit dem Auto im Internat ab. Wir fahren in den Hof des etwas oberhalb des Dorfes gelegenen Internats und betreten dann das Gebäude. Dort werden wir gleich von Direktor Huber in Empfang genommen und mit unseren zukünftigen Lehrern und vor allem mit Fräulein Marie bekannt gemacht. Fräulein Marie ist die schon recht alte, weißgeschürzte und bebrillte und für alle Schlafzimmer auf den beiden Stockwerken zuständige Kinderfrau. Von unseren zukünftigen Mitschülern, die uns neugierig mustern, nehmen wir nur am Rande Notiz. Fräulein Marie führt uns in unser Zimmer. Dort erscheint alles erschreckend kahl und weiß, einschließlich der beiden weiß angestrichenen Eisenbetten an der Wand. Draußen ist warmes, goldenes Herbstwetter. Als Erstes stellen wir unser Gepäck ab und beginnen mit Fräulein Maries Hilfe mit dem Einsortieren der Wäsche in den weißen Kleiderschrank. Meine Eltern stehen derweil ein bisschen wie fehl am Platz im Zimmer herum.

Als das Wichtigste ausgepackt ist, kommt die Zeit des Abschiednehmens. Ich bin viele Wochen, Tage und Stunden, ja Minuten diesem Augenblick mit ungebrochen stoischer Haltung entgegengegangen. Doch plötzlich bricht alles von einer Sekunde zur anderen zusammen. Ich sinke in die Knie, beginne heftig zu weinen. Alles krampft sich in mir zusammen. Eine schreckliche Enge in der Kehle. Nimmt denn das nie ein Ende? Diese ständige Fremdbestimmung, dieses unaufhörliche Hin-und-her-Geschubse? Panische Angst vor dem Alleingelassenwerden und dem Alleinsein. Dann erblicke ich vom Boden aus die Füße meiner Eltern. Auf einmal spüre ich, wie mein Vater sich über mich beugt und mir einen sanften Kuss auf das Haar drückt. Ich schaue zu meiner neben meinem Vater stehenden Mutter hoch. Doch diese blickt hoch aufgerichtet und starr zur Seite. Wenige Augenblicke später verlassen meine beiden Eltern das Zimmer. Es ist ein Abschied für gut anderthalb Jahre.

Zwei Jahre Internatsleben liegen vor mir, ohne die Eltern in der Nähe. Besonders am Anfang wird mir die Zeit oft lang, und meine Stimmung ist gedrückt. Der Herbst geht bald in den Winter über. Weihnachten naht, und von der Internatsleitung wird mit einigen meiner Mitschüler und mir ein Krippenspiel einstudiert. Dieses soll während der Weihnachtsfeier vor der Fahrt in die Ferien den anwesenden Eltern und Angehörigen vorgeführt werden. An jenem Nachmittag wird unsere Tante Erika aus Zürich kommen und uns anschließend in ihrem Auto mitnehmen. Mir ist die Rolle der Jungfrau Maria übertragen worden, und ich probe sehr ernsthaft bis zur Aufführung. Ich trage ein extra geschneidertes, himmelblaues Gewand mit einem viel zu großen Cape. Während der Aufführung fällt mir dieses Cape ständig nach hinten, und das irritiert mich so, dass ich plötzlich im Text nicht mehr weiterweiß und den Kopf weit nach vorn zum Souffleurkasten strecke. Trotzdem kommt das Jesuskindlein bald im Stall sicher zur Welt, und die drei Könige aus dem Morgenland treffen ein, um es anzubeten. Dann können die Ferien beginnen.

Endlich darf ich zum ersten Mal wieder länger die so sehr vermisste häusliche Geborgenheit genießen. Erika klärt uns als Erstes darüber auf, dass bereits vorsorglich ein Abkommen zwischen beiden Großelternpaaren getroffen worden ist. In Zukunft sollen alle unsere Ferien gerecht zwischen dem von Erika und ihren Eltern neu bezogenen Haus in Erlenbach und dem der anderen Großeltern in Zollikon aufgeteilt werden. Heiligabend feiern wir in Zollikon, weil die andere Seite noch beim Einzug in ihr Haus letzte Hand anlegen muss. Am ersten Weihnachtstag geht es dann nach Erlenbach, wo einige Tage später auch Medi und ihre beiden Töchter aus Florenz eintreffen. Sie tragen Schwarz, denn Giuseppe Antonio Borgese ist wenige Wochen zuvor gestorben.

Die Ferien in Erlenbach und Zollikon sind jedoch nur eine

kurze Labsal, bevor es wieder in die Kargheit des Internats zurückgeht. Der mir überaus leicht fallende Unterricht dort hat ausgesprochenen Privatschulcharakter. Ansonsten herrschen in dem Internat strenge Sitten. Frühmorgens, noch in winterlicher Dunkelheit, versammelt sich die Schülerschaft zum Appell im Hof. Dann geht es, je nach aufsichtführendem Lehrer, zum Waldlauf oder zum Frühturnen im Freien oder gleich in den großen gemeinsamen Waschraum. Vor allen Mahlzeiten müssen sich alle im Speise- und Gemeinschaftssaal in einer Reihe an der Wand aufstellen und dem vorbeimarschierenden Lehrer die sauberen Hände vorzeigen. In der Freizeit wird auf dem Sportplatz unten Fußball gespielt, wo ich mich immer gern als Verteidiger einsetzen lasse. Oft veranstalten wir auch auf dem Hof Fahrradrennen im Kreis, bei denen sich jeder von uns mit einem der damaligen Radrennmeister wie Ferdi Kübler oder Fausto Coppi identifiziert und wo es wegen des lockeren Kiesbodens in den engen Kurven ständig zu Stürzen kommt. Auch meinen Klavierunterricht führe ich im Internat bei einem der Lehrer weiter. Am langweiligsten sind die freien Sonntagvormittage. Am Sonntagnachmittag wird dann wieder kollektiv etwas unternommen, meistens Wanderungen oder Fahrten nach Bern zu einem Städtefußballspiel im Wankstadion oder zur Besichtigung des alljährlichen «Zibelimärrit» (Zwiebelmarkt) im November, und einmal wird sogar im Berner Stadttheater eine Operette besucht. An jedem Samstagnachmittag wird von Toni und mir pünktlich der obligate Brief an unsere Eltern geschrieben, nach Kalifornien und später nach Tokio, und wir bekommen auch regelmäßig Post von unserer Mutter von dort, wo sie sich gerade aufhalten.

Unvergesslich ist mir, wie eines Morgens nach dem Frühstück der Tod des Diktators Stalin in den Schweizer Radionachrichten verkündet wird. Während meiner ganzen Kindheit wurde über kaum jemanden so viel konträr debattiert. Die jedes

Mal mit großer Leidenschaft vertretenen politischen Gegensätze nicht nur zwischen Paps und der Mann-Familie, sondern auch innerhalb der Manns werden noch lange über Stalins Tod hinaus andauern.

Ich freue mich schon die ganze Zeit auf die nächsten Ferien in Erlenbach und Zollikon. Wie auch während der Weihnachtstage suchen Toni und ich uns im recht kleinen und engen Erlenbacher Haus als Platz für unsere Spiele mit Bauklötzchen und Zinnsoldaten den Flur genau vor dem Arbeitszimmer unseres Großvaters aus. Dafür wird während der Zeit unserer Anwesenheit jedes Mal extra der Teppich zurückgerollt. Wir verpflichten uns, während der unantastbaren Vormittagsarbeitsstunden des Großvaters unsere Kriegsspiele nur flüsternd durchzuführen. Dies scheint allerdings wenig zu nützen, wenn bei unseren Bombardements die von uns gebauten Häuser mit umso größerem Lärm auf dem nackten Steinboden zusammenkrachen. Wenn ich mich dann schuldbewusst und bange beim gemeinsamen Mittagsspaziergang nach den von mir befürchteten Arbeitsbeeinträchtigungen durch den ungehörigen Lärm erkundige, beschwichtigt mich mein Großvater. Es ist sogar so, dass unser rücksichtsvolles Flüstern ihn rührt und das Zusammenstürzen der Klötzchen ihm ein gewisses Vergnügen bereitet.

Ich befinde mich inzwischen in einem Alter, in dem ich mir zu Weihnachten und den Geburtstagen Taschenmesser und Luftdruckgewehre wünsche und auch geschenkt bekomme. Um Ostern schließe ich mich einmal einen ganzen Nachmittag lang in mein Zimmer ein und vertiefe mich in die Ausarbeitung eines politischen Traktats, das ich meinem Großvater vorlegen möchte. Es handelt von einer Weltregierung nach einem dritten Weltkrieg, mit China und Indien als den einzigen noch existierenden Mächten.

Die Sommerferien sind besonders lang und heiß und werden deshalb mit fast täglichem Baden im See zusätzlich verschönt.

Die einzige gravierende Trübung in Erlenbach ist an einem Nachmittag ein erbitterter politischer Streit zwischen Erika und Golo, der in ein so gewaltiges Gebrüll ausufert, dass das enge und hellhörige Erlenbacher Haus richtig zu erbeben scheint. Da dies schon das zweite Mal innerhalb eines Jahres passiert, fühle ich mich völlig verunsichert und verwirrt. Das erste Mal war es im vergangenen Sommer beim Abendessenbesuch meiner Großeltern zusammen mit Erika und Golo in der oberen Glasveranda in der Strobler «Villa Pietz» gewesen. Ich hörte das Gebrüll bis ins Erdgeschoss zwei Stockwerke tiefer. Diesmal wende ich mich sofort an Erika, die für mich immer noch die gewichtigere Autorität ist als ihr jüngerer Bruder. Ich frage sie unbefangen, wer denn in dem Streit recht gehabt habe. Und meine Tante wird nicht verlegen, mir schlagfertig zu antworten: «Ach, weißt du, man kann entweder viel von Geschichte oder viel von Politik verstehen, aber nie von beidem gleichzeitig. Golo ist Historiker und deswegen ein hervorragender Kenner der Geschichte, aber von Politik weiß er nicht viel. Bei mir ist es umgekehrt.» Nach diesem entwaffnenden Schiedsspruch fühle ich mich wieder weitgehend beruhigt.

Etwa zu der Zeit befrage ich auch einmal während eines gemeinsamen Spaziergangs die für mich unangefochten höchste großväterliche Autorität nach einem Urteil über das Bratschenspiel meines Vaters. Jetzt, da dieser von uns Kindern fern irgendwo in der Welt herumgondelt, scheint es mir an der Zeit, seine durch meine Mutter vorgenommene Klassifizierung als Weltzweitbester kritisch zu hinterfragen. «Was ich dir jetzt sage, darfst du deinem Vater nie sagen», beginnt mein Großvater mit seiner charakteristischen feierlich ausholenden Art. «Ich finde, dass dein Vater sehr schön spielt, aber er hat doch einen etwas dünnen Ton.» Es ist die Zeit, in der mein Großvater in seinem Tagebuch ein Abendessen zusammen mit Katia bei meinen Großeltern in Zollikon erwähnt, wo gemeinsam die neuesten

Pläne meiner Eltern in Kalifornien und Japan mit Missbilligung und Sorge bedacht werden, mitsamt den Folgen für uns Kinder: *Sprach mein Bedauern aus über die lange Entfremdung erzeugende Trennung der Eltern von den Söhnchen.* Es dauert noch fast ein Dreivierteljahr bis zur Rückkehr meiner Eltern nach Europa, über deren genauen Zeitpunkt wir allerdings bis zum Schluss im Unklaren gelassen werden.

Während fast der ganzen nächsten Osterferien fesselt mich in Zollikon eine langwierige Bronchitis ans Bett. Kurz nachdem ich wieder aufgestanden bin, wirft mich ein erneutes Fieber zurück, das mich überhaupt nicht mehr loszulassen scheint. Als ich an einem Vormittag wieder einmal allein in meinem Zimmer liege, höre ich plötzlich unten die Stimmen meiner Eltern. Ich springe mit wenigen Sätzen die Treppe hinunter. Sie sind eben aus Rom und Ägypten, von Indien kommend, hier eingetroffen. Die Freude ist unermesslich und das Fieber sofort völlig verschwunden.

Nach weiteren drei bis vier Monaten hat das Internatsleben glücklicherweise ein Ende. Die nächste Zukunft bleibt wieder einmal lange unsicher. Schon sehr bald nach der Rückkehr meiner Eltern findet eine Besprechung zwischen ihnen und den inzwischen in Kilchberg am Zürichsee eingezogenen Großeltern statt. Meine Eltern beabsichtigen, nach Italien zu gehen und diesmal Toni mitzunehmen, während ich bei den Großeltern in Kilchberg bleiben und in Zürich das Gymnasium besuchen soll. Die erste Initiative zu diesem Plan scheint, laut Tagebuch, wieder einmal von meinem Großvater ausgegangen zu sein. Umso unklarer bleibt, wann dieses Arrangement schlussendlich wieder verworfen wurde. Denn Anfang Juli 1954 verlässt meine Mutter zusammen mit uns beiden Kindern und Medi mit dem Auto die Schweiz in Richtung Mittelmeer.

Wir machen erste Station in Medis noch gemeinsam mit ihrem Mann Giuseppe Antonio bezogenen Domizil in San

Im Schoße meines Großvaters in Pacific Palisades, Sommer 1944

Oben: Drei Generationen Mann: mit meinem Vater und meinem Großvater, 1941

Rechte Seite:
Oben: Mit meinen Eltern in Carmel, 1940/41
Unten: Mit meinem Onkel Klaus

Für Comic-Helden interessierte ich mich schon sehr früh …
Oben: Mit meinem Bruder Toni
Linke Seite, oben: An der Hand einer Nachbarin vor unserem Haus in Mill Valley (das Haus von der Hinterseite gesehen)
Mitte: Meine Familie mit unserem Hund Micky am Stinson Beach
Unten: Mein Vater beim Fischen von Flusskrebsen

Oben: Das Großelternhaus in Pacific Palisades, Kalifornien
Unten: Mit den Großeltern und Toni, Sommer 1944

Rechte Seite oben: Familienbild vom letzten Kriegsweihnachten 1944, Pacific Palisades: mein Großvater, Giuseppe Antonio Borgese, meine Großmutter Katia und ich, meine Tante Elisabeth mit Dominica, mein Vater, Angelica, dahinter verdeckt meine Mutter, ganz rechts Toni (v. l.)

1947 mit Toni (Mitte) und meinem Großvater – er trägt an der rechten Hand den Ring, den ich später an mich nahm und den ich 2001 meinem Sohn Stefan schenkte.

Oben: Toni und ich im Hafen von New York 1947 – abreisebereit zur ersten Überfahrt nach Europa
Unten: Zweite Reise nach Europa 1949 – mit Toni, meiner Mutter und unserem Hund Micky

Domenico bei Florenz. Dann stößt mein Vater zu uns, und wir verbringen alle gemeinsam einige Wochen in einer Mietwohnung am Mittelmeer in Forte dei Marmi bei Viareggio. Keine zehn Jahre nach Kriegsende gehören wir zu den damals noch spärlichen, überwiegend aus reichen Italienern bestehenden Feriengästen. In der Wohnung über uns lebt eine welk und verfallen aussehende Morphinistin, deren gebrauchte Nadeln ich manchmal im Garten finde. Noch stärkere Spuren hat der Krieg in Portovenere bei La Spezia, etwas südlich von Genua, hinterlassen. Dort mieten wir uns in einer an einem Aussichtshang gelegenen Wohnung mit großem, verwildertem Garten ein. Der traumhafte Blick von unserem Fenster auf die Bucht von La Spezia wird durch drei riesige, hintereinander schief und rostig aus dem Wasser ragende Kriegsschiff-Wracks verstellt. In der Wohnung unter uns hausen sechs oder sieben abstoßend schmutzig und brutal wirkende Männer zusammen mit einer einzigen jungen, stets fröhlichen, aber verbraucht aussehenden Frau. Diese Wohngemeinschaft scheint gelegentlich den gemeinsamen Garten für die Verrichtung ihrer Notdurft zu benutzen. Vormittags werden wir Kinder zum Einkaufen ins Dorf Portovenere geschickt, und die Mittagsstunden verbringen wir alle lunchend auf einem der Felsen am Meer, an denen mein Vater häufig Seeigel pflückt und sogleich mit vorsorglich mitgebrachter Zitrone ausschlürft.

Im Herbst beziehen wir schließlich ein Häuschen zum Überwintern in Fiesole über Florenz, von dem man leicht zu Fuß zu Medis Haus in San Domenico gelangt. Wenn wir nicht mit dem Bus von Fiesole aus fahren, bringt unsere Tante Toni und mich zusammen mit ihren Töchtern frühmorgens mit dem Auto nach Florenz zur Schweizer Schule, die wir jetzt besuchen. Auch nehme ich in der Stadt beim selben Lehrer wie meine jüngere Cousine Nica Klavierunterricht. Der Maestro, ein etwas scheuer Neapolitaner mit gelegentlichen unberechenbaren

Temperamentsausbrüchen, ist für meine Begriffe etwas zu sehr auf Domenico Scarlatti festgelegt, und mein Unterricht bei ihm fällt daher eher mäßig erfolgreich aus.

Nur wenige Wochen später erkranke ich schwer an Gelbsucht, die ich mir offenbar in Portovenere geholt habe. Fest steht jedenfalls, dass ich viele Jahre lang keinen rohen Schinken, keinen Belpaese-Käse und kein Joghurt essen kann, unser damaliges tägliches Lunch auf den Seeigelfelsen. Mehrere Wochen fehle ich in der Schule. Ich bin zwar kaum bettlägerig, aber von Kopf bis Fuß gelb und habe ständigen Juckreiz und Unterleibsschmerzen. Unausgelastet streiche ich im Haus oder dessen Umgebung herum. Am stärksten zermürbt mich meine strenge Diät, besonders beim Anblick der lukullischen Speisen, die vor allem bei der Anwesenheit von Gästen auf den Esstisch meiner Eltern kommen. Erst wenige Wochen vor Weihnachten kehre ich wieder in die Schule zurück. Und dann geht es nach Kilchberg zur letzten gemeinsamen Weihnacht mit meinem Großvater.

Es werden unvergessliche Tage werden. Denn zwischen den Feiertagen ist es diesmal um meine Großeltern herum besonders ruhig, und wir werden nie mehr so viel Zeit füreinander haben wie jetzt. Deswegen bin ich umso froher, Zollikon nur kurz besuchen zu müssen. Ich habe als Weihnachtsgeschenk die von meinem Großvater eigenhändig signierten «Buddenbrooks» bekommen, nachdem ich vorher die Familienbiographie seines Bruders Viktor «Wir waren fünf» gründlich durchstudiert und deswegen mit meinem Großvater korrespondiert hatte. Vor lauter Glück vergesse ich meine Lädiertheit und Überempfindlichkeit durch die langwierige Gelbsucht und überesse mich mit den festtäglichen Kilchberger Köstlichkeiten so hoffnungslos, dass ein Rückfall droht, der jedoch gerade abgewendet werden kann.

Am wichtigsten bleibt für mich das Zusammensein mit meinem Großvater. Wir verbringen viele gemeinsame Nachmittagsstunden in seinem Arbeitszimmer. Dort tauschen wir vor allem unsere gemeinsamen Erinnerungen an die Zeit vor bald zehn Jahren in Kalifornien aus und lassen auch einige unterhaltsame Erlebnisse während unserer Mittagsspaziergänge in Pacific Palisades Revue passieren, über die wir viel miteinander lachen. Zusätzliche Freude bereitet mir, dass meine Großeltern in ihr Kilchberger Haus unseren früheren belgischen Schäferhund Boris, den Nachfolger Mickys, aus Strobl übernommen haben, wo er, nach unserem Weggang, zu dortigen Nachbarn gegeben worden war. Nach besonders herzlichem Abschied kurz nach Neujahr geht es wieder nach Florenz zurück.

Erfreulicherweise werden dort ab jetzt meine Konzertbesuche häufiger. Meine Mutter nimmt mich fast regelmäßig zu den jeden Samstagnachmittag im «Teatro della Pergola» veranstalteten Kammer- und Solokonzerten mit, wo Künstler wie Elisabeth Schwarzkopf oder international bekannte Streichquartette auftreten. Den Besuch der berühmtesten Florentiner Museen, wie etwa der Uffizien, schieben wir jedoch, wie das eben so ist in den Städten, in denen man fest wohnt, so lange auf, bis die letzte Gelegenheit dazu an uns vorbeigezogen ist.

Im März gehen meine Eltern wieder einmal auf eine längere Konzerttournee, diesmal mit einem deutschen Pianisten, der längere Zeit zusammen mit meinem Vater in unserem Haus geprobt hat. Währenddessen werden wir von der Nachbarsbäuerin verpflegt, und Golo kommt und logiert im Zimmer meines Vaters. Er hat diesmal überraschend eine große Ziehharmonika mitgebracht, auf der er abends Lieder von Lys Assia spielt und dazu leise singt. Während des schon sehr warmen Vorfrühlings unternimmt er mit meinen beiden Cousinen, Toni und mir ausgiebige Wanderungen in der Toscana. Wir durchqueren ausgetrocknete Flüsse mit weißen Ochsen und dringen auf den damals noch fast unbefahrenen, sich durch die karge Landschaft schlängelnden Straßen bis Arezzo und bis zum fünftürmigen San Gimignano vor. Zuletzt durchstreifen wir die Wälder bis zum einsamen Kloster Camaldoli, in dem wir übernachten und tags darauf weiterwandern.

Wochen später, nachdem Golo uns schon lange wieder verlassen hat und meine Eltern zurückgekehrt sind, entdecke ich im Zimmer meiner Mutter einen unverschlossenen Brief meines Vaters an seine Mutter Katia, in dem er ihr kurz von einer eben überstandenen Fehlgeburt meiner Mutter berichtet. Schon lange vor dieser hatten uns unsere Eltern vage über ihr Vorhaben informiert, bald für immer nach Amerika zurückzukehren, weil mein Vater dort Germanistik studieren und danach von der Musik zur Literaturwissenschaft umsatteln will. Was uns Kinder betrifft, so wird uns nur gesagt, dass wir vermutlich bei Medi in Florenz zurückgelassen werden und dort weiter die Schweizer Schule besuchen sollen. Was man darüber hinaus mit uns vorhat, kann ich erst Jahrzehnte später im Tagebuch meines Großvaters am 26. März 1955 nachlesen: *Früh Ankunft Golo. Mit ihm über den Flug Bibis nach Boston auf unsere Kosten, über Grets hoffnungsvollen Zustand, die eventuelle Adoption der Kinder durch Medi etc. – –*

Fiesole, Ende Mai 1955, wenige Stunden vor dem Nachtzug nach Zürich, in der Küche zwischen gepackten Umzugskartons. In diesem Moment des Abschieds für die Sommermonate drängt es mich, meine bisher reichlich vage gebliebenen Berufsvorstellungen etwas stärker zu konkretisieren. Meine Hauptinteressen hatten bisher immer der Musik und der Literatur gegolten, ohne dass ich mich auf diesen Gebieten sonderlich hervorgetan oder überdurchschnittlichen Einsatz gezeigt hatte. Meine ersten Berufswünsche in diese Richtung wurden bald von anderen, meist kurzlebigen Vorlieben abgelöst oder überlagert, wie etwa dem großväterlichen Ingenieurberuf oder, angeregt durch den Naturkundeunterricht im Belper Internat, vom Wunsch, Arzt zu werden. Im vergangenen Jahr hier in Florenz, in dem ich, in der ausklingenden Pubertätszeit, am wenigsten mit mir selbst anzufangen wusste, spukte der eher unverbindliche Plan in meinem Kopf, «Kaufmann» zu werden.

Jetzt frage ich meine Mutter vertrauensvoll nach ihrer Einschätzung meiner Möglichkeiten und Begabungen. Sie stellt als Vergleichsmaßstab zwei ihrer Verwandten hin, zum einen ihren Bruder Hans und zum anderen einen in der Schweiz lebenden Vetter. Sie erläutert mir, ihr Bruder Hans zeige eine überdurchschnittliche, besondere Begabung als Ingenieur und Kaufmann, verfüge jedoch über keine auffällige Allgemeinintelligenz oder über besondere künstlerische Fähigkeiten und Interessen. Anders ihr Cousin, beruflich eine eher verkrachte Existenz und ohne besondere Begabungen, aber sehr vielseitig in seinen allgemeinen Interessen und Neigungen, auch musikalisch. Und dann setzt sie mir ruhig und sachlich auseinander, ich sei wohl eher mit ihrem Vetter vergleichbar, also mit guter Allgemeinintelligenz ausgestattet und durchaus musikalisch und dazu mit einer «Neigung zur Tierliebe», wie sie mir zugesteht, aber ohne ein herausragendes, spezifisches Talent.

Diese wenigen Sätze meiner Mutter lassen alle Alarmglocken in mir schrillen und stürzen mich in eine Krise. Bin ich wirklich dazu verdammt, das farblose und talentarme Leben zu fristen, das mir meine Mutter eben vorausgesagt hat? Durch diese Vorstellung aufgerüttelt, frage ich mich während der ganzen folgenden Stunden bis zu unserer Abfahrt von Florenz, was ich bloß tun kann, um diesen wenig ermunternden Aussichten zu entgehen. Frühmorgens endlich, nach einer schlaflosen Nachtfahrt im Liegewagen und kurz vor dem Grenzübertritt in die Schweiz, sehe ich die Lösung vor mir. Ich weiß jetzt, dass ich meine seit Jahren vernachlässigten Versuche, Musik zu komponieren und Geschichten zu schreiben, unbedingt und mit vielfacher Anstrengung wiederaufnehmen muss. Jetzt sofort, gleich nach der

Ankunft in Zürich, wenn wir während der Tage vor dem großen achtzigsten Geburtstag meines Großvaters in Zollikon wohnen, werde ich damit beginnen. Eine Sonate für Violine und Klavier werde ich schreiben und dazu gleichzeitig einen Roman, dessen Handlung mir bereits in Umrissen vorschwebt. Er wird in Strobl in Österreich spielen, und es werden darin die wichtigsten dort lebenden Charaktere vorkommen. Ich rase innerlich vor Aufbruchstimmung, Zuversicht und Ehrgeiz.

In Zürich fiebert alles den Geburtstagsfeierlichkeiten entgegen. Mein Großvater ist diesmal für mich kaum erreichbar, selbst, als ich ihn zusammen mit Toni und meiner Mutter bald nach unserer Ankunft in Zürich kurz in Kilchberg besuche. Denn er wird von dem bereits einsetzenden Trubel stark in Anspruch genommen. Das Größte und Wichtigste wird die Feier im Schauspielhaus am Vorabend seines Geburtstages sein.

Als es so weit ist, verfolge ich dort, schwitzend im blauen Anzug, von einem höheren Seitenlogenplatz aus das Geschehen auf der Bühne. Auf dieser steht, als der Vorhang sich öffnet, plötzlich Bruno Walter als Überraschungsgast aus Amerika vor einem kleinen Orchester und dirigiert Mozarts «Kleine Nachtmusik». Danach lesen Mitglieder des Züricher Schauspielensembles Thomas-Mann-Texte, und als Höhepunkt trägt Maria Becker die Glockenszene aus Thomas Manns Spätwerk «Der Erwählte» vor. Der Jubilar selbst betritt zum krönenden Abschluss die Bühne, nimmt am Vorlesetisch Platz und setzt sich umständlich die Brille auf. Er wirkt zerstreut, fasst sich dann jedoch wieder und liest eine Passage aus seinen «Bekenntnissen des Hochstaplers Felix Krull». Anschließend gibt es ein großes Buffet im «Zunfthaus zum Rüden» an der Limmat.

Für mich gibt es in diesem Festmonat Juni ein weiteres besonderes Ereignis. Zwei Tage vor der Abreise meiner Großeltern nach Holland tragen mein Vater und ich den ersten Satz meiner Violinsonate am Flügel in der Diele des Kilchberger Hauses vor. Mein Vater spielt seinen Part jedoch nicht auf der Geige, sondern markiert ihn nur auf dem Klavier als Oberstimme zu meiner Klavierbegleitung. Ich habe diesen Sonatensatz während der Vormittage der vergangenen Wochen in Zollikon zu Ende gebracht und ihn von meinem Vater korrigieren lassen.

Wie im Nachtzug aus Florenz beschlossen, habe ich nach meiner Ankunft in Zürich unverzüglich, immer an den Nachmittagen, auch mit der Niederschrift der geplanten, in Österreich spielenden Erzählung begonnen, die ich hochtrabend «Roman» nenne. Aus dieser lese ich an einem Abend in Zollikon meinen Eltern und Golo eine primitive dörfliche Szene vor und handle mir dabei einige beschämende Lacher ein.

An einem Nachmittag einige Tage später bringt mir mein Vater in Zollikon eine Ansichtskarte, die er eben aus dem Briefkasten gefischt hat. Er kommt, mit einer Mischung aus Belustigung und Missbilligung, mit der Karte wedelnd angelaufen und ruft laut: «Du hast Post aus Holland!» Dann drückt er mir die Karte in die Hand und beobachtet mich genau beim Lesen. Die Karte ist von meinem Großvater. Dieser berichtet mir von seinem Besuch bei der holländischen Königin und von der Verleihung eines Ordens an ihn. Dazwischen lese ich den Satz: *Ich glaube, ich habe Dir noch gar nicht gesagt, dass mir Deine Sonate sehr gefallen hat.* Ich blicke zu meinem Vater hoch, der mich scharf mustert und dann, mit bitterer, fast verzweifelt wirkender Ironie meint: «Du weißt, wie du das aufzufassen hast.» Mein Vater kannte nur zu gut die unverbindliche Freundlichkeit, mit der sein Vater auf alle möglichen Bitten und Anfragen schriftlich antwortete.

Sehr bald ereilt uns die Nachricht, dass mein Großvater aus Holland in das Zürcher Kantonsspital eingeflogen worden ist, wegen einer Thrombose im Bein. Bevor wir Ende Juli nach Ischia aufbrechen, besuchen wir ihn noch ein paar Mal im Krankenhaus. Als ich ihn das letzte Mal allein besuche, wirkt er sehr müde und liegt meistens, wenig gesprächig und mit geschlossenen Augen, einfach da. Bevor ich gehe, frage ich ihn, ob ich ihm ein inzwischen getipptes «Kapitel» meines «Romans» geben dürfe. Er nimmt das Manuskript an und sagt, dass er es bald lesen werde. Als ich mich verabschiede und zur Türe gehe, öffnet er noch einmal die Augen und winkt mir mit plötzlich aufflackernder Herzlichkeit, aber schwachem Blick zu.

Am nächsten Tag reisen wir mit dem Zug über Rom nach Neapel und setzen dann, genau an meinem fünfzehnten Geburtstag, mit dem Schiff auf die Insel Ischia über. Dort mieten meine Eltern auf einer Anhöhe über dem Ort Forio d'Ischia ein Häuschen mit großer Terrasse und prächtigem Rundblick auf das azurblaue Meer. Zweieinhalb Wochen später bringt der Postbote gegen Mittag ein Telegramm, das mein Vater eilig entgegennimmt, als ahnte er dessen Inhalt. Er öffnet und liest es und übergibt es dann schweigend meiner Mutter. Die ruft nach dem Lesen nur: «Ach, der Arme», und reicht das Telegramm an mich weiter, bevor Toni es lesen soll. Darin steht: *Sanft hinübergegangen. Mielein.* Wir überlassen die eben eingekauften Lebensmittel für ein großes Fischessen den Nachbarn, packen rasch unsere Koffer und brechen dann nach Zürich auf.

Kilchberg, Alte Landstraße 39, im September 2004. Probeaufnahmen im Garten des Hauses durch die von meinem Freund Peter K. Wehrli geführte Filmequipe. Es wird für eine Sendung des Schweizer Fernsehens gerade der Film «Das kleine Europa. Die Familie Mann in der Schweiz» gedreht. Der private Eigentümer des Hauses ist ein Schweizer Finanzberater. Er hat mir freundlicherweise einen Besuch im Haus gestattet, das ich schon seit Jahrzehnten nicht mehr betreten habe. Bewegende Führung durch die Räume im Erdgeschoss und auf der ersten Etage. Die dunkle Diele unten und das Treppenhaus sowie mein eigenes ehemaliges Schlafzimmer oben wirken ernüchternd fremd und düster auf mich – wie aus einem anderen Leben, obwohl oder vielleicht auch weil dort seit damals kaum etwas verändert worden ist.

Meine Stimmung hellt sich erst auf, als wir unten hinter der Diele den Raum betreten, der früher das Arbeitszimmer meines Großvaters war und in dem später der Flügel stand, auf dem ich jahrelang mein Musikstudium bestritt. Dieser Raum ist, wie auch die angrenzende frühere Bibliothek, komplett neu gestaltet. Es ist ein großfenstriges, helles Esszimmer geworden, mit einem langen, rustikalen Holztisch. Der offen darin übergehende, früher durch eine Türe abgetrennte Bibliotheksraum ist jetzt eine freundliche und moderne helle Küche. Ich setze mich im Esszimmer an den Tisch. Währenddessen kocht mein Gastgeber an der Stelle, an der früher eines der Regale mit den vor sich hinmodernden Büchern stand, Kaffee. Bald sitzen wir vor unseren Tassen am langen Esstisch und plaudern, zwischendurch mit Blick durch das große Fenster in das sonnige Frühherbstwetter. Der Eigentümer beklagt sich über die andauernde Störung seines Privatlebens durch lästige Pilgerbesuche. Umso mehr weiß ich die Drehgenehmigung wenigstens im Garten des Hauses zu schätzen. Mit gewissem Amüsement höre ich mir den Hergang des Hausverkaufs vor bald zehn Jahren durch Golos wohl ziemlich triumphierend auftretende Adoptivenkelinnen aus Leverkusen an, nach Golos Tod die Alleineigentümerinnen.

Bald danach verabschiede ich mich und verlasse durch den Haupteingang das Anwesen. Vor dem noch völlig unverändert gebliebenen, inzwischen nur noch stärker quietschenden, rostigen Gartentor wartet bereits ungeduldig das Filmteam. Bevor ich meine Gedanken und Empfindungen ordnen kann, richtet sich die Kamera auf mich, und ich werde aufgefordert, über meine Eindrücke im Haus Rede und Antwort zu stehen.

14. August 1955. Meine Eltern, Toni und ich befinden uns im Zug nach Zürich zur Beerdigung meines Großvaters. Wir haben eine strapaziöse, anderthalbtägige Reise durch das hochsommerliche Italien hinter uns. Der Zug fährt gerade durch den langen Gotthardtunnel zwischen der italienisch- und der deutschsprachigen Schweiz. Zwischen meinen Eltern herrscht schon seit dem Grenzübertritt in die Schweiz eine zunehmende Spannung. Jetzt im Tunnel verlassen sie plötzlich unser Abteil und begeben sich in den Korridor. Es ist ungeheuer laut im Tunnel, und die plötzliche Luftdruckveränderung schmerzt in meinen Ohren. Lange halte ich diesen Zustand nicht aus, und es treibt mich ebenfalls aus unserem Abteil hinaus zu meinen streitenden Eltern. Wenige Augenblicke nachdem ich mich in ihre Nähe begeben habe und etwas hilflos herumstehe, beginnt mein Vater plötzlich völlig außer Kontrolle mit beiden Fäusten auf das Gesicht meiner Mutter einzuschlagen. Meine Mutter bricht wimmernd zusammen. Abrupt lässt er von ihr ab, flüchtet panikartig in den angrenzenden Waggon und verschwindet aus unserem Blickfeld.

Gerade jetzt verlässt der Zug den Tunnel und fährt im Bahnhof Göschenen ein, der ersten Station in der deutschsprachigen Schweiz. Geistesgegenwärtig renne ich in unser Abteil und reiße sämtliche Koffer und Taschen von der Ablage herunter, fordere Toni auf mitzuhelfen und schleppe mit ihm das ganze Gepäck zur Waggontüre, in deren Nähe meine Mutter mit schwer blutender Nase zusammengesunken kauert. Ich öffne die Tür des inzwischen zum Stehen gekommenen Zuges und rufe wie im Befehlston: «Sofort aussteigen, alle aussteigen, sofort …» Meine Mutter blickt verstört hoch, und ich wiederhole energisch meine Anweisung, stelle ein Gepäckstück nach dem anderen auf den Bahnsteig, bis sie begreift und sich willenlos aus dem Zug heraushelfen lässt. Nachdem wir zu dritt mit dem vollzähligen Gepäck ausgestiegen sind, fährt der Zug weiter. Meine Mutter steht wieder notdürftig auf den Beinen und hält ihre Nase zu, um das weiter heraussickernde Blut abzubinden.

Dann setzen wir uns, Toni und ich mit dem Gepäck in den Händen, in Bewegung. Ich steuere auf den nächstbesten Gasthof zu. An der Spitze der kleinen Karawane mache ich meiner höllischen Wut auf meinen Vater lauthals Luft, beschimpfe ihn den ganzen Weg lang als widerlich brutalen Kerl, ohne dass meine Mutter Einspruch erhebt. Als ich mich kurz vor dem Erreichen des Gasthofs umdrehe, sehe ich in großem Abstand meinen Vater in geduckter Haltung hinter uns herschleichen. Ich hoffe nur, dass er uns in Ruhe lässt … Angst vor ihm empfinde ich nicht.

Im Gasthof beziehen wir zwei Zimmer, und wir lassen sofort einen Arzt für meine Mutter rufen, während diese sich ins Bett legt. Er kommt sehr schnell. Als er wieder weg ist, will ich wissen, was er gesagt hat. Meine Mutter berichtet, sie habe ihm den Vorfall wahrheitsgetreu geschildert und er habe daraufhin gemeint, dass sie sich, wenn das noch einmal passieren sollte, unbedingt scheiden lassen müsse. Sie blutet nicht mehr aus der Nase, aber ihr Nasenrücken und eine große Fläche unter dem Auge sind dunkelblau angelaufen. Ich frage meine Mutter vorsichtig, wie sie sich denn in dem Zustand bei der Beerdigung in die Öffentlichkeit wagen wolle. «Dann sage ich, dass während der Bahnfahrt ein Koffer auf mich gefallen sei», erwidert sie kühl.

Als Zeit zum Abendessen ist, steht meine Mutter wieder auf. Unten im Speiseraum taucht auch mein Vater auf und setzt sich an unseren Tisch. Er ist sehr ruhig und ernst und weicht konstant den Blicken vor allem von uns Kindern aus. Er redet kaum und sitzt traurig und schuldbewusst da. Nachdem wir gegessen haben und meine Mutter sich in ihr Zimmer zurückgezogen hat, fängt er langsam wieder an zu sprechen. Irgendwann wirft er mir, immer noch gleichbleibend ruhig, vor, es sei ein Mangel an Taktgefühl meinerseits gewesen, die beiden streitenden Eltern nicht allein zu lassen. «Wenn du nicht dazugekommen wärst, wäre das wahrscheinlich nicht passiert», meint er, mit immer noch unverändert trostlosem Gesichtsausdruck. Ich weiß darauf nichts zu antworten. Am nächsten Morgen brechen wir früh nach Zürich auf, um rechtzeitig bei der Trauerfeier zu sein.

Wir haben noch einen knappen Tag Zeit, um uns innerlich auf die Beerdigung meines Großvaters vorzubereiten. Wir Kinder sind in Zollikon untergebracht, die Eltern im Kilchberger Trauerhaus. Irgendwann ruft mich mein Vater an und erkundigt sich mit einem fürsorglich sanften Ton in seiner Stimme, wie es uns denn gehe. Bald danach brechen wir alle zum Kilchberger Friedhof auf.

Es ist ein sehr sonniger Augusttag, dessen Helligkeit auch das Innere der vollbesetzten Reformierten Kirche in Kilchberg erfüllt. Die Massen an Kränzen mit Schleifen und an Blumengebinden erfüllen das Licht mit zusätzlicher Farbe. Einige von ihnen, vor allem die aus Ostdeutschland, sind so riesig, dass sie draußen vor dem Kirchenportal bleiben müssen. Nach dem Ausklingen des Glockenschwalls im Turm setzt gewaltiges Orgelspiel ein. Später wird das Molto Adagio von Beethovens Streichquartett opus 132, die «Heilige Danksagung eines Genesenen an die Gottheit, in der lydischen Tonart», gespielt, die Thomas Mann so sehr liebte. Dazwischen erfolgen Ansprachen und die mich etwas grobschlächtig und polternd anmutende, auf einen Psalm zurückgehende Predigt des amtierenden Pfarrers.

Die überwältigend große Menge der aus aller Welt zum Abschied angereisten Trauergäste kann ich noch besser ermessen, als wir aus der Kirche in das blendende Licht hinaustreten und gemeinsam zum Grab schreiten. Überall, bis hinter die Hecken, stehen die Menschentrauben. Jahrzehnte später werde ich aus Wochenschau-Filmaufnahmen ersehen können, dass die wirkliche Besucherzahl meine Wahrnehmung sogar übertroffen hat.

Denn im Moment des Geschehens bin ich zu sehr mit mir selbst beschäftigt, mit meiner abgründigen Trauer.

Aber es ist nicht reine Trauer. Das Erdrückende, das mit der Überliebe eines Riesen verbunden ist, wird mir erst in dem Augenblick bewusst, als dieser nicht mehr da ist. Das Vakuum, das er hinterlässt, ist nicht nur die Folge eines Wegfalls seiner bergenden Liebe, sondern auch des immensen, ständig über mir schwebenden und alles verdunkelnden Schattens. Und wenn der Schatten weicht, macht sich leicht Triumph breit: «Der König geht, jetzt bin ich endlich frei ...» Doch der Triumph verleitet dazu, ungerecht zu sein und das Gute und Unschätzbare, das ich von meinem Großvater bis zu dessen Tod empfangen durfte, herunterzuspielen. Die Folge ist eine Verdrängung der ihm geschuldeten Dankbarkeit und eine falsche oder zumindest höchst einseitige Interpretation seiner Zuwendung zu mir. Diese Einschätzung wird sich über Jahrzehnte hartnäckig halten, bis ich in den ab 1977 veröffentlichten Tagebüchern nachlesen kann, dass die Liebe meines Großvaters sehr viel mehr gewesen ist als die von mir unterstellte narzisstische Affenliebe zu einem wehrlosen, von ihm literarisch instrumentalisierten Kind. Dann endlich wird meine Dankbarkeit wieder im rechten Maß die Oberhand gewinnen.

Wie mutterseelenallein ich in meinen inneren Kämpfen während der kirchlichen «Abdankungsfeier» und dann erst recht vor seinem Grab gewesen bin, wird mir erst deutlich, als beim nachfolgenden Zusammensein im kleineren Kreis im Kilchberger Haus Erika auf mich zutritt und mir, liebevoll und warmherzig, eine in ihren Augen letzte persönliche Botschaft meines Großvaters mündlich überbringt. Erika lässt mich wissen, dass sich mein Großvater noch wenige Tage vor seinem Tod eingehend, mit ernster Miene und ohne ein Wort zu sagen, mit meinem ihm am Krankenbett überlassenen Typoskript beschäftigt und Bleistiftnotizen in den Text gemacht habe. Dies lindert mein Gefühl der Einsamkeit und meine Trauer. Und irgendwie dämpft es gleichzeitig meine auf dem Friedhof zum ersten Mal aufgekommenen Triumphgefühle. Bin ich den Schatten doch nicht losgeworden?

Gleich nach der Beerdigung fahren meine Eltern und wir beiden Kinder wieder nach Ischia zurück, um den unterbrochenen Ferienaufenthalt fortzusetzen. Bald werden uns dort die neuesten Änderungen der Pläne für uns Kinder eröffnet. Toni und ich werden, wenn meine Eltern im Herbst nach Amerika übersiedeln, nicht wie vorgesehen nach Florenz in die dortige Schweizer Schule zurückkehren. Ich soll stattdessen als Hausgenosse meiner verwitweten Großmutter Katia in Kilchberg wohnen und in Zürich das Realgymnasium besuchen, in dem seinerzeit meine Mutter und meine Tante Medi das Abitur bestanden haben. Einige Monate wohnen Toni und ich noch zusammen bei der Großmutter in Kilchberg. Dann sollen ihn die Großeltern in Zollikon endgültig bei sich aufnehmen und seine ganze weitere Schulausbildung und sein Leben überhaupt begleiten. Dadurch trennen sich ab jetzt unsere Wege weitgehend. Erst sehr viel später werden auf Initiative meiner Frau C. wieder mehr Kontakte mit meinem Bruder aufgenommen werden.

Nach der Aufnahmeprüfung im Zürcher «Freien Gymnasium» springe ich gleich ins kalte Wasser des Gymnasialbetriebs, der mir nach meinem ständigen Schulwechsel ungewohnt und recht hart vorkommt. Ein angenehmer Ausgleich sind meine rasch geschlossenen Freundschaften in der Klasse. Mein Banknachbar die ganzen Jahre bis zum Abitur bleibt Peter K. Wehrli, damals schon ein kunstfreudiger Literat wie während unserer jahrzehntelang fortdauernden Freundschaft. Praktisch von meinem ersten Schultag an tun wir uns als die einzigen beiden «Künstleraußenseiter» in dieser sonst vor allem aus «geradlinigen» Schweizer Bürgerstöchtern und Bürgersöhnen bestehenden Klasse zusammen. Die Freundschaft mit Peter erweist sich als dauerhaft – bis zum heutigen Tag.

Nur wenige Wochen nach meinem Schuleintritt werde ich, nach plötzlich auftretenden starken Schmerzen im Blinddarmbereich und nach entsprechender hausärztlicher Diagnose, ins Bezirkskrankenhaus Horgen eingeliefert, vier Gemeinden weiter am Zürcher See. Meine Mutter hat mich zufällig gerade noch von Weitem an der Bushaltestelle nach Kilchberg in gekrümmter Haltung stehen sehen und dann auch noch irgendwie den Besuch unseres Kilchberger Hausarztes Dr. Ernst mitbekommen. Aber als mich Erika in die Klinik fährt, ist sie bereits nach Amerika zu meinem inzwischen dort weilenden Vater aufgebrochen. Großmutter Mielein ist schon seit einiger Zeit zu Besuch bei Medi in San Domenico, und Golo unterrichtet wieder in seinem College im kalifornischen Claremont. Deshalb muss Erika jetzt allein die volle Verantwortung für mich übernehmen. Die im Krankenhaus sogleich durchgeführte Blinddarmoperation erweist sich, wegen eines erforderlichen Kreuzschnitts, als unerwartet schwierig und langwierig. Mir müssen während des Eingriffs wiederholt neue Dosen von Lachgas verabreicht werden. Noch nie habe ich so höllische und nicht enden wollende Albträume durchlebt wie in der letzten Phase vor dem Erwachen. Als Erika zum ersten Mal im Krankenzimmer nach mir sieht, kann sie mich mit aller Kraft knapp davor bewahren, im noch bewusstlosen Zustand aus dem hohen Krankenbett zu fallen. Nur wenige Tage später macht eine Vereiterung meiner Bauchdecke einen zweiten, antiseptischen Eingriff notwendig, den ich aber gut überstehe.

Jetzt kommt auch meine Großmutter nach Kilchberg zurück. Sie erzählt mir später, wie sehr ich bei ihrem Eintreffen übers ganze Gesicht gestrahlt hätte. Während meiner sehr langsam voranschreitenden Genesung noch im Krankenhaus erhalte ich einen langen, erheiternden Brief von Golo. Ich lese viel und höre gern Radio, unter anderem einen bewegten Bericht von der Heimkehr der letzten deutschen Kriegsgefangenen aus Russland im Durchgangslager Friedland in Anwesenheit des Bundeskanzlers Konrad Adenauer. Als wohltuend empfinde ich die Nachmittage in der warmen Oktobersonne auf dem Balkon, auf den mein Bett geschoben wird. Meine Entlassung zieht sich bis zum Spätherbst hin. Endlich holt mich Mielein mit dem Auto ab. Ich bin sehr geschwächt und muss das Laufen wieder langsam lernen. Mielein päppelt mich wie ein kleines Kind mit nahrhaften Speisen auf. Noch vor Weihnachten kehre ich in die Schule zurück, und das Einleben in die mir zugedachte, fragwürdige Rolle im Kilchberger Haus für die kommenden Jahre beginnt.

Kilchberg, Osterwoche 1966. Besuch mit C. während unserer Verlobungszeit in Kilchberg bei meiner inzwischen schon über achtzigjährigen Großmutter. Wir werden aufs Feinste aufgenommen und sehr verwöhnt. Mielein hat meine langjährigen Lieblingsgerichte und Lieblingsleckereien nicht vergessen. Der aus der legendären Silberkanne gereichte Nachmittagstee mit Petits Fours von Sprüngli wird im kleinen Mittelzimmer im Erdgeschoss eingenommen. Dort stehen immer noch die vergoldeten Biedermeierstühle aus Großvaters Zeiten an ihrem Platz, und von der Wand schaut Mieleins von Franz Lenbach porträtierte Großmutter Hedwig Dohm mit ihrem furchterregend strengen Blick zu uns herab. C. stammt nicht aus Verhältnissen, die ihr das Ambiente in diesem Haus als schockierend fremd erscheinen ließen. Doch lässt sie es sich aus Takt und Höflichkeit nicht anmerken, dass sie den hochgradig herrschaftlichen Luxus hier vielleicht doch als ein bisschen übertrieben empfindet.

Wie immer schlafen wir als Verlobte auch hier noch in getrennten Räumen. Als C. mich eines Morgens zum ersten Mal in meinem Morgenmantel und meinen Pantoffeln aus meinem

Zimmer treten sieht, stutzt sie. «Wo in aller Welt hast du denn diese Aufmachung aufgetrieben?», fragt sie entgeistert. Ich erkläre ihr völlig unbefangen, dies stamme noch aus meiner Kilchberger Zeit. Meine Großmutter habe mich bei meinem Einzug mit den Pantoffeln und den beiden Morgenmänteln meines Großvaters ausgestattet, einem blauen für den Winter und einem roten, etwas ausgebleichten Sommermorgenmantel aus Seide, den mein Großvater schon in Pacific Palisades beim Morgenkaffee getragen hat. C. starrt mich mit einer Mischung aus Entsetzen, Belustigung und Mitleid an. Dann fasst sie sich und meint mit frischer und resoluter Stimme: «Und davon hast du dich noch immer nicht getrennt? Also, in unsere Ehe bringst du mir diese Klamotten nicht mit. Ich werde dafür sorgen, dass du vorher anständig eingekleidet wirst.» – «Ja, aber die Dinger hier sind unglaublich haltbar. Was machen wir damit?», versuche ich einzuwenden. «Mit diesem Totenmuff?», wird sie jetzt deutlicher. C. bringt die Dinge gern auf den Punkt. Ich schmunzle. Sie überlegt kurz und geht dann zum Badezimmer. Bevor sie verschwindet, dreht sie sich noch einmal um und schüttelt amüsiert den Kopf.

Als wir nach dem Frühstück wieder unter uns sind, ist es mir wichtig, ihr von meinen vielen unvergesslich schönen Kulturerlebnissen in Zürich im Schauspielhaus und in der Tonhalle zu erzählen, die ich Mielein ebenfalls zu verdanken habe. Dazu gehören auch die persönlichen Begegnungen im Haus mit Bruno Walter und mit Otto Klemperer, beide herausragende Vorbilder für meine spätere Dirigentenausbildung. «Meinem Bruder Toni in Zollikon wurde zwar nie diese besondere Gunst zuteil», erkläre ich ihr, «aber dafür ist er dem Morgenmantel und den Pantoffeln unseres Großvaters entkommen.»

Schauspielhaus Zürich, 29. Januar 1956. Uraufführung von Friedrich Dürrenmatts «Der Besuch der alten Dame». Noch nie habe ich ein Theaterstück so aufgeregt und gespannt verfolgt wie dieses. Ich sitze neben meiner Großmutter und Erika irgendwo im Parkett. Dieses schon seit der ersten Szene auf dem Güllener Bahnhof mich packende, komödiantisch groteske Drama bleibt für mich unter allem bisher auf einer Theaterbühne Gesehenen das absolute Spitzenerlebnis: Therese Giehse in der ihr auf den Leib geschriebenen Hauptrolle der Claire Zachanassian, eine wie ein Felsen thronende Rachegöttin, und Gustav Knuth als das gejagte, hilflos zwischen Jovialität und Weinerlichkeit wechselnde Opfer Ill. Unübertreffbar die Szene am Ende des ersten Aktes, in der alle am Tisch versammelten Güllener, voran der von Carl Kuhlmann großartig gespielte Bürgermeister und der vor verzweifelter Demagogie sprühende, rothaarige Erwin Parker als Lehrer. Mit letzter Kraft verteidigen sie alle ihre hinter der Fassade immer weiter abbröckelnden humanistischen Werte gegen das Ansinnen der Milliardärin, die Einwohner des Dorfes für die Wiederherstellung der «Gerechtigkeit» durch einen Mord an Ill zu kaufen. Zuletzt der große Moment, Sekunden bevor der Vorhang fällt: die Giehse, die, hoch aufgerichtet und starr, ihr Donnerwort in die Runde wirft: «Ich warte.» Ich gehe betäubt in die Pause. Es folgt die zweite Hälfte mit dem befürchteten Ende. Wir fahren nach Hause. Oben im Teezimmer debattieren Erika und Katia noch bis tief in die Nacht leidenschaftlich über dieses «zeitlose Lehrstück über die Macht des Geldes und die Käuflichkeit der Menschen», wie Erika es nennt.

Es scheint, als wäre dieses Theaterereignis der Abschluss der ganz großen, während der Emigrationsjahre einsetzenden Ära des Zürcher Schauspielhauses gewesen. Die nachfolgenden, von mir ebenfalls zusammen mit Katia erlebten Uraufführungen und Premieren, auch weitere von Dürrenmatt, sogar sein zweitbestes Stück «Die Physiker» einige Jahre später, fallen vergleichsweise dagegen ab.

Nachdem ich bereits im ersten Kilchberger Winter in meiner Freizeit drei Kurzgeschichten geschrieben habe, verlege ich mich im Lauf der Jahre immer ernsthafter auf die Musik. Neben der Schule und intensivem Klavierunterricht komponiere ich ein Klaviertrio mit Variationen über ein Thema von Beethoven und einen Streichquartettsatz.

In der musealen Atmosphäre des Kilchberger Hauses erstarren meine Erinnerungen an meinen Großvater im Lauf der Jahre immer mehr zu einem Mythos. Dies führt dazu, dass ich recht bald eine unüberwindliche innere Abwehr nicht nur gegen das Schreiben, sondern auch gegen das Lesen jeder Belletristik aufbaue, vor allem gegen die Werke meines Großvaters und aller anderen schreibenden Manns. Die «Buddenbrooks» meines Großvaters habe ich noch vor seinem Tod verschlungen. Jetzt aber flüchte ich mich in einen vor jeder Literatur geschützten Raum hinein, in dem ich Jahrzehnte verharren werde.

Stattdessen bin ich bald so unbeirrbar und konsequent von der Idee besessen, Dirigent zu werden, dass ich am liebsten, nach dem Muster meines Vaters, das Gymnasium abbrechen und ganz in die Musikhochschule hinüberwechseln würde. Zwar haben die feierlichen Abendessen- oder Teebesuche meiner beiden Idole Bruno Walter und Otto Klemperer bei meiner Großmutter Mielein etwas abgehoben Unwirkliches an sich. Aber diese Besuche geben mir doch die Möglichkeit, die beiden näher kennenzulernen und mir tiefere Einblicke in ihre gigantischen Musikerpersönlichkeiten zu gewähren. Auch wenn mich Otto Klemperer mit seiner felsenhaft starren und finsteren Riesenerscheinung eher etwas seltsam und fremd anmutet, so bleiben seine Auftritte als Dirigent in der Züricher Tonhalle und im Opernhaus wie auch seine Schallplattenaufnahmen für mich unvergessen.

Ein weiteres besonderes Vorbild für mich bleiben Wilhelm Furtwänglers Klassikinterpretationen und seine eindrucksvollen

Orchesterprobenmitschnitte, und auch eine Biographie über ihn ist mir während meiner Jugendjahre zu einer Art Heiligtum geworden. Mir ist seine umstrittene politische Vergangenheit und das Zerwürfnis mit meinem Großvater nach dem Krieg schon damals wohl bekannt, und trotzdem hänge ich an den Lippen meiner Großmutter, wenn sie mir von ihren Bootsfahrten als junges Mädchen mit dem etwa gleichaltrigen, «sehr liebenswürdigen» Wilhelm auf dem Wannsee erzählt. Meine heutige Sympathie für die Großnichte des Dirigenten, Maria Furtwängler, als Schauspielerin und als sozial engagierte Ärztin, hat sicherlich auch etwas damit zu tun, wie mich der Dirigent damals faszinierte, zumal ihre ganze Erscheinung, einschließlich ihrer Stimme, eine frappierende Ähnlichkeit mit ihrem Großonkel aufweist.

Meine Eltern, die während ihrer Zeit in Amerika für mich, außer in einer dünnen Briefkorrespondenz, nicht zu sprechen sind, bringen es immerhin während ihres ersten Sommerbesuchs in Europa nach meinem Einzug in Kilchberg fertig, mich davon zu überzeugen, dass ich mir mit einem Abitur eine sicherere und breitere Grundlage für ein Musikstudium schaffen kann. Ich beschließe daher mit Zähneknirschen, dieses bis zum Schulabschluss aufzuschieben. Umso zielsicherer kämpfe ich mich durch alle folgenden Schuljahre hindurch. Ich studiere fleißig meine Lieblingspartituren am Flügel, der inzwischen von der Diele in das ehemalige Arbeitszimmer meines Großvaters geschafft wurde. Zusätzlich berausche ich mich am Nachdirigieren bestimmter Werke anhand von Schallplattenaufnahmen, bis kein Geringerer als Bruno Walter mich in einer missbilligenden brieflichen Antwort auf meine Anfrage von diesem Unfug wieder abbringt. Vor allem besuche ich möglichst viele Tonhallenkonzerte mit Dirigenten aus aller Welt, mit und ohne meine Großmutter, und ich verschaffe mir Zutritt zu Orchesterproben vor allem unter der Leitung des von mir ebenfalls hoch geschätzten damaligen Chefdirigenten der Tonhalle, Hans Rosbaud.

Natürlich leiden unter diesen vielfachen Aktivitäten meine Schulleistungen. Außer in den Fächern Deutsch und Geschichte, die mich sehr interessieren, mogle ich mich durch alles andere, notfalls mit dem Einsatz unerlaubter Mittel, recht und schlecht hindurch. Von meinen Lehrern werde ich insgesamt akzeptiert. Einzig der für mich unerklärlichen Abneigung des jungen, temperamentvollen und autoritären Lateinlehrers fühle ich mich geradezu ausgeliefert, sodass ich mit Angst jeder Lateinstunde entgegenblicke. Mein Schwatzen mit dem Banknachbar beendet der betreffende Lehrer einmal mit dem keifenden Ausruf: «Jetzt sei mal endlich still, Thomas Mann!»

Gegen Ende der Schulzeit komme ich zweimal knapp um eine Wiederholung des Schuljahrs herum. Mielein kämpft mit ihrer für mich oft schwer erträglichen Strenge und Ungeduld energisch für meine alljährlichen Versetzungen in die nächste Klasse. Sie sucht in kritischen Situationen meinen Klassenlehrer auf, beaufsichtigt meine Hausaufgaben und lässt mich über den vergangenen Schultag, besonders nach benoteten Klassenarbeiten, zum Rapport häufig antreten. Ihre Rolle als stellvertretende Erzieherin kann ich allein aus Protest gegen meine abwesenden Eltern nur sehr halbherzig annehmen. Die Generationenkluft zwischen Großmutter und Enkel erschwert zusätzlich die Verständigung zwischen uns. Mielein vermittelt mit ihrer besonderen Stärke einerseits viel Sicherheit und Geborgenheit. Ihre Überfürsorglichkeit ruft in mir jedoch auch Trotz und Widerstand hervor. Ihre gleichzeitig hochfahrenden und unduldsamen Züge und vor allem der manchmal fast gewalttätige Jähzorn machen mir ebenfalls schwer zu schaffen. Dennoch vermag sie mir teilweise den Halt zu geben, den ich brauche. Denn Katia ist mehr als nur eine Hüterin und Vorsteherin des von ihr eingerichteten, düsteren und kleinfenstrigen Kilchberger Museums.

Sie wirkt auf mich eher wie dessen lebendige und bis zu einem gewissen Grad auch belebende Verkörperung.

Aber um in diesem Museum nicht zu ersticken, zieht es mich ständig hinaus. Nicht in erster Linie aus Faulheit, sondern um mir und meiner Musik zusätzliche Freiräume zu schaffen, beschäftige ich beispielsweise gleich drei Verwandte über Jahre hinweg mit der Abfassung meiner Hausaufsätze. Mielein schreibt meine Französischaufsätze, Medi in San Domenico die auf Englisch und Monika im fernen Capri die besonders originell ausfallenden deutschsprachigen. Vom Englischunterricht bin ich – abgesehen von einem Hausaufsatz pro Schulquartal – wegen meines fließenden Englisch noch aus Amerika befreit, und ich nutze meine Freistunden am liebsten für kurze Spaziergänge durch die Innenstadt.

Sicherlich ist die Öffentlichkeit der Schule in einiger Hinsicht ein gesundes Gegenstück zu meinem Kilchberger Elfenbeinturm. Sie erleichtert mir beispielsweise die Bildung einer eigenen politischen Meinung, die nicht immer mit den manchmal radikalen Ansichten der beiden Damen Erika und Katia konform gehen muss. Die Niederschlagung des Ungarnaufstandes im Oktober und November 1956 etwa treibt in Zürich ganze Schulen zu Protestmärschen durch die Stadt. Auch ich nehme aus voller Überzeugung an einem der Fackelumzüge teil, wohl wissend, dass man bei mir zu Hause die Sache ein bisschen anders sieht. Die Toleranz im Kilchberger Haus ist jedoch zu groß, als dass ich mir wegen meiner Teilnahme an den Protestveranstaltungen irgendwelche bösen Bemerkungen oder auch nur strafende Blicke einfange. Rückhaltlos einig hingegen sind wir uns alle im Haus mit unserer Empörung darüber, dass etwa zur selben Zeit am Zürcher Hauptbahnhof jugendliche Heimkehrer von einem internationalen Jugendtreffen in Moskau von aufgebrachten Schweizer Bürgern verprügelt werden.

Richtige Entspannung ist während der Schulzeit nur an

den Wochenenden angesagt. Die meisten Samstagnachmittage und -abende verbringe ich mit dem im nahe gelegenen Zürcher Vorstadtviertel Leimbach wohnenden Peter K. Wehrli und seinen vielen Freunden und teilweise auch mit seinen mir sehr ans Herz wachsenden Eltern. Im dortigen Schul- oder Kirchgemeindehaus finden häufig Tanzabende oder auch kulturelle Veranstaltungen statt, die von der von Peter mitbegründeten «Jugendbühne Leimbach» organisiert werden und bei denen ich mich einmal sogar mit einem eigenen Klavierrezital hervortue. Auch an gelegentlich exzessiven Trinkgelagen zu vorgerückter Stunde im kleinsten Kreis fehlt es nicht. Einmal darf ich mich mit meiner ganzen Schulklasse bei einer Fete mit Buffet und Tanzmusik im Erdgeschoss des Kilchberger Hauses ausbreiten. Es wird ein besonders gelungenes Ereignis, bei dessen Vorbereitung Mielein mir rührend tatkräftig zur Seite steht, um sich dann rechtzeitig und diskret vor dem Beginn der langen und lauten Nacht in ihre oberen Gemächer zurückzuziehen.

Zürich, in den späten fünfziger Jahren. Peter und ich sitzen im Gebäude der Eidgenössischen technischen Hochschule im Vorzimmer des Leiters vom Thomas-Mann-Archiv, Professor Scherrer, nachdem dieser uns zu einem Gespräch dorthin zitiert hat. Wir sind sehr neugierig, was uns erwartet. Bisher weiß ich nur, dass es um die «Bücher» geht, die wir beide am Anfang dieser Woche im Auftrag meines Vaters an ein Zürcher Antiquariat verkauft haben. «Den Erlös all der Bücher, die ihr nicht selber behalten wollt, könnt ihr verprassen, mit einem feudalen Essen, wenn ihr möchtet», hatte mein Vater mir lachend gesagt, als er, kurz vor seiner Rückreise nach Amerika, mit mir die beachtlichen Buchbestände im Gästezimmer des Hauses seiner Schwiegereltern in Zollikon durchgegangen war und mir erklärt hatte, er wolle vor seiner endgültigen Übersiedlung nach Amerika seine hiesige Bibliothek auflösen. Ich war über die Qualität vieler der

Bücher erstaunt gewesen. Einige hatten handschriftliche Widmungen gehabt, beispielsweise von Hans Carossa. Dann hatte der betreffende Antiquar die Bücher mit seinem Lieferwagen nach Zürich abtransportiert. Er hatte uns dafür fünfhundert Schweizer Franken gegeben. Damit hatten wir dann im Restaurant «Kaisers Reblaube» in festlicher Stimmung ein großartiges Abendessen mit Rehrücken und Champagner genossen.

«Ja, was der bloß von uns will, der Herr Professor Scherrer», fragte Peter besorgt. «Ich weiß auch nicht. Er war jedenfalls ziemlich schroff am Telefon», antwortete ich.

Dann öffnet sich die Türe, und wir werden zum Professor hereingebeten. Er bietet uns einen Platz in der Besucherecke an. Dann überfällt er uns mit verbitterter Miene mit gravierenden Vorwürfen. Ein Antiquariat habe ihm kürzlich telefonisch mitgeteilt, dass wir dort eine große Anzahl kostbarer Bücher aus der Bibliothek der Familie Mann veräußert hätten, teilt er uns mit. Und das besagte Antiquariat habe jetzt diese Bücher dem Thomas-Mann-Archiv zum Kauf angeboten, wohin sie eigentlich von Anfang an gehört hätten. «Wie kommen Sie dazu? Sie sind zu einem solchen Vorgehen überhaupt nicht berechtigt. Die erste Anlaufstelle ist immer das Thomas-Mann-Archiv», schimpft er, sich immer mehr in Rage redend. Peter und ich schauen uns verdutzt an. Dann fasse ich mir ein Herz und erkläre dem Archiv-Leiter den wahren Sachverhalt. Professor Scherrer zeigt sich ausgesprochen irritiert. Wir bemühen uns weiter, ihm unsere Position verständlich zu machen, und schlagen vor, sich das von uns Gesagte brieflich von meinem Vater bestätigen zu lassen. Dann ist das Gespräch bald beendet. Wir sind erleichtert, die Diensträume von Professor Scherrer wieder verlassen zu können.

Kurz darauf erfahren wir, dass das Thomas-Mann-Archiv für die besagten Bücher im Vergleich zu der uns ausbezahlten Summe einen astronomisch hohen Kaufpreis entrichten musste.

Schon recht bald nach ihrer Hilfe bei der Bewältigung meiner Blinddarmoperation beginnt sich das Verhältnis zwischen Erika und mir zu verändern. Die schon lange schleichende Zerrüttung ihrer Gesundheit, über die sich bereits ihr Vater in seinem Tagebuch wiederholt beklagt, ist mir selber zu dessen Lebzeiten unbemerkt geblieben. Danach sehe ich sie oft monatelang nicht, wenn sie sich wegen der Dreharbeiten bei der Verfilmung der Werke ihres Vaters in Deutschland aufhält. Je länger wir allerdings unter demselben Kilchberger Dach wohnen, desto weniger entgeht mir ihr langsam fortschreitender körperlicher und psychischer Verfall. Er macht sich besonders in den späten Abendstunden bemerkbar, nach der Einnahme ihres mir gegenüber immer im Dunkeln gehaltenen Drogen-Medikamenten-Mix. Dann ist sie oft nicht mehr ganz bei sich und muss schließlich häufig von ihrer alten Mutter über die zwei Etagen hoch in ihr Zimmer gebracht werden. Bald wirkt sich ihr Zustand auch auf ihre Grundstimmung und auf ihren Umgang mit uns Hausgenossen aus.

Je länger und unverhohlener Mielein mich über meine Rekonvaleszenzzeit hinaus bemuttert, mich mit meinen Lieblingsspeisen und mir von den Augen abgelesenen Extras verwöhnt, desto mehr muss dies bei Erika den Eindruck erwecken, als würde Mielein die gegenüber ihrem Mann jahrzehntelang ausgeübte Rolle jetzt auf den Lieblingsenkel übertragen. Das fordert Erika umso empfindlicher zu Eifersucht heraus, aus Angst um ihre bisher unangefochtene Position als älteste Lieblingstochter. Hebt sie noch in einem Brief an Hermann Hesse Ende 1955, kurz nach meiner Entlassung aus dem Krankenhaus, positiv hervor, ich würde wenigstens eine kleine Nische von Katias entleerter Existenz ausfüllen, so heißt es, nur etwa zwei Monate später, in einem Brief an meinen Vater: *Frido verdriesst mich gelegentlich durch allzu große Sissyhaftigkeit. Ein Muttersöhnchen sein ist nichts, verglichen mit dem Grossmutterenkelchen, das er darstellt.*

Immer häufiger fallen vor allem bei Tisch ironische und hämische Bemerkungen von Erikas Seite. Sie erfindet Figuren als Symbole für meine Bevorzugung und reitet penetrant darauf herum: etwa ein gewisser «Genfer Juwelier namens Victor Lejeune», bei dem meine Großmutter «einen extra für mich anzufertigenden Brillantring in Auftrag gibt», usw. Erika bringt zu jeder Zeit Spitzen gegen mich an und nutzt manchmal die kleinsten Ausrutscher meinerseits für Kritik und Tadel. Ihre unterschwelligen Aggressionen lassen mich mehr und mehr auf Distanz zu ihr gehen. Die alten, liebevollen Reminiszenzen aus der Frühzeit, mit dem Vater und Großvater als Bindeglied, flammen im Lauf der Jahre immer wieder auf. Aber unsere Beziehung bleibt wechselhaft, abgesehen davon, dass die unaufhaltsame Verschlechterung ihres Gesundheitszustands für uns alle zu einer zunehmenden Belastung wird.

Bei dem sehr viel seltener im Elternhaus logierenden Golo bahnt sich erst später eine Veränderung seines Verhaltens mir gegenüber an. Der Grund hierfür ist anderer, komplizierterer Art als bei Erika. Etwa zeitgleich mit dem Tod seines Vaters geht Golo eine ernste und dauerhafte Bindung mit dem noch halbwüchsigen, aus dem süddeutschen Raum stammenden Hans Beck ein, den er auf einer Eisenbahnfahrt kennengelernt hat. Solange Golo noch während der Wintermonate in Kalifornien lebt, bleibt diese Liaison für uns alle fast unbemerkt. Deswegen ist Golo während seiner damals noch auf die Sommermonate beschränkten Anwesenheit in Kilchberg für mich der unveränderte Alte wie zu den schönen Zeiten in Strobl oder Fiesole: ein nach wie vor «amerikanisch» umgänglicher, entspannter, witzig anregender und vor allem zugewandter Freund und Patenonkel.

Golo muss während meiner ersten Kilchberger Jahre bescheiden im Kämmerchen ganz oben neben Erikas Zimmer wohnen. Denn das ehemalige Schlafzimmer seines Vaters hält

Katia wie ein Mausoleum abgeschlossen und verdunkelt. Sie braucht mehrere Jahre, bis sie Golo gestattet, dort einzuziehen. Golo gibt mir in seiner engen Mansarde Latein-Nachhilfestunden, und nach seiner Nachmittagsruhe «erstürmen» wir oft zusammen die circa achthundert Meter hohe «Felsenegg» auf der Uetlibergkette hinter Kilchberg. Zwischendurch lässt Golo auch mir gegenüber die ihm von seiner ältesten Schwester zugefügten Verletzungen durchblicken, die weiter in ihm bohren. «Wenn ich gewollt hätte, hätte ich auch Schriftsteller werden können», bekennt er eines Tages. «Das habe ich auch Erika gesagt. Aber da meinte die nur: ‹Wer kann, der tut.›»

Als dann, nach Golos endgültiger Übersiedlung nach Europa, jener Hans Beck immer häufiger und länger in Kilchberg auftaucht, übermannten mich die Eifersucht und die Angst vor dem Verlust meines jetzt noch einzigen Ersatzvaters. Daraufhin bleibt auch seine Reaktion nicht aus. Ich fühle jedenfalls von Jahr zu Jahr, dass sich mein Patenonkel immer weniger für mich interessiert und sehr viel ungeduldiger mit mir ist als früher.

Medi in San Domenico bleibt für mich hinter ihrer stets leutseligen und hilfsbereiten Fassade letztlich immer ein wenig undurchsichtig. Wärme habe ich von ihrer Seite nie gespürt. Sie bleibt jahraus, jahrein eine sich fröhlich und umgänglich gebende Tante, schreibt mir bereitwillig meine Englischaufsätze, lädt meinen Schulfreund Peter K. Wehrli und mich wiederholt während der Osterferien großzügig in ihr Haus nach Italien ein. Einen von mir während eines Ferienaufenthaltes dort mit sechzehn komponierten Streichquartettsatz übergibt sie einem mit ihr befreundeten jungen amerikanischen Komponisten zur Durchsicht. Nach dessen überaus positiver Beurteilung lädt sie, imposant großzügig, vier professionelle Streicher aus dem Florentiner «Maggio Musicale» zu einem Abend zu sich ein, wo das Opus aufgeführt und der Erfolg anschließend bei einem lukullischen Buffet gefeiert wird. Doch im Lauf der folgenden Jahre verflüchtigt sich unser Kontakt zunehmend. Jahrzehnte später erst höre ich aus ganz beiläufigen Bemerkungen von Medis Töchtern rückblickend erschreckend abschätzige Äußerungen meiner Tante über mich, die mich zu einer erneuten Kontaktaufnahme nicht sonderlich ermutigen. Auch von ihrer Seite bleiben Initiativen in diese Richtung aus.

Den bis heute ungetrübtesten Nachklang in mir haben Erinnerungen an die gemeinsamen Sommerwochen mit Monika im Kilchberger Haus. Sie überdauern selbst das, was sich kurz vor ihrem Tod in Leverkusen an Schlimmem zugetragen hat. Monika ist und bleibt die Verfemteste unter allen Geschwistern, über den Tod ihres Vaters hinaus. Auch ihre Mutter verhält sich entsprechend. Sich über Monikas Schriftstellerei herablassend, ja angewidert zu äußern gehört die ganzen Jahre und Jahrzehnte hindurch zum guten Familienton. Allein schon beim Rückblick auf meine von ihr verfassten deutschen Hausaufsätze für die Schule stellt sich mir dies ganz anders dar, und heute teile ich auch die einmal bei einer Lesung von Monika-Mann-Texten geäußerte Ansicht, Monika habe über die stärkste poetische Begabung unter den Geschwistern verfügt.

Ihre alljährlichen Besuche aus dem hochsommerlichen Capri im klimatisch zuträglicheren Kilchberg, die sie auch für Zahnarzt- und Friseurgänge in Zürich nutzt, werden ihr als Schmarotzertum ausgelegt. Während dieser Wochen sind sie und ich manchmal allein im Haus, weil selbst ihre Mutter vor Monika in Medis Sommerhaus in Forte dei Marmi am Mittelmeer flüchtet. Ich denke heute ausgesprochen gern an unsere gemeinsamen Abende zurück, an denen wir zusammen Schallplatten hörten und uns über die betreffenden Aufnahmen und alles Mögliche angeregt unterhielten.

Obwohl sich meine Großmutter in Kilchberg nicht über Einsamkeit oder mangelnde gesellschaftliche Beachtung beklagen kann, ist das gesellige Leben im Kilchberger Witwenschloss natürlich nicht vergleichbar mit den glanzvollen Zeiten in Pacific Palisades. Wegen der überragenden Bedeutung Thomas Manns bleibt der Kreis der besuchswilligen Freunde und Verehrer sehr groß. Aber die Anwesenheit der immer älter werdenden und eben doch oft wie zu einem toten Heiligtum pilgernden Besucher bestärkt mich zunehmend in meinem diffusen Gefühl, dass diese Atmosphäre auf die Dauer für einen Halbwüchsigen, der dabei ist, seine Eierschalen abzuwerfen, nicht förderlich sein kann. Trotz der vielen Annehmlichkeiten und unschätzbaren Anregungen und trotz aller Fürsorge, die mir meine Großmutter zuteil werden lässt, bleibt meine Existenz in diesem Haus etwas trübsinnig.

Im Nachhinein führe ich meine massiven Schlafstörungen während des ersten Kilchberger Winters auf dieses ungesunde Gemisch aus Genuss und Missbehagen zurück. Zu dieser Zeit versorgt mich meine Großmutter vor allem während der anstrengenden Eingewöhnungszeit im Gymnasium fast täglich mit starken Schlaftabletten. Am Ende des Winters fühle ich mit zunehmender Panik, dass ich davon abhängig zu werden beginne. Immer deutlicher empfinde ich eine instinktive Abwehr. Eines Tages beschließe ich, die Tabletten einfach abzusetzen. Während der zwei folgenden, völlig schlaflosen Nächte ist mir, als ginge ich durch die Hölle, auch tagsüber. Ich stehe das jedoch durch, schlafe danach ohne jegliche Hilfsmittel endlich wieder normal und rühre seitdem keine Schlaftablette mehr an.

Beim ersten Besuch meiner Eltern nach dem Tod meines Großvaters wird mir bewusst, wie fremd sie mir geworden sind. Ich merke, wie wenig ich bereit bin, sie noch Einfluss auf mein Leben nehmen zu lassen. Mein fester Entschluss, Dirigent zu werden, muss für meinen Vater gerade jetzt, da er dabei ist, seinen Musikerberuf an den Nagel zu hängen, ein Dorn im Auge sein. Er bereitet sich gegenwärtig auf den Erwerb des *master degree of arts* in Pittsburgh vor, wo er, aus finanziellen Gründen, gleichzeitig im dortigen Sinfonieorchester unter William Steinberg mitspielt. Er versucht mich während der Wochen in der Schweiz bei jeder Gelegenheit von meinen Plänen abzubringen und hofft, dass ich sie mir bis zum Abitur aus dem Kopf geschlagen haben werde. Einmal höre ich ihn zu Golo sagen: «Vielleicht wäre der Schauspielerberuf das Richtige für meinen Sohn, wenn dieser Beruf für Männer nicht etwas Albernes an sich hätte.»

Während jener Sommermonate fällt mir von Anfang an ein besonders enger Kontakt zwischen meinen Eltern und der noch immer schwarz gekleideten Witwe Katia auf. Sie reden sehr viel und sehr ernst über Dinge, die man von mir fernzuhalten trachtet, besonders über die Zukunft. Bei einem gemeinsamen Spaziergang oberhalb von Kilchberg kann ich aus einer gewissen Entfernung eben noch verstehen, wie mein Vater mit verzerrtem Gesicht zu seiner Mutter äußert: «Ich weiß, dass auch ich nicht mehr lange leben werde.»

Dann, in den Sommerferienmonaten, wird die Stimmung plötzlich sehr fröhlich und gelöst, als gäbe es etwas zu feiern, und Mutter Katia wird von den Kindern besonders zuvorkommend und freundlich behandelt. Wie mir meine Mutter sehr viel später erzählte, muss damals kurz zuvor mein Vater seine Mutter überredet haben, auf einen Großteil des Erbes von Thomas Mann zu verzichten zugunsten der Kinder; sonst wäre ihnen nur ein Pflichtteil zugefallen. Im Juli wird in Forte dei Marmi in unmittelbarer Strandnähe ein ganzes Haus gemietet, in dem Katia, meine Eltern, wir zwei Kinder und Golo zusammen mit seinem jungen Freund Hans Beck wohnen, und auch Medi kommt oft zu Besuch. Nach dieser Zeit zerstreut sich die Familie wieder in alle Winde.

Ein Jahr später, nur noch zwei Jahre vor meinem Abitur, dürfen Toni und ich unsere ganzen Sommerschulferien bei meinen

Eltern an der amerikanischen Ostküste verbringen. Wir fahren mit dem Zug von Zürich über Paris nach Le Havre und dann mit dem Schiff nach New York. Dort nimmt uns unser Vater in Empfang und bringt uns mit dem Auto nach Pittsburgh, wo meine Eltern bereits dabei sind, ihre Zelte abzubrechen, um nach Boston umzuziehen. Mein Vater will an der Harvard University promovieren. In Pittsburgh holen wir als Erstes meine Mutter aus dem Krankenhaus ab, nachdem sie, wie uns diesmal gleich offen mitgeteilt wird, erneut eine Fehlgeburt erlitten hatte. Nach einer Woche im heißen Pittsburgh findet der Umzug statt. In Boston werden die Kartons rasch in der neuen Wohnung ausgeladen, und dann geht es in die Sommerfrische an die Küste von Maine, wo für einige Wochen ein Häuschen gemietet wird.

Ich bin nach acht Jahren zum ersten Mal wieder in Amerika. Aber es ist nicht das ersehnte Kalifornien, sondern die mir bisher kaum bekannte Ostküste. Dennoch ist es paradiesisch für mich, wieder täglich den ganz spezifischen Geschmack und Duft etwa der *tuna fish sandwiches* und *hot dogs with relish*, der *candy bars* und *marshmellows* aus der frühesten Kindheit zu genießen.

Bald erfahre ich von meinem Vater, der Hauptzweck unseres Besuchs sei, dass er sich mit mir und meinem zeitlich immer näherrückenden Musikstudium auseinandersetzen wolle. Deshalb ist auch sein kleines, aber sehr schwer zu transportierendes Harmonium von Pittsburgh im Autokofferraum an unseren Ferienort mitgenommen worden. Auf diesem Instrument erteilt mir mein Vater jetzt, im Vorgriff auf eines der wichtigen Fächer im späteren Musikstudium, Kontrapunktunterricht. Er verpflichtet mich, täglich während der Stunden am Strand auf dem regelmäßig dorthin geschleppten Harmonium in Badehose unter einem Sonnenschirm und vom Meeresrauschen inspiriert, einen Chorsatz im gregorianischen Stil zu verfassen. Gleichzeitig nutzt dies mein Vater für ironische Spitzen gegen meine Musikerpläne, indem er bemerkt, dass ich für das Komponieren der von ihm aufgegebenen Chorsätze auch ohne Harmonium auskäme, wenn ich ein «echter Musiker» wäre. Denn die großen Komponisten, so sagt er, hätten ihre Werke meistens ganz ohne Klavier verfasst. «Aber du brauchst ein Instrument, und dann stellen wir dir eben eins hin.»

Für mich irritierend bleiben auch seine anderen schematisierenden Kennzeichnungen einer «typischen» Musikerpersönlichkeit, mit denen er mich von diesem Beruf abzubringen versucht. «Musiker haben trotz ihrer hohen Sensitivität immer etwas Grundprimitives an sich, und das hast du nicht», sagt er. Als ich ihm daraufhin Erikas Aussage entgegenhalte, ihr Vater wäre, hätte er in einem Land gelebt, in dem das Schreiben verboten gewesen wäre, mit Bestimmtheit Dirigent geworden, erwidert er: «Das ist falsch. Dein Opapa wäre an der Härte dieses Berufs zerbrochen», womit er vielleicht auch recht haben mag. Ansonsten halten sich seine mir während dieser Wochen wohldosiert verabreichten Warnungen vor dem Musikerberuf («Eine unbedingte Voraussetzung für eine Dirigentenkarriere ist es natürlich, dass du mit großem Abstand der beste von allen deinen Mitschülern wirst sein müssen») in Grenzen. Mein Vater ist jetzt, so kurz vor seinem «Aufstieg» in die höheren akademischen Ränge, insgesamt eher milde gestimmt.

Je näher unsere Abreise nach Europa heranrückt, desto deutlicher merke ich, wie ungern ich mich von Amerika wieder trenne. Deshalb kann ich es mir nicht verkneifen, meine Eltern zu fragen, warum wir eigentlich nicht bei ihnen in Amerika unsere Schule absolvieren dürfen. Meine Mutter antwortet mir, ohne dabei rot zu werden, dies hätte man doch nur zu unserem Wohl so entschieden, weil die Schulausbildung in Europa sehr viel besser als in Amerika sei.

Bis zu meinem nächsten, hart zu erkämpfenden Besuch bei meinen Eltern, dann bereits an deren kalifornischem Wohnsitz, wird es ganze achtzehn Jahre dauern.

1. Oktober 59 (Forte dei Marmi)
Liebe Tante Eri,
schon ist's bald zwei Wochen her, dass ich meinen Gymnasiastentitel abgelegt; dann fuhr ich weg, und zwei Tage später kamst Du, die ich bald drei Monate nicht mehr gesehen habe – und da sind wohl wirklich ein paar Zeilen am Platze!

Wir beide haben seither viel erlebt und vollendet; Du einen Film, ich ein Gymnasium, wobei Letzteres abzuschließen gar nicht schwer war (so schwer es war, zum Abschluss zu gelangen – im Frühling) … … Von Herzogs Glanznummer hast Du wohl wahrscheinlich gehört, als er mich aus heiterem Himmel über den Opapa abfragte – nichts Kleist, nichts Büchner, nichts Goes. «Würden Sie es als geschmacklos empfinden, wenn ich Sie … …», worauf ich antwortete: «Ja, ein wenig … …» Nicht übel war es ja auch im Französisch, als ich sagen sollte: «Balzac a épousé une comptesse Polonaise», und sagte «une duchesse Russe». Im Englisch trug ich doch noch eine Sechs davon, habe also ein Abiturzeugnis, das um eine Note besser ist als Mamas, und vielleicht um zwei oder drei besser als Deines (ha ha).

Nach der Schule sehne ich mich ja gewiss nicht zurück, aber doch finde ich es nicht so schrecklich lustig, einfach plötzlich mit der Schule aufzuhören, mit einem eigentlich völlig neuen Leben anzufangen – man muss sich an Alles gewöhnen … …

Die Medis sind heute von Forte nach Florenz gefahren; da es jetzt so schön ist, bleiben wir zwei (Peter K. Wehrli und ich) *noch einige Tage länger hier, dann geht es auf nach Florenz, wo ich mich gleich auf Medis Klavier stürzen will. Wir zwei übersetzen Medis Theaterstück, das mir recht gut gefällt; morgen werden wir mit dem dritten und letzten Akt beginnen.*

Papa erzählte Bruchstücke aus den Bruchstücken des Buddenbrooksfilms, und zwar schien er sehr angetan davon, besonders gut gefiel ihm die Pulver als Toni. Er wird wohl in nicht allzulanger Zeit in Zürich laufen … …

In 14 Tagen etwa bin ich wieder in Kilchberg und hoffe Dich dort gesund anzutreffen, vielleicht noch gesünder als jetzt, obwohl ich es gerne gehört habe, dass Alles relativ fein in Ordnig sei.

Und sei recht herzlich gegrüsst von Deinem ehemaligen Gymnasiasten und Deinem Neffen

Frido

Einen Tag nach dem Beginn meines Musikstudiums am Zürcher Konservatorium meldet Erika in einem Brief an Bruno Walter: *Frido, nach leidlich bestandenem Abitur, geht eisern aufs Konservatorium, – seit gestern erst, – wobei es ihm kaum zustatten kommen wird, dass er völlig ausserstande ist, vom Blatt zu spielen. Im übrigen ist er fanatisch auf Musik konzentriert, und wenn man bedenkt, was für eine Sorte von Elendsbuben heutzutage auf diesem Gebiete Karriere machen, so scheint es nicht ganz undenkbar, dass er reüssiere. Sollte er dies aber nicht tun, – er ist intelligent genug, rechtzeitig einzulenken und etwas anderes zu betreiben (mit der Musik als schönem Hintergrund).*

Der größte Gewinn, den ich aus meiner Ausbildung an der Musikhochschule ziehe, ist der Wechsel vom langjährigen privaten Klavierunterricht in die Oberstufenklasse von Hans Andreae. Dieser für die meisten seiner Schüler unvergesslich inspirierende Klavierpädagoge gewinnt auf Anhieb meinen größten Respekt. Er ist – auch als Cembalist – für mich vor allem ein unübertroffener Vermittler der Klavierwerke von Johann Sebastian Bach. Noch heute zehre ich von seinen eigenhändigen Bleistifteintragungen in meine damalige Ausgabe des «Wohltemperierten Klaviers». Und ich habe mit Andreaes besonderer Interpretation einige der Präludien und Fugen vor allem aus dem ersten Band auch meine sehr viel späteren, privaten Klavierlehrer beeindrucken können.

Obwohl ich in erster Linie das Dirigieren erlernen will, bleibt, im Vergleich zum durchgehend spannenden Abenteuer meiner Unterrichtsstunden bei Andreae, der Dirigierunterricht mit dem eher mangelhaften Konservatoriumsorchester für mich unergiebig und langweilig. Ähnliches gilt für die meisten Pflichtfächer wie Harmonielehre, Solfeggio, Musikgeschichte und Musiktheorie. Trotz einiger besonders netter und begabter Kommilitonen ist, besonders bei individualistischen Künstlernaturen, bereits im Ausbildungsvorfeld einer dornenreichen Musikerkarriere jeder sich selbst am nächsten. Dementsprechend ist die Atmosphäre in der Hochschule bei aller künstlerischer Leichtigkeit auch von ausgeprägtem, egozentrischem Konkurrenzdenken und Intrigantentum gekennzeichnet. Ich merke im Lauf der Zeit, dass ich, selber aus einer Familie voller gegenseitiger Rivalitäten stammend, durchaus anfällig für diese Neigung bin und mich leicht in den Sog dieser wenig partnerschaftlichen und solidarischen Einstellung hineinziehen lasse.

Trage ich beispielsweise beim alljährlichen, öffentlichen Klavierklassenvorspiel auf der Bühne des großen Konservatoriumssaales voller Spannung und Angst mein mühsam einstudiertes Stück vor, glaube ich die ganze Zeit genau dasselbe hämische Tuscheln meiner Kommilitonen unten im Auditorium zu hören, bei dem ich mitzumischen pflege, wenn die «andere» Klavierklasse «dran» ist. Nicht sehr viel anders geht es beim Dirigierunterricht zu. Aus diesem Grund nimmt mein Musikstudium erst im zweiten und dritten Ausbildungsjahr, als ich mehr Eigeninitiative zu entwickeln beginne, etwas farbigere und lebendigere Konturen an. Zusammen mit meinen beiden Kommilitonen und Freunden Peter Aronsky und Marc Andreae (einem Sohn meines Lehrers und später selbst Dirigent) gründe ich ein «Pro Arte» genanntes Kammerorchester, mit dem wir wenige Monate später, unter der solistischen Mitwirkung von Vater Hans Andreae, mit einem beachtlichen Orchesterprogramm öffentlich auftreten. Leider bricht bald danach unser Unternehmen wegen persönlicher Zerwürfnisse wieder auseinander.

Umso intensiver volontiere ich neben dem Studium an dem inzwischen zum «Opernhaus Zürich» umbenannten Zürcher Stadttheater als Korrepetitor und Bühnenmusikdirigent. Als Intendant wird dorthin der innovative Regisseur Herbert Graf von der New Yorker Metropolitan Opera berufen, der eine Vielzahl hervorragender Nachwuchssänger mitbringt und auch den reichlich verstaubten Chor- und Ballettapparat des Hauses aus seinem Provinzdasein erlöst. Als ständiger Dirigent wird Nello Santi und als musikalischer Leiter Christian Vöchting, ein Schwiegersohn von Frank Martin, engagiert.

Vor allem während der Juni-Festwochen bringt das Haus einige glanzvolle Aufführungen mit international hochrangigen Gästen zustande. Ich habe das Glück, diese Sternstunden und die Probenarbeit davor immer von der Bühne aus mitzuerleben und auf diese Weise auch mit einigen der Künstler in persönlichen Kontakt zu kommen. Das absolute Nonplusultra ist für mich eine «Fidelio»-Inszenierung unter der musikalischen Leitung von Otto Klemperer, der schon während der ersten Klavierproben auf der Bühne mit spärlichsten Handzeichen eine Aura von Erfülltheit und Hochspannung verbreitet. Weiterhin hat Direktor Graf das noch heute existierende «Zürcher Opernstudio» für internationale Gesangsdebütanten ins Leben gerufen. Ich bin dort als Korrepetitor an einer Einstudierung von Mozarts «Così fan tutte» für eine abendliche Sommeraufführung beteiligt, die nach Saisonende in romantischer Atmosphäre in einem Zürcher Privatpark stattfindet. Eine damals noch weitgehend unbekannte Teilnehmerin eines der Jahreskurse am Opernstudio, eine junge Engländerin, begleite ich besonders gern am Klavier. Es ist die später weltberühmte Gwyneth Jones.

Die für mich einschneidendste und zugleich letzte Episode am Zürcher Opernhaus ist, unmittelbar nach Absolvierung meines Klavierdiploms am Konservatorium Ende 1962, die Wiederaufnahme einer «Parsifal»-Inszenierung für eine Aufführung am folgenden Karfreitag. Die Auseinandersetzung mit diesem während der letzten Winterwochen im Opernhaus geprobten Werk wird entscheidend an dem inneren Umbruch mitwirken, der mein Leben grundlegend verändern wird. Inzwischen habe ich auch die Schweizer Staatsbürgerschaft erworben, nachdem ich seit meinem neunten Lebensjahr die meiste Zeit im Herkunftsland meiner Mutter gelebt und dort auch die Schule abgeschlossen habe.

Ein Posten der Zürcher Kantonspolizei in Kilchberg im Frühjahr 1960. Zur Erledigung bestimmter Formalitäten für die Bearbeitung meines Antrags auf Einbürgerung in die zum Kanton Zürich gehörende Gemeinde Kilchberg habe ich mich erneut bei der zuständigen Behörde in Bahnhofsnähe einzufinden. Der für mich zuständige Polizeibeamte empfängt mich wie immer freundlich und geht mit mir die einzelnen Punkte des Antragsformulars durch. Er erklärt mir das weitere Procedere, zu dem auch die am Schluss abzulegende Prüfung in Schweizer Geschichts- und Landeskunde gehört. Ich baue darauf, dass mir meine flüssige und völlig akzentfreie Verständigung mit dem Beamten im Zürcher Dialekt für die Entscheidung der zuständigen Kommission zugutekommt.

Als ich mich nach dem Ende unserer Besprechung verabschieden will, überrascht mich der Polizist mit einer völlig unerwarteten Bitte. «Hätten Sie etwas dagegen, wenn wir jetzt eben mal rasch zu Ihnen nach Hause an die Alte Landstraße fahren und ich mich ein bisschen in Ihrem Zimmer umsehe?», fragt mich der Mann beiläufig und wie selbstverständlich. Ich versuche mir meine Verblüffung, ja, ein gewisses Befremden nicht anmerken zu lassen und stimme genauso beiläufig und wie selbstverständlich dem eben gemachten Vorschlag zu.

Wir verlassen gleich den Polizeiposten, und der Beamte führt mich zu seinem Dienstmotorrad. Er komplimentiert mich auf dessen hinteren Soziussitz, begibt sich mit einem Schwung auf seinen Fahrersitz und fährt los, den Berg hoch zur Alten Landstraße. Während ich mich am Griff vor mir festhalte und wir durch die kalte Luft sausen, beschleichen mich zunehmende Angstgefühle. Mein Zimmer. Da hängt an der Kleiderschrankwand, mit vier Reißzwecken befestigt, eine von mir gezeichnete, wenig schmeichelhafte Bleistiftkarikatur des zu allem auch noch in Kilchberg wohnhaften derzeitigen Chefs der Zürcher Tonhalle Erich Schmid, mit einer noch weniger schmeichelhaften Legende mit seinem Namen darunter. Wenn der Ordnungshüter meine Verunglimpfung einer im Zürcher Kulturleben so angesehenen Persönlichkeit entdeckt, denke ich mir, ist der Skandal komplett, und ich kann mir meine Staatsbürgerschaft an den Hut stecken. Krampfhaft überlege ich mir während der ganzen Bergfahrt, wie ich diesen bedrohlichen Schnüffler von meiner Karikatur fernhalten oder ablenken könnte. Ich gehe alle Möglichkeiten durch, wie ich mich vor das Corpus Delicti hinstellen könnte, um es zu verdecken, damit er es nicht sieht. Und schon sind wir am Haus angelangt. Wir steigen von unserem Gefährt ab, und ich führe meinen unerwünschten Gast ins Haus und dann die Treppe hoch in mein Zimmer.

Jetzt hat mein letztes Schweizerstündchen geschlagen, denke ich mit Schweißperlen auf der Stirn, als wir beide das Zimmer betreten. Zu meiner Erleichterung steuert der Polizist direkt auf mein Bücherregal zu, offenbar sehr neugierig darauf. Er betrachtet es so aufmerksam, dass die unliebsame Zeichnung an der gegenüberliegenden Schrankwand erst gar nicht in sein Blickfeld gerät und ich wenigstens ein bisschen Zeit gewinne. Er schaut sich fast jedes Buch in meinem Regal der Reihe nach genau an. Ich bin verwundert, und meine Hoffnung wächst, dass er das, was er nicht sehen soll, erst möglichst spät oder überhaupt nicht mehr entdeckt. Irgendwann beginnt er damit, sich das eine oder andere Buch herauszugreifen und es zu inspizieren. Dabei scheint er es besonders auf einen Kurzgeschichtenband meines Lieblings Tschechow und auf Romane von Tolstoj und Dostojewski abgesehen zu haben. Komisch, lauter russische Literatur. Jetzt dämmert es mir langsam. Der Beamte hat es auf subversiv staatsfeindliche Literatur abgesehen, vor allem kommunistische Schriften aus Russland, im Hause der Manns. Er schaut und schaut und blättert und stellt dann die Bücher wieder ins Regal.

Seine Miene bleibt unverändert sachlich. Keine unliebsamen Überraschungen. Nach einer ganzen Weile lässt er von seiner Examinierung ab. Von meiner Schrankkarikatur nimmt er keinerlei Notiz, schaut an ihr vorbei oder möglicherweise sogar durch sie hindurch. Kinderzeichnungen scheinen ihn nicht im Geringsten zu interessieren. Dann bedankt und verabschiedet er sich und geht. Erlöst und beglückt atme ich auf. Ich empfinde es als eher unwahrscheinlich, dass er etwas gefunden hat, das er gegen mich verwenden könnte. Aber man weiß nie, es ist noch ein wenig Zeit. Alles in allem darf ich wohl auf einen günstigen Entscheid hoffen.

3. Der Ausbruch

Der Höllengang mit dem «Parsifal»-Klavierauszug über den gefrorenen See. Religion als Überlebensmaßnahme? Konvertitenunterricht im Zürcher Jesuitenhaus und Taufe in Florenz. Im Bann von «Aggiornamento» und Ökumene des Zweiten Vatikanischen Konzils in Rom. Großmutter Katias Geleit. «München leuchtet» ein weiteres Mal. Theologiestudium. Der zweite Übervater.

Dem Umbruch vorausgegangen ist, etwa zeitgleich mit dem Abschluss meines Musikstudiums Ende 1962, die Beendigung meiner ersten ernsthaften und tiefgreifenden Beziehung mit einem Mädchen. Ich hatte es anderthalb Jahre vorher im Konservatorium als Klavierschülerin meiner Parallelklasse kennengelernt. Es war wenige Jahre jünger als ich und stammte aus einem wohlbehüteten, streng katholischen Schweizer Elternhaus mit künstlerischen Ambitionen aufgrund der stark religiös ausgerichteten Schriftstellertätigkeit des Vaters. Das Festgefügte und Beständige des bürgerlichen und religiösen Lebens meiner Geliebten hatte mir einen neuen Halt und eine neue Wertorientierung gegeben. Jedoch vermittelte mir ihre fortwährende Geheimhaltung unserer sich immer intimer und «unkatholischer» gestaltenden Beziehung vor ihren Eltern zunehmend das Gefühl, dass sie nicht ganz zu mir stand. Als auch sie selbst mit dem Loyalitätskonflikt zwischen ihren Eltern und mir immer weniger zurechtkam, zerbrach unsere Beziehung. Alle meine Versuche einer erneuten Kontaktaufnahme wurden monatelang immer wieder abgewiesen. Mir blieb die bittere Erkenntnis, wegen meiner überhöhten Besitzansprüche die mir geschenkte Liebe verloren zu haben.

Seitdem werde ich von Trauer, Versagensängsten und Schuldgefühlen getrieben, die nach und nach, für mich völlig neu, den Charakter eines grundsätzlichen Sündenbewusstseins annehmen. Mein individuelles Beziehungserlebnis nimmt existenzielle Dimensionen an und weitet sich zu einer weltanschaulichen Sinnkrise aus. Mir wird bewusst, wie sehr ich die ganzen letzten Jahre um mich selbst und um meine engstirnigen Visionen und Sehnsüchte gekreist bin, statt nach bleibenden, tieferen Werten zu fragen, die über das Streben nach Ruhm und nach kurzlebigen Glückszuständen hinausweisen. Ich merke, wie mir der Boden unter den Füßen entgleitet und wie ich verloren und innerlich heimatlos und ohne ein greifbares Ziel umherirre. Dicht am Abgrund von Todessehnsucht überfällt mich zeitweilig die Angst, den Verstand zu verlieren.

Doch dann setzt sich in mir immer stärker ein elementares Bedürfnis durch, gegen meine selbstzerstörerischen Kräfte anzukämpfen, und ich wünsche mir, dass meine Verzweiflung irgendwann in Hoffnung und in ein neues Vertrauen auf eine höhere, vergebende Macht umschlagen möge. Beruflich fühle ich mich in einem Niemandsland zwischen dem Studienabschluss und einer völlig ungewissen Zukunft als Musiker. Und auch meine Existenz im großmütterlichen Haus empfinde ich als immer sinnloser und leerer. Die Krise führt nicht nur zu einer inneren Umorientierung, sondern auch zu einer Distanzierung gegenüber meiner Familie. Alles in mir drängt nach einem Neubeginn.

Wie ein Katalysator wirkt meine tägliche Beschäftigung als angehender Korrepetitor mit Richard Wagners Bühnenfestspiel «Parsifal» am Zürcher Opernhaus für die erste Aufführung am Karfreitag 1963. Der Kontrast zwischen der weihevoll sakralen Atmosphäre der Gralsburg und der verführerischen Sinnlichkeit von Klingsors Schloss und Zaubergarten, von sündiger Verstrickung und Streben nach Heiligkeit und Erlösung erzeugen in mir eine gewaltige, fieberhafte Spannung. Diese weicht auch nach den Theaterproben nicht von mir. Ich bin völlig auf mich gestellt und kann mit niemandem über meine inneren Nöte sprechen. Während meiner Versenkung in den heidnisch pseudochristlichen Gralszauber des Wagner'schen Festspiels werden Erinnerungen an den österreichisch-ländlichen Katholizismus meiner Kindheit wach und beginnen in meiner zunehmenden Hilflosigkeit und Verwirrung von mir Besitz zu ergreifen.

Während dieser Wochen ist der Zürcher See zugefroren. Ich habe mir angewöhnt, mit meinem Klavierauszug des «Parsifal» trotz der zum Teil schneidenden Temperaturen zu Fuß von Kilchberg quer hinüber zum Opernhaus und dann wieder zurückzulaufen. In meiner andauernden inneren Unruhe und Spannung muss ich während meines Ganges über den windigen See wiederholt an den kleinen Kai aus Andersens Märchen von der Schneekönigin denken, das mir mein Großvater einst in Kalifornien vorgelesen hatte: die Geschichte von dem Jungen, der im Eisschloss gefangen gehalten wird, dessen Herz zu Eis erstarrt und der einen Glassplitter im Auge hat.

Nach einer neuerlichen «Parsifal»-Probe lege ich wieder einmal dieselbe Strecke nach Hause zurück. In mir klingt noch die eben geprobte Weiheprozession im dritten Akt nach dem Zusammenbruch von Klingsors Schloss und Garten nach. Mitten auf dem See fühle ich plötzlich eine gähnende Leere, und es kommt mir so vor, als schwebte ich nur noch über die glatte und kalte Fläche. Dann überfallen mich furchterregende optische und akustische Halluzinationen, an die ich mich im Einzelnen nicht mehr erinnere, die jedoch in irgendeinem Zusammenhang mit den zuletzt geprobten Szenen aus dem «Parsifal» stehen. Ich höre unter anderem bis ins Mark gehende Sirenenklänge, die wie eine Parodie auf den Gesang der Blumenmädchen in Klingsors Schloss anmuten. Ich werde von Panik ergriffen, versuche den immer bedrohlicher auf mich einstürzenden Visionen und Geräuschen zu entfliehen. Ich schreie, stolpere und rutsche über die Eisfläche und glaube, bald sterben zu müssen.

Irgendwann endet dieses diabolische Spektakel, und Totenstille kehrt ein. Mit letzter Kraft schleppe ich mich ans Ufer und steige benommen und schwindelig die Böschung zur Straße hoch. Zu Hause angekommen, begebe ich mich wie automatisch in die Garage, in der mein Auto steht. Ich stelle mir vor, mich hineinzusetzen, bei geschlossener Garage und heruntergekurbeltem Autofenster den Zündschlüssel zu betätigen und zu warten, bis alles vorbei ist. Aber irgendetwas hält mich im letzten Augenblick davor zurück. Ich gehe, weiter wie in Trance, hinein ins Haus, hoch in die Bibliothek, in der ich gleich auf das Regal mit der großen Brockhaus-Enzyklopädie zusteuere. Dort greife ich rasch einen Band heraus und blättere darin, bis ich den Artikel mit der Überschrift «Jesus Christus» gefunden habe.

Ich muss wirklich völlig von vorne anfangen. Der Religionsunterricht in den von mir besuchten Grundschulen ist spurlos an mir vorübergegangen, und vom freiwilligen Religionsunterricht in den späteren Privatschulen habe ich mich bewusst ferngehalten. Im liberal protestantischen «Freien Gymnasium» in Zürich schließlich wurde in der Oberstufe nur noch das Fach «Weltanschauliche Besprechung» gelehrt. Dort wurden persönliche Lebensfragen vor allem unter ethischem Aspekt abgehandelt, und der dafür eingesetzte Pfarrer nutzte seine Unterweisungen besonders dafür, möglichst diskret und geschickt die Intimsphäre vor allem der Schülerinnen auszukundschaften. In meiner Familie wurden religiöse Themen nie angeschnitten, geschweige denn Gottesdienste besucht. Von der engen Verbindung meines Großvaters zur unitarischen Kirche von Los Angeles werde ich erst ein halbes Jahrhundert später erfahren.

Nach der Lektüre und dem Exzerpieren aller mir am wichtigsten erscheinenden Lexikonartikel über Christentum, Katholizismus und Kirche kaufe ich mir eine Bibel, weil im Kilchberger Haus keine aufzutreiben ist und ich meine Großmutter auf keinen Fall danach fragen will. Dann sauge ich alle Schriften zuerst des Neuen und dann des Alten Testaments in mich auf. Gleichzeitig taste ich die mir am vertrauenswürdigsten scheinenden Musikerkollegen am Opernhaus vorsichtig auf ihre Konfessionszugehörigkeit und auf ihre religiöse Haltung ab, in der Hoffnung, mit dem einen oder anderen ins Gespräch zu kommen. Bald finde ich dafür jemanden – einen etwas versponnenen, aber liebenswürdigen Kollegen mit langem, schütterem Haar, der zurückgezogen und bescheiden seinen Dienst als Ballettkorrepetitor und Beleuchtungsinspizient versieht.

Während unserer Pausengespräche entpuppt er sich nach und nach als so gläubiger und weltoffener, anscheinend recht gebildeter und über die derzeitige Situation der Kirche gut informierter Katholik, dass ich mich bald mit ihm und seiner Frau anfreunde, die als Souffleuse ebenfalls im Hause arbeitet. Ich erfahre von den beiden, dass der jetzige Papst Johannes XXIII. im vergangenen Herbst in Rom das Zweite Vatikanische Konzil eröffnet hat und dass das erklärte Hauptziel dieses Konzils die grundlegende Erneuerung der katholischen Kirche und eine verstärkte Ausrichtung ihrer Lehre auf die heutige Zeit sei. Über diesen modernen, aufgeschlossenen Papst hatte ich bisher schon einiges Gutes gehört. Was ich jetzt erfahre, scheint mir auch besonders gut zu den freiheitlich-demokratischen Idealen und den antirassistisch-sozialen Reformbestrebungen des derzeitigen katholischen Präsidenten von Amerika, John F. Kennedy, zu passen, für den ich schon seit Beginn seiner Amtszeit ein besonderes Faible entwickelt habe.

Ich bin von den Einzelheiten, die mir mein neugewonnener Freund als Zeichen des Aufbruchs der katholischen Kirche berichtet, zunehmend begeistert. Während eines Mittagessens, zu dem mich die beiden einmal zu sich nach Hause eingeladen haben – zum krönenden Abschluss mit einem pechschwarzen Kaffee, der so stark ist, dass ich die ganze folgende Nacht kein Auge zutun werde –, erfahre ich viel bemerkenswert Neues: über das Vatikanische Konzil in Rom, über die südamerikanischen Arbeiterpriester und über die neue, politisch ausgerichtete Laienbewegung in der katholischen Kirche.

Es dauert keine drei weiteren Wochen, da wende ich mich an meinen Freund wegen der Adresse eines Jesuitenpaters in Zürich, den mir meine ehemalige Freundin vor längerer Zeit einmal als einen Seelsorger genannt hatte, zu dem sie und ihre Eltern besonderes Vertrauen hätten. Ich möchte ihn gerne aufsuchen, weil ich hoffe, mit seiner Hilfe meine beiden sich bis zur Unkenntlichkeit in mir vermischenden Bestrebungen schärfer voneinander abgrenzen zu lernen: zum einen meine Hoffnung, gerade durch ihn einen erneuten Zugang zu meiner verlorenen Geliebten zu gewinnen, zum anderen mein sich von Tag zu Tag verstärkender Wunsch, derselben römisch-katholischen Kirche anzugehören wie sie. Doch es stellt sich heraus, dass mein Freund diesen Geistlichen nicht kennt. Er empfiehlt mir stattdessen einen anderen Ordensbruder, der mit C. G. Jung befreundet war und als Tiefenpsychologe an dem in unmittelbarer Nähe von Kilchberg gelegenen «Apologetischen Institut» der Jesuiten in Zürich arbeitet.

Schon am Telefon klingt Pater Josef Rudin so, als würde er beim Sprechen die hohle Hand als Schalldämpfer gebrauchen, um auf diese Weise irgendetwas vor dem Anrufer zu verbergen. Ich weiß inzwischen von meinem Freund am Opernhaus, dass es nach einem antiquierten Schweizer Gesetz dem Jesuitenorden immer noch untersagt ist, öffentlich zu wirken, und ich erkläre mir so auch das geheimnisvolle Gehabe des Paters am Telefon. Nichtsdestoweniger bekundet mir dieser rasch seine Bereitschaft, mich bei sich im Institut zu empfangen.

Der Pater, ein ziemlich großer und robust wirkender Mann in schwarzer Soutane, mit dünnem, schlohweißem Haar und dicker Brille, empfängt mich auf seiner Etage direkt vor dem Fahrstuhl sehr freundlich und mit einer merkwürdig anmutenden Mischung aus herb und süßlich. Er führt mich in sein Zimmer, in dem er sich gleich hinter seinem massiven Schreibtisch verschanzt und mir einen davorstehenden Stuhl zuweist. Weil sich mein Wunsch, der katholischen Kirche beizutreten, inzwischen weiter gefestigt hat, trage ich dem Pater mein Anliegen rasch und mit sicherer Stimme vor. Er fragt mich nach meinen Beweggründen. In meiner Antwort rekurriere ich auf die institutionelle Festigkeit und das solide gewachsene historische Fundament der katholischen Kirche. Dann lasse ich mich noch eine Weile über das aus, was ich mir über das ausgeprägte Traditions-, Gemeinschafts- und Kulturbewusstsein dieser Kirche bisher angeeignet habe.

Der Pater konzediert mir, dass meine Ausführungen einer durchaus legitimen, wenngleich etwas einseitig theoretischen und typisch männlichen Sichtweise entsprächen. Frauen hingegen, so sagt er, würden vor allem den emotionalen Aspekt der Liebe, der Barmherzigkeit und der Ausübung guter Werke hervorheben. Ich versuche ihm verständlich zu machen, dass mir auch die karitative Seite des Katholizismus wichtig sei, gerade im Vergleich zum Protestantismus. Wir reden eine ganze Weile über die vielfachen Unterschiede zwischen den beiden Konfessionen. Dann möchte er noch das Wichtigste aus meinem persönlichen Leben und meiner derzeitigen Situation erfahren.

Irgendwann drängt es mich herauszufinden, ob er meine ehemalige Freundin und deren Eltern vielleicht doch kennt. Als er meine Frage vorsichtig bejaht, öffnen sich bei mir Schleusen, und ich breite die ganze Leidensgeschichte meiner so unglücklich geendeten Liebesbeziehung vor dem Pater aus. Je länger er zuhört, desto mehr Skepsis, ja Entsetzen zeichnet sich auf seinem Gesicht ab. Als ich ihm schließlich meine immer noch ernsten Absichten mit meiner ehemaligen Freundin gestehe, verengen sich seine durch die dicke Brille ohnehin verkleinerten Augen zu winzigen Schlitzen. Es stellt sich heraus, dass Pater Rudin die betreffende Familie sehr gut kennt, und er rät mir entschieden von einer Verbindung mit diesem Mädchen ab. Als Begründung führt er die äußerst schwierigen Familienverhältnisse wegen des besonders «labilen» Vaters an und meint, dass ohne die aufopfernde Geduld und den starken Glauben der Mutter alles schon längst auseinandergebrochen wäre. Zu allem gibt er mir auch noch die mögliche «erbliche Belastung» der Tochter durch die väterliche Seite zu bedenken.

Ich sehe ein, dass es keinen Sinn hat, mit dem Pater über dieses Thema zu sprechen. Deswegen komme ich wieder auf unser Hauptthema zurück und will direkt von ihm wissen, ob denn mein Eintritt in die katholische Kirche überhaupt infrage käme. Er antwortet, dass dieser Wunsch in mir sicherlich noch lange reifen müsse, weil meine Auseinandersetzung mit religiösen Fragen doch noch recht entwicklungsbedürftig und einseitig vernunftbetont wäre. Und es sei, fährt er fort, eine Frage der geduldigen und disziplinierten Selbstprüfung, für mich herauszufinden, ob mein Wunsch nach einem Eintritt in die katholische Kirche aus echter Glaubensüberzeugung und nicht bloß aus der Flucht in eine beliebige geistige Orientierung entspringt. Diese Frage müsste gerade ich mir bei meinem unsteten und exponierten Leben besonders gewissenhaft stellen. Umso bereitwilliger bietet er mir weitere Gespräche an und drückt mir zum Schluss lächelnd einen kleinen, grün gebundenen katholischen Katechismus in die Hand. Dann verabschieden wir uns.

Universität Münster, im September 1991. Eine wissenschaftliche Tagung in der Klinik für pädiatrische Onkologie zum Thema «Aus Krisen Kraft schöpfen». Als Festschrift zu Ehren des scheidenden Direktors, Professor Günther Schellong, erscheint dort eine von Klinikmitarbeitern und mir herausgegebene Sammlung von Texten und Bildern krebskranker Kinder. Aber das Thema der Tagung ist nicht auf lebensbedrohliche Krankheiten eingegrenzt. Zusätzlich zu den ärztlichen und psychologischen Fachreferenten wurde auch Miep Gies aus Amsterdam zu einer Lesung aus ihrem Buch «Meine Zeit mit Anne Frank» eingeladen, mit den eindrucksvollen Schilderungen ihres Einsatzes bei der Versorgung der im holländischen Versteck vor den Nazis untergetauchten Familie Frank. Weiterhin beleuchtet der kurz vor seiner Emeritierung stehende Historiker August Nitschke aus Stuttgart die Erwachsenen-Kind-Beziehung im Wandel der Epochen.

August Nitschke war Mitherausgeber von Golo Manns mehrbändiger «Propyläen-Weltgeschichte» in den frühen sechziger Jahren, und ich freue mich, ihn endlich kennenzulernen. Während des gemeinsamen Abendessens unterhalten wir uns lange und angeregt und teilen einander viel von unserem jeweiligen Lebensweg mit. Herr Nitschke erzählt mir auch ausführlich von der Zeit seiner früheren Zusammenarbeit mit Golo. Ich erfahre dabei erschütternde Einzelheiten der schweren politischen Anfeindungen gegen Golo in seiner Zeit als Geschichtsordinarius. Diese Anfeindungen aus den eigenen Reihen der Stuttgarter Fakultät basieren auf Golos unpopulären Auffassungen bezüglich der deutschen Ostgrenzen, und die Intrigen veranlassten ihn schließlich zur Aufgabe seines Lehrstuhls. Jetzt erinnere ich mich auch wieder daran, dass mein Onkel genau gleichzeitig mit meiner Krise Anfang 1963 längere Zeit von Kilchberg abwesend war, ohne dass ich recht wusste, wo und warum. «Ja doch», führt August Nitschke weiter aus. «Als sich der Konflikt in unserer Fakultät massiv zuspitzte, hat Golo sich tagelang nur noch in seiner Wohnung verbarrikadiert. Irgendwann nachts klingelte er bei mir und sagte: ‹Es geht nicht mehr›, und bat mich, ihn bei mir aufzunehmen. Er blieb ein paar Tage. Dann unterzog er sich in der psychiatrischen Klinik in Freiburg einer mehrwöchigen antidepressiven Schlafkur.»

Erst in diesem Augenblick fällt mir wieder eine Situation ein, die ich jahrzehntelang verdrängt hatte. Es war in Kilchberg irgendwann vor oder nach meinem traumatischen Gang über den gefrorenen See. Ich war um die Abendessenszeit allein mit meiner Großmutter im Haus. Im Erdgeschoss stand ich im hell erleuchteten Mittelzimmer unter dem Lenbachbild mit meiner streng und fast bohrend auf mich herabblickenden, weißhaarigen Ururgroßmutter Hedwig Dohm. Da trat meine Großmutter mit überaus ernstem Gesicht auf mich zu und äußerte: «Ich mache mir große Sorgen um Golo.» Ich blickte sie überrascht an und erwiderte nichts, sondern wartete, dass sie ihre Äußerung weiter ausführte. Doch sie beließ es mit der sehr allgemeinen Bemerkung: «Es geht ihm gar nicht gut.»

Ich weiß nicht mehr, ob ich darauf überhaupt reagiert habe. Vielleicht wartete sie auf ein Zeichen des Interesses von mir, um konkreter zu werden. Sie wusste schließlich nichts von meiner eigenen, schweren Krise. Meine Großmutter blickte mich noch eine Weile unsicher und etwas traurig an und zog sich dann wieder zurück. Sie schnitt dieses Thema mir gegenüber nie mehr an. Etliche Wochen später tauchte Golo wieder in Kilchberg auf. Dreißig Jahre später also erfahre ich nun Näheres über die damalige schwere Krise meines Onkels Golo.

Während der folgenden, etwa wöchentlichen Sitzungen im Zürcher «Apologetischen Institut» nimmt mich Pater Rudin ziemlich hart in die Zange. Er fragt immer wieder mein aus dem Katechismus bezogenes Wissen ab und muss meistens etliches korrigieren oder zumindest präzisieren. Dann geht es wieder nur um mich, um die Motive für meinen Konversionswunsch, meine beruflichen Pläne als Musiker, meine Selbstprüfung im Glauben. Dann irgendwann schockiere ich meinen Lehrer mit der folgenden Neuigkeit: «Ich spiele mit dem Gedanken, Theologie zu studieren.» – «Was? Theologie? Katholische Theologie …?» – «Ja, ich bin noch dabei, die Perspektiven dafür abzustecken, und möchte daher auch mit Ihnen darüber sprechen», erkläre ich ihm.

Pater Rudin blickt mich konsterniert an. «So wie ich Sie in unserem ersten Gespräch verstanden habe, möchten Sie doch heiraten und Kinder haben, und das ist etwas ganz anderes als die Berufung zum Priesteramt.» – «Ich will ja auch gar nicht Priester werden, sondern als Laientheologe in der Welt wirken, für eine gerechte soziale und politische Ordnung – im Geiste der christlichen Heilsbotschaft», führe ich mit ungebremstem Elan an. «Und wie wollen Sie das machen? Als Nichtpriester können Sie bestenfalls eine Anstellung als Religionslehrer finden», entgegnet der Pater mit immer entsetzter zusammengekniffenen Lippen und Augen. «Das ist vielleicht bisher so gewesen …», presche ich weiter vor. «Aber eines der wichtigsten Anliegen des Zweiten Vatikanischen Konzils ist es doch, die christliche Laienbewegung in einer als Volk Gottes verstandenen Kirche aufzuwerten und völlig neue Möglichkeiten ihres Wirkens in der Welt zu schaffen. Die explosive Entwicklung in diese Richtung lässt sich im Lauf der nächsten Jahre gar nicht absehen.»

Pater Rudin quittiert meine Entgegnung mit einem nachsichtigen Lächeln. «Ich meine, bis ich mein volles Studium beendet haben werde, wird sich bestimmt eine Menge Neues getan haben», füge ich etwas vorsichtiger hinzu. «Glauben Sie, dass Sie das durchhalten? Ein Studium über mehrere Jahre auf Lateinisch?», lässt der Pater nicht locker. «Auf Lateinisch?», frage ich, völlig überrumpelt. «Meines Wissens ja, jedenfalls in Rom», antwortet er trotzig. «Ich habe aber nicht vor, in Rom zu studieren, sondern an einer deutschen Universität», erwidere ich fast ungehalten. «Schauen Sie», setzt er neu an. «Sie sind doch durch und durch ein Individualist und wenig dafür geschaffen, sich in eine festgefügte Gemeinschaft mit einem vorgegebenen Studien- und Arbeitsprogramm und klar vorgegebenen Berufsmöglichkeiten einzureihen, selbst wenn es eine theologische Gemeinschaft ist … Und überhaupt …», so kommt er jetzt richtig in Fahrt, «glauben Sie, dass Ihnen die Theologie auf Dauer genügt? Sie sind doch ein so dynamischer Mensch. Sie müssen immer weiter und weiter, wie auf einer Spirale in immer höhere Höhen hinauf», erklärt er mit einer entsprechend kreisenden Bewegung seines Zeigefingers. «Wieso? Theologie *ist* doch das Höchste, was es überhaupt gibt», werde ich nicht verlegen zu antworten.

Natürlich schmeichelt es mir, dass mir mein Konvertitenlehrer so viel Dynamik zutraut, aber es kränkt mich zugleich, dass ihm jedes Argument recht ist, um mich von seiner eigenen theologischen Wissenschaft fernzuhalten. Als Nächstes fragt er mich, warum in aller Welt ich denn meinen Musikerberuf nicht weiter ausüben wolle. Ich erkläre ihm, dass ich inzwischen zunehmend daran zweifele, ob allein das Reproduzieren von Musik mich genügend ausfüllte und ob nicht eine mehr produktive, mich geistig weiterführende Tätigkeit für mich besser wäre. «Eben dynamisch», glaube ich ihn jetzt mit seinen eigenen Waffen zu schlagen. Aber genau dies nutzt Pater Rudin für einen mich schachmatt setzenden argumentativen Gegenzug: «Warum wollen Sie eigentlich nicht Schriftsteller werden?», fragt er mit forscher Miene. «Ich meine, dafür hätten Sie doch in der Öffentlichkeit am meisten Kredit.»

Mir ist, als würde jetzt alles über mir zusammenbrechen. Ich vermag mich gegen dieses in meinen Augen unverschämte Ansinnen nur noch mit einem empörten Kopfschütteln zu wehren. Wie oft und wie lange habe ich schon diesem Mann zu erklären versucht, dass es mir darum geht, außerhalb meiner maroden Familienstrukturen eine neue geistige Heimat zu finden? Wenn das nicht blanker Hohn ist, so will mich dieser schlaue Jesuit und Tiefenpsychologe sicher nur testen. Aber so schnell gebe ich nicht auf, denke ich mir, und verabschiede mich.

Etwa Anfang März 1963 kommt Bewegung in die starre Masse des gefrorenen Zürichsees. Durch die zunehmenden Temperaturunterschiede zwischen Tag und Nacht mehren sich die Sprünge und Risse in der Eisdecke. Immer größere Flächen werden für den Fußgängerverkehr gesperrt, und beim Begehen der noch freien Stellen knackt und kracht es immer öfters beängstigend unter den Füßen. Ich empfinde schon länger das mir täglich unverändert entgegenstarrende, weiße Panorama als etwas eintönig, und ich stelle mir gern wieder die baldigen Schifffahrten im lebendig sich kräuselnden Wasser vor. Nach diesem harten Winter und dem sehr langsamen Tauprozess wird das jedoch noch eine Weile dauern. Zur selben Zeit gestaltet sich meine Beschäftigung mit allen wichtigen Themen und Traktaten der katholischen Glaubenslehre immer intensiver. Ich ziehe dabei auch immer häufiger die Schriften des Neuen Testaments zurate.

An einem Nachmittag bin ich gerade in meinem Zimmer in den paulinischen Brief an die Galater vertieft. Da öffnet sich plötzlich die Türe, und meine Großmutter steht breitbeinig wie ein Dragoner vor mir und donnert mir mit wutverzerrtem Gesicht entgegen, ich hätte trotz des Schneeregensturms das Badezimmerfenster offen gelassen, sodass ein Glas vom Sims gefallen und zerbrochen sei. Ich starre sie erschrocken an, bewege stumm die Lippen und breche dann, für mich selbst überraschend, in ein heftiges Weinen aus. Meine Großmutter reagiert betroffen und setzt alles daran, mich zu beschwichtigen. Sie streicht mir zärtlich über das Haar, und ihr Gesicht nimmt einen ernsten und nachdenklichen Ausdruck an. Nach einer kurzen Weile bekennt sie, wieder gefasst und sehr ruhig, dass sie sich schon seit geraumer Zeit Sorgen um mich mache, weil ich sehr verschlossen und zurückgezogen geworden sei, so als würde etwas Ernstes in mir vorgehen, worüber ich nicht sprechen wolle. Ob ich denn Kummer hätte, etwas mich bedrücken würde, fragt sie mich. Während ich um eine Antwort ringe, fällt ihr Blick auf das ungewöhnlich kleinformatige Buch in meinen Händen. «Was liest du denn da?», will sie wissen. Ich strecke ihr meine Bibel entgegen. «Was? Damit befasst du dich?», fragt sie, wie vom Blitz getroffen. «Seit wann beschäftigst du dich denn mit diesen Dingen?» – «Ach, seit einiger Zeit», kommt es mit verweinter, kratziger Stimme aus mir heraus. «Und hast du jemanden, mit dem du dich darüber aussprechen kannst?» – «Ja, ich kenne Leute.» Wieder vergehen einige Sekunden bedrückter Stille. Dann sammelt sie sich erneut. «Mir sind diese religiösen Fragen, solche schwierigen und komplizierten Bereiche, während meines ganzen Lebens sehr weit weg gewesen. Mir liegt es nun einmal nicht, mich da hineinzuversenken. Ich weiß, es gibt viele Menschen, darunter auch uns nahestehende, die es können. Du weißt, unser Freund Bruno Walter lebt ja recht tief in dieser Welt, aber das ist eben nicht jedermanns Sache.»

Ich spüre, wie das anfängliche Erschrecken meiner Großmutter langsam einer verwunderten, aber respektvollen Akzeptanz und dem Bemühen weicht, mit dem neugewonnenen Bild von mir fertig zu werden. Nach einer Weile blickt sie mich mit ihren großen, dunklen Augen an und meint, für mich völlig überraschend: «Ich denke, du wirst es recht weit in deinem Leben bringen.» Dann geht sie langsam aus meinem Zimmer und schließt besonders leise die Türe hinter sich.

Amerikahaus am Karolinenplatz in München, Dezember 2005. Mein Vortrag «Thomas Mann und die Frage der Religion» vor dem Münchener Thomas-Mann-Förderkreis, mit anschließendem geselligem Beisammensein im Foyer bei Brezeln und Wein.

Danach Aufbruch, zusammen mit dem Vorsitzenden des Förderkreises, Dirk Heißerer, der mich auf dem Weg zu meinem Hotel ein Stück durch die Stadt begleiten will. Herr Heißerer mit seiner großen englischen Kangol-Cap-Schirmmütze, die er im Freien fast bei jeder Witterung trägt und die mich immer ein wenig an die Detektivmütze des legendären Kriminalbeamten Nick Knatterton erinnert. Auf unserem Gang in Richtung Hauptbahnhof möchte ich einen kleinen Umweg zur Musikhochschule an der Arcisstraße machen, da mich mit diesem Haus eine besondere Erinnerung verbindet.

Bald taucht aus der Dunkelheit der wie ein Museum oder wie ein antikes Grabmal wirkende Steinkoloss mit den symmetrisch aneinandergereihten Fenstern und den Säulen vor der Eingangstreppe vor uns auf. Wir bleiben davor stehen, und ich erzähle meinem Begleiter, dass ich auf dem Scheideweg zwischen Musik und Theologie vor über vierzig Jahren hier in diesem Gebäude ein zukunftsweisendes Beratungsgespräch mit dem damaligen Präsidenten der Hochschule, Professor Karl Höller, hatte. Mein in München lebender Großonkel Heinz Pringsheim hatte mir um Pfingsten 1963 dieses Gespräch vermittelt, als ich mich noch inmitten meines Konvertitenunterrichts in Zürich befand und in meiner weiteren beruflichen Planung in einer Sackgasse steckte. Inzwischen weiß ich sicher, dass etwa hier das Palais Pringsheim meiner Urgroßeltern gestanden hat und dass die Nazis bald nach der Enteignung und dem Abriss des Palais dort ein Verwaltungsgebäude der NSDAP errichteten.

«Das Palais Pringsheim, in dem seinerzeit Richard Strauss, Kaulbach, Lenbach und viele andere große Künstler zu Gast waren, stand dort, wo jetzt das südliche Gebäude auf der anderen Seite der Brienner Straße steht, die heutige Meiserstraße 10», beantwortet Heißerer meine Frage nach den Vorgängen damals. «Aber dieses nördliche hier, der eigentliche ‹Führerbau›, bekam die alte Adresse Arcisstraße 12 … Das muss doch für Ihren

Großonkel recht seltsam gewesen sein, Sie zu jenem Gespräch hierhin zu vermitteln», meint er. «Ich fand es ja auch nicht gerade gemütlich in der riesigen Wandelhalle», bemerke ich. «Ich wusste vage von der Vergangenheit des Baus, und ich konnte mir trotz des aus den Unterrichtsräumen dringenden Gefiedels, Gedudels und Geklimpers das auf dem Steinboden laut hallende Hackenzusammenschlagen der SS-Männer vorstellen.» – «Das hier war auch das wichtigere Gebäude», bestätigt Dirk Heißerer. «Im anderen waren Verwaltung, Reichsleitung und Archiv untergebracht. Aber hier residierten Hitler persönlich und sein Stab.» Und dann erklärt er mir, dass in Hitlers mit kostbaren Gemälden und Gobelins ausgestattetem Arbeitszimmer in der ersten Etage, im heutigen Raum für Ensemble-Unterricht, 1938 mit Mussolini, Chamberlain und Daladier das Münchener Abkommen unterzeichnet wurde. Und in Raum 202 in der zweiten Etage, dem heutigen Direktorenzimmer, saß der «Stellvertreter des Führers», zuerst Rudolf Heß und ab 1941 Martin Bormann. «Dort, wo ich mit dem Präsidenten der Hochschule über meine berufliche Zukunft gesprochen habe!», stelle ich fest, während mir ein Schauer den Rücken herunterfährt.

«Und wie kommt's, dass ausgerechnet diese beiden Gebäude die massiven Bombenangriffe fast unbeschädigt überstanden haben?», frage ich kopfschüttelnd. «Wegen der meisterhaften Tarnung des ganzen Areals um den Königsplatz, dessen klassizistischen Rahmen man beschützen wollte, das Braune Haus, die päpstliche Nuntiatur, die Ehrentempel und alle anderen dann größtenteils doch zerstörten Prunkbauten der Nazis», sagt er. «Und danach ist also die Musikhochschule hier eingezogen, mit derselben Adresse Arcisstraße 12?», frage ich. «Noch nicht ganz», bremst mich mein Informant und fasst sich mit verschmitztem Gesicht an seine Schirmmütze. «Die Ironie des Schicksals wollte es, dass die amerikanischen Besatzer, ausgerechnet an der Stelle des Palais von Alfred Pringsheim, der nicht nur Mathematiker, sondern auch Kunstsammler größten Stils war und dessen Schätze alle enteignet oder geraubt wurden, die ersten drei Jahre nach Kriegsende dieses Gebäude unter anderem als ‹Central Art Collecting Point› nutzten, als Sammelstelle für die Rückführung geraubter und enteigneter Kunstwerke, die vor allem im Salzbergwerk bei Altaussee verwahrt worden waren … Ja, und dann zog gegenüber in den einstigen ‹Führerbau› das Amerikahaus ein.» – «Das war hier? So nahe am Karolinenplatz, wo ich heute meinen Vortrag gehalten habe?» – «Ja, fast zehn Jahre lang war das Amerikahaus hier. Erst 1957 zog die Musikhochschule aus ihrer beengten Nachkriegsunterkunft hier ein, und das Amerikahaus wechselte an seine heutige Stelle. Aber auch das Amerikahaus hier an der Arcisstraße 12 ist mit der Geschichte Ihrer Familie verbunden.» Mein Begleiter amüsiert sich unverhohlen über meinen Ausdruck zunehmender Verwirrung. «Mit meiner Familie?» – «Ja, mit Ihrem Vater Michael. Er hat dort während seiner diversen Konzerttourneen als Bratschist um 1950 herum dreimal gastiert.»

«Hätte ich das alles damals bei meinem Besuch bei meinem Großonkel Heinz so genau gewusst, wäre das Gespräch mit dem Präsidenten vielleicht anders verlaufen, und ich wäre doch bei der Musik geblieben», äußere ich halb scherzhaft und verlegen lachend. «Und wie ist es verlaufen, das Gespräch bei dem Professor Höller?» – «Ach, er wusste eigentlich nicht viel mit mir anzufangen, sah den Sinn des Gesprächs wohl nicht so recht. Ich hatte erst seit einem halben Jahr meinen Abschluss in Zürich in der Tasche, nicht als Dirigent, aber auf dem Klavier und mit viel Dirigentenkurserfahrung. Und er meinte, ich könnte, wenn ich wollte, noch eine zusätzliche vierjährige Dirigentenausbildung an der Musikhochschule absolvieren. Das Gespräch war jedenfalls nicht sehr lang und ergiebig, und ich gewann danach den Eindruck, vergeblich die Reise nach München unternommen zu haben … oder vielleicht auch nicht. Denn gerade dieses Ergebnis und danach die noch viel sinnlosere Idee meines Großonkels Heinz, nämlich bei irgendwelchen in München tätigen Dirigenten Privatstunden zu nehmen, machten mir völlig klar, dass es für mich mit der Musik vorbei war. Für die Theologie als Alternative war ich noch nicht bereit. Ich musste erst einmal irgendeine Übergangslösung finden. Insofern war dieses Gespräch in München nach meinem ersten Studium in Zürich doch ein Einschnitt.»

Wenige Monate nach dem vollständigen Auftauen des Zürcher Sees und der Auseinandersetzung mit meiner Großmutter beginne ich unter unangenehm ziehenden Leibschmerzen ziemlich genau an der Stelle des vor Jahren entfernten Blinddarms zu leiden. Der ergebnislose Befund einer eingehenden medizinischen Untersuchung veranlasst den Arzt zu fragen, ob ich denn zurzeit unter besonderem Stress oder seelischen Spannungen leide. In eine ähnliche Richtung gehen die Erklärungen von Pater Rudin, als ich diesen von meinem erfolglosen Gespräch in der Münchener Musikhochschule unterrichte. «Die drei wichtigsten Lebensbereiche des Menschen sind Beruf, Liebe und Gott», unterweist er mich. «Die Unsicherheit in nur einem oder zweien dieser drei Bereiche kann schon eine erhebliche Belastung mit sich bringen. Bei Ihnen sind im Moment alle drei Bereiche betroffen, nicht nur Gott und die Liebe, sondern auch Ihre Berufsperspektiven.» Meiner ihm gegenüber immer häufiger bekundeten Absicht eines akademischen Theologiestudiums begegnet er nach wie vor mit Argwohn. Umso mehr freut mich, dass er meine Auseinandersetzung mit kirchlich-christlichen Glaubensfragen und auch meine regelmäßige Teilnahme an Sonntagsgottesdiensten und Frühmessen in der zwischen Kilchberg und dem «Apologetischen Institut» gelegenen katholischen Kirche St. Franziskus im Stadtteil Wollishofen immer ernster zu nehmen scheint.

Weder ihm noch sonst irgendjemandem werde ich allerdings mein Missgeschick an einem besonders schwülheißen Sonntag während des folgenden Hochsommers verraten. Ich war in meinem viel zu dicken Anzug mit beengender Krawatte plötzlich mitten in der Predigt bewusstlos in der Kirchbank zusammengesunken und auf einer Holzbank im Pfarrhaus wieder aufgewacht. Nachdem mir der Pfarrer einen mit irgendwelchen Tropfen getränkten Zuckerwürfel in den Mund geschoben hatte, war ich zum Entsetzen der Umstehenden gleich wieder aufgestanden und nach Hause gelaufen.

Bald danach erhalte ich auf meine Anfrage bei meiner Tante Elisabeth in Fiesole von ihr einen Hinweis auf einen im Herbst beginnenden Jahresdirigentenkurs an der Musikhochschule Santa Cecilia in Rom, geleitet von dem namhaften Dirigenten und Musikpädagogen Franco Ferrara. Das ist meine Rettung. Denn durch meine Teilnahme an diesem Kurs kann ich Zeit für eine schrittweise, aber unaufhaltsame Umorientierung auf ein Theologiestudium gewinnen. Wieder von meinem Korrepetitorfreund am Zürcher Opernhaus höre ich, dass es in Zürich ein Institut gibt, in dem katholische Laien in einem Fernkurs mittels Lehrbriefe und einer Abschlussprüfung die «kleine Missio Canonica» erwerben können, die zur Durchführung von Religionsunterricht an Schulen oder in der Erwachsenenbildung berechtigt. Diese befristete Kombination von Musik und Theologie erscheint mir als ideale Übergangslösung. Entscheidend ist für mich bei alledem auch die Aussicht, in Kilchberg endlich die Zelte für immer abbrechen zu können.

Nach meiner vorsorglichen Anmeldung beim Theologiefernkurs reise ich nach Venedig, um dort Franco Ferrara wegen seines bald in Rom stattfindenden Dirigentenjahreskurses aufzusuchen und von ihm Ort und Termin der Aufnahmeprüfung zu erfahren. Außerdem vermittelt mir meine hilfsbereite Tante den Zugang zu einer weiteren für mich wichtigen Kontaktperson aus ihrem Bekanntenkreis in Rom. Es ist ein junger, theologisch sehr progressiver und kirchlich überaus engagierter Priester in einer kleinen Vorstadtpfarrei namens Ernesto Balducci. Mit dieser mehrfachen neuen Perspektive kehre ich nach Zürich zurück und bereite meinen baldigen Umzug nach Rom vor.

Jetzt gilt es, Abschied von einem langen Lebensabschnitt zu nehmen. Als Erstes suche ich meine Kollegen und Freunde im Zürcher Opernhaus auf. Dort ist eben eine wie auf mich zugeschnittene Stelle als Bühnenmusikdirigent frei geworden. Dieses Angebot freut mich sehr, es kommt zu spät. Doch die offenkundige Akzeptanz tut mir gut und erleichtert mir den Abschied. Am Karfreitag sehe ich eine bewegende Aufführung von Wagners «Parsifal» im Opernhaus – der Abend kommt mir wie eine Erfüllung und Abrundung meiner Zeit in Zürich vor.

Dann kommt es zur vorläufig letzten Begegnung mit Pater Rudin im Apologetischen Institut. Erfreulicherweise vermag ich diesen rasch mit meiner vorläufigen, zwischen Musik und Theologie liegenden «Kompromisslösung» zu beruhigen. Überhaupt wirkt er wie umgewandelt, als er mich vom Fahrstuhl auf seiner Etage abholt. Statt mich wieder in das Armesünderstühlchen vor seiner Schreibtischbarrikade zu pferchen, bittet er mich gleich zu einem runden Besuchertischchen mit zwei Stühlen und unterhält sich ausgiebig und freundlich mit mir. Am Schluss überreicht er mir ein vorher verfasstes Empfehlungsschreiben für Padre Balducci in Rom. Dann trennen sich unsere Wege.

Zuletzt verabschiede ich mich von meiner Familie. Die beste Gelegenheit dafür bietet der achtzigste Geburtstag meiner Großmutter Katia, der im Hotel Baur au Lac gefeiert wird. Dort sind sie alle versammelt, auch meine Großeltern Mams und Paps. Paps, mir in religiösen Fragen schon lange als ausgesprochener Skeptiker bekannt, weiß inzwischen, dass ich die Ewige Stadt nicht nur wegen des Dirigentenkurses an der dortigen Musikhochschule aufsuche. «Ich habe gehört, dass du dich mit religiösen Dingen befasst», spricht er mich mit befremdeter, fast angewiderter Miene an. Ich versuche ihm, so gut ich kann, meine Motive begreiflich zu machen, weil ich meinen hochgeschätzten «anderen» Großvater nicht verlieren möchte. Doch er bleibt hartnäckig und distanziert, was mich natürlich schmerzt. Die anderen, Erika und Golo etwa, lassen sich ihre Einstellung mir gegenüber sehr viel weniger anmerken. Medi hat mir mit ihren mehrfachen Vermittlungen nach Italien sehr geholfen, jedoch nie über meinen Schritt als solchen irgendein Wort verloren oder mich auch nur danach gefragt. Mams wird sich erst später überraschend positiv zu meiner unvorhergesehenen Entwicklung äußern. Überhaupt hoffe ich, meinem Familienkreis die Gründe für meine Nestflucht etwas verständlicher machen zu können, sobald sich meine neue Überzeugung weiter gefestigt hat und ich mit entsprechend größerer Sicherheit auftreten kann.

Einsiedeln, Ende September 2005. Uta, Walter und ich sitzen auf den Steintreppenstufen am Fuß der martialisch in die Höhe ragenden Klosterkirche. Vor über vierzig Jahren haben wir drei in Rom Freundschaft geschlossen. Der aus Köln stammende Walter war einer der Teilnehmer des Dirigentenkurses an der dortigen Accademia di Santa Cecilia gewesen. Fast jeden Abend war ich mit meinem kleinen Fiat 500 von meiner Unterkunft auf dem Monte Mario zu ihnen in ihre Wohnung in Richtung Stadtzentrum gefahren. Dort hatten die beiden Jungverheirateten und ich ein frugales Abendbrot miteinander geteilt, stundenlang geschwatzt und diskutiert und dann oft bis tief in die Nacht zusammen Skat geklopft. Die beiden verstanden es auch, mir den Rücken zu stärken, wenn ich mich mit den in regelmäßigen Abständen über den Ozean zu mir herüberflatternden, immer von meiner Mutter fein säuberlich auf Luftpostpapier getippten Maßregelungen seitens meines Vaters herumzuschlagen hatte. «Wie kommen die denn überhaupt dazu, so über dich zu bestimmen und zu richten? Die kennen dich doch überhaupt nicht», brachte es damals Uta auf den Punkt, wenn mein Vater wieder einmal meine «nebulös perspektivlose» Übergangsexistenz zwischen Musik und Theologie als «ans Liederliche grenzend unseriös» anprangerte, mich zu einem regulären, «anständigen» Universitätsstudium drängte und mir sogar – zum ersten Mal – dessen Finanzierung anbot.

Fast ein ganzes Jahr steckten Uta, Walter und ich in Rom zusammen, und wir unternahmen Wochenendfahrten mit dem Auto nach Neapel und Ischia. Nach dem Ende des Studienjahres trafen wir uns nochmals länger in der Schweiz – und verloren uns danach fast dreißig Jahre aus den Augen. In den frühen neunziger Jahren liefen wir uns auf dem Ritten oberhalb von Bozen in Südtirol zufällig über den Weg und nahmen danach nahtlos unsere alte Freundschaft wieder auf. Walter hatte dazwischen eine beachtliche Dirigentenkarriere absolviert, bis er sich aus gesundheitlichen Gründen frühzeitig aus dem Musikerberuf zurückziehen musste. Jetzt leben sie in Berlin und besuchen mich in der Schweiz.

In Einsiedeln habe ich ihnen als Erstes die große barocke Benediktinerkirche gezeigt. Dort war ich, zwischen unserem gemeinsamen Rom-Jahr und meinem Münchener Theologiestudium, vom damaligen Abt katholisch gefirmt worden. Ein Dreivierteljahr vorher hatte mich Padre Balducci in seiner Heimatdiözese Florenz in einer kleinen Kapelle getauft. Nach dem Studium der Lehrbriefe in Rom hatte ich im Hochsommer in der Schweiz in einem Tagungshaus am Sankt Moritzer See einen zehntägigen Schnellkurs für katholische Laien absolviert und dann, nach einem abschließenden Prüfungsmarathon, die «kleine Missio Canonica» erworben – als Grundlage für mein gleich darauffolgendes Theologiestudium in München.

«So sehr beteiligt an unseren Unterrichtsstunden bei Franco Ferrara in Rom bist du ja eigentlich nie gewesen», erinnert sich Walter, während wir uns auf den Treppenstufen von der goldenen Herbstsonne bescheinen lassen. Ich hatte am Abschlusskonzert des Kurses gar nicht mehr teilgenommen und war von Rom verfrüht mit Sack und Pack wieder in die Schweiz zurückgereist. Dann sprechen wir über den einen oder anderen der vielen aus aller Welt stammenden Teilnehmer des Dirigentenkurses. Die beiden wundern sich, an wie wenige ich mich noch erinnern kann. Da war Gábor aus Ungarn, der jetzt irgendwo in Deutschland als Opernkritiker arbeitet; ferner ein etwas esoterischer Indien-Liebhaber aus der Schweiz namens Guido; und dann der bei allen besonders beliebte Afroamerikaner Richard, der so gern mit seinen blitzenden, kräftigen Zähnen übers ganze Gesicht lachte und immer mit einem überdimensional großen Taktstock dirigierte.

Dieser Richard besuchte mich einige Monate nach Beendigung des Jahreskurses in Zürich und nahm mich ins Berner Oberland nach Gstaad mit, zu Proben mit Yehudi Menuhins Bach-Orchester, zu dem er Kontakte hatte. Meine peinlich missglückte Begegnung dort mit dessen Schwester Yaltah verschweige ich allerdings meinen beiden Freunden. Ich hatte mich nach den schönen Wintermonaten mit ihr im österreichischen Strobl sehr gefreut, sie wiederzusehen, und war deshalb völlig unbefangen auf sie zugegangen. Ich wusste, dass rund zehn Jahre zuvor in Kalifornien ihre enge persönliche und berufliche Verbindung mit meinem Vater zerbrochen war, nachdem dieser ihr gegenüber in einem Wutanfall handgreiflich wurde. Aber ich war doch betroffen, als sie erschreckend frostig und abweisend reagierte und sich blitzschnell wieder von mir abwandte. «War doch ein wahnsinnig netter Kerl, dieser Richard …», betone ich Uta und Walter gegenüber, um von meinen Gedanken an Yaltah wegzukommen. «Wisst ihr eigentlich, was aus ihm geworden ist?» – «Nicht so genau», entgegnet Walter etwas verlegen, fast bedrückt. «Aber mir ist so, als wäre er schon sehr früh im Vietnamkrieg gefallen.»

Rom, 22. November 1963. Ich komme gerade, kurz vor der Abenddämmerung, von einer eindrucksvollen Probe mit dem Hochschulorchester im Rundfunkgebäude am Foro Italico zurück. In mir klingt der erste Satz von Schuberts «Unvollendeter» nach, den wir heute geprobt haben und bei dem jeder in unserem Kurs einmal kurz zum Probedirigieren an die Reihe gekommen ist. Zuletzt beschränkte sich Maestro Franco Ferrara bei seiner eigenen Demonstration nur auf die Wiedergabe der Coda mit der Schlusskadenz. Ich habe noch die wie peitschende Schüsse wirkenden vier letzten Schläge im Ohr und seine dabei vor Hochspannung bebenden Arme und Gesichtszüge vor Augen – ein unglaublicher Kontrast zu den nichtssagenden Hampeleien der meisten von uns Schülern.

Ich fahre mit meinem Auto durch das graue und für römische Verhältnisse eher vorwinterlich kühle Nebelwetter den Berg hinauf und dann an Padre Balduccis Pfarrei vorbei zu meiner Unterkunft auf dem Monte Mario. Von der Häuserfront aus führt ein Eingang in einen bepflanzten, kleinen Hinterhof, in dem sich das Gartenhäuschen mit dem von mir gemieteten Zimmer befindet.

Zunächst setze ich mich mit der gestern aus Zürich eingetroffenen Sendung theologischer Lehrbriefe an meinen Tisch vor dem Fenster. Ich vertiefe mich etwa eine Stunde lang in die ersten zehn Seiten des Typoskripts und exzerpiere, wie immer, das Wichtigste in mein Heft. Danach muss ich mich noch unbedingt ein bisschen am Klavier für den Theoriekurs morgen Vormittag im Konservatorium vorbereiten und hole dafür den Klavierauszug der Ouvertüre von Verdis Oper «Die Macht des Schicksals» aus meinem Regal. Es fällt mir etwas schwer, mich von meinen theologischen Studien so rasch darauf umzustellen. Aber diese Ouvertüre ist mir schon recht vertraut. Ich setze mich ans Klavier an der Wand gegenüber von Schreibtisch und Fenster und trichtere mir die mir am wichtigsten erscheinenden Passagen nochmals ein. Dann räume ich den Tisch für mein Abendbrot frei und stelle das während der Nachhausefahrt eilig gekaufte Brot, die Fischkonserven in Öl und die Flasche Wein hin.

Nach der Mahlzeit hole ich mein Taschenradio, um die Acht-Uhr-Nachrichten zu hören, die ich hier vom Schweizer Radiosender Beromünster gut empfangen kann. Zu meiner Verwunderung erklingt gleich am Anfang irgendwelche barocke Trauermusik, vermutlich von Händel. Dann folgt die unheilverkündende Stimme des Nachrichtensprechers: «Der Präsident der Vereinigten Staaten von Amerika, John Fitzgerald Kennedy, ist tot.» Ich traue meinen Ohren nicht. Aber dann zwingt mich die Wiedergabe der Ereignisse der letzten Stunden, das eben Gehörte als Wirklichkeit anzunehmen. Es dauert einige Sekunden, bis ich das volle Ausmaß der Tragödie begreife. Bestürzung und Trauer erfüllen mich – und zugleich eine tiefe Dankbarkeit für das Wirken dieses Mannes, der für seine Ideale und Werte und für seine Kühnheit und Entschlossenheit sein Leben ließ. Kennedys kurze, aber von einem neuen Regierungsstil, großen Reformansätzen und einer Orientierung auf die junge Generation geprägte Amtszeit läuft wie ein Film im Zeitraffertempo vor meinen Augen ab. Ich glaube sogar zu hören, dass dem Sprecher ein sachlich bleibender Ton nicht eben leichtfällt.

Ich fühle mich mit meiner Trauer und Ratlosigkeit sehr einsam, weil ich jetzt, ohne Telefon in der Nähe, mit niemandem sprechen kann. Morgen früh werde ich glücklicherweise meine Studienkollegen wiedersehen, wenn sie sich, kurz vor Kursbeginn, zum Frühstücksimbiss in der Bar neben dem Konservatorium in der Nähe der Spanischen Treppe einfinden.

Vatikanspalast im Spätherbst 1963. Öffentliche Audienz Papst Pauls VI. während des Zweiten Vatikanischen Konzils. Padre Balducci hat mich zu diesem Ereignis mitgenommen. Im großen Audienzsaal sitzt der von der Besuchermenge weitgehend verdeckte Papst irgendwo im Hintergrund und spricht. Die Masse der Anwesenden steht oder bewegt sich im Raum umher. Ich halte mich möglichst in der Nähe von Padre Balducci, dessen sanfte Gesichtszüge und äußerlich mächtige Erscheinung im langen, schwarzen Priesterrock etwas Beschützendes für mich haben.

Plötzlich zeigt er auf einen jungen, blonden Mann mit hellwachem Gesicht und einem grauen Jackett, der lässig auf der Kante eines freistehenden Tisches sitzt und mit erhobenem Kopf die Worte des Kirchenoberhaupts aufnimmt. «Questo è il professore Kiunk», raunt mir Padre Balducci mit respektvoller Miene zu. Professor Hans Küng, der jüngste an einer deutschen Universität lehrende katholische Theologe, gehöre zu den progressivsten und einflussreichsten theologischen Beratern des Zweiten Vaticanum, erklärt er mir weiter, während der aufmerksam zuhörende junge Professor seinen Kopf erneut mit einem kleinen, aufmüpfigen Ruck in die Höhe hebt.

Einsiedeln, Ende September 2005. Uta, Walter und ich lauschen in der Klosterkirche den wunderbaren gregorianischen Gesängen, die wir schon draußen auf der Treppe gehört hatten. Sie erfüllen raumlos schwebend das Innere des goldglänzenden Kirchenschiffs, den vergitterten Chor und die beiden mächtigen Kuppeln. Nach einiger Zeit verstummt der Gesang. Kurz darauf verlässt eine große Gruppe von Benediktinermönchen die schwarze Gnadenkapelle mit dem Standbild der schwarzen Madonna. «Habt ihr diese Gesichter gesehen?», flüstert Uta erschrocken, als der letzte Mönch außer Sichtweite ist. Walter nickt. «Was für ein Kontrast zu diesem herrlichen Gesang!», meint er mit kurzem Blick hoch in die Abendmahlskuppel. Ich schaue auch hoch und suche wieder einmal die Judasfigur, die sich in dieser Freske so schwer ausmachen lässt. «Ja, furchtbar. Diese Verhärmtheit und Bitterkeit», bestätige ich, wieder auf den Boden blickend. «Diese Menschen wirken wie abgetötet», fährt Uta etwas lauter fort, während wir uns fast fluchtartig auf den Weg ins Freie machen.

Als wir die frische Luft draußen einatmen und die Treppenstufen hinuntersteigen, meint Walter, zu mir gewandt: «Du bist sicherlich froh, dass du damals nicht so geworden bist wie die.» – «Das wusste ich von Anfang an», entgegne ich. Uta schüttelt den Kopf: «Wir wussten das aber nicht so genau während der Wochen, in denen wir beide bei dir im Kilchberger Haus wohnen durften … kurz bevor du dann nach München zum Studium gingst.» Meine Großmutter hatte im Spätsommer Uta und Walter, kurz vor deren Rückkehr nach Rom zum nächsten Studienjahr, auf meine Anregung hin nach Kilchberg eingeladen. Dafür musste Walter ihr während dieser Zeit als Chauffeur zur Verfügung stehen, zumal meiner Großmutter kurz zuvor der Führerschein wegen zu schnellen Fahrens von der Zürcher Kantonspolizei entzogen worden war. Das junge Ehepaar wohnte in meinem Zimmer, während ich mich im mittleren Teezimmer auf derselben Etage einquartierte.

«Deine Großmutter hat mich damals einmal zur Seite genommen und mir gesagt, wie froh sie sei, dass du jetzt so gute Freunde hättest. Sie hat sich ernste Sorgen um dich gemacht», erinnert sich Uta. «Ja, es war ja auch höchste Eisenbahn, mich zu lösen, und wahrscheinlich habe ich da gar keinen Blick mehr für das großzügige Verhalten meiner Großmutter mir gegenüber gehabt. Und ich bin wahrscheinlich auch ziemlich ungerecht gegen sie gewesen», räume ich ein. «Mir hat sie manchmal richtig leidgetan, wenn du so schroff zu ihr warst», bestätigt Uta. «Und wenn wir bei Tisch saßen und Golo dich ansprach, dann bist du richtig zusammengezuckt.» – «Ich habe mit Golo viel Spaß gehabt», weiß Walter dagegenzusetzen. «Ich wusste ihm immer Paroli zu bieten, wenn er mich mit irgendwelchen Bemerkungen provozierte oder mir Fallen zu stellen versuchte. Damit habe ich mir wahrscheinlich Respekt bei ihm verschafft.» Walter hatte ihn bei ihrer ersten Begegnung auf der Treppe wegen seines unrasierten Gesichts und seiner ausgebeulten Kordhose für den Gärtner oder Hausdiener gehalten und ihm um ein Haar seinen Koffer zum Hochtragen gegeben.

«Für uns war diese Kilchberger Zeit eine beeindruckende Erfahrung und ein kleines Paradies, auch wenn es für dich eine ganz andere Situation war», resümiert Uta. «Ich weiß, dass ich mich damals ziemlich starr auf meine weltanschaulichen und beruflichen Perspektiven konzentriert habe, und die Euphorie währte deswegen auch entsprechend kurz», gestehe ich ein, worauf Walter meint: «Ich war trotzdem beeindruckt, wie kompromisslos du an diesem Reformkatholizismus und an der Laienbewegung festgehalten hast, wie an einer weltumspannenden Vision, obwohl ich selber sehr anders dachte.» – «Nicht zu Unrecht», räume ich ein. «Denn nach den hoffnungsvollen ersten Konzilsreformen in der noch von Papst Johannes XXIII. vermittelten Aufbruchstimmung wurde alles sehr bald wieder rückläufig und stagnierte zusehends.»

«Ist das nicht immer so? Fünf Schritte vorwärts und drei zurück?», gibt Walter zu bedenken. «Ich vergesse nie Golos Ausspruch damals: ‹Die Sternstunden der Menschheit sind selten und kurz.›» – «Ja, das hat er dann auch später meiner Begeisterung für die Achtundsechziger-Bewegung in einem seiner Briefe entgegengehalten, als ich mich nach dem Zerbrechen meiner theologischen Hoffnungen auf die Suche nach einer neuen geistigen Heimat begab», ergänze ich. «Aber es muss doch auch Idealisten geben», wendet Walter ein. «Gäbe es die nicht, wären wir um etwa tausend Jahre zurück.» – «Ich war aber nicht nur

Idealist», versuche ich klarzustellen, «sondern auch ein ungeduldiger und unerfahrener, mich selbst und die allgemeine Situation überschätzender Himmelsstürmer. Ich strebte von meiner Familie weg, dünkte mich besser als sie und ihr überlegen, aber letztendlich fiel der Apfel nicht weit vom Stamm. Diese Paarung von humanistischem Idealismus und Himmelsstürmertum ist wohl für alle Manns nicht ganz untypisch. Ich wollte euch schon lange mal gefragt haben, ob ihr euch denn nicht von mir verraten gefühlt habt, als ich wegen meiner theologischen Eskapaden unsere gemeinsame Musik und damit auch euch sozusagen hinter mir gelassen habe.» – «Vielleicht ein wenig», antwortet Walter zögernd.

«Aber inzwischen hast du es schon einige Male auf den Punkt gebracht, wenn du diesen schönen Spruch aus dem Mittelalter zitierst: ‹Die Musik ist ein Vorspiel auf die Ewigkeit› – musica colludium aeternitatis –.» – «Ja, ‹Vorspiel› oder auch ‹Zusammenspiel›», versuche ich zu präzisieren. «Auch ich als damals hartgesottener Atheist habe inzwischen einzusehen gelernt, dass Musik, Kunst, Kultur und Religion nie Gegensätze sein dürfen», meint Walter. «Sonst stimmt bei beiden, bei Kunst und Religion, etwas nicht. Religion und Ethik sollten mit Musik und möglichst vielen anderen Lebensbereichen immer im Einklang stehen», betont er nochmals, als wollte er den Konsens unserer Diskussion festklopfen. Diese Art der Übereinstimmung zwischen uns ist gegenüber der Zeit in Rom neu. Uta war zwar damals noch von ihrer katholischen Erziehung geprägt, Walter jedoch gegen die Kirche eingestellt gewesen, ohne allerdings daraus einen Streitpunkt zwischen uns zu machen. Erst an einem der letzten Tage unseres Zusammenseins, als Uta nach Rom hatte vorausreisen müssen, war es zu einem schweren Zerwürfnis zwischen uns gekommen. Es hatte eine jahrzehntelange Unterbrechung unserer Freundschaft zur Folge gehabt.

München, Reformationstag, 31. Oktober 1964. Ich treffe nach meinem Auszug aus Zürich mit meinem vollbepackten Auto in München ein. Ziel ist die Wohnung von Heinz und Mara Pringsheim an der Königinstraße beim Englischen Garten, in der ich schon im vergangenen Jahr Gast gewesen war, als Großonkel Heinz jenes ergebnislose Erkundungsgespräch in der Münchener Musikhochschule vermittelt hatte. Die etwas trüben Erinnerungen an den Sommeraufenthalt der beiden Pringsheims in Strobl in den frühen fünfziger Jahren sind längst verblasst. Gerade Mara, inzwischen eine würdige, weißhaarige Dame geworden, kehrt jetzt ihre mütterliche Seite hervor, die mir – wahrscheinlich etwas abgerissen wirkendem – einsamem Wolf sehr wohltut. Übermorgen findet an der Ludwig-Maximilians-Universität die Immatrikulation für Erstsemester statt. Ansonsten bin ich nach München mehr oder weniger ins Blaue gefahren.

Mara hatte mir schon vorher angeboten, mir bei der Zimmersuche behilflich zu sein. Wie ich gleich nach meiner Ankunft erfahre, hat sie auch etwas ausfindig gemacht über eine Bekannte, der sie mich morgen vorstellen will. Es ist eine preußische Offizierswitwe, und das bei dieser frei gewordene Zimmer ist kein Zimmer, sondern ein möbliertes und sehr teures Appartement in der Nähe der Prinzregentenstraße an der Isar, etwa zwanzig Minuten zu Fuß von der Universität. Insgesamt begegnen Heinz und Mara meiner Absicht, katholische Theologie zu studieren, mit freundlicher Toleranz.

Am nächsten Vormittag brechen wir zu der angekündigten Vermieterin auf. Die Offizierswitwe erweist sich als respektgebietende Person mit kerzengeradem Rücken, strengem Gesicht und schrägen Augen. Sowohl aus Bequemlichkeit als auch aus Angst, meine Großtante zu enttäuschen, nehme ich das Appartement, obwohl es bei meinen derzeitigen finanziellen Verhältnissen für mich kaum bezahlbar ist. Schon in Rom habe ich einen großen Teil meiner Ersparnisse, die vor allem aus meinen Nebenverdiensten am Opernhaus während meines Musikstudiums stammten, aufgebraucht. Zwischendurch hatte ich einige kleinere Schecks eingelöst, die meine Eltern gelegentlich ihren geharnischten Briefen an mich nach Rom beilegten, bis ich sie ihnen, als es mir mit ihren Vorschriften zu bunt wurde, wieder zurückschickte. Im darauffolgenden Sommer in der Schweiz erhielt ich durch Vermittlung meiner Dozenten des dortigen Theologiekurses für katholische Laien eine einmalige größere Zuwendung aus irgendeinem kirchlichen Budget. Inzwischen ist mein finanzielles Polster jedoch wieder so dünn geworden, dass ich beschlossen habe, mich jetzt gleich zu Semesterbeginn um ein bayerisches Staatsstipendium für Ausländer zu bewerben, von dem ich bereits in Zürich gehört hatte.

Nach meinem Einzug in meine Luxusklause immatrikuliere ich mich in der Universität und knüpfe auch gleich die ersten Kontakte mit dem für das Staatsstipendium zuständigen Lehrstuhlinhaber für katholische Dogmatik, Professor Schmaus, der mir mit seiner ausgesprochen väterlichen Art auf Anhieb Zuversicht einflößt.

Maras und Heinz' Angebot eines Mittagstischs an den Sonntagen nehme ich gerne an. Innerhalb der Woche verköstige ich mich mittags für 1 DM in der Universitätsmensa und abends in meiner Kochnische im Appartement mit irgendwelchen in «Kaisers Kaffeegeschäft» zusammenkomponierten Billiggerichten. Meine nebenan wohnende, resolute und doch freundliche Wirtin lädt mich dazu ein, wann immer mir danach wäre, abends zusammen mit ihr fernzusehen. Wegen meines mit vorgegebenen Vorlesungs- und Seminarveranstaltungen dichtgefüllten Stundenplans schleift sich bei mir schnell ein fester Alltag ein. Obwohl in München inzwischen fast alle Kriegsspuren beseitigt sind, führt mich mein täglicher Fußweg zur Universität immer an einer unkrautbewachsenen Häuserruine vorbei. An deren

Innenwand sind hoch oben die Reste eines Badezimmers mit unversehrten Kacheln und einer Handtuchstange erkennbar. Bei diesem Anblick muss ich jedes Mal an eine demontierte Puppenstube denken und male mir deren Innenleben unmittelbar vor der Zerstörung durch eine Fliegerbombe aus.

Als Studienanfänger im Alter von immerhin 24 Jahren fühle ich mich umso mehr zur Eile angetrieben. Nicht nur aus finanziellen Gründen. Ich möchte meine Ideale so schnell wie möglich verwirklichen und aktiv an der Verbreitung christlicher Glaubensinhalte auf akademischer Ebene mitwirken. Nach wie vor traue ich der Basis der internationalen, katholischen Laienbewegung eine größere politische Durchschlagskraft und einen effektiveren Reformwillen zu als der kirchlichen Priesterhierarchie, weswegen ich die Priesterweihe und die Übernahme eines geistlichen Amtes auch nicht einen Tag lang erwogen habe.

Zur Beschleunigung meines Vorhabens nehme ich mir vor, die erste akademische Hürde des philosophischen Propädeutikums der katholischen Theologie vom vorgeschriebenen vierten auf das dritte Semester vorzuziehen. Denn dieses «Philosophicum» setzt sich aus einem – selbst bei eifrigen Theologen nur wenig beliebten – «Scholastik» genannten Fächerkanon zusammen. Dieser ist ein antiquiertes und glaubensfernes System spitzfindiger Lehrsätze aus dem vorreformatorischen Mittelalter, welches der rationalen Begründung und Verteidigung der von der Kirche festgelegten Glaubenswahrheiten dient. Dazu gehören unter anderem die aristotelisch geprägte Metaphysik, Erkenntnislehre, Ethik und Theodizee.

Mir ist von Anfang an bewusst, auf was ich mich mit meiner Wahl der als Hochburg konservativ katholischer Theologie bekannten Münchner Fakultät eingelassen habe. Zur Diskussion gestanden hatten ursprünglich auch Tübingen mit dem dort von Hans Küng neu gegründeten Institut für Ökumenische Forschung sowie Münster, wo der damals sich überaus reformfreudig gebende Mitstreiter von Hans Küng, Joseph Ratzinger, lehrte. Aber von einem meiner Zürcher Mentoren, einem kürzlich in München promovierten Laientheologen, habe ich mich schließlich doch zu München überreden lassen. Für München spricht auch, dass es die mir seit etwa einem Jahrzehnt immer vertrauter gewordene Geburtsstadt meines Vaters ist.

Derselbe Mentor bewegt mich auch dazu, der nichtschlagenden katholischen Schweizer Studentenverbindung beizutreten, in der er sich bis zu seiner Promotion gut beheimatet gefühlt hatte. Für mich entpuppt sich diese Verbindung bald als exklusiver Theologenclub, in dem ich mich von Anfang an nur mittelmäßig wohl fühle. Denn zur Mehrheit besteht diese Verbindung aus Priesteramtskandidaten, die auf die sehr kleine Minderheit von Laientheologen geringschätzig herabblicken. Dagegen wird mein Antrag auf ein Stipendium zu meiner Erleichterung sehr rasch positiv entschieden. Damit habe ich die völlige Unabhängigkeit von meinen Eltern und Verwandten erreicht und werde mir diese auch bis zum Ende des Studiums bewahren.

Eine weitere Weichenstellung in meinem Leben findet in dem von nur ganz wenigen Studenten besuchten Kurs in Altgriechisch statt, den ich als Voraussetzung für das spätere Pflichtseminar in Neutestamentlicher Exegese absolvieren muss. In dieser zweimal wöchentlich um acht Uhr morgens stattfindenden Veranstaltung fällt mir von Anfang an ein nettes und besonders intelligentes Mädchen auf, das unser Studienprofessor immer mit «Fräulein Heisenberg» anspricht. An einem der Fernsehabende bei meiner Nachbarswitwe erzähle ich ihr von einem von mir kürzlich entdeckten Illustriertenartikel über den in München lebenden Physiker Werner Heisenberg. Bei dessen Lektüre hat sich aufgrund der physiognomischen Ähnlichkeiten meine Vermutung einer verwandtschaftlichen Beziehung zwischen ihm und jener sympathischen Kommilitonin zusehends gefestigt. Ich frage die Dame, ob ihr denn Professor Heisenberg bekannt sei. «Ja, das ist ein Vollmensch», gibt sie mit forschem Nachdruck und besonders geradem Rücken von sich, so resolut und sicher, dass ich mich jetzt auf den morgigen Griechischkurs zu so unmenschlich früher Stunde doppelt freue.

Inzwischen ist die Adventszeit angebrochen. Die Straßen und Plätze Münchens sind mit einer frischen dünnen Schneedecke überzogen. In diesen Tagen besucht mein Onkel Golo München wegen eines Vortrags und wegen Aufnahmen im Bayerischen Rundfunk. Er lädt mich in eines der Restaurants in der Leopoldstraße zu einem Abendessen ein. Ich erschrecke fast darüber, wie himmlisch mir dort das Essen schmeckt, weil mir klar wird, wie minderwertig ich mich derzeit ernähre, um mit meinem Stipendium mein teures Appartement bezahlen zu können. Golo ist freundlich zu mir, obwohl er ganz offenbar mit mir sonderbarem Anfängertheologen nicht allzu viel anzufangen weiß. Dabei würde ich von jemandem, der über den Philosophen Hegel promoviert hat, doch ein gewisses Interesse für die Themen meines derzeitigen Studiensemesters erwarten. Denn ich besuche über die Pflichtveranstaltungen der philosophisch-theologischen Scholastik hinaus regelmäßig einige interessante Vorlesungen und Seminare in der philosophischen Fakultät. Ich zähle sie Golo gegenüber auf und erwähne die dort behandelten philosophischen Werke, die ich auch zu Hause fleißig studiere, darunter Kants «Kritik der reinen Vernunft» und «Kritik der praktischen Vernunft». Golo hört sich dies geduldig an und fragt mich dann nur: «Verstehst du denn das alles?»

Beim Abschied bietet er mir an, bei einer Wanderung auf den Blomberg bei Bad Tölz mitzukommen, die er am kommenden Samstag vor seiner Rückreise in die Schweiz zusammen mit einem Rundfunkredakteur unternehmen möchte. Ich nehme seine Einladung gerne an, auch weil ich mir auf diese Weise ein wenig Ablenkung und Erholung vom großstädtischen Studentendasein erhoffe.

Am vereinbarten Morgen treffen wir uns zu dritt am Münchener Hauptbahnhof und fahren mit dem Nahverkehrszug nach Bad Tölz. Von dort wandern wir durch eine wunderschöne Tiefschneelandschaft den sanft ansteigenden Berg hoch. Golo steht die ganze Zeit, auch während des Abstiegs und der Rückfahrt nach München, dem mit ihm befreundeten Rundfunkredakteur zu seinen vielen Fragen über Politik und Geschichte Rede und Antwort, so als fände die Münchener Studioaufnahme hier ihre Fortsetzung, während ich mehr oder weniger stumm nebenher mitlaufe. Trotz meiner Statistenrolle empfinde ich den Ausflug als angenehm erfrischend. Am Münchener Hauptbahnhof verabschieden wir uns, und ich fahre mit der Straßenbahn bis zum Odeonsplatz, um von dort aus durch den Hofgarten nach Hause zu laufen.

Der in ganz Bayern erfolgte starke Wintereinbruch hat jetzt auch München erreicht. Im stillen, menschenleeren Hofgartenpark, durch den ich in Richtung Isar gehe, setzt dichtes Schneetreiben ein. Ich betrachte die im Lichtschein der Laternen blitzenden und tanzenden Schneeflocken. In der winterlichen Stille und Weite überfällt mich plötzlich ein Glücksgefühl, das meine Einsamkeit rasch verdrängt. Ich fühle mich wie in ein großes Ganzes eingebettet, in das ich mich freiwillig hineinbegeben habe und das mich großzügig gnadenvoll aufgenommen hat. Ich lasse die ersten Monate meines Universitätsstudiums Revue passieren und male mir das, was mich in der zweiten Semesterhälfte erwartet, im gedanklichen Vorgriff aus. Weihnachten steht vor der Tür. Ich werde das Fest zum ersten Mal nicht in Kilchberg verbringen, sondern in der Familie eines in der Nähe von Zürich beheimateten Kommilitonen, Leo Karrer. Zusammen mit ihm und seiner Familie werde ich die Mitternachtsmette und den Weihnachtsgottesdienst am 25. Dezember besuchen und erst danach in Kilchberg und Zollikon «vorbeischauen». Ich denke an Golo, dem ich dankbar für den heutigen Ausflug bin, obwohl ich deutlich merke, dass wir einander immer fremder werden. Meine Bindung zu diesem Ersatzvater lockert sich zunehmend.

Kurz nach Weihnachten stirbt plötzlich meine Großtante Mara unmittelbar nach einer Operation im Krankenhaus. Die Hinterbliebenen und ich kommen rasch überein, dass ich zu Großonkel Heinz in die Wohnung ziehe, in das dortige Gästezimmer. Dieser Schritt erweist sich für mich als ausgesprochen vorteilhaft. Mein Onkel und ich verstehen uns ausgezeichnet, wir versorgen uns völlig unabhängig voneinander und kommen einander nie in die Quere. Er ist froh, mich als Hausgenossen bei sich zu haben. Ich kann aus meinem teuren Appartement unentgeltlich in seine große Wohnung umziehen, in der auch noch ein Flügel zu meiner Verfügung steht. Dazu kommt, dass Onkel Heinz als Musikkritiker beim «Münchner Merkur» mich jetzt mindestens einmal pro Woche mit seinen Freikarten zu Symphoniekonzerten im Münchener Herkulessaal oder im Deutschen Museum mitnimmt und mir damit ähnlich unvergessliche Musikerlebnisse beschert wie seinerzeit seine Schwester Katia in Zürich.

Inzwischen habe ich auch jenes «Fräulein Heisenberg» nach einem unserer gemeinsamen Griechischkurse angesprochen. C. ist die zweitjüngste Tochter des «Vollmenschen» Werner Heisenberg. Bald besuchen wir gemeinsam Vorlesungen in Alt- und Neutestamentlicher Exegese, die für mich eigentlich erst nach dem «Philosophicum» vorgesehen sind. Und jeden späten Dienstagnachmittag nehmen wir wie viele andere am wichtigsten Ereignis der Woche teil: an der Vorlesung des berühmten Jesuitentheologen und Nachfolgers von Romano Guardini, Karl Rahner, im vollbesetzten Auditorium maximum. C. studiert eigentlich in Tübingen evangelische Theologie. Sie ist jetzt nur für ein Zwischensemester nach München gekommen, zurück ins Elternhaus, um sich einen vergleichenden Einblick in die katholische Theologie, vor allem die katholische biblische Exegese, zu verschaffen. Auch sie musste wie ich das Altgriechisch nachholen. Wir verbringen miteinander immer häufiger die Mittagsstunden im Englischen Garten, spazierend, diskutierend oder uns zwischendurch mit Schneebällen bewerfend.

Mein immer häufigeres Zusammensein mit ihr wird von einigen der Priesterseminaristen aus meiner Schweizer Studentenverbindung argwöhnisch beobachtet. An den Bierabenden am Verbindungs-Stammtisch fallen wiederholt zweideutige Bemerkungen, und ich spüre eine zunehmende Entfremdung zwischen meinen geradlinig auf das Zölibat zusteuernden Kommilitonen und mir. Einer von ihnen versucht mich noch zu «retten», indem er mir die Vorzüge des bequemen Lebens im gegenüber der Universität gelegenen Priesterseminar «Georgianum», die freie Versorgung mit Essen und immer frischer Wäsche, anpreist. Ich erinnere mich nicht mehr, wie lange ich noch pro forma dieser Verbindung angehörte. Jedenfalls erfolgt bald mein erster Besuch im Haus von C.s Eltern, bald mein zweiter und dritter, und ich lerne nach und nach ihre fast alle schon verheirateten, aber oft zu Besuch kommenden sechs Geschwister kennen. Die Familie wohnt in einer großen Dienstvilla des Max-Planck-Instituts für Physik in Freimann an Münchens Nordperipherie.

Unsere theologischen Gemeinsamkeiten vertiefen sich zusehends. C., die Protestantin, klagt mir gegenüber über Glaubenszweifel, die ihr als Theologiestudentin besonders zu schaffen machen. Während eines Gesprächs an einem Mittag auf einer Sitzbank im Englischen Garten in der hellen Märzsonne bei fortschreitender Schneeschmelze führe ich, nicht abstrakt theologisch, sondern praktisch konkret, die im Johannes-Evangelium verkündete Liebe als für mich überzeugendsten Hinweis auf die Existenz Gottes an. Damit scheint sich bei ihr der Knoten ein wenig zu lösen. Ihre dadurch neu aufkeimende Glaubenshoffnung verbindet uns noch enger als zuvor. Im Sommersemester setzt sie wieder ihr protestantisches Theologiestudium fort, nicht mehr in Tübingen, sondern jetzt in Heidelberg, vor allem wegen des dortigen Alttestamentlers Gerhard von Rad. In Heidelberg besuche ich sie fast jedes Wochenende und logiere in einer Pension direkt neben ihrer Studentenbude. Einen großen Teil unserer Zeit verbringen wir mit ausgiebigen und gesprächsreichen Spaziergängen auf dem «Philosophenweg» über der Stadt.

Mittlerweile gerät in meinem zweiten Theologiesemester der Boden meiner katholischen Strenggläubigkeit zum ersten Mal ernsthaft ins Schwanken. Ich habe mich im Zusammenhang mit den eintönigen Pflichtvorlesungen in scholastischer Philosophie schon länger intensiv mit der vorreformatorischen Position des «Nominalismus» von Wilhelm von Ockham und Gabriel Biel, Martin Luthers geistigen Wegbereitern, auseinandergesetzt. Nach der Auffassung dieser von der offiziellen kirchlichen Lehrmeinung abweichenden theologischen Schule sind Allgemeinbegriffe für unsere Wirklichkeit nur Zeichen («Namen») und haben außerhalb der Seele keine Realität. Diese im Gegensatz zum dinghaften und starren System der Scholastik stehende, subjektivistische Sichtweise spricht mich deshalb besonders an, weil mir dort mehr Raum gegeben zu sein scheint für ein Fließen unvorhersehbarer innerer Erfahrungen und für ein immer wieder neues Ringen um Glaubenswahrheiten als im vorgegebenen Kanon der katholischen Scholastik. Deshalb kann ich mich auch immer besser in die schon sehr frühe Vorliebe des noch «linientreuen» jungen Augustinermönchs Luther für die alternative theologische Richtung Ockhams und Biels hineinversetzen.

Als ich einmal während einer Mittagspause in einer Diskussion mit meinem Freund Leo Karrer versuche, dem «Realismus» der mittelalterlichen Scholastik die vorreformatorische Position des Nominalismus entgegenzusetzen, entspinnt sich eine leidenschaftliche Diskussion, in der ich als theologischer Anfänger gegen die Argumente meines fachlich hervorragend geschulten Kommilitonen immer weniger ankomme. Je mehr dieser aber verbal die Oberhand gewinnt und ich mich von ihm in die Ecke gedrängt fühle und je empfindlicher er mich seine Überlegenheit spüren lässt, desto beharrlicher halte ich an der moralischen Legitimation meiner Gedankengänge fest. Die Folge dieses Disputs ist, dass ich mich in den nächsten Wochen und Monaten fieberhaft mit der Lehre des Reformators Luther befasse und dabei immer angestrengter um eine Abgrenzung meiner römisch-katholischen Rechtgläubigkeit von der protestantischen Lehre kämpfen muss.

Einen weiteren geistigen Anker suche ich bei meinem zukünftigen Schwiegervater. Ausführliche Gelegenheit dazu bietet sich während einiger Augusttage im Jahr 1965 in dessen Ferienhaus in Oberbayern, in das er seine Tochter C. und mich eingeladen hat. Er unternimmt mit uns Bergwanderungen und Bootsfahrten auf dem See unterhalb des Hauses. Die immer mit anregenden Gesprächen gefüllten Tagesunternehmungen mit diesem umgänglichen und bescheiden auftretenden, von Statur kleinen, aber fast rustikal anmutenden Mann sind mir in lebhafter Erinnerung geblieben. Einmal nach dem Abendbrot in der Stube verfangen wir uns in ein besonders spannendes, sich bis in die Nacht hineinziehendes Gespräch. Gerade weil ich weiß, dass sich dieser Wissenschaftler und Denker weltanschaulich sehr viel weniger an den Offenbarungsinhalten der prophetischen Religionen als an den großen abendländischen philosophischen Systemen, vor allem an Platons Ideenlehre, orientiert, ist mir seine Meinung zu theologischen und theologiegeschichtlichen, ja überhaupt geschichtlichen Fragen wichtig.

Unser Gespräch an diesem Abend dreht sich vor allem um

die ethische Verantwortung sowohl der Wissenschaft als auch der Religion. Als Erstes schildert er auf meine Frage seine exponierte und heikle Rolle als Physiker in Nazideutschland, als er Anfang der vierziger Jahre in das Waffenheeresamt in Berlin zitiert wurde, um dort vor Albert Speer und einigen anderen hohen Militärs über die Möglichkeiten eines Atombombenbaus zu referieren. Er berichtet, wie er genau die technischen Möglichkeiten dargelegt und mitgeteilt habe, dass der Bau mindestens zwei Jahre, wenn nicht wegen der Kriegsbombardierung der technischen Anlagen und der Transportwege noch sehr viel länger dauern würde; daraufhin habe die Führung definitiv abgewinkt.

Im Fortgang unseres Gesprächs erwarte ich von ihm als «aufgeklärtem» Wissenschaftler eine Bestätigung meiner äußerst kritischen Beurteilung der repressiven Rolle der Kirche gegen naturwissenschaftliche Neuentdeckungen, die angeblich mit kirchlichen Lehrmeinungen kollidierten wie beispielsweise im Fall Galilei. Er verblüfft mich damit, dass er der kirchlichen Obrigkeit recht gibt, Galilei zum Widerruf gezwungen zu haben. Er begründet dies damit, dass eine zu frühe und zu rasche Bestätigung oder auch nur Zulassung jener umwälzenden Entdeckung durch die Kirche beim unmündigen Kirchenvolk eine gefährliche Glaubenskrise und eine unkontrollierbare Desorientierung und Unruhe ausgelöst hätte. Als ich mich schließlich, im Zusammenhang mit meiner zu dieser Zeit erwogenen Dissertation über den Reformator Luther, über die in den vergangenen Jahren angelaufene ökumenische Bewegung äußere, greift er weit über meinen christlichen Horizont hinaus. Er fragt mich, was ich denn angesichts des heutigen Zusammenwachsens der Nationen und Kulturen zu einer einheitlichen Welt von einem «Esperanto der Religionen» halten würde. Etwas unbeholfen versuche ich ihm meine Auffassung nahezubringen, dass Religion doch etwas anderes sei als nur ein sprachlich vermittelbares Gedankensystem. Ich sei vielmehr der Meinung, dass für eine Verständigung zwischen den verschiedenen Religionen oder gar für ihr Zusammenwachsen eine gemeinsame Sprachformel oder auch nur eine Sprachvereinbarung allein niemals ausreichen würde.

Spät in der Nacht gehen wir auseinander, angeregt und ziemlich verausgabt.

Zollikon, Ende August 2005. Nachdem ich C. auf dem Pausenhof meiner ehemaligen Primarschule die komische Unterrichtsszene mit dem brüllenden Lehrer im Klassenzimmer über uns erzählt habe, treten wir über den Dufourplatz und Tiefenbrunnen den Rückweg nach Zürich an.

Als wir wieder am ehemaligen Haus meiner Großeltern vorbeigehen, fällt mir plötzlich C.s recht ausführlicher «Antrittsbesuch» bei meinen Großeltern wenige Wochen vor unserer offiziellen Verlobung ein. Ich hatte ein paar Tage allein bei meinen Großeltern verbracht, und C. war dann nach Zürich gekommen, von wo aus wir zusammen mit ihrer englischen Freundin Philippa bei wunderbar sonnigem Oktoberwetter ins Tessin in Golos dortiges Ferienhaus weiterfuhren. «Ja, mit deinen Zolliker Großeltern war es sehr nett, und ich glaube, sie mochten mich auf Anhieb, besonders dein Großvater Paps machte mir ein bisschen den Hof», erinnert sie sich lachend. «Dafür mochte er mich überhaupt nicht mehr und mied mich fast die ganze Zeit», entgegne ich. «Ja, er hat sich damals auch bei mir beklagt und gesagt, du wärst seit deiner Hinwendung zur Religion so langweilig geworden», weiß C. anzubringen. «Wirklich ein starkes Stück, so mit meiner Verlobten zu reden», empöre ich mich fast wieder von Neuem. «Später hat sich das dann wieder gelegt, und wir hatten zum Schluss, als er Witwer war, wieder ein ganz nettes Verhältnis.»

«Aber mit Mams hast du dich doch damals gut verstanden?»,

fragt C. Ich bestätige dies nachdrücklich und erzähle ihr, wie schön sich das Zusammensein mit Mams gerade in ihren letzten Monaten gestaltete, so ausführlich, intensiv und offen wie nie zuvor in meinem Leben. Sie hatte, als ungetaufte Jüdin, früher nie irgendeinen Sinn für religiöse Fragen zu erkennen gegeben. Umso mehr erstaunte und berührte mich ihr Interesse an meinem Weg zur Religiosität und zur Theologie. Wir hörten damals auch zusammen Schallplatten mit klassischer Musik. Dabei führte ich ihr begeistert eine besondere Aufnahme von Mendelssohns Reformationssymphonie vor. Deren langsamen, auf Luthers «Ein feste Burg ist unser Gott» gründenden Satz bezeichnete sie zu meiner Belustigung als «scheinheilig». «Sie war irgendwie beeindruckt von meinem eigenständigen Schritt, der sie zu beschäftigen schien, und ich vermute, dass auch du sie als Frau an meiner Seite überzeugt hast», meinte ich.

Meine Erinnerungen an Mams sind von Dankbarkeit geprägt: «Am wertvollsten für mich war, dass sie an unserem letzten gemeinsamen Nachmittag mit so entwaffnender Offenheit und deutlichem Zorn das Verhalten meiner Mutter uns Söhnen gegenüber ansprach wie noch nie jemand in meiner Familie. Sie erzählte mir damals, sie habe vor Jahren einmal einen letzten Versuch unternommen, ihre Tochter an ihre mütterlichen Fürsorgepflichten zu erinnern. Sie hätte wohl ziemlich eindringlich auf sie eingeredet und nur die abweisende Antwort erhalten: ‹Ich habe mich entschieden.›» – «Und dann hast du Mams nie wiedergesehen?», fragt C. «Nur noch ganz kurz, ein halbes Jahr später, aber da war sie schon sehr krank und konnte kaum mehr sprechen. Sie hat mir aber dann noch, kurz vor ihrem Tod und kurz vor unserer Hochzeit, einen sehr schönen und anrührenden Brief geschrieben.»

Nach der Tessinreise und unserer darauffolgenden Verlobung in München im Herbst 1965 kehrt C. wieder nach Heidelberg zurück. Dort nimmt sie Kontakt mit einem aufgeschlossenen, jungen katholischen Priester auf. Denn sie hat beschlossen, ebenfalls in die katholische Kirche zu konvertieren, nicht nur zur Vereinfachung unserer bevorstehenden Heirat, sondern auch aus sich langsam festigender persönlicher Überzeugung. Dieser Priester bereitet sie auf ihre etwa für Ostern vorgesehene Aufnahme in die katholische Kirche mit Beichte und Abendmahl vor.

Im selben Wintersemester nehme ich am neugegründeten Institut für Ökumenische Theologie an der Münchener katholisch-theologischen Fakultät an einem Seminar über die Abendmahlslehre in den christlichen Konfessionen teil. Die Folge ist, dass ich den Instituts- und Seminarleiter, Professor Heinrich Fries, als Doktorvater für meine inzwischen konzipierte Dissertation über «Das Abendmahl beim jungen Luther» gewinne.

Am Ende des Wintersemesters absolviere ich das «Philosophicum» und das «Kleine Graecum», sodass endlich die Bahn frei ist für das eigentliche Theologiestudium mit Alt- und Neutestamentlicher Exegese, Kirchengeschichte und Fundamentaltheologie am Anfang. Und da ich das erste kirchliche Examen, das «Prosynodale», ebenfalls vorziehen und schon in einem Jahr hinter mich bringen möchte, belege ich bereits die eine oder andere Vorlesung in den Fächern des zweiten Studienabschnitts. Noch fühle ich mich als gläubiger Christ, jedoch nicht mehr kompromisslos streng als Katholik, jedenfalls nicht, was die in den Theologieprüfungen wiederzugebenden, kirchlich linientreuen Lehrinhalte betrifft.

Mit Freude, aber auch mit einer gewissen Sorge, ja, mit unterschwelligen Schuldgefühlen blicke ich C.s nahender Konversion entgegen. Denn diese steht im Zeichen unserer zu allem auch noch religiösen Verbindung. Den Schritt, mit dem sie mir innerlich nachfolgen möchte, vollzieht sie genau zu einem Zeitpunkt, da ich, was das spezifisch Katholische anbelangt, dabei bin, einem erneuten Exodus entgegenzusehen, mit der möglichen Folge, meine Verlobte mitsamt ihrer neuen Konfessionszugehörigkeit mehr oder weniger im Regen stehen zu lassen. Tatsächlich führt während der Wintermonate ihrer Vorbereitung auf die Konversion in Heidelberg die wachsende Divergenz zwischen uns zu Spannungen und Reibereien; deren Bewältigung allerdings schmiedet uns umso enger zusammen. C.s Konversionsfeier, zu der auch ihre Mutter aus München anreist, findet in Heidelberg etwa zeitgleich mit meinem «Philosophicum» im Frühjahr 1966 statt. Dann zieht C. nach München zurück, um sich im Haus ihrer Eltern auf unsere Hochzeit vorzubereiten.

Im Gegensatz zu meiner eigenen Unbekümmertheit bezüglich meiner mehr als unsicheren Berufsaussichten als katholischer «Laientheologe» scheint sich mein zukünftiger Schwiegervater für seine Tochter so stark verantwortlich zu fühlen, dass er, wie mir C. erst nach unserer Heirat gesteht, meinen Doktorvater Fries aufsucht, um sich bei ihm nach den Berufschancen eines Laientheologen zu erkundigen und sicherzustellen, dass ich in der Lage sein werde, eine Familie zu ernähren. Den genauen Inhalt dieses Gesprächs habe ich nie erfahren, gehe jedoch davon aus, dass Fries die Frage seines Professorenkollegen in einer für mich günstigen Weise beantwortet hat.

Derweil arbeite ich neben meinem Studium mit aller Kraft an meiner Luther-Dissertation. Anfang Juli 1966 wird als Überraschung für meine zukünftige Schwiegermutter an ihrem Geburtstag in C.s Elternhaus ein Hauskonzert mit einem kleinen, aus Geschwistern und Freunden zusammengestellten Orchester organisiert, das ich dirigieren darf. Mein Schwiegervater tritt als Solo-Pianist auf, und mein ältester Schwager Wolfgang wirkt zusammen mit einem Freund als Solo-Streicher mit. Wir führen im offenen Wohnzimmer vor der mit Hörern vollbesetzten Gartenterrasse Mozarts d-Moll-Klavierkonzert KV 466 und dessen

«Sinfonia Concertante» für Violine und Viola auf und halten das Ereignis in einer privaten Schallplattenaufnahme fest.

Gut einen Monat später findet im selben Haus die große Hochzeit statt. Sogar meine Eltern nutzen ihre diesjährige Europareise dazu, herbeizueilen, verlassen die Festlichkeiten jedoch auch wieder als Erste. Mielein, Paps, Tante Beth, Toni, Großonkel Heinz und besonders auch mein Schulfreund Peter K. Wehrli sind die ganze Zeit über anwesend. Peter fungiert sogar als unser Trauzeuge. Beths jüngere Tochter, meine inzwischen als Berufsklarinettistin tätige Kusine Lux, spielt am Polterabend zusammen mit meinem Vater und meinem Schwiegervater Mozarts «Kegelstatt-Trio». Tags darauf wohnt meine ganze areligiöse Verwandtschaft, in die Kirchenbänke gepfercht, unserer römisch-katholischen Trauung bei, während ein fürchterlicher Dauerregen hörbar auf das Kirchendach prasselt.

Nach dem Hochzeitsessen mit Reden und Toasts und anschließendem Tee mit Tanz im Schwiegerelternhaus geht es mit dem kleinen Auto, das wir inzwischen unser Eigen nennen, auf eine mehrwöchige Hochzeitsreise nach Jugoslawien. Nach unserer Rückkehr ziehen wir in unsere erste gemeinsame Wohnung ein – in einen im Haus meiner Schwiegereltern sorgfältig abgetrennten Wohntrakt.

Hotel Goldener Hirsch, Salzburg, 17. VIII. 66

Lieber Herr Professor Heisenberg!

Fast noch etwas benommen vom Glanz der Festlichkeiten, darf vielleicht doch «Vater Mann» mit ein paar Zeilen das nachzuholen versuchen, was von Rechtes wegen vor versammelter Gesellschaft und in aller Form hätte geschehen sollen: nämlich meine summarische Danksagung für die uns gewährte Gastfreundschaft, die, in ihrer Wärme wie ihrem Stil so weit hinausgehend über alle Konvention des Anlasses, diesen für mich zu einem Erlebnis von rarer menschlicher Glorie machte.

Wir haben uns alle ungemein wohl gefühlt in Ihrem Hause, im weiten Kreise Ihrer Familie; und ich bin glücklich, in C. ein so liebenswertes Mädchen kennengelernt zu haben. – – Der eigentliche Glückspilz freilich ist ja nun unser Fridolin! Aber da es ihm nun einmal gelungen ist, einen Menschen wie C. dazu zu gewinnen, ihn auf seinem eigensinnigen Lebenswege zu begleiten, fasse ich Mut zu glauben, dass er sie sich auch verdienen wird.

Frido hat, durch diese Verbindung, den Zugang gefunden zu einem bürgerlichen Lebensgefühl, das er im väterlichen Zuhause bei dem Nachkommen des «verirrten Bürgers», TONIO KRÖGER, *entbehrt haben muss – – ein Umstand, auf den ich seine Wendung hin zum Religiösen zurückzuführen gewohnt bin. Nun habe ich freilich gesehen, wie auch C., mit ihrem sehr gesunden bürgerlichen Selbstbewusstsein, also aus ganz anderen Voraussetzungen, zu ganz ähnlichen Lösungen gelangt ist. – – Ich muss gestehen, es ist eine mir recht fremde Welt, in der die Beiden sich da ansiedeln wollen; und es hat mich immer unheimlich berührt, wie in ihr Werte und Unwerte, Erleuchtung und Verblendung (auch: Erhabenheit und Überheblichkeit!) eng nebeneinander liegen … Bauen wir auf das messerscharfe Unterscheidungsvermögen unseres Paares; und tun wir das Unsere, ihnen den Weg von der Illusion zur Wirklichkeit zu ebnen, von dem fraglos noch eine gute Strecke vor ihnen liegt.*

Sie haben, verehrter Herr Professor, in Ihrer schönen Tischrede, bei der Musterung von Fridos Ahnentafel, glatt seinen Vater übersprungen! – Bitte rechnen Sie trotzdem mit ihm! Meine Frau und ich hoffen, das junge Paar bald in den Staaten in Empfang zu nehmen, um ihm dort weiterzuhelfen.

Wenn inzwischen ein anderer Amerikareisender Ihrer Familie sich einmal bei uns melden würde, wäre uns dies natürlich eine große Freude.

Aufwiedersehen! Jedenfalls im nächsten Herbst – – Und bitte empfehlen Sie mich Ihrer Gemahlin.

Michael Mann

Universität München, Oktober 1966. Der Beginn eines neuen Wintersemesters, inzwischen mein fünftes philosophisch-theologisches. Ich habe schon die ersten mit Lehrveranstaltungen vollbepackten Tage hinter mir. Meine Luther-Dissertation befindet sich in einem weit fortgeschrittenen Stadium. Ich komme gerade aus einer Vorlesung für Kirchengeschichte. Die Reformation. Nach meinen eigenen Recherchen für meine Dissertation kann ich die eben wieder einmal gehörte katholische Version überhaupt nicht mehr akzeptieren. Luther wird dort lediglich das Recht zugebilligt, die praktischen Missstände der Kirche seiner Zeit anzuprangern und tiefgreifende Reformen zu verlangen, und es werden, immerhin neu in der katholischen Luther-Rezeption, seine tiefe Gläubigkeit und sein integrer Reformwille positiv gewürdigt. Aber man wirft ihm vor, dass er seine Kompetenzen überschritten und eine irrige Gegenlehre entwickelt habe.

Während ich durch den Flur hinter dem eben verlassenen Hörsaal entlanggehe und der Treppe nach unten zum Ausgang zustrebe, ordne ich, gegen das in der letzten Stunde Gehörte, meine eigenen Gedanken. Ich verschaffe mir erneut Klarheit über die theologische Bedeutung, die Luthers Lehre von der Rechtfertigung und Sündenvergebung allein durch Gottes Wort und durch den Glauben für eine Auseinandersetzung auch in der heutigen katholischen Theologie haben könnte.

Als ich, ein wenig missmutig wegen der Ignoranz und der Hybris der offiziellen katholischen Kirchengeschichtsschreibung, weiter den Flur entlanggehe, dringen plötzlich durch die offene Türe eines der kleinen Hörsäle laute Stimmen an mein Ohr. Ich bleibe neugierig stehen und werfe einen Blick in den Raum. Dort bietet sich mir ein bizarres Bild. Am Katheder vor den Hörerbänken stehen zwei langhaarige und bärtige, extravagant bunt gekleidete junge Männer, offenbar Studenten. Sie schleudern mit schneidender Stimme und mit finsterer Miene gestikulierend einer sehr kleinen Gruppe von Hörern Parolen entgegen, die mir trotz ihrer emotionalen Geladenheit und ihrer sprachlichen Brillanz inhaltlich sehr abstrakt und schwer verständlich erscheinen. «Der Sozialistische Deutsche Studentenbund fordert die rückhaltlose Abschaffung unseres autoritären Regierungssystems und des ganzen Establishments», lässt der eine der beiden Redner verlauten. «Die einzige Alternative ist eine antiautoritäre und sich permanent selbst revolutionierende Gesellschaft, und diese hat dem Monopolismus der internationalen kapitalistischen Konzerne und dem kriegstreibenden US-Imperialismus radikal den Kampf anzusagen», schreit sein Kompagnon neben ihm in den Raum. Und dann der Erste wieder: «Nur eine neue demokratische Universität kann die adäquate Kaderschmiede und Zelle für das revolutionäre Bewusstsein einer aufgeklärten Gesellschaft sein.»

Ich schaue mir verblüfft diese mir völlig unwirklich vorkommende Szene an, beobachte die beiden Agitatoren und blicke dann in die ergebenen Gesichter des ihnen zuhörenden Häufchens. Die beiden setzen mit verteilten Rollen ihr Wortgedresche fort. Als Nächstes ist von den Notstandsgesetzen und von der Manipulation der Gesellschaft durch die Pressekonzentration die Rede und danach vom Vietnamkrieg. Dann wird, mit leicht abgewandelter Nomenklatur, wieder im Wechsel zwischen den beiden Wortführern, für eine antiautoritäre Gesellschaft und deren revolutionäres Bewusstsein geworben, und die Große Koalition in Bonn wird als «marode US-Marionettenregierung» bezeichnet …

Irgendwann wende ich mich ab und gehe weiter, obwohl ich merke, dass ich innerlich nicht so einfach loskomme. Was ist das eben gewesen? Ein Club bemitleidenswerter Spinner? Mir schwant, dass es mehr ist. Ich denke plötzlich, dass das irrationale Treiben, dessen Zeuge ich zufällig gewesen bin, ein Gradmesser sein könnte für die Unruhe in unserer Gesellschaft, die ich schon seit einiger Zeit spüre, und dass möglicherweise ein Aufbruch in eine noch völlig unbekannte Richtung in der Luft liegt. Ich selber bin vor wenigen Jahren ausgezogen, um eine neue geistige Heimat zu finden. Und ich glaubte sogar, eine Weltgemeinde gefunden zu haben, eine Geborgenheit in einer religiösen Gemeinschaft mit festgefügten, traditionellen Werten. Aber dort fühle ich mich schon seit einiger Zeit nicht mehr recht zugehörig. Wo führt das alles nur hin?

Ich verlasse rasch das Universitätsgebäude und eile nach Hause zu meiner Frau.

4. Die Achtundsechziger-Rebellion frisst ihre Kinder

Luther, Marx und Heisenberg. Als Familienvater im Gewand eines promovierten Theologen. Im ideologischen Niemandsland.

Während des heißen Sommers 1967 bereite ich mich auf mein zeitlich vorgezogenes erstes theologisches Examen vor und beende langsam meine Doktorarbeit. Je weiter ich mich inzwischen nicht nur von den Grundlagen der katholischen Theologie, sondern, trotz Luther, von der christlichen Religion überhaupt entferne, desto stärker drängt es mich dazu, mein Theologiestudium so rasch wie möglich zu Ende zu bringen – nicht zuletzt auch, um bald einen Abschluss in den Händen zu haben.

Ich befinde mich in einer ambivalenten Situation. Hier die stetige Auseinandersetzung mit meinem diffus bleibenden Weltbild und dort die vom kirchlichen Lehramt und vom Universitätscurriculum vorgegebenen schultheologischen Inhalte, die ich in den Semester- und den Studienabschnittsprüfungen nur noch nachbete, um die Examina zu bestehen. Ich neige inzwischen einem naturwissenschaftlich gestützten, pantheistischen Gottesbild zu. Unter dem immer stärkeren Einfluss meines Schwiegervaters messe ich bei diesem Naturgottesbild dem erkennenden und wandelbaren menschlichen Subjekt eine zentrale Bedeutung bei.

Während meiner Vorbereitung auf die erste theologische Prosynodalprüfung am Semesterende wird die Bundesrepublik Deutschland jählings von den dramatischen Ereignissen erschüttert, die als Beginn der sogenannten Achtundsechziger-Bewegung angesehen werden können: die Straßenschlachten zwischen Polizei und demonstrierenden Studenten in Westberlin anlässlich des dortigen Schahbesuchs am 2. Juni und der Tod von Benno Ohnesorg an diesem Tag durch eine Polizeikugel. Von diesem Moment an verschärft sich fast täglich die Lage an fast allen deutschen Universitäten, auch in München. Überall nehmen Protestkundgebungen, sogenannte «Sit-ins», Sprengungen öffentlicher Vorlesungen sowie Flugblattaktionen durch die explosionsartig sich vermehrenden linksoppositionellen Studentengruppen ihren Lauf.

Nur drei Tage nach den Berliner Ereignissen bricht, nach der Sperrung des Golfs von Akaba durch Ägypten, der Sechstagekrieg Israels gegen die arabischen Länder aus. Durch diese Ereignisse gerate ich in einen mich selbst überraschenden inneren Aufruhr, dessen Wurzeln offenbar irgendwo im Atavistischen, ethnisch Urgründigen verborgen liegen. Es ist das erste Mal, dass nach dem Ende des Holocaust die Vernichtung und Existenzbedrohung des jüdischen Volkes wieder zum Thema wird. Aufgrund meiner eigenen Abstammung von zwei jüdischen Großmüttern flammt auch in mir das Gefühl der Zugehörigkeit zu diesem überall verfolgten und diskriminierten Volk auf. Der Blitzsieg Israels dank dessen legendärem Oberbefehlshaber Moshe Dayan versetzt mich in so euphorische Stimmung, dass ich mir über die langfristige politische Tragweite dieses Sieges keine weiteren Gedanken mache.

Nachdem ich einen Monat später mein theologisches Examen bestanden habe, entspannen C. und ich uns für ein paar Urlaubswochen auf der holländischen Nordseeinsel Texel. Im Interesse unserer finanziellen Unabhängigkeit hat C. nach unserer Heirat auf eine Fortsetzung ihres Universitätsstudiums verzichtet und stattdessen an der Pädagogischen Hochschule eine Grundschullehrerausbildung im Schnellverfahren begonnen. Weil ihr dafür einige Universitätssemester angerechnet wurden, wird sie ihre Ausbildung schon vor dem nächsten Winter abschließen und dann in den Schuldienst eintreten können. Auf dem Weg nach Texel machen C. und ich halt im Kölner Dom. Ein Brief an meine Schwiegereltern spiegelt mein damaliges religiöses Empfinden wider:

Ein Gott der Ordnung?

Ich verweilte im Kölner Dom und betrachtete die nach oben strebenden, symmetrischen Strukturen dieses gotischen Wunderbaus, die eine Welt des Heils und der inneren Ordnung verkündeten. Jede einzelne Figur zeigte in sich ein Stück dieser heilen Welt, und doch wirkten auch diese nur als unwichtige Teile eines großartigen Ganzen, das so angelegt war, dass es den Blick nach oben führte in die spitzen Bögen und darüber hinaus auf einen festen, geglaubten Punkt. Der schlichte, halbdunkle Raum vermittelte den Eindruck von strenger Düsterkeit, welche den Menschen zur versenkten und konzentrierten Frömmigkeit anhalten und seinen Blick von dunkler Erdverhaftung zur einen und schlichten Höhe des Friedens und der Ordnung hinaufführen soll.

Dieser Eindruck wurde plötzlich verändert, als sich ein Schwall atonaler Orgelmusik in den Raum ergoss. Die Musik bestand aus fetzenhaft durcheinander wirbelnden, chromatischen Figuren, deren Nachhall wie schrille Sirenen klang. Die innere erschaute Ordnung brach in sich zusammen. Es blieb nur noch eine geometrisch äußere Ordnung zurück. Die Richtungen von oben und unten verschwanden. Die Spitzbögen waren nicht mehr ein Höhepunkt von nach oben verlaufenden Linien und Formen, sondern sie lagen irgendwo im Raum und vermittelten den Eindruck einer dramatischen Zuspitzung von irgendwelchen Linien an einem räumlich nicht mehr fixierbaren, nicht mehr gewussten Punkt im Sinn einer nicht mehr vorstellbaren Konzentrierung der Spitze. Der den Menschen der Gotik bekannte innere Sinn der einzelnen Formen und Linien des Baus war nicht mehr objektiv erkennbar. Nur äußerlich blieb in der glasklaren und schlichten Anordnung der Linien eine

Ordnung übrig. Gemessen am Glauben an eine heile, in sich sinnvolle Welt im Zeitalter der Gotik mochte dieser neue Eindruck eher von einer unheilvollen, nur äußerlich geordneten Welt zeugen. Aber in sich schien mir diese Welt ohne klare Richtungen und ohne eine eindeutige, innere Gewissheit weder heil- noch unheilvoll, sondern schien mich gerade wegen ihrer Ungeschlossenheit und Unentwirrbarkeit erst recht dazu herauszufordern, in ihr zu leben.

Juli 1967.

Nach dem Sommerurlaub spitzen sich die politischen Spannungen auf internationaler Ebene weiter zu. Der Vietnamkrieg spaltet inzwischen weltweit die Gesellschaft in Kriegs-Falken und Antikriegs-Tauben. Zwar hat sich, seit meiner Emigration weg von meiner Familie in die Religion und Theologie, die innere Distanz zu meinen Eltern und sämtlichen Verwandten noch weiter vergrößert. Dennoch liegt der Ursprung meiner entschiedenen Gegnerschaft gegen jenen schmutzigen Krieg im Fernen Osten in den mich auf Anhieb überzeugenden Argumenten meiner Eltern (und damals auch von Golo) gegen diesen Krieg, die ich vor allem in den seltenen Briefen meiner Mutter aus Kalifornien nachlesen kann. Natürlich informiere ich mich auch selbst über die aktuelle Situation und über die komplexe Vorgeschichte des französischen Indochinakriegs. Ich studiere unter anderem die den Büchermarkt überflutenden Schriften hochrangiger amerikanischer Politiker, die noch dem Kabinett von Präsident Kennedy angehört hatten, inzwischen jedoch zu Gegnern der Politik von dessen Nachfolger Johnson geworden sind. Dadurch festigt sich immer mehr meine eigene Meinung dazu.

Meine Schwiegereltern, in deren Haus im abgetrennten Trakt wir immer noch wohnen, vor allem mein Schwiegervater, vertritt eine völlig konträre Auffassung.

Seiner Meinung nach muss Amerika als Führungsmacht der

westlichen «Ordnung» nach dem Ende des Zweiten Weltkrieges das Recht zugebilligt werden, sich den hegemonistischen Bestrebungen des kommunistischen Gegenblocks auch militärisch zu widersetzen. Die in die amerikanische «Ordnung» eingegliederten Bündnispartner haben diese Maßnahme widerspruchslos mitzutragen.

Während eines geselligen Abends im Wohnzimmer meiner Schwiegereltern kurz vor Weihnachten kommt es zum Eklat. Ich greife lautstark die Position meines Schwiegervaters an und vergleiche die Übergriffe Amerikas gegen das kleine, um seine Selbstbestimmung kämpfende Vietnam mit der Verbrechermentalität der Nazi-Aggressoren. Dann verlasse ich demonstrativ den Raum. C., etwa zur selben Zeit mit unserem Sohn Stefan schwanger geworden, hält, ungeachtet ihrer Loyalität gegenüber ihren Eltern, konsequent zu mir. Wir beginnen unseren Auszug aus der – für einen Familienzuwachs ohnehin zu kleinen – Zweizimmerwohnung zu planen.

Unter dem Eindruck der massiven Eskalation des militärischen Konflikts zwischen Nord- und Südvietnam beziehungsweise zwischen dem Goliath Amerika und den von der Sowjetunion unterstützten Vietcong-Guerillas setze ich mich immer intensiver mit der studentischen Außerparlamentarischen Opposition auseinander. Ich vertiefe mich in die Flut von deren politischen und ideologischen Schriften und Manifesten, studiere auch die Werke der kommunistischen Klassiker Marx, Engels, Lenin, Stalin und Mao Tse-tung.

Gleichzeitig verfolge ich mit noch viel stärkerer Sympathie die politische Entwicklung im tschechoslowakischen Nachbarland nach dem dortigen Machtwechsel zugunsten des Reformpolitikers Alexander Dubček. Er prägt maßgeblich eine auch in Westeuropa neu aufkeimende Hoffnung auf einen «Dritten Weg» zwischen Kapitalismus und Kommunismus. C. und ich verschlingen mehrere der neu erschienenen Bücher zu diesem

Thema, unter anderem verfasst von führenden tschechoslowakischen Wirtschaftsexperten mit der bestechenden Konzeption eines «Neuen Osteuropa».

Prag, Ostern 1991. Erster Aufenthalt von C., Stefan und mir in der Hauptstadt der tschechoslowakischen Republik kurz nach der Demokratisierung. Wir logieren im Haus meines aus seinem westeuropäischen Exil nach Prag zurückgekehrten Vetters zweiten Grades, Jindrich, dem älteren Sohn von Leonie Mann-Aškenazy, zu dem ich seit unserer ersten Begegnung in Bozen vor zehn Jahren freundschaftliche Kontakte unterhalte. Eben sind wir bei sonnigem Frühlingswetter im Touristenstrom über die Karlsbrücke und dann die Karlova («Karlsgasse» oder «Königsweg») entlangflaniert und bewegen uns jetzt auf den Altstadtring zu. An irgendeiner der vielen Seitengassen bleiben wir stehen und schauen auf ein etwas weiter weg stehendes, großes Gebäude. «Ich glaube, dort war doch diese Versuchsschule, in der damals als erster Schule hierzulande die Mengenlehre eingeführt wurde und in der wir einige interessante Einblicke in das Schulsystem haben durften», erkläre ich unserem Sohn. «Was für Einblicke?», fragt Stefan neugierig. «Du warst doch dabei», entgegnet seine Mutter augenzwinkernd. «Ich dabei?», fragt er verwirrt. «Ja, in meinem Bauch», erklärt sie lakonisch. Daraufhin erzählen wir Stefan von dem unvergesslichen Erlebnis in dieser Prager Schule.

Es war am letzten Tag unseres ersten Pragbesuchs ebenfalls über Ostern gewesen, während des «Prager Frühlings» von 1968, etwa fünf Monate vor Stefans Geburt. Die Öffnung des Landes nach Westen bewirkte auch eine stark spürbare euphorische Aufbruchstimmung in Deutschland. Wir waren von München nach Prag gereist und hatten dort eine intensive und erlebnisreiche Zeit verbracht. Wir hatten uns mit den hoffnungsvollen Prager Bürgern mitgefreut, während in dem am Ostersonntag von Anarchie und Straßenkämpfen heimgesuchten Westberlin das Axel-Springer-Haus brannte. In Prag fielen wir in unserer studentisch schlichten Kleidung überhaupt nicht als Touristen auf. Besonders stolz war ich, als mich einmal am Altstadtring ein junger Student freundlich auf Tschechisch ansprach.

Der Höhepunkt unseres Aufenthalts war der erwähnte Schulbesuch gewesen. Wir hatten am Vormittag unbefangen das betreffende Schulgebäude betreten und im Flur die erstbeste Person angesprochen, die wir für eine Lehrkraft hielten. C. hatte freimütig erklärt, sie sei eine Kollegin aus Westdeutschland und daran interessiert, diese ihr sehr empfohlene Versuchsschule kennenzulernen. Die Lehrerin, eine robuste und mit dem allseitigen Aufbruch im Lande recht glücklich wirkende Person, ging sofort bereitwillig auf unser Anliegen ein. Sie bot uns an, beim heutigen Nachmittagsunterricht in ihrer dritten Grundschulklasse zu hospitieren, und sie bat uns, nach der Mittagspause wiederzukommen.

Zum vereinbarten Zeitpunkt waren wir wieder in der Schule, und die Lehrerin führte uns in den Klassenraum. Als wir diesen betraten, sprang die ganze Schulklasse mit einem Satz von ihren Sitzbänken hoch, und wir wurden von ihnen mit einem inbrünstig, aber vom ersten bis zum letzten Ton hoffnungslos falsch uns entgegengebrüllten Empfangslied begrüßt. Dann überreichte uns einer der Schüler einen großen, bunten Blumenstrauß. Von der hintersten Bankreihe aus durften wir dann den ganzen Nachmittag lang die in tschechischer Sprache abgehaltenen Unterrichtsstunden verfolgen. Zwischendurch kam die Lehrerin nach hinten und erläuterte den aktuellen Ablauf, besonders, als im Rechenunterricht die besagte Mengenlehre durchgenommen wurde. Während der anschließenden Zeichenstunde präsentierte sie uns stolz die vorzeigenswertesten Erzeugnisse ihrer Schüler. Am Ende des Schulnachmittags wurden wir aufs herzlichste verabschiedet.

Tief beeindruckt von diesem Erlebnis, eilten wir rechtzeitig vor Ladenschluss in das nächste Kaufhaus, besorgten uns dort ein großes Bierglas mit aufgemaltem böhmischem Wappen, füllten es in der Kaufhaustoilette mit Wasser und stellten dann die Blumen ein. Bei unserer Abreise am folgenden Morgen nahmen wir die im selben Bierglas nochmals mit frischem Wasser versehenen Blumen mit ins Auto. Wer von uns beiden gerade nicht chauffierte, hielt das Glas auf dem Beifahrersitz zwischen den Knien fest. Auf diese Weise brachten wir unser liebevoll behütetes Andenken unversehrt über die Grenze nach Hause.

Bald nach unserer Rückkehr aus dem Prager Frühling ziehen wir in das von München etwa sechzig Kilometer entfernte Landsberg am Lech in eine größere Wohnung um. C. hat sich dorthin in eine ländliche Grundschule versetzen lassen. Wir richten uns in der unteren Hälfte eines kleinen Mietshauses über dem Lechufer am Rande des Städtchens mit seinen vom Krieg unversehrten, giebeligen Häusern wohnlich ein. Am oberen Ende dieses Platzes ragt die Festung empor, in der Hitler nach dem misslungenen Putsch von 1923 eingesperrt gewesen war.

Am Ende des Sommersemesters bestehe ich in München das zweite theologische Synodalexamen und reiche meine Dissertationsschrift ein. Danach verleben wir wieder ein paar Wochen Sommerurlaub auf der Insel Texel.

Wenige Tage nach unserer Rückkehr und wenige Wochen vor Stefans erwarteter Geburt springen uns eines Morgens am Zeitungsstand in der Landsberger Innenstadt die Schlagzeilen ins Gesicht: EINMARSCH SOWJETISCHER TRUPPEN IN PRAG. Mir ist, als glitte mir der Boden unter den Füßen weg. Und mir wird schlagartig klar, dass mir nun, nach meiner bereits vollzogenen, inneren Abkehr von der katholischen Theologie, keine ideologische Alternative mehr bleibt. Der Traum von einem dem Kapitalismus überlegenen, reformkommunis-

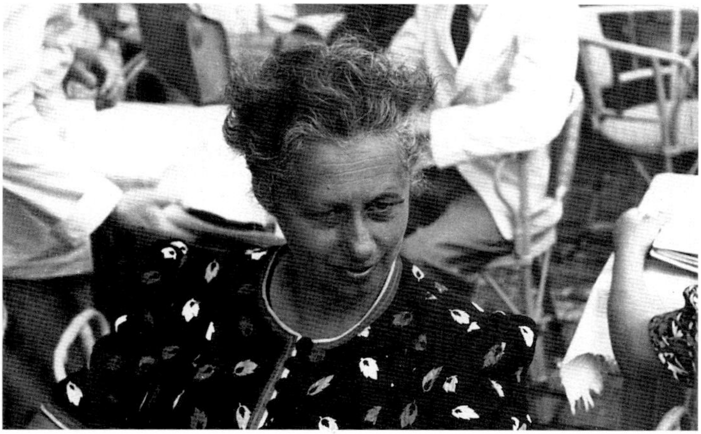

Oben: «Mams», meine Großmutter mütterlicherseits
Unten: «Mensch ärgere dich nicht» im wenig geliebten Landschulheim Oberried bei Bern, 1952/53. Mich erkennt man am karierten Pullover.

Oben: Mit Toni und unserer Großmutter Katia in Erlenbach bei Zürich während der Sommerferien 1953
Unten: Das Kilchberger Haus meiner Großeltern

Die Beerdigung meines Großvaters in Kilchberg, 16. August 1955. Im Trauerzug: Elisabeth, Katia und Erika (beide mit Schleier), Golo (erste Reihe v. l.), dahinter mein Vater, ich, Monika und (links von Monika) meine Mutter

Mit den Hunden meiner Tante Elisabeth in San Domenico di Fiesole, 1958

Links oben: Besuch bei den Eltern an der Küste von Maine, Sommer 1957: vom Vater zum Komponieren am Strand verdonnert
Unten: Im selben Jahr: Klassenfete in der Nähe von Zürich; mit Pfeife: Peter K. Wehrli

Links: Wir haben uns getraut!
Rechts: Unser Trauzeuge Peter K. Wehrli im Gespräch mit dem Brautvater Werner Heisenberg

Linke Seite
Oben: Hochzeit mit C., 1966
Mitte: Mein Schwiegervater Werner Heisenberg (links), daneben mein Großonkel Heinz Pringsheim und meine Großmutter Katia
Unten: Großvater «Paps» mit meiner frischgebackenen Schwiegermutter

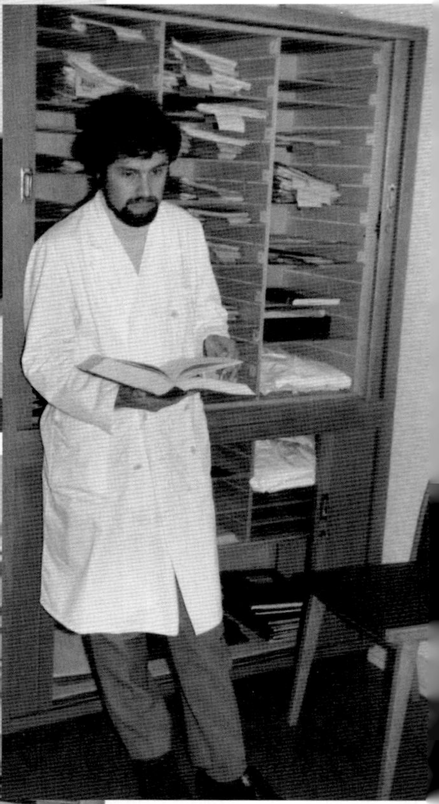

Im Psychiatrischen Landeskrankenhaus Münster 1971 – mein erstes Psychiatrie-Praktikum

tischen Gesellschaftssystem als dem vielbesungenen «Dritten Weg» ist ausgeträumt. Er hat sich als Illusion erwiesen.

Nach dem ersten Schock kleben wir zu Hause fast den ganzen Tag am Radio. Abends erleben wir mit Hilfe unseres gebrauchten, unscharf flackernden Schwarzweißfernsehers die Ereignisse des Tages mit: die durch die Straßen Prags rollenden Panzer, dort, wo wir noch vor wenigen Monaten den Osterfrieden mitgefeiert hatten. Dann werden Bilder von den aufgebrachten Prager Bürgern gezeigt, die, anders als ihre ungarischen Leidensgenossen vor zwölf Jahren, nur vereinzelt mit Steinen und Brandsätzen ihrer Verzweiflung Ausdruck geben. Sie ziehen es vor, die Invasoren in erregte Diskussionen zu verwickeln, und versuchen sie mit Argumenten zum möglichst raschen Abzug zu bewegen. Man sieht Nahaufnahmen der ratlosen und verblüfften Gesichter der russischen Besatzer, die von ihren Tanks aus völlig verständnislos den Redeschwall der sie Umringenden über sich ergehen lassen. Sie sind offenbar völlig im Unklaren darüber gelassen worden, in welches Land sie ihr Marschbefehl geführt hat und warum sie hier sind. Dann flimmern Bilder von Sitzungen mit mehreren Herren an langen Tischen über die Mattscheibe. Gezeigt werden die angeblichen «Verhandlungen» zwischen den rasch inthronisierten, «kompromissbereiten» tschechoslowakischen Politikern und den Machthabern in Moskau.

Prag, Ostern 1991. Wir drei sind inzwischen an dem von Touristen, Schwarzgeldwechslern, Blumenverkäufern und Puppenspielern überfluteten Wenzelsplatz angelangt und achten im Gedränge ein wenig ängstlich auf unsere Taschen. Heute Abend wird in Jindrichs Haus ein Treffen von Prager Psychologen und Ärzten stattfinden. Es ist eine Planungssitzung für eine humanwissenschaftlich orientierte Universität, die in dieser Zeit des demokratischen Aufbruchs nach dem Mauerfall aufgebaut werden soll. Auf Jindrichs Initiative hin wurde ich von der betreffenden Gruppe gebeten, als in Westdeutschland arbeitender psychotherapeutischer Experte meinen Kollegen bei ihrem Vorhaben zur Seite zu stehen und am Aufbau des Projekts aktiv mitzuwirken.

Jetzt hier auf dem Wenzelsplatz taucht eine alte Erinnerung auf: «An dieser Metrostation war bei unserem ersten Besuch 1968 noch ein Bauzaun gewesen, hinter dem der frisch ausgehobene Schacht für die neue Untergrundbahn lag. Ein Jahr später, nach dem Einmarsch der Russen, war die unterirdische Metrostation fertiggebaut und für Fußgänger zugänglich, aber es fuhr noch keine Bahn. An einem Abend sind wir dort hinuntergestiegen und waren völlig erstaunt darüber, was dort los war.» – «Was hat euch eigentlich so bald nach dem abrupten Ende des Prager Frühlings bewogen, wieder hierhinzukommen?», will Stefan wissen. Ich antworte ihm, dass es wohl hauptsächlich Neugierde und die verklärten Erinnerungen an die euphorische Aufbruchstimmung gewesen seien. Vielleicht auch eine starke Solidarität mit der Bevölkerung und ein letzter illusionärer Hoffnungsschimmer, dass die Katastrophe des Einmarsches wieder rückgängig gemacht werden könnte. «Aber diesmal war ich nicht dabei», lacht Stefan. «Nein. Mit deinen sieben Monaten warst du sehr viel besser bei deinen Großeltern in München aufgehoben», erwidert C.

«Im Kontrast zur Friedhofsruhe oben auf den Straßen gab es, jedenfalls an diesem Abend, unten in der Metrostation einen Volksauflauf. Lauter kleine Gruppen standen im grellen Licht und diskutierten ziemlich aufgeregt. Immer wieder sahen sie sich ängstlich um. Bald bemerkten wir, dass sich hier vor allem ausländische Touristen mit Einheimischen zusammengetan hatten, die endlich Dampf ablassen konnten, vielleicht auch irrational auf irgendwelche Hilfe aus dem Goldenen Westen hofften. Aus dem vielfältigen Geraune hörte ich dicht neben mir eine alte, sehr ungepflegt aussehende Frau wie aufgeputscht und mit verklärter Miene auf Deutsch und mit stark slawischem Akzent ausrufen: ‹Deutschland ist ein grooooßes Land!› Nur Sekunden später tauchten wie aus dem Nichts mehrere Milizionäre mit vorgehaltener Maschinenpistole auf und schrien auf Deutsch und Tschechisch durcheinander: ‹Los! Marsch! Nur maximal fünf Personen pro Gruppe und alle immer in Bewegung bleiben … alle immer in Bewegung bleiben, los, los!› Wir kamen diesem Befehl unverzüglich nach und liefen, sinnlose Kreise ziehend, umher.»

Stefan hört mir wie gebannt zu, als ich fortfahre: «Sehr bald sahen wir etwas abseits einen älteren, bebrillten Herrn, der C. und mich aufmerksam und interessiert fixierte. Als wir uns ihm vorsichtig näherten, deutete er auf die Treppe hoch zur Straße. Er wirkte auf Anhieb vertrauenswürdig. Oben auf der Straße wollte er wissen, woher wir kämen, und dann stellte er sich als Philosophieprofessor aus Brünn vor. Er schlug uns vor, mit ihm zusammen in eine typisch einheimische, etwas versteckt in einem der Gässchen gelegene Weinstube zu gehen.»

«Und da habt ihr euch hingetraut?», kommt es von Stefans Seite. «Vor diesem Erlebnis in der U-Bahn-Station hatten wir, im Vergleich zum Vorjahr mit diesem Schulbesuch, keinerlei Kontakt zu Einheimischen gehabt. Wir hatten nur unsere alte Zimmerwirtin auszuquetschen versucht.» – «Und euer Professor hat dann endlich ausgepackt?» – «Das kann man wohl sagen … Er führte uns in ein ziemlich schummeriges Lokal, durchaus mit Atmosphäre, aber alles sehr eng und verwinkelt und mit beruhigend vielen, wohl hauptsächlich einheimischen Gästen. Er suchte einen Tisch in einer abgelegenen, ziemlich dunklen Ecke, und wir bestellten etwas zum Trinken. Dann fing er gleich an zu erzählen, so als wollte er seinen Zeitzeugenbericht in den Westen hineintragen. Wir erfuhren von ihm, dass er am 21. August 1968 in Prag gewesen war. Morgens um drei Uhr sei er von einem ohrenbetäubenden Flugzeuglärm aufgeweckt worden, sagte er.

‹Verflucht. Manöver mitten in der Nacht. Unverschämtheit›, hätte er gebrummt und gleich nach dem Hörer gegriffen, um sich im Hradschin, dem Regierungspalast, bei seinem Freund, Dubčeks Verteidigungsminister, wegen der nächtlichen Ruhestörung zu beschweren. Aber die Leitung sei andauernd ‹besetzt› gewesen, erklärte der Professor, hintergründig lachend. Morgens um sechs Uhr hätte dann das Telefon geklingelt. Ein Freund von ihm hätte angerufen und gesagt: ‹Schau mal aus dem Fenster.› – ‹Warum soll ich aus dem Fenster schauen? Weißt du eigentlich, wie viel Uhr es ist?› – ‹Doch, schau aus dem Fenster, du wirst lauter sowjetische Panzer sehen.› – ‹Sowjetische Panzer? Du spinnst wohl.› Dann schaute er aus dem Fenster. Der ganze Altstadtring war voll von diesen Panzern. Sonst war fast niemand auf dem Platz, außer einigen Studenten. Direkt vor dem Mündungsrohr einer der Panzerkanonen küsste sich gerade ein junges Paar … Nachdem er noch eine ganze Weile weitererzählt hatte, verließen wir das Lokal und trennten uns draußen auf der Straße.»

Bis zur Wende 1989 sind wir kaum mehr in Prag gewesen.

Drei Wochen nach dem Trauma des Prager Einmarschs wird unser Sohn geboren. Das Landsberger Krankenhaus gestattet mir, ihn erst am Morgen nach der Geburt durch eine Glasscheibe zu besichtigen. Und erst wieder einen Tag später bekomme ich Zutritt ins Krankenzimmer zu Mutter und Kind. Wir wollen ihn, zur Ehrung unseres geschlagenen Idols Alexander Dubček, Stefan Alexander taufen. Doch wegen eines dummen Missverständnisses zwischen C. und der Krankenschwester, die dem Landsberger Einwohnermeldeamt unseren Wunschnamen weitergeben sollte, geht der Zweitname Alexander unwiderruflich verloren, sodass sich unser Sohn zeitlebens mit dem Vornamen Stefan begnügen muss.

Wenige Wochen später nimmt C. ihren Schuldienst wieder auf. Ich versorge ab jetzt an den Werktagen vormittags den

Kleinen und bereite mich auf das bald nach Ostern angesetzte Doktorexamen vor. Das tägliche Wickeln, Eincremen, Pudern und Füttern des Babys aus der Flasche erzeugt eine enge Verbindung, die bis heute nachwirkt. Es ist ein neues, schönes Gefühl, eine eigene Familie zu haben, ein warmes Nest und ein geregeltes Leben, sehr anders, als ich es selbst als Kind erlebt hatte. Mein Gefühl einer gewissen Stabilisierung und die Geburt des Stammhalters führt mich, stark unterstützt durch C.s Bemühungen, auch wieder mit meiner in alle Welt verstreuten Familie näher zusammen. Im Haus oder im Garten aufgenommene und überallhin verschickte Fotos locken sie in unsere ländliche Idylle.

Als Erster steigt Golo auf dem Weg von Kilchberg nach München für einen Abend bei uns ab und erfreut sich an dem Kleinen («Er hat schöne Augen»), und auch meine Mutter lässt es sich bei ihrem nächsten Europabesuch bei ihrem Vater in Zollikon, diesmal ohne meinen Vater, nicht nehmen, ihren Enkel wenigstens kurz kennenzulernen. Auch die Kontakte zu Großmutter Mielein in Kilchberg und zu meinem Bruder Toni in Zürich werden wieder etwas enger. Nach unserem Umzug ins westfälische Münster im kommenden Jahr brechen die Kontakte keineswegs ab; relativ häufig suchen wir weiterhin zu dritt die Verwandten in Zürich auf. Dort haben sowohl Mielein in Kilchberg als auch der Großvater in Zollikon jedes Mal Gelegenheit, ihren Urenkel von Neuem zu bewundern und wie einen kleinen Prinzen zu verwöhnen.

Zürich, Anfang der siebziger Jahre. Nach einem der gelegentlichen gemeinsamen Abendessen mit C. und meinem Bruder in einem Zürcher Restaurant lädt dieser uns beide zur Besichtigung seiner kürzlich neu bezogenen Eigentumswohnung ein. Onkel Hans und unsere Kusine Lux sind ihm bei der Beschaffung und Einrichtung der Wohnung behilflich gewesen.

Wir fahren mit ihm zu einer Neubausiedlung am Fuß des Uetlibergs und betreten das sehr geräumige Wohnzimmer. Es wirkt, wie auch die angrenzenden Zimmer und die Küche, ordentlich und sauber und eher bescheiden eingerichtet. Eines der beiden anderen kleinen Zimmer ist fast ganz mit einer auf einem Tisch stehenden elektrischen Eisenbahn ausgefüllt, die auf einem großangelegten Schienenkomplex mit mehreren Viadukten, Tunnels und Bahnhöfen ihre Kreise zieht. Toni führt sie uns stolz vor. Sosehr ich seine Vorliebe für elektrische Eisenbahnen von früher kenne, einen Aufbau dieses eindrucksvollen Formats hätte ich ihm nicht zugetraut. Noch mehr überrascht bin ich von seiner Sammlung bunter, sehr unterschiedlich großer Stoffpuppen, die im Wohnzimmer in Regalen liebevoll aufgebaut sitzen und liegen. Es sind lauter weibliche Puppen in weiten Röcken und mit hellblonden Locken.

C. und ich drängen uns mangels sonstiger Sitzgelegenheiten noch für eine Weile auf dem kleinen Sofa zusammen und unterhalten uns mit Toni. Er berichtet ein bisschen von der Stadtgärtnerei, seiner Arbeitsstelle. Dann geht das Gespräch zurück auf alte Familiengeschichten, an die sich Toni immer mit exaktem Datum bis in die frühesten fünfziger Jahre erinnert. Er verfügt über ein phänomenales Zahlengedächtnis und kennt sich deshalb auch in Geschichte genau aus. Vielleicht ein Erbe unseres Onkels Golo? Zwischendurch erfolgen immer wieder diffuse Ausbrüche gegen unsere Mutter, ihre Eltern, Geschwister und Nichten, denen Toni an sich viel zu verdanken hat. Es ist offensichtlich, dass Toni unsere Kindheit nicht verarbeitet hat. Er befindet sich in einem ständigen Dilemma zwischen Wut und Hilflosigkeit, kämpft sich jedoch lebenslang tapfer durch den Dschungel seiner Verletzungen hindurch. Mein Prager Vetter Jindrich hat ihn einmal einen kleinen Helden genannt.

Je näher mein theologischer Studienabschluss rückt, desto mehr Gedanken mache ich mir wegen meiner beruflichen Zukunft. Ich schreibe von Landsberg aus meinem Großvetter Klaus Hubert Pringsheim, Politologieprofessor an der Universität Toronto in Kanada, um ihn nach Möglichkeiten einer Theologiedozentur in seinem Land zu fragen. Denn nach meinen bisherigen Nachforschungen scheinen in Nordamerika katholischen Laientheologen grundsätzlich mehr akademische Chancen offenzustehen als im konservativeren deutschsprachigen Raum. Außerdem hoffe ich, in den theologischen oder philosophischen Departments auf dem amerikanischen Kontinent meine recht unkirchlichen theologischen Auffassungen liberaler vertreten zu können als hierzulande. Deswegen frage ich auch, erst einmal sehr vorsichtig, bei meiner Mutter in Berkeley an, wo meine Eltern schon lange vor meiner Heirat ein Haus gekauft haben, das ich noch nicht kenne, und wo mein Vater an der Universität einen Lehrstuhl für Germanistik bekommen hat. Ohne seine schon bald drei Jahre zurückliegende, briefliche Ankündigung an meinen Schwiegervater, *das junge Paar bald in den Staaten in Empfang zu nehmen, um ihm dort weiterzuhelfen*, hätte ich mich möglicherweise gar nicht an meine Eltern gewandt.

Onkel «Hubsi» antwortet aus Kanada auf meinen Brief sehr freundlich und der Sache nach verhalten optimistisch und nennt mir einige weiterführende Adressen. Anders mein Vater – wieder in einem von meiner Mutter getippten Brief. Darin bietet er mir zwar an, nach Amerika zu kommen, um mich dort selber nach in Betracht kommenden Stellen umzusehen, und kündigt am Schluss auch an, mir bei der Adressensuche behilflich zu sein. Aber die penetrant belehrende und süffisante Art seiner Ratschläge und Mahnungen kann ich auf dem Hintergrund der vorangegangenen Jahre und Jahrzehnte nicht ertragen. Als besonders störend empfinde ich, dass er mehrere seiner Sätze mit der stereotypen Wendung *Wisse denn* beginnt, sodass ich mich von ihm nicht wirklich ernst genommen fühle. Ich bedanke mich brieflich bei ihm in einem bewusst ironischen Ton, den ich mir in meinem neuen Selbstbewusstsein als Familienvater inzwischen zugestehe. Aber ich bin mir dabei nicht im Klaren darüber, wie wenig er seinerseits diesen Stil erträgt und welche Folgen mein an ihn gerichteter Antwortbrief haben wird.

München, Universitätshauptgebäude, Ende Mai 2006. Der zweite Drehort mit dem Kamerateam der «Preview Productions» für den Dokumentarfilm über die Manns in München. Anfangs denke ich noch, es ginge bei dieser Drehsequenz ausschließlich um einen Rückblick auf mein Theologiestudium in den sechziger Jahren. Wir streifen als Erstes den kleinen Seminarraum gegenüber dem Auditorium maximum im Erdgeschoss, in dem ich im Griechischkurs C. kennengelernt habe und in dem auch die öden Scholastikvorlesungen während meiner Anfangssemester stattfanden. Dann steigen wir im Lichthof die Treppe hoch zum Dekanat der katholisch-theologischen Fakultät. Schließlich ziehen wir den langen Flur entlang bis ans Ende zu der für mich ebenfalls bedeutsamen «Halle Nord». Denn in dieser haben damals alle öffentlichen Disputationen zur Erlangung der theologischen Doktorwürde stattgefunden.

An der Stelle, an der ich vor 37 Jahren, auch im Mai, zusammen mit drei Mitkandidaten vor meinem Doktorvater Professor Fries und der ganzen Fakultät und vielen Besuchern die lateinischen Thesen zu meiner Dissertation verteidigte, thront jetzt, etwas erhöht an der Wand, eine große, schwarze Bronzebüste von Thomas Mann. «Ja, das ist inzwischen die Thomas-Mann-Halle der Münchener Universität geworden. Sie wurde mit dieser Büste hier vor zwei Jahren eingeweiht», erklärt mir Dirk Heißerer, den ich seit unserem gemeinsamen Spaziergang durch das nächtliche München zum ersten Mal wiedersehe, weil er die heutigen Dreharbeiten begleitet.

Ich zeige dem über diese Koinzidenz ebenfalls recht erstaunten Filmteam genau die Stelle unter der neuen Büste meines Großvaters, an der ich meine akademische Feuertaufe bestand. Danach muss ich vor laufender Kamera detailliert den Hergang der öffentlichen Verleihung des Doktorgrades an mich nach der überstandenen Disputation schildern: «Nur konnte ich natürlich nicht wissen, dass mir mein Großvater schon wieder im Nacken saß. Ich hatte mir damals fest eingebildet, dem alten Herrn mit meiner Theologie endgültig entwischt zu sein», schließe ich meinen Bericht.

Diese Halle in der Universität ist die einzige Erinnerung an Thomas Mann, die sich Münchens Gewissen leistet. Das Haus der Manns in der Poschingerstraße war in der Nazizeit bekanntlich nicht nur enteignet, sondern auch geschändet worden. Umso großartiger finde ich es, dass Dirk Heißerer als Vorsitzender des Münchner Thomas-Mann-Förderkreises über alle lokalpolitischen Hindernisse hinweg weiter unbeirrt für die Errichtung einer Gedenkstätte und eines Thomas-Mann-Zentrums nach dem Vorbild von Zürich, Lübeck und im litauischen Nidden kämpft.

Mein Glücksgefühl als frischgebackener Doktor der katholischen Theologie hält kaum länger an als einen Tag. Schon am Morgen nach der kleinen privaten Feier zu Hause in Landsberg mit C. und dem kleinen Stefan befällt mich Katerstimmung. Ich bin jetzt promoviert, aber noch immer fehlt mir jegliche berufliche Zukunftsperspektive. Nachdem ich mich während der Vorbereitungen auf meine Promotion so gut wie gar nicht darum gekümmert habe, gerate ich jetzt in Panik. Die vor über zwei Monaten begonnene Korrespondenz mit meinen Eltern in Kalifornien ist nach meiner Antwort auf den belehrenden Brief meines Vaters abrupt abgebrochen. Mir wird immer klarer, dass ich, so wie ich meinen Vater kenne, eigentlich mit diesem

Bruch hätte rechnen müssen. Die Idee einer Rückkehr auf den nordamerikanischen Kontinent werde ich mir erst einmal aus dem Kopf schlagen müssen. Auch das für mich letztlich fremde Kanada kommt so kurzfristig nicht mehr in Betracht. Was also tun?

Nachdem C. bisher mit ihrem Lehrerinnenberuf für unseren Broterwerb gesorgt hat, ist es für mich als Familienvater höchste Zeit, die Verantwortung zu übernehmen. Ich suche jetzt immer händeringender irgendeine zu meinem akademischen Abschluss passende berufliche Anstellung. Mein Doktorvater Professor Fries vermittelt mir einen Vorstellungstermin beim derzeitigen Direktor der Münchner Katholischen Akademie in Bayern, in der eine Direktionsassistentenstelle frei geworden ist. Diese erweist sich jedoch für mich als überhaupt nicht attraktiv. Ein anderes Eisen im Feuer bleibt eine mögliche Stelle beim Kirchenfunk in Stuttgart. Außerdem suche ich Rat bei Carl Friedrich von Weizsäcker, mit dem ich im Haus meiner Schwiegereltern wiederholt in Kontakt gekommen bin und der gerade dabei ist, am Starnberger See sein neues Max-Planck-Institut für Futurologie aufzubauen. Er bringt in einem Gespräch, das ich einmal mit ihm in München führe, die mich wenig ansprechende Idee auf, als Theologe in die Entwicklungshilfe nach Afrika zu gehen oder mich als freier Mitarbeiter im Feuilleton irgendeiner Zeitung zu etablieren.

Ich hatte schon vor meiner endgültigen Entscheidung zum Theologiestudium zur Zeit meines Konvertitenunterrichts bei Pater Rudin kurz mit dem Gedanken gespielt, Psychologie zu studieren. Jetzt greife ich diesen Gedanken wieder auf. Psychologie scheint mir, nach meinen eher enttäuschenden Erfahrungen mit der vom kirchlichen Lehramt bevormundeten katholischen Theologie, unbedingt lebens- und menschennäher zu sein. Ich meine auch in der Psychologie eine Chance zu sehen, etwas über die «Seele» meiner Familie, meines Vaters, und damit auch etwas mehr über mich selbst zu erfahren. Deshalb studiere ich in meiner vielen Freizeit nach der bestandenen theologischen Promotion einführende wissenschaftliche Literatur über Psychologie sowie vergleichende Verhaltensforschung. Ich fürchte immer stärker, dass meine Ausbildung zum Laientheologen für mich unbrauchbar ist. Aber ich brauche trotzdem dringend einen Job, und sei es auch nur übergangsweise.

Der Sommer droht inzwischen völlig ergebnislos vorüberzugehen. Wenige Tage nach dem vielleicht trübsinnigsten Geburtstag in meinem Leben fällt mir wie eine Erlösung eine Nachricht von meinem Schweizer Ex-Kommilitonen Leo Karrer in den Schoß. Dieser hatte, nach seiner Promotion in München zwei Jahre vor mir, in Münster/Westfalen eine Assistentenstelle bei Karl Rahner angetreten. Rahner war von München, als Nachfolger von Joseph Ratzinger, einem Ruf auf den Lehrstuhl für Dogmatik und Dogmengeschichte in Münster gefolgt und hatte dorthin auch seinen bisherigen Assistenten Karl Lehmann mitgenommen. «Geheime Reichssache» lautet die Überschrift in Leos bewusst kurz gehaltener Briefkarte. Dann teilt er mir mit, dass seine Stelle bei Rahner zum Herbst frei werde, weil er eine andere Aufgabe übernehme, und ob ich Interesse hätte, sein Nachfolger zu werden. Obwohl ich gegenüber allem Theologischen inzwischen fast eine Abneigung verspüre, reizt mich die Herausforderung, an der Seite eines großen und offenen Geistes wie Rahner zu arbeiten.

Ich signalisiere Leo gegenüber meine Freude über sein Angebot und meine grundsätzliche Bereitschaft. Dann berate ich mich mit den verschiedensten Leuten, natürlich auch mit meinen Schwiegereltern, zu denen sich mein Verhältnis nach Stefans Geburt wieder wesentlich verbessert hat. Schließlich suche ich zusammen mit C. Karl Rahner in München auf, wo er während der Semesterferien im Alfred-Delp-Haus der Jesuiten weilt. Nach einem kurzen, freundlichen Gespräch fragt mich

Rahner in seiner charakteristisch trockenen und kargen, fast mürrischen Art: «Wollen Sie die Stelle haben?» Noch bevor ich antworte, ruft C. neben mir laut: «Ja!» Wir brechen für einige Tage nach Münster auf, um dort eine Wohnung zu suchen. Am 1. Oktober 1969 werde ich meine neue Arbeit beginnen und mich gleichzeitig an der Westfälischen Wilhelms-Universität als Psychologiestudent immatrikulieren.

5. Neubeginn: Psychotherapie als säkularisierte Seelsorge

Als Theologieassistent Dr. Jekyll und Psychologiestudent Mr. Hyde im westfälischen Münster. In den Abgründen der Psychiatrie und im Irrgarten der Selbsterfahrungs- und Encounterwelle. Psychologiediplom. Der Verlust des nicht vorhandenen Vaters in Kalifornien. Akademisches und ideologisches Pendeln zwischen den beiden deutschen Staaten. Trennung und Scheidung.

Das westfälische Nachkriegs-Münster ist mir bereits aus Erzählungen meines Onkels Golo bekannt. Er hatte Ende der fünfziger Jahre, bald nach dem Wiederaufbau der völlig zerstörten Innenstadt, während zweier Wintersemester als Privatdozent im geschichtswissenschaftlichen Institut der Universität gelehrt. Damals hob er mir gegenüber immer das besondere Flair dieser eher untypisch deutschen, mehr einer holländischen Exklave gleichenden «mittelalterlichen Spielzeugstadt» hervor. Und er führte auch gern die breite, oppositionelle Haltung der katholischen Bürgerschaft gegen das Nazi-Regime an, die geschlossen hinter ihrem Bischof Graf von Galen stand, wenn dieser in seinen Sonntagspredigten unerschrocken seine Empörung über die Euthanasie der Geisteskranken von der Domkanzel herunterdonnerte.

Als ich gut zehn Jahre nach Golos dortigem Wirken zum ersten Mal Münster betrete, wirkt die aparte und immer noch klerikal konservative Provinzialhauptstadt wenig anders als in dem von meinem Onkel übermittelten Bild. Jedenfalls ist dies meine Sicht als Mitglied der vom Bischofssitz und dem Generalvikariat umgebenen theologischen Fakultät hinter dem

Domplatz. Von der in Münster um ein Jahr verspäteten, nur kurz und harmlos aufflammenden Achtundsechziger-Rebellion ist nicht viel zu spüren. Ein wenig anders scheint es in den sozialwissenschaftlichen Fächern der Universität zu sein. Im psychologischen Institut etwa, mit dem ich mich ebenfalls rasch vertraut mache, wird die alte Garde spekulativ tiefenpsychologischer Seelendeuter gerade jetzt von einer neuen Generation vor allem statistisch-empirisch und pragmatisch arbeitender Psychologen abgelöst. Auch die Psychotherapie ist dabei, ihr Gesicht zu ändern.

Ich selbst lebe in meinem Arbeitsalltag die in Münster sich anbahnende Zweiteilung zwischen Alt und Neu in geradezu extremem Ausmaß. Während C. in unserem neuen nordwestdeutschen Domizil bald eine feste Anstellung als Grundschullehrerin annimmt, versehe ich an den Vormittagen meinen Dienst in Jackett und mit Krawatte im Institut für katholische Dogmatik und Dogmengeschichte. Ich lese die Druckfahnen für einen Zeitschriftenartikel oder ein Buchkapitel von Professor Rahner, bereite meine eigenen Seminare oder Doktorandenkolloquien vor, halte Sprechstunden ab oder gehe zu den wöchentlichen Assistentenversammlungen. Ich teile die zwei sehr engen Diensträume unseres Instituts mit einem zweiten Assistenten, zwei Hilfskräften, einer Sekretärin und dem fast nur zu seinen Lehrveranstaltungen sich einfindenden Chef Rahner. Karl Lehmann hat schon einige Zeit vor meinem Dienstantritt seinen theologischen Lehrstuhl in Mainz übernommen, die nächste Stufe auf der Leiter zu seiner späteren Kardinalswürde und seinem Vorsitz über die deutsche Bischofskonferenz. Leo Karrer engagiert sich hier in Münster jetzt in der katholischen Studentenberatung und -betreuung, wo ich ihn öfters besuche.

Ich verfasse auch eigene Vorträge und Aufsätze über die Stellung des Christentums in der heutigen Welt, über moraltheologische Fragen zu Liebe und Sexualität und über mögliche

Alternativmodelle zur christlichen Familie aus psychologischer Sicht. Ferner äußere ich mich über die Stellung des Laien in der Welt sowie über die hermeneutische Möglichkeit einer Übersetzung des klassischen Gottesbegriffs in eine andere, «zeitgemäßere» Bezeichnung. Meistens sind es Grenzfragen zwischen Theologie und Psychologie, die ich behandle, und meine Arbeiten dokumentieren den quälenden Versuch, irgendeinen verkündenswerten religiösen Glauben aus meiner theologischen Vergangenheit in meine gegenwärtige, recht gespaltene Existenz hinüberzuretten.

Zur Mittagszeit begebe ich mich meistens nach Hause, um Jackett und Schlips gegen einen Rollkragenpullover einzutauschen und dann in die Statistikvorlesung für Psychologen oder eine andere Veranstaltung für Erstsemester zu eilen. Für einige andere obligatorische Unterrichtsstunden muss ich mich manchmal schon vormittags aus meinem Theologenbunker stehlen. Gelegentliche abendliche Zusammenkünfte mit meinen Institutskollegen und unserem Chef Rahner sind eher steif und gezwungen ablaufende Pflichttermine. Meine eigentlichen Freunde sind Kommilitonen aus dem Psychologiestudium, in der Regel gerade dem Gymnasium entwachsen. Man trifft sich nicht nur zur fröhlichen abendlichen Runde, sondern hält auch als kontinuierliche Arbeitsgruppe für Klausurvorbereitungen fest zusammen. Mit einem von ihnen, mit dem ich später in der Psychiatrie eng zusammenarbeiten werde, bin ich noch heute befreundet.

Die mit meiner vollamtlichen Assistentenstelle immer schwerer zu vereinbarende Aufspaltung meiner Tätigkeit halte ich bis zum psychologischen Vordiplom nach nur drei Semestern einigermaßen durch. Kurz vor der ersten Vordiplom-Prüfung werde ich vor eine schicksalhafte Entscheidung gestellt. Karl Rahner wurde von der Berufungskommission eines auswärtigen, neugegründeten theologischen Fachbereichs gebeten, einen Kandidaten für die Besetzung eines Lehrstuhls für Fundamentaltheologie zu empfehlen. Rahner fragt mich, ob er mich vorschlagen dürfe, was bei seiner Autorität schon fast einer Berufung gleichkäme. Mir ist allerdings unklar, ob er mich mit meinen eben 30 Jahren als wirklich kompetent für dieses Amt betrachtet oder ob er mich, seinen nur halb präsenten Mitarbeiter, vielleicht auch nur loswerden und wegloben will. Er spürt deutlich, dass mir sein von der Theologenwelt allgemein hoch geachtetes, tiefgründiges, aber eigenwillig sprödes und schwer zugängliches theologisches Denksystem letztlich fremd bleibt.

Mir ist klar, dass diese Entscheidung eine Weichenstellung für meine Zukunft bedeutet. Gehe ich meinen Weg weiter und tiefer in die Theologie hinein, dann bedeutet dies das endgültige Aus für meine Ausbildung zum Psychologen. Lehne ich hingegen Rahners Angebot ab, wird er sein letztes Interesse an mir verlieren. Dann werde ich, ähnlich wie vorher das Theologiestudium, auch meine Theologieassistentenzeit so rasch wie möglich hinter mich bringen müssen, parallel zu meiner klinisch-psychologischen und psychotherapeutischen Berufsausbildung an derselben Universität.

Ich entscheide mich für Letzteres und spüre genau, dass es eine richtige Entscheidung ist, obwohl ich ein schlechtes Gewissen habe, Rahner enttäuscht zu haben und ihm gegenüber als undankbar zu erscheinen. Ich mag den kernig-herben Charme dieses still versponnenen und verschlossenen Mannes recht gerne. Insbesondere rührt mich seine verlegene, aber umso echter wirkende Herzlichkeit, die er unserem bald dreijährigen kleinen Stefan entgegenbringt. Und so trifft es mich schmerzlich, als Karl Rahner schon bald nach meinem Eintritt in den klinisch-psychologischen Studienabschnitt beschließt, sich aus gesundheitlichen Gründen vorzeitig in den Ruhestand nach München ins dortige Alfred-Delp-Haus zurückzuziehen.

Damit ist der vormalige Ratzinger-Rahner-Lehrstuhl auf einmal verwaist. Das Wiederbesetzungsverfahren wird erfahrungsgemäß sehr lange Zeit in Anspruch nehmen, möglicherweise sogar über den Erwerb meines Psychologiediploms hinaus. Es wird, lange vor der eigentlichen Berufung von Herbert Vorgrimler, ein junger Lehrstuhlvertreter bestellt, der mit entsprechend geringem Gewicht für die nächsten Jahre unseren Institutsablauf bestimmt. Unser Institutsnachbar, der mit Rahner eng zusammenarbeitende (und von ihm immer «Baptischt» genannte) Fundamentaltheologe Johann-Baptist Metz, nutzt den herabgesetzten Lehr- und Forschungsbetrieb unseres Instituts dazu, mit Hilfe eines Fakultätsbeschlusses die Hälfte meiner Assistentenstelle seinem Institutsbereich zuzuschlagen.

Aber ich merke bald, dass der wieder eine ganz andere theologische Richtung vertretende Professor Metz sich für mich noch weniger interessiert als Rahner. Er zieht mich während der ganzen Zeit, in der ich noch der Fakultät angehöre, nie zu irgendeiner nennenswerten Aufgabe heran. Meine rein formelle Eingliederung in seinen Institutsbereich scheint mir von Anfang an von ihm primär ein taktischer Schachzug gewesen zu sein. Umso freier kann ich ab jetzt etwa Dreiviertel meiner Dienstzeit für mein im Eiltempo zu bewältigendes Psychologiestudium nutzen. Damit wird die unwiderruflich letzte Phase meiner Existenz als katholischer Theologe eingeleitet.

Frankfurt, Frühjahr 2001. Treffen mit Manuela auf dem Weg von Göttingen zum Frankfurter Flughafen. Vor meinem Flug nach Rio de Janeiro muss ich ihr noch rasch die Fotos für die Bildergalerie meiner von ihr neu eingerichteten Homepage übergeben. Wir haben uns in einem italienischen Café in der Innenstadt verabredet. Manuela ist inzwischen eine gefragte Computer-Designerin. Sie lebt schon länger als zehn Jahre in Deutschland.

Als junges Au-pair-Mädchen war sie einst aus Brasilien nach

Göttingen gekommen, hatte dort studiert und war eine Zeit lang an der Volkshochschule C.s und meine Portugiesischlehrerin gewesen, bevor sie in Frankfurt ihre neue Stelle antrat. In ihrer ganzen Ausdrucksweise, ihren Bewegungen, ihrer Mimik und Gestik und in ihrer Kleidung lebt sie ihre brasilianische Identität. Heute trägt sie wieder eine zu der Bronzefarbe ihrer Haut kontrastierende schneeweiße Tunika und einen ebensolchen Rock, der ein wenig an die Tracht der Bahianerinnen in ihrer Heimatstadt Salvador erinnert. Manuelas Vater, der Schriftsteller João Ubaldo Ribeiro, lebt in Rio de Janeiro. Im Gegenzug zu den Fotos, die ich ihr heute übergebe, bringe ich ihm ein von ihr besorgtes Buch mit.

Ich breite meine Fotos auf unserem Tisch aus, um sie ihr der Reihe nach zu erklären. Ihr Blick fällt als Erstes auf ein Schwarzweißfoto von mir. Ein junger Mann mit schwarzem Bart in einem Ärztekittel. Ich stehe auf diesem Foto mit einer Krankenakte in der Hand vor einem Aktenregal. «So schön warst du mal?», staunt sie und zeigt mir lachend ihre blitzenden Zähne. «Seitdem hat sich bei mir auch noch anderes verändert», antworte ich trocken. «Ich hätte mir beispielsweise nie träumen lassen, dass sich aus meiner Arbeit in der Psychiatrie Jahrzehnte später ein interkulturelles Engagement ausgerechnet in Brasilien entwickeln würde.» – «Und wann und wo ist dieses Foto aufgenommen?», will Manuela wissen. Ich erkläre ihr, dass das Bild aus meinem ersten sechswöchigen Praktikum in der Psychiatrie im Westfälischen Landeskrankenhaus Münster stammt. Dieses Praktikum, die Begegnung mit psychisch kranken Menschen, war für mich ein absolutes Schlüsselerlebnis.

Ich hatte im Sommer 1971, noch offiziell als katholischer Theologieassistent an der Universität, gerade mein erstes Semester in klinischer Psychologie mit dem Schwerpunkt auf der Gesprächspsychotherapie nach Carl Rogers absolviert. «Wir konnten zwischen dieser mehr ‹humanistischen› Richtung der

Psychotherapie und der behavioristisch orientierten Verhaltenstherapie wählen. Als Theologe fühlte ich mich natürlich auf Anhieb sehr viel mehr zu der von dem amerikanischen Psychoanalytiker Carl Rogers begründeten Richtung hingezogen. Sein neues gesprächspsychotherapeutisches Konzept hatte er aus der klassischen Psychoanalyse entwickelt. Statt die freien Assoziationen des Patienten durch zusammenfassende Deutung in ein vorgefertigtes tiefenpsychologisches Theoriesystem zu pressen, ging es in seiner Methode darum, in einer wertschätzenden Grundhaltung möglichst häufig Patientenaussagen durch vertiefende, ‹auf den Punkt zu bringende› Verbalisierungen in das lebendige, innere Bezugssystem des Gesprächspartners zu integrieren. Damit sollte das Selbst des Patienten in kleinen Schritten gestärkt werden und der Patient lernen, sich selbst wieder besser zu akzeptieren.»

«War für dich Psychotherapie so etwas wie eine Art weltliche Seelsorge?», fragt Manuela scharfsinnig. «Nachträglich sehe ich das bis zu einem gewissen Grad so. Besonders mein Wunsch, psychisch schwerkranken und aus der Gesellschaft ausgegrenzten Patienten zu helfen, hatte wohl etwas mit ‹Seelsorge› zu tun. Aber ganz so einseitig altruistisch war das sicher nicht. Denn ich habe auch mich selbst gesehen, meine Herkunft und meine Familie. In die Abgründe der Seelen anderer Menschen hineinzuschauen bedeutete zugleich auch, in die eigenen Seelenabgründe und in die meiner Familie zu blicken … und darüber hinaus auch ein wenig in die der damaligen Gesellschaft. Die wilde Zeit der Achtundsechziger-Bewegung lag immerhin erst drei Jahre zurück.»

Manuela will unbedingt mehr von meinem Wirken im weißen Kittel wissen. «Damals strandeten besonders viele aus ihrer heilen Welt gerissene Theologen in der Psychologie und Soziologie. Ich war beileibe keine Ausnahme. Deshalb freundete ich mich auch gleich zu Beginn des Psychologiestudiums mit einem anderen Ex-Theologen an. Der machte mich auf das psychiatrische Landeskrankenhaus Münster als besonders beliebten Ort für das in unserem Curriculum geforderte sechswöchige Praktikum aufmerksam. Nach den ersten nachhaltigen Eindrücken durch das vorangegangene klinische Semester war ich neugierig, einmal Patienten mit schweren psychischen Krankheitssymptomen kennenzulernen. Deshalb meldete ich mich zusammen mit diesem Kommilitonen im Landeskrankenhaus Münster an, und wir sicherten uns dort je einen Praktikumsplatz zu etwas unterschiedlichen Zeiten während der Sommersemesterferien.»

«Und hattest du nicht ein bisschen Angst?», fragt Manuela vorsichtig. «Hatte ich, klar. Ich war schon während unseres ganzen Sommerurlaubs davor aufgeregt. Und ein, zwei Tage vor Praktikumsbeginn bekam ich in Münster per Post von meiner Schwiegermutter in München eine Flasche Armagnac mit einem netten Kärtchen zugeschickt, auf dem sie mir schrieb, dies sei gedacht als abendliche Stärkung und tröstliche Erholung nach den belastenden Erlebnissen am Tage. Ich fand das einerseits sehr mitfühlend von ihr, aber diese Warnung einer lebenserfahrenen Frau steigerte natürlich auch gleichzeitig meine Angst.» – «Und?» – «Na ja, ich bin dann auch gleich ins kalte Wasser gesprungen. Denn ich wollte dort nicht, wie alle bisherigen Psychologie-Praktikanten, nur in der Dachstube der Anstaltspsychologin Patiententests durchführen und auswerten oder mit ihr ab und zu auf einer Krankenstation dort eingesperrte Patienten testen. Stattdessen erwirkte ich die Genehmigung, vom ersten Tag an auf einer jener Stationen zusammen mit den beiden dafür zuständigen Ärzten den Stationsalltag von früh bis spät mitmachen zu dürfen. Ich wollte unbedingt bei allen Aufnahmegesprächen, körperlich-neurologischen Untersuchungen, Anamnesen und bei den Stationsvisiten dabei sein und möglichst viel selber mit Patienten sprechen. Und ich hoffte, ein bisschen auf die psychologisch eher unerfahrenen Ärzte einzuwirken und ein wenig ihre Vorurteile abzubauen. Bei dem einen, dem Stationsarzt, hatte ich teilweise Erfolg. Der andere hingegen behauptete, halb im Spaß, die ganze Psychologie bestünde doch nur entweder aus Banalitäten oder aus unbeweisbaren Behauptungen. Darüber war ich damals natürlich empört, aber sehr viel später musste ich diesem Mann teilweise recht geben.» – «Also hattest du doppelten Grund, zur Armagnacflasche zu greifen», mokiert sich Manuela. «Der eine Grund hat schon gereicht», antworte ich. «Denn schon nach den ersten Tagen mit so viel seelischer Not und psychischem Elend fühlte ich mich derart gebeutelt, dass die Armagnacflasche ziemlich rasch leer wurde.»

Manuela betrachtet wieder eingehend das vor ihr liegende Foto. «Du siehst da auch sehr ernst und betroffen aus», sagt sie. «Was für eine Station war das?» – «Eine Männerstation mit drei Abteilungen, ich glaube, sie hieß ‹Männer A›. Im Erdgeschoss gegenüber dem Arztzimmer lag die geschlossene, die A1 für die schweren, akuten Neuaufnahmen, in der ersten Etage die A2 für Dauerpatienten und ganz oben die A3, die offene Entlassungsstation. Die mittlere, mehr oder weniger die Endstation der chronisch Kranken, war die traurigste von allen. Durch die ging man bei der täglichen Visite sehr schnell hindurch. In meinem Gedächtnis geblieben ist mir dort nur ein imbeziller Dauerpatient, der fast bis zum Ende meiner Praktikumszeit im Koma in seinem Bett lag. Um den kümmerte sich der Stationspfleger besonders liebevoll, und jedes Mal lenkte er auch unsere Aufmerksamkeit auf ihn, sodass wir alle um dessen Bett eine kurze Zeit hilflos und betroffen herumstanden, bevor wir weitergingen. Eines Morgens vernahmen wir dann, dass der Arme in der vergangenen Nacht gestorben war.»

«Und hast du mit diesen stationären Patienten auch Psychotherapie machen können … ich meine, mit deiner humanistischen Richtung?» – «Bei den schwereren Fällen kam kaum jemand infrage. Aber auf der akuten Aufnahmestation gab es zwei junge Patienten, die ich dafür im Auge hatte. Der eine, ein etwa Siebzehnjähriger, kam dafür schließlich doch nicht infrage, weil er in bestimmten Phasen zu psychotisch war, total angespannt und unruhig und wirres Zeug durcheinanderschrie. Während meiner Zeit wurde er auf unserer Station alle zwei bis drei Wochen mit einem massiven Schub einer paranoiden Psychose eingeliefert. Der Arzt nannte diesen Zustand einen ‹blühenden Bleuler›. Dann normalisierte er sich nach einer erstaunlich kurzen Zeit. Er wurde auf die Entlassungsstation verlegt und durfte bald wieder nach Hause gehen, bis er von neuem die Schleuse durchlief. Insgesamt dreimal konnte ich bei ihm diesen Zyklus mitverfolgen. Das Interessanteste war, dass ich diesen Patienten, einen hübschen, jungen Mann mit vollen, blonden Locken, im hochakuten Krankheitszustand richtig faszinierend fand, vor allem den Blick seiner schräg blitzenden, blauen Augen, an denen ich manchmal wie gebannt festhing. Je mehr sein abnormer Zustand allerdings abklang, desto mehr verlor seine mich fast charismatisch anmutende Ausstrahlung ihre Kraft, und während seiner Rekonvaleszenzphase oben auf der Entlassungsstation wirkte er geradezu langweilig und uninteressant und für eine Psychotherapie jedenfalls unergiebig. Ganz anders verhielt es sich mit einem Alkoholiker etwa in meinem damaligen Alter.»

«Gab es für Alkoholiker nicht eine Extrastation?», fragt Manuela erstaunt. Ich antworte: «Der war von Anfang an nicht auf der Alkoholikerstation, sondern bei uns, weil die Ausnüchterung so rasch verlief, dass man ihn dann noch eine Zeit lang in der schützenden Nische des Krankenhauses auf unserer Entlassungsstation behielt. Da die beiden Ärzte auf der Station aber während jener Übergangszeit therapeutisch nichts Rechtes mit ihm anzufangen wussten und in ihm hauptsächlich einen ‹psychologischen Fall› vermuteten, legten sie ihn mir ans Herz. Ich bekam zu diesem auf mich sehr sensibel und freundlich, fast ein bisschen treuherzig und devot wirkenden jungen Mann rasch einen guten Kontakt. Das veranlasste mich, unsere Gespräche in einem abgeschiedenen Raum bald ganz auf die gesprächspsychotherapeutische Ebene zu verlegen. Nach meinen ersten Gehversuchen im Rollenspiel im vergangenen Universitätssemester glaubte ich mir dies zutrauen zu können. Ich war völlig verblüfft, wie reflektiert – im Fachjargon heißt es ‹selbstexplorativ› – der Mann redete. Und ich verbalisierte natürlich gleich drauflos, witterte die großen Zusammenhänge zwischen seinem Alkoholproblem und seiner problematischen Lebenssituation und sah mich auf den großen therapeutischen Durchbruch zusteuern.»

«Und damit konntest du endlich deine skeptischen Ärzte überzeugen?» – «Schön wär's gewesen! Vielleicht zehn Tage nach Beginn unserer Therapiegespräche wurde der Mann in einem psychisch erstaunlich stabilen Zustand nach Hause geschickt. Ich war maßlos stolz auf meinen Erfolg, den ich natürlich auch meinen beiden Ärzten unter die Nase rieb. Aber dann, weniger als eine Woche später, wurde er wieder in volltrunkenem Zustand bei uns eingeliefert. Wieder fing alles von vorne an. Ich wurde ein weiteres Mal auf ihn angesetzt. Diesmal gab er sich während unserer Gespräche deutlich kleinmütiger und fast unangenehm unterwürfig. Seine Reden bestanden fast nur aus der festen Zusicherung, nicht noch einmal rückfällig zu werden. Dabei hatte ich den Eindruck, dass es ihm mehr um mich als um sich selbst ging und er mich nicht enttäuschen wollte. Als ich wenige Tage später morgens auf die Station kam, empfing mich der Stationsarzt mit steinernem Gesicht. Der Patient lag wieder auf der geschlossenen Station. Er hatte seinen gestrigen Abendausgang dazu genutzt, sich im Krämerladen direkt hinter der Anstalt einen ‹Flachmann› zu kaufen und diesen in einem

Zug zu leeren. Wutentbrannt, enttäuscht, ja gekränkt stapfte ich weißbekittelt und im militärischen Schritt auf die Station und pflanzte mich mit strafender Miene vor seinem Bett auf. Er schnellte, völlig verzweifelt, in die Höhe, weinte und rang die Hände: ‹Bitte, bitte, mich nicht fallen lassen.› Natürlich wurde ich weich und ließ mich auch bald wieder versöhnlich stimmen.» – «Und wie endete das Ganze?» – «Na ja, wir führten erneut einige Gespräche, diesmal jedoch in noch gedämpfterer Atmosphäre, so als wären wir uns bezüglich unserer tiefgreifenden Zweifel einig. Mein Praktikum ging ohnehin seinem Ende entgegen. Danach habe ich mich nie mehr nach dem weiteren Ergehen meines Patienten erkundigt. Ich fürchtete mich zu sehr vor den entsprechenden Misserfolgsnachrichten.» – «Und warst du da sehr enttäuscht?» – «Sagen wir, ich musste mich an weitere, spätere Enttäuschungen in der Psychiatrie und Psychotherapie gewöhnen lernen!»

Manuela sieht mich schweigend an. Ich erzähle weiter: «Aber für mich war am Ende dieses Praktikums klar, dass ich nach Abschluss meines Psychologiestudiums unbedingt in der Psychiatrie arbeiten wollte. Und das war dann auch der Fall. Meinen beiden Stationsärzten in Münster gegenüber äußerte ich damals bereits zu ihrer Freude meinen festen Wunsch, irgendwann auch noch Medizin zu studieren. Denn ich hatte schon während dieses Praktikums die Grenzen der Psychologie zu spüren bekommen. Ich wusste natürlich, dass ein Medizinstudium für mich nicht infrage kam, solange ich nicht in einem neuen, festen Beruf etabliert war. Etwa dreizehn Jahre später habe ich mir dann den Wunsch erfüllt, wenigstens mit einem Medizinstudium zu beginnen.»

Ich blicke auf die Uhr. Bald muss ich zum Flugplatz aufbrechen. Ich sage Manuela noch, wie sehr ich mich darauf freue, mir gleich nach meiner Rückkehr nach Deutschland meine dann fertig erstellte Homepage anzusehen. «Und deinem Vater werde ich von dir ein *abraço forte* übermitteln», verspreche ich ihr, als ich mich schließlich verabschiede.

Das Psychiatriepraktikum in Münster verändert nachhaltig meine fachliche Ausrichtung innerhalb der Psychologie. Ab dem zweiten klinischen Studiensemester im Winter 1971/72 verlege ich fast meine ganze Kraft auf die praktische Ausbildung in Gesprächspsychotherapie. Wir fangen mit sogenannten «Schauspielklienten» an, meist Kommilitonen aus den unterschiedlichsten Fachrichtungen, die sich, nach entsprechender Ausschreibung am Schwarzen Brett im Universitätszentralgebäude, mit fingierten oder versteckt echten psychischen Problemen in der psychologischen Beratungsstelle angemeldet haben. Im dritten Semester folgen schließlich die «echten» Fälle. Gleichzeitig schreibe ich meine Diplomarbeit aus dem psychotherapeutischen Themenbereich und bereite mich auf die Diplomhauptprüfung vor.

Wenige Monate vor der Prüfung erkundige ich mich beim Direktor des Max-Planck-Instituts für Psychiatrie in München, Professor Paul Matussek, nach Arbeitsmöglichkeiten bei ihm. Ich trage ihm meine Idee vor, die bisher sehr geringen Kenntnisse über therapeutische Erfolge von Gesprächspsychotherapie bei stationär psychiatrischen, vor allem schizophrenen Patienten durch eine eigene wissenschaftliche Studie zu erweitern. Denn mir ist die Wichtigkeit der empirischen Absicherung therapeutischer Praxiserfahrungen immer klarer geworden. Diese Art objektiver Erfolgskontrolle ist gegenüber dem vergleichsweise wenig transparenten, da weitgehend von der Persönlichkeit des Psychotherapeuten abhängigen Wirken der klassischen Psychoanalyse neu und soll der Orientierung und dem Schutz des Patienten dienen.

Matussek zeigt sich an meiner wissenschaftlichen Fragestellung sehr interessiert und bietet mir sofort eine Stelle an. Je näher allerdings die Diplomprüfung rückt, desto deutlicher wird mir, dass ich mich mit der therapeutischen Arbeit nur mit einer kleinen, wenig repräsentativen Anzahl handverlesener «Edelpsychiatriepatienten» und mit der wissenschaftlichen Auswertung meiner Therapieergebnisse in einem elitären, kleinen Forschungsinstitut nicht begnügen möchte. Nach meinen ersten Erfahrungen in der «Knochenmühle» einer Landeskrankenhauspsychiatrie mit flächendeckender Aufnahmepflicht für alle sozialen Schichten scheint es mir sehr viel lehrreicher, mich der Herausforderung psychiatrischer Basisarbeit in den «Niederungen» eines solchen Landeskrankenhauses zu stellen und die dort gewonnenen Erfahrungen empirisch auszuwerten. Dazu kommt noch, dass ich nicht nach München zurück in die Höhle des Schwiegervater-«Löwen» möchte, der mir überaus hilfsbereit bei seinem Max-Planck-Kollegen Professor Matussek den Weg geebnet hat, wobei sicher auch mein Name mit in die Waagschale fiel. Ich möchte jetzt endlich von Grund auf meinen eigenen «Mann» stehen.

Die meisten meiner Münsteraner Ex-Kommilitonen erklären mich für verrückt, eine solche Arbeitsstelle wie die in München auszuschlagen. Nur wenige, darunter besonders meine Schwiegermutter, verstehen oder bewundern sogar diesen Schritt. Es dauert auch nicht lange, und ich werde, nach einer Anfrage beim etwa 50 km von Münster entfernten psychiatrischen Landeskrankenhaus Gütersloh, dort zu einem Vorstellungsgespräch bei Direktor Professor Walter Theodor Winkler und allen dort arbeitenden Psychologen eingeladen. Dieses Krankenhaus hatte unter Professor Winkler das sich seit den sechziger Jahren weltweit ausbreitende Konzept einer gemeindenahen, sozialpsychiatrischen Krankenversorgung und Gesundheitsvorsorge unter dem Etikett «Therapeutische Gemeinschaft» eingeführt. Mittlerweile konzentrieren sich diese Bemühungen nur noch auf zwei der rund ein Dutzend Krankenstationen auf dem Gelände des Gütersloher Landeskrankenhauses. Mir scheint diese Kombination aus breiter Grundversorgung und kleinem sozialpsychiatrischem Überbau ein idealer Ausgangspunkt für meine geplante Arbeit zu sein.

Ich werde aufgrund meiner Zeugnisse sofort eingestellt und beginne sehr bald meine Tätigkeit als klinischer Psychologe. Gleichzeitig beende ich mein schon seit Monaten nur noch auf dem Papier bestehendes Dienstverhältnis in der katholisch-theologischen Fakultät der Universität Münster. Damit komme ich, wie ich beim etwas unerfreulich verlaufenden Abschiedsgespräch mit dem derzeitigen Dekan erfahre, knapp einer Dienstaufsichtsbeschwerde wegen andauernder Abwesenheit zuvor. Immerhin habe ich damit noch einen halbwegs glimpflichen Abgang.

In Gütersloh muss ich mir als Erstes durch einige Kämpfe mit dem Leiter der psychologischen Dienste eine selbständige Position direkt auf einer der Krankenstationen erobern. Dann beginnt für mich eine sich über fast fünf Jahre erstreckende, dichte und erfahrungsreiche berufliche Lehrzeit. Die von mir einzeln und in Gruppen eingesetzte Gesprächspsychotherapie findet Eingang in die stationäre Krankenversorgung: praktisch, wissenschaftlich und auch personell über mehrere auf meine Initiative hin nach und nach neu eingestellte Psychologen.

Da mir immer deutlicher wird, dass eine vom alltäglichen und sozialen Bezug des Kranken losgelöste, rein introspektive Psychotherapie zu einseitig ist, entwickle ich zusammen mit einer kleinen Gruppe von Ärzten und Psychologen ein eigenes patientenzentriertes Gruppentherapiemodell auf der Grundlage von Thomas Gordons «niederlageloser Konfliktlösung» im Familien- und Schulbereich, das auch auf Carl Rogers zurückgeht. Diese Methode scheint mir immer mehr ein brauchbares Modell für die therapeutische Entwicklung einer auf alltägliche Sachbezüge erweiterten kommunikativen Kompetenz zu sein, und ich wende daher diese Methode immer selbstverständlicher während unserer täglichen Stationsversammlungen mit Patienten und Personal an. Und zunehmend träume ich von einer möglichst umfassenden Breitenwirkung dieser Methode im Bereich einer sozial orientierten Gemeindepsychiatrie.

Während dieser Zeit beschließt C., ihre Grundschullehrerkompetenzen mit einem vollen Zusatzstudium in Psychologie zu ergänzen. Sie kündigt ihre Stelle und tritt sozusagen in meine Fußstapfen.

Nach dem Zusatzerwerb eines Zertifikats als «Gesprächspsychotherapeut» und als «Ausbilder in Gesprächspsychotherapie in der ‹Gesellschaft für wissenschaftliche Gesprächspsychotherapie›» bereite ich zusammen mit einer von dieser Gesellschaft eingesetzten Vorbereitungskommission den 1974 in Würzburg stattfindenden «1. Europäischen Kongress für Gesprächspsychotherapie» vor.

Den Auftakt zu dem mehrtägigen, von etwa 500 Fachleuten besuchten Mammutkongress im September 1974 bildet ein aufsehenerregender Vortrag von Reinhard Tausch, dem deutschen, ja europäischen Altvater der von ihm aus Amerika eingeführten, klientenzentrierten Gesprächspsychotherapie nach Rogers. Bisher hatte Tausch dieses Verfahren an der Universität Hamburg nur in Form von Einzeltherapie mit streng normierten Trainingsprogrammen und akribischen wissenschaftlichen Messverfahren zur Erfolgskontrolle angewandt und es über seine in Deutschland verstreuten Schüler weiterverbreitet. Bei seinem jetzigen Auftritt ist er jedoch kaum wiederzuerkennen. Er kommt gerade von einer 17-tägigen personenzentrierten Encounter-Selbsterfahrungsgruppe auf dem Campus der Universität in La Jolla in Südkalifornien zurück, an der er schon zum zweiten Mal zusammen mit seiner Frau und seinen Töchtern teilgenommen hat. Diese neue Form von Selbsterfahrungsgruppen ist ein von

Carl Rogers selbst vor wenigen Jahren auf der Grundlage seiner klientenzentrierten Therapie entwickeltes Konzept. Es wird jedes Jahr während der Sommermonate mit etwa hundert Teilnehmern aus allen Kontinenten durchgeführt.

Der bisher sich immer spröde und unnahbar zurückhaltend gebende Psychologieprofessor Tausch spricht jetzt in das voll besetzte Auditorium mit emphatisch bewegten Worten und wie von missionarischer Erleuchtung erfüllt. Er berichtet von seinen persönlichen Erlebnissen in jenem Encounter-Seminar in ganz neuen Dimensionen, benutzt Formulierungen wie «grenzenlose Möglichkeit offener, persönlicher Entfaltung und Selbstfindung» und «Wahrhaftigkeit und Authentizität zwischenmenschlicher Begegnung». Die allseits geachtete Koryphäe scheint ihre berüchtigte wissenschaftliche Strenge und geradezu unerbittliche, oft trocken und dürr anmutende Empirieversessenheit völlig über Bord geworfen zu haben.

Die Hörer reagieren teils konsterniert, teils verwirrt und verunsichert auf Tausch, dem sie bisher wie treue Jünger jahrelang gläubig gefolgt sind. Andere wiederum, zu denen auch ich gehöre, nehmen seine Botschaft wie eine neue, befreiende Offenbarung auf. Diese folgt zwar einerseits weiterhin stringent dem Geist des klassischen Roger'schen Ansatzes. Andererseits sprengt sie die Fesseln der bisher praktizierten, vergleichsweise engen Methode und stößt in bisher unbekannte, visionäre Bereiche vor, deren gesellschaftliche, ja politische Bedeutung die Zuhörer zu erahnen glauben. Schließlich kündigt Tausch an, sehr bald auch in Hamburg vor allem an Wochenenden stattfindende Encounter-Gruppen zu organisieren. Damit eröffnet dieser Kongress, in den ich als Mitinitiator und Mitorganisator doppelt involviert bin, bereits am ersten Tag für mich und eine ganze Reihe begeisterter Kollegen völlig neue Perspektiven.

Selbsterfahrungsgruppen sind für mich an sich nicht neu. Schon ein Jahr zuvor hatte ich, ziemlich am Anfang meiner

Gütersloher Zeit, in Münster an einem zehntägigen gruppendynamischen Laboratorium teilgenommen. Methodisch hatte mich diese Veranstaltung nicht sonderlich interessiert, weil sie psychoanalytisch ausgerichtet war. Aber ich war dort in ein Labyrinth von Tiefenerfahrungen mit aufwühlend introspektiver Wirkung hineingeraten, aus dem ich nur schwer wieder herausgefunden hatte. Dem Encounter-Verfahren hingegen kann ich in meiner Anfangsbegeisterung konzeptionell viel abgewinnen. Und bald kann ich mich auch praktisch bei einem der ersten Wochenend-Encounter in einem Tagungshaus in Hamburg-Blankenese von den Qualitäten dieses Verfahrens überzeugen. Danach besuche ich in Hamburg alle paar Wochenenden von Münster aus solche Encounter-Gruppen, noch weit über den folgenden Winter hinaus.

Die in beliebiger Größe und Formation zusammengestellten Gruppen sind inhaltlich völlig unstrukturiert. Sie haben anstelle eines Leiters nur einen «Helfer», eine Art «Primus inter Pares», in der etwas diffus bleibenden Doppelrolle eines Vollmitgliedes und encountererfahrenen Modells, das eine gewisse Verantwortung für den konstruktiven Ablauf übernimmt. Dieser «Helfer» fängt so gut wie nie selber an, eröffnet also nicht die Sitzung mit irgendwelchen Vorgaben, sondern wartet in der Regel ab, was aus der Gruppe an Anstößen kommt. Dann versucht er, ganz vorsichtig und ohne jegliche inhaltliche Lenkung, sozusagen als «Vorbild» für die anderen, deren Äußerungen auf die klientenzentrierte Ebene des Verstehens, der Wertschätzung und der «Echtheit» zu heben. «Du möchtest damit sagen, dass …» oder «Ja, mir geht es dabei auch so, dass …». Alles andere bleibt während der ganzen Gruppensitzung frei und unvorhersehbar, verbunden mit allen Chancen und Risiken. Manchmal dümpeln die Gespräche ermüdend lange mehr oder weniger vor sich hin. Dann wieder kommt es unerwartet zu intensiven und spannungsvollen, ja explosiven Ausbrüchen von

Emotionen oder Konflikten zwischen den Teilnehmern, die zu (in der Regel nur kurzfristigen) Umwälzungen im Selbstbild oder im Beziehungsgefüge der Gruppe führen können.

Landeskrankenhaus Gütersloh, letzte Sitzung eines Encounter-Wochenendes, ungefähr ein Jahr später an einem Sonntagnachmittag. Von Freitagnachmittag bis jetzt hat in den Räumen des «Sozialzentrums» inmitten des Krankenhausgeländes eine sechzehnköpfige Gruppe getagt. Der zusammen mit mir als «Helfer» fungierende Kollege und Freund Ferdinand und ich haben nach dem Vorbild der «politischen» Encounter-Gruppen von Carl Rogers paritätisch eine Gruppe aus Patienten, Klinikpersonal und Angehörigen aus der Stadt zusammengestellt. Rogers hatte kürzlich nordirische Protestanten und Katholiken zu einem gemeinsamen Encounter-Wochenende in die USA einfliegen lassen und danach in einer Veröffentlichung von einer nachhaltigen Annäherung, ja Quasi-Verbrüderung der beiden aus «feindlichen Lagern» stammenden Gruppenmitglieder berichtet. Wir waren von diesem Experiment so beeindruckt gewesen, dass wir uns von einer Begegnung zwischen Patienten und deren Therapeuten und Angehörigen ein neues gegenseitiges Verständnis und damit auch Verbesserungen in der Klinikarbeit erhofften. «Die Ehrlichsten werden unsere Patienten sein … denn die Gesunden aus der Stadt und das Klinikpersonal haben das Lügen und Betrügen als Überlebensmaßnahme schon längst aus dem Effeff gelernt», hatte Ferdinand geunkt. Sicher nicht zu Unrecht, denn psychisch Kranke haben bekanntlich nichts mehr zu verlieren.

Es war nichtsdestoweniger ein atmosphärisch sehr schönes und vielversprechendes Gesprächswochenende. Wie bei den meisten Encounter-Gruppen lag der Höhepunkt am Nachmittag des Samstags, des einzigen uns ganz zur Verfügung stehenden Tags. Die Patienten gehörten den verschiedensten Stationen im Krankenhaus an, mussten abends wieder hinter Schloss und Riegel und kamen morgens erneut zu uns. Die Angehörigen aus der Stadt waren überwiegend Mitglieder des «Bürgervereins» zur Betreuung der hiesigen psychisch Kranken. Die teilnehmenden Klinikärzte und nichtärztlichen Therapeuten und Pflegekräfte arbeiteten überwiegend in mir kaum bekannten Klinikbereichen.

«Ich habe ein ganz neues Bild vom psychisch Kranken bekommen und werde gehörig umdenken müssen», bekennt eine Physiotherapeutin, die Frau des ebenfalls teilnehmenden Chefarztes eines der vier Krankenhaus-Departements, an diesem Sonntagnachmittag. Bestätigendes Nicken ihres Mannes. Die Leiterin des Sozialzentrums äußerst sich ähnlich. Im Gegenzug drücken die Patienten ein neues, erhöhtes Vertrauen gegenüber ihren Therapeuten und ein besseres Verständnis auch für deren nicht immer leichte Lage aus. So wichtig mir die Meinung der Patienten und der Bürger der Stadt auch ist, am meisten ist mir an der Stimmung des therapeutischen Personals gelegen. Denn von diesem hängt das Wohl der Kranken ab, und die hier an diesem Wochenende teilnehmenden Therapeuten könnten ab morgen vielleicht schon ein bisschen auf die Grundeinstellung ihrer Kollegen einwirken. Natürlich erhoffe ich mir von diesem Encounter eine Art Schneeballeffekt nach dem Vorbild der Versuche im Nordirland-Encounter.

Nach dem Sitzungsende verabschieden wir uns herzlich voneinander und begeben uns auf den Nachhauseweg durch die spätherbstliche Abenddämmerung in den Sonntagabend hinein.

Am darauffolgenden Montag begegnet man sich wieder auf den Stationen, im Klinikgelände, eilig im Flur des Verwaltungsgebäudes und beim Mittagessen in der Kantine. Man nickt einander freundlich zu, wechselt ein paar anerkennende Worte, ein bisschen scheu und verhalten. Ansonsten herrscht wieder der berüchtigte, alltägliche Zeitdruck: die am Nachmittag auf uns wartenden Stationskonferenzen, die vielen noch zu erledigenden Arztbriefe und Akteneintragungen, Angehörigengespräche und dann bald wieder eine Neuaufnahme, die vorn an der Pforte wartet, vermutlich eine Zwangseinweisung. Aber es war doch ein großartiges Wochenende, das in uns allen nachwirken wird, teilen wir einander hastig mit unseren Blicken mit.

Je mehr sich meine Encounter-Erfahrungen im Laufe vieler Monate, bald Jahre vertiefen, desto intensiver drängt sich mir der Wunsch auf, auch einmal eines der von Reinhard Tausch so euphorisch angepriesenen 17-tägigen Groß-Encounter im kalifornischen Ursprungsland kennenzulernen. Von einer Veranstaltung in dieser Länge verspreche ich mir noch tiefere und nachhaltigere Erfahrungen als in den zweieinhalbtägigen Wochenendveranstaltungen in Deutschland.

Außerdem bin ich seit 26 Jahren nicht mehr in Kalifornien gewesen. Immerhin leben meine Eltern dort. Und wie ich mehrfach über Umwege gehört habe, haben sie vor fünf Jahren, nachdem mein Vater jeden brieflichen Kontakt zu mir abgebrochen hatte, ein damals siebenjähriges Mädchen adoptiert. Es ist ein indisches Findelkind aus Kalkutta, das vorher von Mutter Teresa in Obhut genommen worden war. Meine Mutter und ich haben während ihrer seltenen und kurzen Europabesuche in den vergangenen Jahren dieses heikle Thema immer sorgsam gemieden. Aber jetzt fühle ich mich durch die Aussicht auf die Teilnahme an der Encounter-Gruppe ermutigt, mich endlich zum ersten Mal auf den Weg zurück zu meinen Wurzeln zu machen und meine jahrzehntelange Verbannung nach Europa wenigstens für ein paar Wochen zu unterbrechen.

Der Veranstaltungsort La Jolla bei San Diego liegt zwar etliche hundert Meilen südlich von San Francisco und Berkeley. In einem Ort namens Orinda, direkt hinter der Anhöhe über

Berkeley, haben meine Eltern vor bald 15 Jahren ihr Haus erworben. Ich möchte jetzt unbedingt die Chance nutzen, nach so langer Zeit den Ort meiner Kindheit wiederzusehen. Über das absurde Abgrenzungsverhalten meines Vaters will ich mich einfach hinwegsetzen. Darum teile ich, zeitgleich mit der Anmeldung von C. und mir für die Encounter-Gruppe im Ferienmonat August, meiner Mutter brieflich mit, dass wir zusammen mit unserem Sohn eine knappe Woche vor Veranstaltungsbeginn zu ihnen in die Bay Area kommen und sie auch bitten wollen, während der Dauer der Gruppenveranstaltung den kleinen Stefan zu versorgen, der so gern seine beiden anderen Großeltern und deren fernes kalifornisches Paradies kennenlernen möchte. Meine Mutter geht in ihrem Antwortschreiben grundsätzlich positiv, aber auffallend allgemein und unbestimmt auf unseren Wunsch ein. Daraufhin buchen wir einen Charterflug, der uns in der letzten Juliwoche nach Oakland und einen Monat später wieder zurück nach Deutschland bringen soll.

Anfang Juni feiert Lübeck den hundertsten Geburtstag meines Großvaters. Da mich niemand zu diesem bedeutenden Ereignis eingeladen hat, nehme ich am selben Wochenende ein letztes Mal vor der Abreise nach Amerika an einer kleinen Hamburger Encounter-Gruppe teil. Ich höre zufällig, wie die Radionachrichten über die von Hamburg nur etwa 60 km entfernte Feier berichten und dass mein Vater dort gerade die Festrede gehalten hat.

Kurz vor unserem Abflug am 24. Juli erreicht uns die etwas geheimnisvolle Nachricht meiner Mutter aus Orinda, sie habe für uns ein Zimmer im Flughafenhotel von Oakland bestellt und würde am Morgen nach unserer Ankunft zu uns kommen. Dann treten wir unsere Reise an. Als sich meine Mutter, wie angekündigt, bei uns in der Hotelhalle einfindet, erklärt sie uns, wir sollten uns als Erstes ein Auto mieten und dann würde sie uns zu ihrem Haus in Orinda lotsen. Mein Vater habe sich bis zu unserer Weiterreise nach Südkalifornien in sein Wochenendhäuschen in Napa Valley zurückgezogen. Tagsüber dürften wir uns gern im Haus in Orinda aufhalten, aber unser Hotelzimmer sei jetzt für die ganzen weiteren fünf Tage hier reserviert und bezahlt. Sie und mein Vater, so konzediert sie, würden während unserer Abwesenheit sehr gerne für unseren Stefan da sein. Meine Mutter hatte ihren Enkel während ihrer letzten Europabesuche ja bereits kennengelernt, und beide hatten ausgesprochene Sympathie füreinander empfunden.

Dann fahren wir zu meinem derzeitigen Elternhaus. Auch meine inzwischen zwölfjährige Schwester Raju darf ich heute zum ersten Mal sehen. Überall an den Wänden hängen reizende Kinderfotos mit dem lebendigen und ausdrucksvollen Schokoladengesicht der frisch aus Indien adoptierten Siebenjährigen – sie sind dem Kinderporträt meiner Großmutter Katia mit der roten Mütze, von Franz von Lenbach gemalt, auffallend ähnlich. Gegenüber diesen Bildern fällt mir auf Anhieb ein starkes Verblassen ihres Kinderreizes auf. Raju wirkt auf mich eher unglücklich, schon damals recht übergewichtig und allgemein desinteressiert, und es kommt zwischen uns, so wie auch später, keinerlei wirklich persönliche oder gar geschwisterliche Nähe auf.

Den größten Teil der folgenden Tage nutzen wir dazu, die alten Stätten meiner Kindheit aufzusuchen. Wir besichtigen den Ortskern von dem auf der anderen Seite der Bucht gelegenen Mill Valley, unser damaliges Mietshaus von außen, die Nachbarstraße, in der fast alle meine Freunde wohnten, die Schule und den Spielplatz am Waldrand. Alles finde ich erstaunlich unverändert vor. In Amerika, das wird mir deutlich, ist so reichlich Bauland vorhanden, dass bereits Bestehendes unversehrt bleiben kann. Die Wiederbegegnung mit den vertrauten Orten in San Francisco, mit unserem früheren Mittagsstrand am Stinson Beach hinter dem Mount Tamalpais über Mill Valley ist für mich überaus bewegend: dieselbe Luft zu atmen, die vertrauten Geräusche zu hören, den Geschmack bestimmter, noch heute erhältlicher Fast-Food-Produkte zu genießen und irgendwann den aus der Tiefe des Kinderabenteuerwaldes dringenden modrigen Geruch aufzunehmen. Sogar der Metallsitz der hohen Kinderschaukel auf dem Spielplatz, auf den ich mich unbedingt kurz setzen muss, ist noch da, nur noch blanker abgewetzt.

Für mich ist das Ganze nicht nur eine phantastische Einstimmung auf das in wenigen Tagen beginnende Groß-Encounter. Es ist selbst schon ein Stück Encounter. Alles Unvorhersehbare und Spannende, was dort passieren wird, wird räumlich und zeitlich immer in mein eigenes, wiedergefundenes Fleckchen Erde eingebettet bleiben.

Entsprechend dem «weichen» personenzentrierten Konzept läuft die Veranstaltung in La Jolla zuerst sehr sanft an. Aber dann folgt, vor allem in der zweiten Hälfte, eine in Turbulenzen ausartende Beschleunigung. Jeden Vormittag tagt das über hundertköpfige, völlig frei und unstrukturiert ablaufende Plenum, immer mit den etwas verklärt und abgehoben wirkenden Hauptorganisatoren als «Helfer». C. und ich nennen sie die «heiligen drei Bärte». Es sind die engsten Mitarbeiter von Carl Rogers. Von der gesamten Teilnehmerschaft geht ein höchst internationales Flair aus. Neben den Europäern ist vor allem die junge Generation Japans dutzendfach vertreten. Der große Senior Carl Rogers ist während einer unserer Vormittagsvollversammlungen ebenfalls anwesend, in einem rosafarbenen Hemd, und er umreißt kurz den Inhalt seines eben fertig geschriebenen neuen Buches über das personenzentrierte Encounter-Konzept. Dann erbittet er von uns Vorschläge für einen noch ausstehenden, geeigneten Titel dafür. Etwa ein Jahr später wird das Buch englischsprachig mit dem Titel «On Personal Power» und dann deutsch unter «Die Kraft des Guten» auf den Markt kommen.

An den anderen Vormittagen kommen im Plenum gelegentlich auch tagespolitische Ereignisse zur Sprache, etwa die neu aufflackernden Unruhen in Portugal nach dem Sturz des faschistischen Regimes, der «Nelkenrevolution», und am 6. August wird eingehend des Atombombenabwurfs auf Hiroshima vor dreißig Jahren gedacht, als ich noch als Kind hier in Kalifornien war. An den Nachmittagen tagen verschiedene Kleingruppen.

Mein intensivstes Erlebnis ist gegen Ende ein an einem frühen Vormittag beginnendes 24-stündiges Marathon-Encounter mit etwa 15 Personen in einem kleinen, mit Matratzen ausgelegten Raum. Hier vollzieht sich in geballter Form dieselbe Entwicklung wie im Gesamt-Encounter. Es beginnt mit der von Rogers beschriebenen Phase des «milling around», in der der «Helfer» wieder keinerlei Vorgaben macht und der Ablauf ganz und gar von den häufig auch belanglosen Spontanäußerungen der Teilnehmer bestimmt wird. Die Intensivierung der emotionalen Inhalte erfolgt, wie immer, unmerklich und langsam. Erst gegen Abend verdichten sich die Gefühlsäußerungen der Teilnehmer sowohl über sich selbst als auch über die Beziehungen untereinander. Während der letzten Nachtstunden, in denen ich zeitweise nur noch im Halbschlaf, unterschwellig aber umso intensiver, das Geschehen um mich herum wahrnehme, spüre ich immer deutlicher, wie meine eigene Identität verschwimmt. Im Morgengrauen glaube ich, vor allem aus der nachträglichen Erinnerung heraus, am deutlichsten den inneren Zustand eines Psychose-Kranken nachvollziehen zu können. Nach dem Ende dieses Marathons dauert es Stunden bis zu meiner völligen Rückkehr in die «normale» Welt.

Sehr bald danach drängt es mich, meinem Vater einen langen Brief zu schreiben. Ich möchte einen Vorstoß machen zu einer Versöhnung mit ihm in dem Land, in dem ich geboren wurde und wir die ersten acht Jahre meines Lebens zusammen verbrachten und in dem wir uns auch jetzt gleichzeitig befinden. Die inneren Selbstfindungsprozesse, die ich während der bald

17 Tage hier durchgemacht habe, treiben mich zu diesem Schritt einer Wiederannäherung.

Entsprechend dem während der letzten Wochen praktizierten psychologischen Umgangsstil ist der Brief an meinen Vater nach dem typischen gesprächspsychotherapeutischen Muster abgefasst. Im Vordergrund stehen mein aufrichtiges Bemühen um ein Verstehen der Verärgerung meines Vaters und der Versuch, seinen Rückzug vor mir mit Worten nachzuvollziehen. Damit verbinde ich meinen in klaren, selbstkongruenten «Ich-Botschaften» ausgedrückten Wunsch, den in meinen Augen völlig überflüssigen Konflikt zu beenden.

Der Brief wird mehrere Seiten lang. Als ich ihn abschicke, verspreche ich mir keinen durchschlagenden Erfolg. Ich weiß nur von einem kürzlichen Telefonat von C. mit ihrer Schwiegermutter und mit unserem Stefan, dass mein Vater mit seinem sechsjährigen Enkel, dem gegenüber er sich nie als «Großvater», sondern als «Winzigvater» bezeichnet, inzwischen enge Freundschaft geschlossen hat und ganz vernarrt in den Kleinen ist. Diese zarte, neue Familienbande gibt mir Hoffnung. Der Brief allerdings, der mich schon wenige Tage später in La Jolla erreicht, undatiert und mit Bleistift geschrieben – soweit ich weiß, der einzige handschriftlich von ihm verfasste Brief an mich –, übertrifft alle meine Erwartungen.

Cher ami – Es war gut und freundlich, dass Du einmal persönlich von Dir hören liessest, während wir uns hier Deines Sprösslings erfreuen. Er ist ja unheimlich intelligent, begabt und lieb. – Der Golo hielt immer meine Söhne für eine beneidenswerte Lebensleistung – ich wusste es besser. Nun bin ich aber so weit, dasselbe von Deinem Sohn zu halten. Von Deinen anderen Leistungen weiss ich allzu wenig, worüber Du Dich mit Recht beklagst und diesen Zustand beenden willst. Du überschätzt ihn aber in seiner Negativität. Die Distanz, zu der wir uns entschieden haben, sollte kein störender Punkt in Deinem Leben sein. Väter und Söhne sollten sich viel öfters aus dem Wege gehen, als dies gemeinhin der Fall ist. Und mir scheint, wir haben unsere Sache relativ gut gemacht. «Neu anfangen»? Das möchte ich wohl in meist anderer Hinsicht – – oder auch nicht, da ich zu alt, ungelenk und faul dazu bin. Ich rede mich auf mein Alter hinaus. Diese Ausrede ist die einzige Annehmlichkeit des Alters. Die berühmten «Blutsbande» (bitte nimm das nicht persönlich) halte ich im Ganzen für einen gesellschaftlich überschätzten Faktor. Es ist doch mehr das Bewusstsein als die Tatsache. Schillers «Demetrius» zeigt das sehr packend. Ich empfehle Dir das Stück (Fragment) zur Lektüre. Nun siehst Du: Wir leben geistig, menschlich etc. etc. in zwei ganz verschiedenen Welten. Das soll nicht bedeuten, «dass wir deshalb uns consequent aus dem Wege zu gehen» haben. Nur jetzt, gerade nach dieser Auseinandersetzung (für die ich Dir danke), wäre es doch unvermeidlich ein wenig zu feierlich. Lass doch mal wieder von Dir hören, von Deiner Arbeit und Deinen Problemen.

Eben höre ich Stephans Stimmchen aus dem Swimmingpool, sehr wohlig. Aber vorgestern Abend hatte er Heimweh; und zwar kam der Anfall, weil, da, während er schon fest geschlafen, ich einen Moment sein Zimmer betrat, er geglaubt hatte, es sei sein Vater … Mythische Verwirrung. Lies Kleists Amphytrion!

Gruß

Papa (Librateur)

Freiburg, Ende August 2006. Verabredung mit Sally und Fritz Tubach. Das Ehepaar hat 1983 «Michael Mann. Fragmente eines Lebens» in der Münchener Edition Spangenberg veröffentlicht. Fritz war ein langjähriger Kollege meines Vaters im German Department an der University of California in Berkeley, und seine Frau Sally und er waren mit meinen Eltern eng befreundet gewesen. Ich hatte sie erst ein Jahr vor Erscheinen ihres Buches in München im Haus des Verlegers Spangenberg kennengelernt.

Danach hatten wir uns aus den Augen verloren, was auch daran lag, dass meine Mutter nach Erscheinen des Buches aus nicht weiter angegebenen Gründen keinen Kontakt mehr mit ihnen haben wollte. Fast 25 Jahre später korrespondierten die Tubachs und ich wegen des literarischen Nachlasses meines Vaters.

Jetzt sitzen wir in einem der gemütlichen Freiburger Lokale bei Spätzle und Apfelschorle und tauschen Erinnerungen aus. Eben habe ich jenen denkwürdigen handschriftlichen Antwortbrief meines Vaters an mich in La Jolla gegen Ende der dortigen 17-tägigen Encounter-Veranstaltung erwähnt. «Und wie ging es weiter?», will Fritz wissen. «Meine Frau und ich kehrten dann von La Jolla nach Orinda zurück», erzähle ich. «Als wir dort eintrafen, beschied uns meine Mutter, mein Vater würde uns alle drei morgen Nachmittag in seinem Wochenendhäuschen in St. Helena in Napa Valley erwarten. Wir fuhren also am nächsten Tag dorthin. Als wir nach etwa zwei Stunden dort anlangten und an der Haustüre klingelten, kam uns mein Vater auf Krücken entgegen. Ich wusste, dass er während eines seiner Vorträge über seinen Vater anlässlich von dessen hundertstem Geburtstag vom Podium gestürzt war und sich dabei eine schwere Beinfraktur zugezogen hatte, die kaum zu heilen schien.» – «Ja, daran können wir uns sehr gut erinnern», werfen die beiden im Chor ein. «Ich war erschrocken», fahre ich fort, «wie extrem angespannt er war und dass er fast nur schreiend mit uns sprach und sich überhaupt nicht mehr zu entspannen schien. Es war inzwischen neun Jahre her, dass ich ihn das letzte Mal gesehen hatte.» – «Neun Jahre?», fragt Sally entsetzt.

Ich versuche den Grund hierfür zu erklären. «Also, mir fiel immer auf, dass dein Vater uns gegenüber nie über seine Söhne sprach, so, als würdet ihr einfach nicht existieren. Ich habe nie verstanden, warum er als Vater seine Söhne einfach ignoriert hat», bekennt Fritz. «Ja, neun Jahre sind lang. Die hatten ihn wirklich verändert», sage ich nachdenklich. «Er wirkte auf mich wie zerstört. Einzig die Gegenwart seines kleinen Enkels half ihm offenbar, langsam ein wenig aufzutauen. Während unserer anfangs etwas mühsamen Unterhaltung, in der wir zaghaft unsere Erlebnisse in La Jolla anzubringen versuchten, hielt sich Stefan ganz in seiner Nähe auf, und mein Vater redete zwischendurch immer wieder zärtlich mit ihm.» – «Ja, über seinen kleinen Enkel hat er uns oft ganz emphatisch erzählt», erinnert sich Fritz. «Ja, dank Stefans Anwesenheit entspannte sich nach und nach die Atmosphäre zwischen uns. Zum Schluss überreichte er mir eine riesige, orangenbraune Kürbispfeife mit einem schmalen, geschwungenen, schwarzen Mundstück. ‹Das ist unsere Friedenspfeife›, sagte er. Darüber erleichtert und glücklich, fuhren wir bald wieder zurück nach Orinda.» – «Und durftet ihr dann auch im Haus wohnen?» – «Ja, das durften wir … die ganzen Tage noch bis zu unserer Abreise aus Kalifornien … In Deutschland habe ich in der Tat lange Zeit gebraucht, mich wieder in meinem dortigen Zuhause zurechtzufinden. Ich wäre am liebsten gleich wieder zurück nach Amerika geflogen. Ich war völlig durcheinander von meinen Erlebnissen dort.»

An dieser Stelle meines Berichtes muss ich, unter dem starken Eindruck der aufkommenden Erinnerungen, eine kurze Pause einlegen. «Und habt ihr euch danach wiedergesehen?», fragt mich Fritz nach einer Weile. «Kurz nach Neujahr besuchte mein Vater uns am Ende einer Europa- und Israelreise, auf der er Vorträge über die im August geöffneten Tagebücher seines Vaters gehalten hatte. Er kam zu uns in unsere Wohnung in Münster und brachte einen Riesensack voller Geschenke für Stefan mit. Das Abendessen mit ihm war richtig nett und gemütlich, obwohl ich total erschöpft war von meinem harten Arbeitstag in Gütersloh. Dabei kündigte ich ihm auch an, dass ich im kommenden Sommer im Rahmen eines Bildungsurlaubs gern mehrere Wochen lang beim Community-Mental-Health-Programm eines Krankenhauses in San Francisco hospitieren wolle, um eine amerikanische Version gemeindenaher Psychiatrie kennenzulernen.» – «Und dem hat er zugestimmt?» – «Sofort und ohne Einschränkung. Ich war ja inzwischen glücklicher Besitzer einer Friedenspfeife», lache ich etwas verlegen.

«Und dementsprechend großartig ist dann die Zeit mit ihm auch verlaufen», fahre ich fort. «Die ersten zwei Wochen machte ich noch regulären Urlaub zusammen mit meiner Frau und Stefan bei meinen Eltern in Orinda. Wir musizierten wunderbar zusammen. Ich erinnere mich besonders an das Proben der beiden Mozart-Klavierquartette in g-Moll und Es-Dur, mit meinem Vater und meiner Frau als Geige und Bratsche, einem jungen Schweizer aus San Francisco am Cello und mir am Klavier. Beim Abendessen nach dem überaus stimmungsvollen und schönen Quartettspiel meinte mein Vater plötzlich, scherzhaft und etwas wehmütig zugleich, ob wir denn nicht vielleicht doch nochmals unseren Musikerberuf aufnehmen und dann zusammen Konzerte geben sollten.» – «Ja, die Musik ist ihm immer sehr wichtig geblieben. Deswegen haben wir ja auch in unserer Biographie seiner Musik so viel Platz eingeräumt», meint Fritz bewegt.

Dann berichte ich, wie es weiterging, nachdem C. und Stefan wieder nach Europa zurückgereist waren. «Sehr bald begann meine Hospitationszeit in mehreren psychiatrischen Außendiensten der Langley-Porter-Klinik in San Francisco. Ich lernte die Ambulanzen, Tageskliniken und die von Sozialarbeitern betreuten Senioren-Wohngemeinschaften kennen, die überall im Sunset District der Stadt verteilt waren und zusammen ein Netzwerk gemeindenaher psychiatrischer Versorgung bildeten. An jedem Abend nach meiner Rückkehr mit dem Auto über die Bay Bridge musste ich meinem Vater minuziös von meinen Erlebnissen am Tag berichten. Er wollte vor allem wissen, wie ich die oft kniffligen Situationen mit psychiatrischen Patienten gemeistert oder bestimmte Konflikte geschlichtet hatte, und er hörte jedes Mal fasziniert zu. An den Wochenenden musizierten wir gelegentlich zu zweit. Mein Vater suchte dafür Schumanns ‹Märchenbilder› für Bratsche und Klavier aus, ein Spätwerk, in dem sich bereits deutlich die geistige Umnachtung des Komponisten ankündigt. Den letzten Satz ‹langsam, mit melancholischem Ausdruck› nannte mein Vater, als für Schumanns seelischen Spätzustand bezeichnend, ‹traurig›. Aus dem Bratschenspiel meines Vaters klang immer noch seine frühere Meisterschaft heraus, aber er spielte für mich schmerzhaft hart und verkrampft, geradezu klirrend spröde. An einem Sonntag fuhren wir zu zweit in seinem offenen Cabriolet zu dem mit ihm befreundeten Psychiater und Schumann-Liebhaber Dr. Ostwald aufs Land. Es war eine unvergesslich anregende, mehrstündige Autofahrt, bei der auf dem Rückweg ich das Steuer übernahm. Es wurde auch ein netter Besuch, bei dem wir wieder unsere ‹Märchenbilder› spielten. Die psychische Verfassung meines Vaters war, trotz seiner zur Schau gestellten, unverwüstlichen Fröhlichkeit, sehr schlecht. Seine Heiterkeit wirkte auf mich oft brüchig und überspannt. Er konnte wegen Nichtigkeiten jäh aufbrausen – mir gegenüber während jener Wochen glücklicherweise nie.»

«O ja, wir haben furchtbare Szenen zwischen deinen Eltern miterlebt», wirft Fritz dazwischen. «Irgendeine winzige, völlig nebensächliche Bemerkung, und dann ging eine richtige Bombe hoch, und die beiden verbissen sich total ineinander. Das war häufig so und für uns Gäste ganz und gar nicht angenehm.» – «Während meiner Zeit dort hielt sich dies Gott sei Dank in Grenzen», entgegne ich. «Aber sein allabendliches Gemisch aus hochprozentigem Alkohol und Beruhigungstabletten beförderte meinen Vater beim Musikhören nach dem Abendessen auf der Chaiselongue jedes Mal rasch in einen Tiefschlaf. Den unterbrach er im Lauf der Stunden nur immer wieder kurz, um die Schallplatte oder den Radiosender zu wechseln. Erst irgendwann in den frühen Morgenstunden zog er sich in sein Schlafzimmer zurück. Vor Mittag um zwölf Uhr stand er nie auf. Einmal fuhr er allein über ein verlängertes Wochenende nach St. Helena. Nach zwei Tagen, es herrschten hochsommerliche Temperaturen, versuchte ihn meine Mutter dort lange vergeblich telefonisch zu erreichen. Sie wurde immer nervöser und war bald von großer Sorge erfüllt, weil sie befürchtete, er würde vielleicht wieder einmal mit einer lebensgefährlichen Überdosis von Barbituraten im Bett liegen, derentwegen er sonst in Orinda, manchmal im Monatsabstand, in die Klinik zum Auspumpen des Magens gefahren werden musste. Aber er kam dann am nächsten Tag unversehrt zurück.»

«Ja, diese Zitterpartien haben wir aus der Ferne auch immer wieder mitbekommen», bekennt Fritz mit betretener Miene. Ich erzähle weiter: «An meinem Abreisetag konnte ich mich nicht mehr von ihm verabschieden, weil er noch schlief. Umso mehr drängte es mich bei einer Zwischenlandung irgendwo an der amerikanischen Ostküste, noch einmal mit ihm zu sprechen, und ich rief bei meinen Eltern in Orinda an. Zufällig war er am Apparat: ‹Du wirst sicher mit der Hausherrin sprechen wollen, ich hole sie gleich›, rief er in den Hörer. Ich konnte ihn gerade noch rechtzeitig davon abhalten und ihm klarmachen, dass ich nur ihn zu sprechen wünschte, da ich mich von meiner Mutter doch schon verabschiedet hätte. Dies schien ihn zu berühren. Er sagte daraufhin, er habe meinen mehrwöchigen Aufenthalt in seinem Haus als ausgesprochen gelungen empfunden, und so etwas ließe sich doch gewiss wiederholen. Ich merkte genau, wie er das Wort ‹schön› als Bezeichnung für meinen Aufenthalt nicht über die Lippen brachte und stattdessen nur ‹gelungen› sagte.» – «So wie ich ihn gekannt habe, ist für ihn eine so positive Äußerung eine ausgesprochene Seltenheit gewesen», wendet Fritz ein. «Ja, und dann haben wir uns am Telefon ziemlich rasch verabschiedet», schließe ich meinen Bericht. «Dieses kurze, bewegende Gespräch mit ihm war das letzte, das ich mit ihm führte. Keine vier Monate später war er tot.»

«Hat sich deine Mutter eigentlich irgendwann erfreut über die Versöhnung zwischen euch geäußert … ich meine, nachdem diese ja zu allem auch noch von dir ausgegangen war?», möchte Fritz noch gern wissen. «Ich muss in dem Moment, als ich ihm in La Jolla diesen Brief schrieb, unterschwellig gespürt haben, dass es ihm sehr schlecht geht und er möglicherweise nicht mehr lange lebt, obwohl ich bei unserer völligen Funkstille äußerlich nicht den geringsten Anhaltspunkt dafür hatte», hole ich etwas weiter aus. «Aber meine Mutter hat mich nie, nicht einmal nach seinem Tod, auf die doch recht eklatante Verbesserung unserer Beziehung angesprochen, so als hätte sie diesen in meinen Augen tiefen Einschnitt in unserer Vater-Sohn-Beziehung überhaupt nicht registriert oder nicht registrieren wollen. Ganz im Gegensatz zu meiner Tante Elisabeth, obwohl ich mit der seit noch sehr viel längerer Zeit überhaupt keinen Kontakt mehr hatte. Sie hat mir gleich nach dem Tod meines Vaters eine Art Beileidsbrief geschrieben, der mich sehr gefreut hat. Darin schrieb sie, dass sie jene späte Versöhnung zwischen Vater und Sohn als etwas sehr Wertvolles empfände. Das war sehr feinfühlig von ihr. Leider habe ich diesen Brief nicht mehr.» – «Ja, für uns war sein Tod ein ganz großer Verlust. Wir haben doch so ungeheuer viel mit ihm erlebt damals», schließt Fritz.

Güstrow, Ende November 2001. Feier von Stefans Habilitation in der agrarwissenschaftlichen Fakultät der Universität Rostock. Wir sind bei ihm und seiner Familie zu Hause. Ich überreiche Stefan mein Geschenk. «Eigentlich ist es ja nur die Rückgabe deines von mir verwalteten Eigentums, seitdem du sieben Jahre alt warst», erkläre ich ihm, während ich aus meiner Jackettasche eine kleine schwarze Schatulle ziehe und diese öffne. Darin liegt ein goldener Ring mit einem grünlich dunkelblauen

Stein darauf. «Es ist der Siegelring deines Urgroßvaters mit dem Mann'schen Familienwappen.» Stefan weiß, dass ich den Ring immer wieder bei feierlichen Anlässen wie einen Talisman getragen habe, seitdem ich etwa so alt war wie er jetzt. Ich erkläre ihm, dass dies für mich inzwischen nicht mehr so wichtig sei, weil ich meinen Großvater jetzt noch ein weiteres Stückchen hinter mir lassen möchte, und dass ich diesen für Stefan so wichtigen Tag gern zum Anlass nähme, den Familienring an ihn weiterzugeben – auch als Talisman.

«Und warum hat der schon so lange Stefan gehört?», fragt meine Schwiegertochter Kristina verwundert, während ich Stefan seinen Ring mit dem Kästchen überreiche. «Ja, eine merkwürdige Geschichte», antworte ich. «Es war nach den Feierlichkeiten zum hundertsten Geburtstag meines Großvaters in Lübeck und kurze Zeit nach meiner Versöhnung mit meinem Vater während unserer ersten Kalifornienreise. Da kam zu uns nach Münster von Golos damaliger Kilchberger Sekretärin ein an Stefan adressiertes Päckchen mit diesem Ring. Und auf einem beigefügten Kärtchen stand, dass Golo diesen Ring seines Vaters jetzt Stefan vermachen wolle.» – «Stefan? Wieso Stefan und nicht dir?», fragt Kristina verwirrt. «Was sollte denn der kleine Junge mit diesem Ring anfangen?» – «Auf diese Frage habe ich nie eine Antwort erhalten», erwidere ich. «Ich habe meinen Onkel nie daraufhin angesprochen. Das wurde eines unserer lebenslangen Tabus. Eindeutig bleibt nur, dass er mich damals gezielt übersprungen hat, obwohl er wissen musste, dass dies nicht im Sinne seines Vaters und dessen Beziehung zu mir gewesen war.» Stefan nickt. Er erinnert sich genau, dass ich den Ring damals an mich nahm, weil ich fand, dass er mir zustand, aber dass ich ihm gleichzeitig versprach, ihn ihm später wiederzugeben, womit er einverstanden war.

Ich hatte den Ring dann als Erstes beim Juwelier aufbessern lassen, weil er inzwischen sehr ausgedünnt und unangenehm scharfkantig war. Nur der Stein blieb unangetastet. Ein Lapislazuli, auf dem man das Mann-Wappen erkennen kann. Ein Mann und ein Baum, der wohl einen Wald symbolisieren soll. Mein Großvater hatte ihn von seinem Vater, dem Senator, und der wieder von dem seinigen, dem Konsul, also meinem Urgroßvater, der den Ring hatte anfertigen lassen.» – «Und dein Großvater hat ihn viel getragen?», fragt Kristina nochmals nach. «Sicherlich sehr viel häufiger als ich, vielleicht sogar immer. Man erkennt den Ring auf vielen Fotos von ihm», erkläre ich. Stefans jetzige Freude über den Ring scheint mir eher geteilt zu sein. Ich habe mein Versprechen gehalten. Ihm war ja auch bereits als Siebenjährigem von seinem Großonkel Golo diese Bürde auferlegt worden, und ich hatte sie ihm abgenommen. Jetzt übertrage ich sie wieder auf ihn zurück. Er freut sich vermutlich mehr über meine Geste als über die Bürde. Andererseits habe ich gelegentlichen Äußerungen von ihm entnehmen können, dass er diese Bürde am Ende gar nicht als so schwer empfindet.

Nach der Rückkehr von meinem langen und glücklichen Kalifornienaufenthalt im Herbst 1976 verdüstert sich der Himmel über dem Gütersloher Klinikalltag. Die seit Jahren immer stärkere gesprächspsychotherapeutische Ausrichtung auf unseren Krankenstationen hat gegenüber der traditionellen, mehr tiefenpsychologisch orientierten psychiatrischen Diagnostik und Therapie ein starkes Eigengewicht erhalten. Das führt zu gruppendynamisch komplizierten Prozessen im Krankenhausbetrieb, und es kommt zu konfliktträchtigen Fraktionsbildungen beim Personal. Diese beeinträchtigen immer mehr das allgemeine Arbeitsklima, und darunter wiederum leidet deutlich die Patientenversorgung.

Als Initiator der klientenzentriert ausgerichteten Patientenarbeit in Gütersloh habe ich mich in diesem Gefüge entsprechend stark exponiert und mich so einigen Gegnerschaften ausgesetzt. Vor dreieinhalb Jahren habe ich meine Arbeit hier begonnen. Und seitdem habe ich die Mahnungen eines für einige Zeit hier arbeitenden Gastprofessors aus Ankara nicht vergessen, die er mir damals mitgegeben hatte: «Vier Jahre Psychiatrie sind eine entscheidende Zeitmarke», hatte er zu mir gesagt. «Wer nach spätestens vier Jahren nicht aufhört, dort zu arbeiten, bleibt sein Leben lang in der Psychiatrie stecken.» Die während meiner zweimonatigen Abwesenheit gegen mich in der Klinik gesponnenen massiven Intrigen und Animositäten demotivieren mich so stark, dass ich jetzt meinen schrittweisen Ausstieg aus der Klinik beschließe.

Damit muss ich mir auch eingestehen, dass mein zusammen mit einem Kollegen initiiertes Experiment eines klinikinternen Encounters zur Verbesserung und Festigung der zwischenmenschlichen Beziehungen zwischen allen in der Psychiatrie involvierten Gruppen nicht die erhofften Wirkungen gebracht hat und dass ich – im Zeitalter der Hippie-Bewegung – in dieses Konzept übersteigerte Erwartungen gesetzt, in ihm irrational ein Instrument der Weltverbesserung gesehen habe.

Innerhalb des Klinikums tausche ich als Erstes meine Stationsleitertätigkeit gegen eine sehr viel weniger kräfteaufreibende Arbeit auf einer der zahlreichen Stationen mit chronisch kranken Dauerpatienten ein. Dort versuche ich zwar auch, so weit wie möglich, neue sozialtherapeutische Impulse hineinzubringen. Aber sonst schließe ich mich am liebsten und mit gutem Gewissen in meinem Dienstzimmer ein und werte am Schreibtisch meine im Lauf der Jahre hier in der Klinik gemachten praktischen Erfahrungen wissenschaftlich und publizistisch aus. Auch unterhalte ich mich gern mit einer schon seit Jahrzehnten in dieser Station abgestellten und kurz vor ihrer Pensionierung stehenden Schwester. Ich möchte von ihr wissen, ob sie in dieser Klinik noch die Nazizeit und die Selektion von Geisteskranken in die Euthanasie erlebt hat. Sie bejaht meine Frage mit gesenktem Kopf und erwähnt auf meine erneute Frage nur sehr ungern und kurz die regelmäßigen Visiten weißbekittelter SS-Ärzte, die durch die Station schritten und auf einzelne Kranke zeigten, die danach für immer verschwanden.

Die letzten Monate des Jahres vergehen rasch. Diesmal verbringen C., Stefan und ich Weihnachten allein in unserer kleinen Wohnung in Münster. Während des gemeinsamen Sonntagsfrühstücks einen Tag nach Neujahr klingelt das Telefon. Der kleine Stefan nimmt ab. Er kommt rasch wieder zurück und sagt zu mir: «Es ist Gret. Sie hat gesagt, sie hätte eine sehr traurige Nachricht für dich.» Ich sehe, wie C. zusammenzuckt und kurz wissend nickt und wie sich ihre Augen röten, während ich, eher ahnungslos und gefasst, sogleich aufstehe und mich ans Telefon begebe. «Der Papa ist tot», ruft mir meine Mutter entgegen. Ich frage fassungslos nach dem Wann und Wie und Warum. Sie vermeldet kurz, Raju habe ihn am gestrigen Neujahrstag am späten Mittag leblos auf dem Bett gefunden, und der gleich herbeigerufene Hausarzt habe nur noch den Tod durch Intoxikation festgestellt. Ich sage meiner Mutter spontan am Telefon, dass ich mit der nächsten freien Maschine zu ihr fliegen werde. «Das brauchst du wirklich nicht», wehrt sie ab. Ich beharre jedoch darauf und treffe dann wenige Tage später bei ihr ein, für eine knappe Woche.

Einen großen Teil der Zeit bin ich mit ihr zusammen. Sie berichtet vor allem von den letzten Stunden vor seinem Tod. Nach einem nachmittäglichen Zerwürfnis zwischen ihnen am 31. Dezember hatte er eine Silvestereinladung abgesagt und sich früh zu Bett begeben. Etwa um 22 Uhr sei er, so erzählt sie, nochmals aufgestanden und ins Zimmer seiner Adoptivtochter gegangen. Er habe dort, wie meine Mutter von ihrem Zimmer aus genau hörte, zärtlich mit Raju geredet und sei dann wieder zurück in sein Zimmer gegangen. Man vermutet, dass er dann zum zweiten Mal dieselbe hohe Medikamentendosis eingenommen hat wie wenige Stunden zuvor.

Ansonsten zeigt sich meine Mutter während dieser Tage still und verschlossen. Unsere Gespräche bleiben immer so nahe an der Oberfläche, wie ich es bei ihr gewohnt bin, und ich sehe auch jetzt in diesen bewegten Tagen keine Möglichkeit, gegen die eher unverbindliche Art unserer Verständigung irgendwie anzugehen. Umso mehr nutze ich die Zeit dafür, in San Francisco in der Klinik, in der ich im vergangenen Sommer hospitierte, ein Zweijahresstipendium für ein Forschungsprojekt zu beantragen. Dabei möchte ich die Effekte des von mir in Gütersloh entwickelten Gruppengesprächsmodells auf gesprächspsychotherapeutischer Basis wissenschaftlich überprüfen.

Beim Rückflug, kurz nach dem Start der vollbesetzten Transatlantikmaschine in Los Angeles, bricht mein ganzer, tiefsitzender Schmerz so plötzlich aus mir heraus, dass ich mein Gesicht vor meinen Mitreisenden verbergen muss. Nur elf Monate vorher haben wir in München meinen Schwiegervater zu Grabe getragen, was mir ebenfalls sehr viel näher gegangen war, als ich es bis kurz vor der Beerdigung hatte wahrhaben wollen.

Inzwischen haben sich die Konflikte und Spannungen in der Gütersloher Klinik zu Lasten der stationär untergebrachten Kranken derart zugespitzt, dass mir das Arbeiten dort immer sinnloser erscheint. Diese Erfahrung trägt zu meinen zunehmenden Depressionen, einem Gefühl der Verlorenheit und der inneren Leere und Perspektivlosigkeit bei. Mein Zustand greift schleichend auch in den privaten Bereich hinein. Nachdem aus Amerika, gegen die von mir eingeholten befürwortenden Fachgutachten, mein Antrag auf Finanzierung des besagten Forschungsprojekts abgelehnt wird, beginnt es mich nicht nur aus der Klinik, sondern auch aus meiner häuslichen Sicherheit ins Unbestimmte hinauszudrängen. Vermutlich hat der in so kurzer Zeit aufeinanderfolgende Tod unserer beiden Väter die Beziehung zwischen C. und mir aus dem Gleichgewicht gebracht. C. schließt zu dieser Zeit ihr Psychologiestudium ab und orientiert sich beruflich neu. Ich selber fühle mich heftigen, im Nachhinein schwer beschreibbaren inneren Kämpfen ausgesetzt, die schließlich zur räumlichen Trennung von meiner Familie führen. Zuerst ziehe ich in eine Wohngemeinschaft mit Kollegen aus dem Gütersloher Krankenhaus, dann bald als Single in ein möbliertes Appartement in Münster.

Wenig später erhalte ich überraschend einen positiven Bescheid zu einem anderen, inzwischen fast vergessenen Antrag. Vor etwa einem Jahr hatte ein Kollege aus der psychiatrischen Klinik der Karl-Marx-Universität Leipzig auf einer vorgedruckten Karte den Sonderdruck eines Fachaufsatzes von mir angefordert, den ich kurz davor in einer wissenschaftlichen Zeitschrift über mein in Gütersloh entwickeltes, patientenzentriertes Gruppenpsychotherapie- und Konfliktlösungsmodell veröffentlicht hatte. Daraufhin hatte ich ihm in einem dem Sonderdruck beigefügten Brief mein Interesse bekundet, auch einmal die Psychiatrie in der DDR kennenzulernen. Deshalb hatte ich angefragt, ob ich eventuell für einige Tage seine Leipziger psychiatrische Klinik besuchen dürfe. Jetzt erst trifft eine freundliche, handschriftliche Antwort auf meinen Brief ein. Darin teilt mir der Kollege mit, dass inzwischen «die zuständigen Behörden» meinem Wunsch stattgegeben hätten. Allerdings würde sich ein Besuch meinerseits nur in einem Zeitraum von mindestens zehn Tagen lohnen, und es wäre dann sicherlich auch das Beste und Bequemste, bei ihm und seiner Familie privat zu wohnen.

Ostdeutschland ist für mich ein weitgehend fremdes Terrain, mit dem ich bisher nur über die Transitreisen nach Westberlin in nicht unbedingt angenehmer Weise in Berührung gekommen bin. Aber es ist doch ein Stück Deutschland, ein abgespaltenes Stück Heimat meiner Vorfahren, vor allem meines Großvaters. Er hat die DDR selber nach dem Krieg zweimal aufgesucht und sich dafür harsche Kritik aus Westdeutschland und Österreich eingehandelt. Ich bekenne, dass ich auch einfach neugierig darauf bin, Andersartiges kennenzulernen. Die Riesenenttäuschung über das Niederwalzen des Prager Experiments des «demokratischen Sozialismus» durch die Sowjetmacht sitzt mir zwar immer noch in den Knochen. Aber gerade eines der «sozialistischen Bruderländer», die damals in die ČSSR einmarschierten, und überhaupt den «realen Sozialismus» ostdeutscher Prägung – nicht nur im Bereich der Psychiatrie – einmal von innen kennenzulernen reizt mich. Ich sage also meinem Leipziger Kollegen zu. Bis alle Formalitäten geregelt sind, dauert es noch einige Monate. Endlich, Ende September 1977, überquere ich, mit einem entsprechenden Visum in meinem Schweizer Pass ausgestattet, im eigenen Auto die innerdeutsche Grenze.

Es ist eine neue, fremde, faszinierende Welt, in die ich da eintauche. Das Wichtigste für mich bleibt aber, Einblicke in die dortige Psychiatrie zu erhalten. Die psychiatrische Universitätsklinik in Leipzig arbeitet, über eine Art Partnerschaft mit der Psychiatrie der Medizinischen Hochschule Hannover, konsequent im Sinne eines sozialpsychiatrisch gemeindenahen Konzepts. Deshalb ist die Leipziger Klinikleitung sehr an meinem Gruppenpsychotherapie- und Konfliktlösungsverfahren interessiert. Die zehn Tage dort gestalten sich für beide Seiten so anregend und bereichernd, dass ich auf Wunsch meines Gastgebers zusage, in einem halben Jahr wiederzukommen und in der Leipziger Klinik einen vierzehntägigen Ausbildungskurs mit meinem Gruppenmodell für gemischtes Psychiatriepersonal durchzuführen.

Der Höhe- und Schlusspunkt meines ersten Aufenthalts ist die klinikinterne Feier des «Tags der Republik» am 7. Oktober. Merkwürdig paradox kommt mir dieser im Kreis der psychisch Kranken mit strahlendem Gesundheitsoptimismus gefeierte achtundzwanzigste Geburtstag der DDR vor. Mit der Perspektive, bald zurückzukommen und meine neuen fachlichen und persönlichen Beziehungen zu vertiefen, zugleich mit der etwas diffusen Hoffnung, dieses Fachliche irgendwie mit dem politisch-ideologischen System des Landes in Einklang zu bringen, kehre ich in den Westen zurück.

Wenige Wochen später findet am Kilchberger Familiengrab die Urnenbeisetzung meines Vaters statt, nur mit meiner Mutter, Toni und mir. Bei dieser Gelegenheit sehe ich zum ersten Mal seit langer Zeit meinen Patenonkel Golo wieder und – zum letzten Mal – meine inzwischen 94-jährige, schon recht verwirrte Großmutter Mielein. Golo erzähle ich stolz von meinem DDR-Besuch. Mein Onkel, der sich schon längst von der Politik Willy Brandts abgewandt hat und immer stärker mit derjenigen von Franz Josef Strauß sympathisiert, quittiert meinen Bericht nur mit einem lauten «Pfui!». Das ist dann auch das Ende unseres Gesprächs.

Zum Jahresende scheide ich aus meinem Dienst in Gütersloh aus, vorläufig ins völlig Ungewisse. Eigentlich möchte ich unbedingt im psychiatrischen Bereich weiterarbeiten. Aber einem mir in Aussicht gestellten Wechsel an die Universitätsklinik in Innsbruck wird im letzten Augenblick ein Riegel vorgeschoben, als man dort von meinen «Ostkontakten» erfährt. Wenige Monate später, unmittelbar nach meinem zweiten DDR-Aufenthalt im Frühjahr 1978 mit dem von mir durchgeführten Kurs in Leipzig, bringt mich eine glückliche Fügung in die Position als wissenschaftlicher Angestellter im Fach Medizinische Psychologie an der Universität Münster. Der Institutsdirektor ist der von mir seit Jahren sehr geschätzte Kollege Wolfgang Pfeiffer, den ich vor allem aus der «Gesellschaft für wissenschaftliche Gesprächspsychotherapie» kenne. Obwohl selbst von einem traumatischen DDR-Hintergrund gezeichnet, nimmt er mich dank seiner liberalen Gesinnung, gegen den Willen vereinzelter rechtskonservativer Mitarbeiter in seinem Institut und einiger

Kollegen in der Medizinischen Fakultät, bei sich auf. Denn ich gelte bei vielen meiner westdeutschen Kollegen nicht nur wegen meiner DDR-Aufenthalte als «rotes Tuch».

Kurz vor meiner Einstellung in Münster mache ich mich mit einem an den Gütersloher Klinikdirektor Winkler gerichteten offenen Brief zusätzlich zum schwarzen Schaf unter den standesbewussten Medizinern. In diesem Schreiben nenne ich als Motiv für meine Kündigung den Verlust des ursprünglich in Gütersloh so erfolgreich eingeführten Prinzips der «Therapeutischen Gemeinschaft» und die in Wirklichkeit dort immer desolater werdenden Zustände. Und ich protestiere ausdrücklich gegen die horrenden Folgen dieser Zustände für die Patienten, bis hin zum Vorwurf einzelner Kranker, von ihren Pflegern körperlich misshandelt worden zu sein. Die Antwort ist eine richterliche einstweilige Verfügung gegen meinen offenen Brief und die Ankündigung einer Verleumdungsklage des Krankenhausträgers bei der zuständigen Staatsanwaltschaft. Es kommt zu einer Gerichtsverhandlung, die überraschend erfolgreich für mich ausgeht. Ich darf zwar meine inzwischen überall in der Öffentlichkeit bereits bekannten Vorwürfe nicht mehr weiterverbreiten. Dafür muss jedoch die Verleumdungsklage gegen mich zurückgezogen werden, und es wird im Gegenzug, wegen der Vorwürfe der Patientenmisshandlung, ein Ermittlungsverfahren gegen Unbekannt im Gütersloher Krankenhaus eingeleitet.

In Münster arbeite ich mich rasch in das für mich völlig neue Gebiet der Medizinischen Psychologie ein. Medizinische Psychologie wird leicht mit Psychosomatischer Medizin verwechselt. Letztere versucht, mögliche psychische Ursachen für bestimmte körperliche Krankheiten aufzudecken und zu behandeln. Bei der Medizinischen Psychologie hingegen geht es um sämtliche psychologischen Aspekte von Krankheit und Therapie. Dazu gehören erstens die individuell sehr unterschiedliche psychologische Krankheitsverarbeitung des Patienten und deren Einfluss auf den Heilungsverlauf, zweitens die sehr vielfältigen psychologischen Facetten des Arztberufs und schließlich drittens die für den Therapieerfolg nicht weniger bedeutsame Beziehung zwischen Arzt und Patient, wie sie vor allem in der ärztlichen Gesprächsführung zum Ausdruck kommt. Dieses ärztliche Gespräch mache ich für die nächsten Jahre zu meinem Hauptforschungsgegenstand im Münsteraner Institut.

Im Vergleich zu der erst gegen Ende des Medizinstudiums vermittelten Psychiatrie ist die Medizinische Psychologie grundlegender und theoretischer und damit auch weiter entfernt vom einzelnen, hilfsbedürftigen Kranken. Deshalb ist es mir umso wichtiger, gleichzeitig auch den Kontakt zur Leipziger Psychiatrie beizubehalten. Nach meinem vierzehntägigen Leipziger Ausbildungskurs ein halbes Jahr nach meinem ersten Besuch bietet mir der Direktor der dortigen psychiatrischen Universitätsklinik, Professor Klaus Weise, an, im Ostberliner Gesundheitsministerium meine Habilitation am Fachbereich Medizin der Karl-Marx-Universität zu beantragen. Der Inhalt der Habilitationsarbeit soll ein innerdeutscher Vergleich zwischen den Effekten meines patientenzentrierten Gruppenpsychotherapie- und Konfliktlösungsmodells in der ostdeutschen und in der westdeutschen Psychiatrie sein. Dafür müssen die bereits vorliegenden westdeutschen Ergebnisse aus Gütersloh mit neuen Datenerhebungen in Leipzig ergänzt werden. Das ganze Forschungsprogramm wird sich auf einen Gesamtzeitraum von rund zwei Jahren erstrecken. Das erste halbe Jahr soll ich in Form einer mit Ostwährung bezahlten Gastdozentur im Bereich Medizin Vorlesungen in Medizinischer Psychologie abhalten und zusammen mit extra dafür einzuweisenden Kollegen aus der psychiatrischen Universitätsklinik medizinpsychologische Pflichtseminare durchführen. In der Klinik selbst soll das gesamte Personal nach meinem in Westdeutschland entwickelten Gruppenmodell ausgebildet werden.

Der von Professor Weise gestellte Antrag wird nach wenigen Monaten von den Ostberliner Behörden positiv beschieden, und ich erhalte zunächst ein auf ein halbes Jahr befristetes Dauervisum in meinem Pass. Mein westdeutscher Chef, Professor Pfeiffer, stimmt meiner Beurlaubung in Münster für das Wintersemester zu, unter der Bedingung, dass ich nach Semesterende ein Studentenblockseminar durchführe.

Während des ganzen Wintersemesters 1978/79 bin ich im «Gästehaus der Karl-Marx-Universität Leipzig» untergebracht. Es liegt in einer ehemaligen, inzwischen staatlich enteigneten Verlegervilla in einem etwas heruntergekommenen Nobelviertel an Leipzigs Peripherie, nachts mit einer schummerigen Straßenbeleuchtung aus historischen Laternen. Ich logiere in einem geräumigen und mit Sicherheit mit Abhöranlagen verwanzten Zimmer. Darin stehen vor zwei großen Balkontüren, die sich nicht mehr öffnen lassen, ein massiver Schreibtisch wohl noch aus der Verlegerzeit und sonst lauter zusammengewürfeltes, sozialistisches Einheitsmobiliar. Den Gemeinschafts-Fernsehraum und die Küche teile ich mit einem magenleidenden Pathologen aus Polen, der sich nur von Knäckebrot zu ernähren scheint, ferner mit einem ganz netten, hier forschenden dänischen Kirchenhistoriker und mit einem Iraker, dessen Aufenthaltsgrund ich trotz seiner Gesprächigkeit bis zuletzt nie erfahre. Seine Art, in der Küche so herumzuwirtschaften, dass diese für alle anderen praktisch unbetretbar wird, und seine lautstarken Gelage, die er halbe Nächte lang zusammen mit mehreren seiner Landsleute abhält, sorgen im ganzen Haus für Ärger. Tagsüber halte ich mich meistens entweder in irgendwelchen Lehrgebäuden in der Stadt auf oder in der psychiatrischen Universitätsklinik, die wegen Umbaumaßnahmen schon länger vor meiner Zeit aus dem Stadtzentrum in eines der Gebäude des Bezirkskrankenhauses für Psychiatrie am Stadtrand von Leipzig ausgelagert wurde. Der mittägliche Treffpunkt aller Kollegen ist die Kantine in der ehemaligen Krankenhauskirche, die wegen der jetzt normal verglasten Fenster innen ungewöhnlich hell wirkt. Die vielen kleinen Esstische stehen im ehemaligen Kirchenschiff, und im erhöhten einstigen Chor und Altarraum wird an Extraständen Kaffee und Kuchen verkauft.

C. ist inzwischen mit Stefan in den pfälzischen Raum umgezogen, wo sie die Leitung einer staatlichen schulpsychologischen Praxis übernommen hat. Über jedes zweite Wochenende fahre ich besuchsweise in den Westen zu meiner Familie. Dieser Pendelverkehr zwischen beiden deutschen Staaten ist für mich jedes Mal ein Wechselbad. Meine Fahrt in den Westen am Freitagmittag beginnt mit dem Abschied von meinen Leipziger Freunden und Kollegen, die, wie ich, genau wissen, dass sie verhaftet oder erschossen würden, sollten sie versuchen, zusammen mit mir die Staatsgrenze zu überqueren. Auf bundesdeutschem Boden erfolgt die große Umstellung. Überall prangt mir Wohlstand aus den blankgeputzten Fenstern entgegen, und ich glaube mich in den westdeutschen Supermärkten anfangs jedes Mal in die aus der DDR ausgereisten Käufer hineinversetzen zu können, wenn diese hilflos vor dem Überangebot an kapitalistischen Produkten stehen. Am Sonntagabend kehre ich dann wieder in die Kargheit und Eingegrenztheit des sozialistischen Staates zurück.

Grenzübergang Marienborn-Helmstedt im Dezember 1978. Nach der Passkontrolle durch den Bundes- und dann durch den DDR-Grenzschutz erfolgt die Haupthürde beim DDR-Zoll. Zuerst wird der Unterboden meines Autos mit den üblichen fahrbaren Spiegeln abgesucht. Dann folgt die Vorfahrt zu den blau uniformierten Zöllnern. Diesmal habe ich auf dem Rücksitz demonstrativ einige besonders voluminöse Bände der im Ostberliner Dietz-Verlag erschienenen Werke von Karl Marx in leuchtend blauem Einband ausgebreitet, um von meinem Kofferraum abzulenken. Denn in diesem habe ich in meinem Gepäck einige nicht hundertprozentig legale «West-Mitbringsel» für meine Leipziger Freunde verstaut. Eine junge Zöllnerin tritt auf mich zu und nimmt durchs Autofenster meinen Schweizer Pass mit eingetragenem Dauervisum entgegen. Dann wirft sie einen argwöhnischen Blick auf die Bücher auf dem Rücksitz. «Was ist das?», will sie wissen. Ich strecke ihr stolz «Das Kapital» entgegen und melde ihr gehorsamst: «Die Werke von Karl Marx.» Die Beamtin weicht erschrocken zurück, ruft: «Um Gottes willen», und bedeutet mir sofort weiterzufahren.

Je eingehender ich die Menschen «drüben» kennenlerne, desto geringer erscheinen mir letztlich die Unterschiede zu denen in Westeuropa. Die menschlichen Neigungen wie Egoismus, Neid und Aggression sind auch in der DDR vorhanden, doch scheinen manche Einstellungen und Verhaltensmuster von dem jahrzehntelangen diktatorischen Regime beeinflusst und verändert worden zu sein. So scheint sich durch die verordnete Solidarität und Gleichmacherei in den Arbeitsbetrieben und -brigaden der DDR doch mit einer gewissen Selbstverständlichkeit ein stärkeres kollegiales Miteinander eingeschliffen zu haben. Mich beeindruckt vor allem der Zusammenhalt zwischen den Menschen während der Adventszeit: die in den Kaffeepausen im Arbeitsbetrieb gegenseitig überreichten kleinen Geschenke und die an den Abenden privat veranstaltete Adventsmusik. Schon am Vormittag dringen aus den Fenstern die Klänge der Einheitsschallplattenaufnahme von Bachs «Weihnachtsoratorium» mit dem Dresdener Kreuzchor. Auch fällt mir jedes Mal beim Vorbeigehen der gastronomisch überaus bescheidene, dafür umso kunstfreudiger und kreativer gestaltete Weihnachtsmarkt zwischen den tristgrauen Fassaden um den Leipziger Messeplatz auf.

Eine für mich unvergessliche Besonderheit während meiner ganzen Leipziger Zeit ist die «Motette» an jedem Samstag um 15 Uhr in der Thomaskirche mit dem Thomaner-Knabenchor. Schon Stunden vorher freue ich mich auf die dort von den kleinen Sängern in Matrosenanzügen vorgetragenen Bach-Kantaten oder -Motetten, die ich mir regelmäßig oben auf der Empore anhöre. Zu der Zeit nehme ich auch Kontakt mit dem Thomaskantor Hans-Joachim Rotzsch auf und darf dann einmal im Alumnat, dem Leipziger Internat der Thomaner, bei einer gesanglich höchst eindrucksvollen Chorprobe dabei sein, in der Rudolf Mauersbergers «Dresdner Requiem» eingeübt wird.

Mich beschäftigt die Frage, ob solche im Vergleich zu Westdeutschland betont christlich anmutenden Enklaven und die in der DDR überhaupt stärkere Pflege des «kulturellen Erbes» in erster Linie ein Produkt des Sozialismus sind oder vielleicht nur das trojanische Pferd einer gegen den Staat gerichteten Solidarisierung der reglementierten Menschen untereinander. Und ich denke darüber nach, ob dem mir so angenehm auffallenden Gemeinschaftsgeist in Wirklichkeit doch die Substanz fehlt und ob sich dieses letztlich trügerische, da künstlich aufoktroyierte Muster dementsprechend wieder auflösen kann.

Erst nachträglich ist mir das meist nur unterschwellig spürbare Misstrauen meiner Freunde und Kollegen untereinander und deren verhaltene Angst vor gegenseitiger Bespitzelung und Denunziation bewusst geworden. Denn wie tief ich mich mit meinem ministeriell abgesegneten Habilitationsprojekt in Wirklichkeit schon von Anfang an in dieses Staatssystem hineinbegeben habe, bekomme ich erst gegen Ende meines halbjährigen Aufenthalts in Leipzig am eigenen Leib zu spüren.

Es beginnt damit, dass mein privater Gastgeber und offizieller Betreuer während meines ersten Leipzigbesuchs, einer der Klinikärzte, mich eines Tages fragt, ob ich bereit wäre, mich mit einem alten Patienten von ihm, einem ehemaligen «Verkehrspolizisten», zu treffen. Dieser würde sich als «sozialistischer Kampfgenosse der ersten Stunde» besonders für die Erlebnisse meiner Verwandten Erika und Klaus Mann bei den Internationalen Brigaden im Spanischen Bürgerkrieg 1938 interessieren, erklärt er mir. In mir schrillen sofort die Alarmglocken. Vor allem drängt sich mir der Verdacht auf, dass mein mir so sehr zugewandter und mich unterstützender Kollege von Anfang an ein verwerfliches Doppelspiel mit mir getrieben haben könnte. Dennoch entschließe ich mich zu diesem abenteuerlichen Treffen, teils aus Neugierde, teils aber auch, weil ich das mir angebotene Habilitationsverfahren in diesem trotz allem faszinierenden Staat nicht aufs Spiel setzen möchte.

Bald kommt es zur Zusammenkunft. Der angekündigte «Verkehrspolizist», den mein «Betreuer» zusammen mit einer Flasche Rotwein ins Gästehaus mitbringt, entpuppt sich als ein finsterer, glatzköpfiger Haudegen. Er wirkt irgendwie durcheinander und redet, ohne mir je in die Augen zu blicken, viel zusammenhangloses Zeug, begeistert sich an irgendwelchen Nebensächlichkeiten. Dann spricht er plötzlich von der «tiefen russischen Seele» und fragt mich irgendwann: «Was macht die Partei?» Zwischendurch brummt er Bruchstücke irgendwelcher Kampflieder. Dann überreicht er mir einen vergilbten Zeitungsausschnitt aus den dreißiger Jahren mit einem Bericht über eine damalige Karl-Liebknecht-Feier. Die Rolle meines Onkels und meiner Tante 1938 in Spanien interessieren ihn offenbar überhaupt nicht. Ich finde mit bestem Willen nicht heraus, was der Mann genau von mir will. Vermutlich dient diese Begegnung in erster Linie der Einschätzung meiner Auskunftswilligkeit und der Observation meines Verhaltens allgemein.

Sehr bald nach diesem merkwürdigen Treffen werde ich zusammen mit meinem «Betreuer» zu einer Wochenendfahrt mit einer schwarzen Limousine nach Weimar und dann, in Goethes Tradition, in Charlotte von Steins Schloss Großkochberg eingeladen. Jener ungemütliche Alte vom letzten Mal fährt mit. Der Chauffeur ist ein blonder Hüne mit ausstaffiert wirkendem Jackett, vermutlich mit einer Dienstwaffe im gegurteten Lederhalter darunter. In Weimar besichtigen wir der Reihe nach die drei dort auf engem Raum liegenden Wahrzeichen der in kurzem Abstand aufeinanderfolgenden und mit «historisch-dialektischer Gesetzmäßigkeit» erklärbaren Geschichtsepochen. Zuerst suchen wir das vorsozialistisch-bürgerliche Goethe- und Schillerhaus auf. Dann geht es zum Nationaltheater, der Wiege der Weimarer Republik und dem Symbol der Auflösung der bürgerlichen Epoche und des Übergangs zum Faschismus als zugespitzter Form der «gesellschaftlichen Widersprüche». Zuletzt fahren wir in die grausige Gedenkstätte des auf dem Ettersberg vor den Toren Weimars gelegenen KZs Buchenwald. Dort werden uns in einem in einer Baracke gezeigten Film über das Ende des Naziterrors die Kommunisten als die einzigen Befreier des Lagers vorgestellt. Mit diesem «neuen Bewusstsein» geht es abends zurück in das Zeitalter Goethes im Schloss Großkochberg. Dort wird, zusammen mit dem vor dem Kaminfeuer bald einschlafenden und laut schnarchenden «Verkehrspolizisten», geschlemmt und gebechert, und danach verbringe ich die Nacht in einem ungemütlich feuchten Burgzimmer. Nach einem lukullischen Mittagessen im berühmten Weimarer «Hotel Elephant» wird die Rückreise angetreten. Beim Abschied in Leipzig überreicht mir der Alte eine Visitenkarte.

Am Ende meines Leipziger Gastsemesters, im Frühjahr 1979, kehre ich wieder nach Münster zurück, in mein dortiges Appartement und an meinen Arbeitsplatz im Institut für Medizinische Psychologie. Gleichzeitig mit meinen dortigen Lehrverpflichtungen und einem neuen Forschungsprojekt, der Analyse von auf Tonband aufgezeichneten Patientenaufklärungsgesprächen vor orthopädischen Operationen, werte ich die in Leipzig erhobenen Daten für meine Habilitationsschrift aus. Mit einem neuen befristeten Dauervisum reise ich in der nächsten Zeit einmal monatlich für jeweils vier bis fünf Tage nach Leipzig, um dort mit den drei Betreuern meiner Habilitationsarbeit aus Leipzig und Ostberlin bis zum Abschluss des Verfahrens in Kontakt zu bleiben.

Schon bei meinem ersten Leipziger Kurzbesuch lockt mich mein «politischer Betreuer» zu einer nächsten Zusammenkunft mit «Verbindungsleuten» in Leipzig. Diese möchten angeblich mit mir besprechen, wie sie am besten für meine «wegen meiner Ostkontakte möglicherweise gefährdete Sicherheit in der BRD» garantieren können. Als ich zögernd zusage, bietet mir mein «Betreuer» zur Belohnung das Du an. Er schickt mich, ohne diesmal selber mitzukommen, in eine Wohnung in der obersten Etage eines der Hochhäuser in der Leipziger Vorstadt – an der Tür das Schild «Messeamt». Dort werde ich von zwei jüngeren Herren in gediegener Westkleidung in Empfang genommen. Der offenbar ranghöhere Wortführer und sein Adlatus reden mich gleich als «Genosse» an und duzen mich fröhlich. Bei Rotkäppchensekt und «Delikatbrötchen» wird meine ideologische Gesinnung abgeklopft. Wieder aus purer Neugierde auf das Weitere und auch, weil meine hiesige Habilitation bereits in einem knappen Jahr stattfinden soll, sage ich den Herren, so wie ich es seinerzeit im Theologiestudium gelernt habe, das, was sie am liebsten hören möchten. Mit großem Wohlgefallen hören sie sich meine kritische Einstellung zum politischen System des «nichtsozialistischen Auslands» an, nach der sie mich gefragt haben, und sie scheinen meine Äußerungen über die besonderen Vorzüge des DDR-Staats durchaus zu schätzen. Umso bewusster wird mir, dass ich beim nächsten Mal beginnen muss, mich aus der Sache wieder zurückzuziehen und meine Verfolger abzuschütteln.

Bei der nächsten Begegnung, wieder in Leipzig ein, zwei Monate später, versuche ich den beiden mir bereits bekannten

Herren einzureden, dass in der Zwischenzeit aus meiner Schreibtischschublade in Münster die Visitenkarte ihres Verkehrspolizistenkollegen gestohlen worden sei. Außerdem würde es in der Telefonleitung meines Münsteraner Appartements verdächtig knacken. Die beiden Herren setzen eine sorgenvolle Miene auf. «Man muss so etwas ernst nehmen», sagen sie. «Aber man darf es andererseits auch nicht zu ernst nehmen.» Diese Formulierung zeigt mir, dass ich mein Ziel noch nicht erreicht habe.

Deshalb wende ich mich bei meinem nächsten Leipziger Aufenthalt an meinen «Betreuer» und bitte ihn um ein vertrauliches Gespräch. Er lässt sich darauf nur ein, wenn es im Freien stattfindet. An einem Abend nach Anbruch der Dunkelheit streichen wir um die Hochhäuser. Der kleine, bebrillte Arztkollege trägt während unseres Gesprächs eine verdächtig große Ledertasche geschultert – ich vermute mit einem Aufnahmegerät darin. Deswegen sage ich ihm jetzt das, was ich beim nächsten Treffen im «Messeamt» endlich klar auf den Punkt werde bringen müssen. Ich betone ihm gegenüber zuerst meine im Einzelnen kritische, aber doch grundsätzliche Bejahung der ideologischen und politischen Zielsetzungen des sozialistischen Deutschlands. Dann jedoch sage ich ihm deutlich, dass in meiner Familie zwar die demokratisch-humanistischen Ideale immer mit der Waffe des Wortes verteidigt worden seien, nie jedoch mit geheimdienstlichen Methoden eines sozialistischen Staatssystems. Deshalb sei auch ich weder willens noch bereit, je mit diesen Methoden zu arbeiten.

Prompt sind bei meinem nächsten Besuch im betreffenden Hochhaus die beiden jüngeren Herren verschwunden, und an deren Stelle fungiert ein einzelner älterer, sehr robust wirkender Mann mit grauem Stoppelhaar. Dieser offenbar noch ranghöhere Stasi-Offizier legt die Karten sehr viel offener auf den Tisch als seine beiden Untergebenen. Er fragt mich direkt, ob ich denn bereit sei, an der Universität Münster meine Studenten und Doktoranden «sozialistisch» zu unterwandern und sie für eine informelle Mitarbeit bei der Stasi anzuwerben. Ich lehne klar mit der bereits meinem «Betreuer» gegenüber abgegebenen Begründung ab. Ich merke, dass mein Gesprächspartner darauf vorbereitet war. Er bleibt ruhig und höflich. «Wir wollen hier nicht agitieren», sagt er. Dann ist die Unterredung bald beendet. Für immer. Endlich bin ich diese Truppe losgeworden – etwa ein Jahr nach dem ersten Treffen mit dem «Verkehrspolizisten» im Gästehaus der Universität.

Von nun an erwarte ich allerdings täglich den staatlich angeordneten Abbruch auch meines Habilitationsverfahrens. Ziemlich bald würde ich die Arbeit einreichen können. Denn die während meines Gastsemesters gesammelten Daten sind inzwischen alle ausgewertet, und ich bin bereits mit der Darstellung und Diskussion meiner mittelmäßig interessant ausgefallenen Ergebnisse beschäftigt. Die folgenden Monate des zwischenstaatlichen Pendelns ziehen rasch vorüber. Zu meiner Erleichterung scheint mein Habilitationsverfahren nicht torpediert worden zu sein.

Je näher, nach der Abgabe meiner Arbeit, der Termin der «Verteidigung» rückt, desto mehr wächst die Distanz und die Entfremdung zwischen meiner Frau C. im Westen und mir. Unser gemeinsamer Versuch, mit Hilfe einer zeit- und kräfteaufwändigen Paartherapie wieder zusammenzukommen, führt zu keinem Erfolg. Etwa zeitgleich mit der Leipziger Habilitation im Herbst 1980 sehen wir keinen anderen Weg mehr als die Ehescheidung.

Hauptgebäude der Karl-Marx-Universität Leipzig, Frühjahr 1980. Mit meinem Schweizer Pass in der Hand klopfe ich an die Türe des Vorzimmers des «Direktorats für Internationale Beziehungen». Dort müssen für meine in wenigen Monaten anstehende «Promotion B» zum «Dr. sc. phil.» (scientiarum philosophiae), mit der ich die Lehrbefähigung für das Fach «Medizinische Psychologie» erwerben will, die letzten Formalitäten erledigt werden. Es geht insbesondere um die nochmalige Prüfung der staatsbürgerlichen und akademischen Zulassungsvoraussetzungen. Ein barsches «Herein» veranlasst mich zum Eintreten. Drinnen empfängt mich ein untersetzter, korpulenter Beamter, der, als er mich erblickt und meinen Namen hört, noch unfreundlicher wird. Er fordert mich mit einer hastigen Kopfbewegung auf, auf dem Stuhl vor seinem Schreibtisch Platz zu nehmen. Dann setzt auch er sich hin und nimmt die bereitgestellte dicke Akte zur Hand. Er kramt umständlich darin herum, sieht sich meinen Pass an und wirft mir zwischendurch kurze, missmutige Blicke zu. Plötzlich spricht er mich laut und deutlich an. «Wir sind auf Sie hereingefallen», sagt er, jede Silbe betonend.

Ich blicke ihn entgeistert an. Er lässt einige spannungsvolle Augenblicke verstreichen. Dann vertieft er sich wieder geheimnisvoll in die Akte. «Sie haben uns Ihre theologische Promotion unterschlagen», erklärt er schließlich, mit dem Zeigefinger mehrmals auf die gerade aufgeschlagene Seite der Akte tippend. Ich bin wie vom Donner gerührt. Allerdings mischt sich in meinen Schrecken auch sofort ein wenig Belustigung. Denn ich hatte in der Tat bei der chronologischen Zusammenstellung meiner akademischen Zertifikate, die meinem Antrag auf Habilitation beizufügen waren, diesen schwarzen Fleck in meinem Leben übersprungen. Ich versuche angestrengt aus dem Gesicht meines Gegenübers dessen Gedanken zu lesen. Soll das jetzt den Abbruch des Habilitationsverfahrens bedeuten, so kurz vorm Ziel und nach der erfolgreichen Überwindung all der jahrelangen Hürden?

Zu meiner Beruhigung merke ich immer deutlicher, dass der Herr vor mir nicht zornig, triumphierend oder gar schadenfroh vor sich hinblickt, sondern ausgesprochen verlegen und ratlos, fast ohnmächtig. Ich begreife, dass nicht ich die Konsequenzen meiner Auslassung werde tragen müssen, sondern vermutlich der Herr vor mir meinen schwarzen Fleck im roten Staat zu rechtfertigen haben wird. Ich bin erleichtert und ziehe ungeschoren von dannen.

Die Verteidigung meiner Habilitationsschrift und die offenbar äußerst seltene Verleihung des dazugehörigen akademischen Titels an einen Wissenschaftler aus dem «nichtsozialistischen Ausland» wird mit glanzvollem Aufwand begangen. Aus der ganzen DDR reisen Kollegen zu diesem Ereignis an. Sogar mein wohlwollender Münsteraner Chef, Wolfgang Pfeiffer, scheut nicht den weiten Weg von der Westfälischen Provinzhauptstadt nach Leipzig. Die Veranstaltung findet im voll besetzten, großen Hörsaal in einer der Universitätskliniken statt. Danach gibt es eine Feier mit mehreren Tischreden und einem reichen Buffet, das angesichts der Versorgungslage in diesem Land lange vorher geplant und vorbereitet werden musste. Ein gastronomisch versierter Leipziger Kollege hatte mir dabei geholfen.

In einem längeren Gespräch während der Vorbereitungen macht er mich auf den mir immer noch unbekannten Lebensbericht meines Onkels Klaus «Der Wendepunkt» aufmerksam, den er kürzlich gelesen habe. Er gibt insbesondere zwei Stellen, die ihn nachhaltig beeindruckt haben, so anschaulich und anregend wieder, dass ich beschließe, mir nach der Rückkehr nach Münster dieses Buch anzuschaffen und zu lesen.

In Münster beantrage ich sogleich meine Umhabilitation in die dortige medizinische Fakultät. Es wird eine besondere Kommission gebildet, die hinter verschlossenen Türen über meinen Antrag zu beraten hat. Der Ausschuss kommt bald zu dem Ergebnis, dass die von mir in Leipzig geleistete «Promotion B» nur der wissenschaftliche Teil der in der Bundesrepublik anerkannten DDR-Habilitation sei und dass mir nun noch die

«Facultas Docendi» genannte Lehrbefähigung fehlt. Ich spüre sehr deutlich das allgemeine Missfallen seitens meiner westdeutschen Kollegen an meinem außergewöhnlichen Umweg über den «Osten» anstelle eines «ordentlichen» Habilitationsverfahrens in Münster. Und es ist nicht nur dieser «Umweg», den mir die traditionsbewussten Münsteraner Fakultätskollegen übel nehmen, sondern vor allem, dass dieser «Umweg» ausgerechnet über das «Feindesland DDR» ging. Ich bekomme den Vorwurf zugetragen, einen «Kniefall vor dem kommunistischen System» gemacht zu haben.

Wolfgang Pfeiffer ringt sich immerhin trotz seiner bitteren Erfahrungen mit dem Ulbricht-Regime zu einem gewissen Verständnis dafür durch, dass ich als nichtdeutscher, sondern Schweizer und amerikanischer Staatsbürger der Tradition meines Großvaters gefolgt sei, nach dem Krieg die Menschen in beiden deutschen Staaten als völlig gleichwertig anzusehen und zu behandeln. Aus heutiger Sicht würde ich allerdings selbst konzedieren, dass meine damalige Haltung in gewisser Hinsicht naiv war. Die volle Tragweite des DDR-Unrechtssystems mit Mauer und Schießbefehl, Zuchthaus- und Spitzelterror und damit die Zwiespältigkeit meines dortigen therapeutischen Engagements ist mir erst sehr viel später richtig bewusst geworden. Aber damals sah ich in erster Linie nicht das Staatsgebilde, sondern die Menschen und die äußerst zaghaft in die Praxis umgesetzten Ideale des Systems – und hatte zu wenig Augen für dessen alltägliche brutale Wirklichkeit.

Noch vor der mir eröffneten Möglichkeit einer Habilitation in der DDR hatte ich durchaus eine Habilitation in Münster erwogen. Aber mein Chef hatte mir damals, wegen meines öffentlichen Vorgehens gegen den mit Münster eng verbundenen ärztlichen Direktor des Landeskrankenhauses Gütersloh, Professor Winkler, von einem Antrag bei der Münsteraner Fakultät abgeraten. Außerdem hatte ich nie vergessen, was mir eine in

Münster lehrende Germanistikprofessorin nach einem ihrer Besuche im Zürcher Thomas-Mann-Archiv erzählt hatte. Nachdem sie einmal – lange vor jenem Gütersloher Skandal – dem damaligen Archivleiter, Professor Hans Wysling, gegenüber meine Erwägung erwähnt hatte, mich in Münster zu habilitieren, hätte der nur kopfschüttelnd gemeint: «Nein … den aus dieser Familie – den werden die niemals hereinlassen.»

Die jetzige Hiobsbotschaft seitens der Münsteraner Kommission melde ich sofort Professor Weise in Leipzig. Der jedoch meint, dass man mir unter diesen Umständen auch die fehlende «Facultas Docendi» sehr bald in Leipzig werde verleihen können. Schließlich hätte ich meine Lehrbefähigung während meines Gastsemesters in Leipzig hinreichend unter Beweis gestellt.

Wieder also reise ich nach Leipzig, mit einer Probevorlesung im Gepäck, die ich pro forma zu halten habe. Ich bringe die Vorlesung mit Erfolg hinter mich, kehre mit meiner neuen Urkunde nach Münster zurück und reiche diese bei der verblüfften Münsteraner Kommission ein. Diese muss nun widerwillig meine beiden aus dem «Osten» mitgebrachten Dokumente als mit einer bundesdeutschen Habilitation gleichwertig anerkennen. Aber auch das reicht noch nicht aus. Denn jetzt muss noch die ganze medizinische Fakultät in einer geheimen Abstimmung sämtlicher Hochschullehrer meiner eigentlichen «Umhabilitation» von Leipzig nach Münster zustimmen. Diese Abstimmung wächst sich zu einer wahren Zitterpartie aus. Das Ergebnis lautet zunächst: unentschieden und damit abgelehnt, wobei noch eine einzige Stimme fehlt. Im letzten Moment vor Ablauf der Frist trifft diese ein. Sie ist positiv. Damit darf ich ab jetzt den Titel Privatdozent führen.

Nichtsdestoweniger bleibt offen, wie es mit mir weitergehen soll. Nach meiner höchst durchwachsenen Vorgeschichte in Münster sind für mich die Aussichten auf eine Hochschulkarriere in der westfälischen Stadt nicht gerade rosig. Und Leipzig? Dort ist es auch sehr still geworden. Werde ich am Ende zwischen den Stühlen sitzen bleiben – wieder einmal in einem von mir selbst geschaffenen Niemandsland?

Jetzt kommt mir wieder der Lebensbericht «Der Wendepunkt» meines Onkels in den Sinn, den mir der Leipziger Kollege ans Herz gelegt hatte. Vielleicht sollte ich den zur Hand nehmen, um die Wartezeit zu überbrücken und ein bisschen über meine weitere Zukunft nachzudenken.

Leipziger Frühjahrsbuchmesse, März 2000. Lesung aus meinem Roman «Brasa» im vollbesetzten, großen Leipziger Rathaussaal. Etliche Kollegen und Freunde aus der alten Leipziger Zeit haben sich hier eingefunden. Einige kommen nach der Lesung zu mir nach vorn und lassen sich ihre Bücher signieren. Eine unter ihnen ist Martha, damals Ärztin auf einer der Krankenstationen in der Leipziger psychiatrischen Universitätsklinik, die ich auch in meinem psychotherapeutischen Gruppenverfahren mit ausgebildet habe. Wir hatten uns, als meine Leipziger Kontakte nach Abschluss meines Habilitationsverfahrens im Sommer 1981 immer weiter einschliefen, völlig aus den Augen verloren. Mich interessiert, wie es mit ihr und den anderen damals weitergegangen ist, und auch sie scheint neugierig zu sein, etwas von meinem Leben seither zu erfahren. Nach dem Abflauen des Rummels im Rathaussaal begleite ich Martha noch bis zur nächsten Straßenbahnhaltestelle.

«Du bist ja damals ziemlich sang- und klanglos verschwunden», sagt sie, als wir den langen Flur entlang zum Ausgang streben. «Ja, das ist in der Tat merkwürdig zugegangen … nach der Verteidigung, wo du ja auch noch dabei warst», erkläre ich ihr und berichte von meiner Probevorlesung für die «Facultas Docendi» etwa ein Dreivierteljahr später. Sie fand ganz ohne Öffentlichkeit in einem ziemlich abgelegenen Gebäude am Stadtrand von Leipzig statt, und nach Aushändigung der vorgefertigten Urkunde musste ich auch gleich wieder zurückreisen, weil mein Visum ablief. «Aber du hattest mir damals noch erzählt, dass deine Betreuer und Gutachter an der Weiterführung eurer Zusammenarbeit interessiert gewesen seien und dass sogar von einer Berufung auf einen psychotherapeutischen Lehrstuhl die Rede war», wirft Martha ein. «Ja, alle drei wollten gemeinsam mit mir weitere Veröffentlichungen über mein patientenzentriertes Modell vorbereiten, neue Forschungsprojekte planen und mich langfristig stärker in die Medizinerausbildung und -fortbildung einbinden», bestätige ich.

«Aber dann, nach einem langen brieflichen und telefonischen Hin und Her, dauerte es mehrere Monate, bis ich ein nur für wenige Tage gültiges Visum für eine einmalige Ein- und Ausreise zugeschickt bekam. Und diesmal sollte ich auch nicht, wie sonst immer, privat, sondern in diesem schrecklich heruntergekommenen Interhotel ‹Stadt Leipzig› gegenüber dem Hauptbahnhof wohnen. Ich reiste hin und versuchte dann gleich aus der Anonymität meines Hotels Kontakt mit meinen Kollegen aufzunehmen. Der Einzige, den ich erreichte, war Professor Weise, den ich dann auch kurz aufsuchte. Aber als ich mich bei ihm in der Klinik einfand, hatte er plötzlich kaum mehr Zeit und teilte mir, recht förmlich und kurz angebunden, mit, dass meine Mitwirkung an der Medizinerausbildung im Augenblick nicht möglich sei, weil gerade der Lehrplan umgestellt werde und außerdem ‹personelle Umbesetzungen› im Gange seien. Der zweite Gutachter ließ mich, nach endlosen, jedes Mal bei irgendeiner Sekretärin endenden telefonischen Kontaktversuchen, in einer beim Hotelportier hinterlegten Nachricht wissen, dass für unser gemeinsames Forschungsprojekt gegenwärtig keine finanziellen Mittel vorhanden seien. Über den dritten schließlich erfuhr ich am Telefon irgendwann von dessen Frau, dass er durch ein schweres Gichtleiden ans Bett gefesselt sei.

Gerade rechtzeitig vor Ablauf meines Visums konnte ich mich wieder zurück in den Westen retten.»

«Und … war es ein Trost für dich, wenigstens wieder fest im westdeutschen Münster installiert zu sein?», fragt Martha salopp. «Leider auch nicht. Denn bald begab sich mein Chef Wolfgang Pfeiffer frühzeitig in den Ruhestand, und es erhob sich die Frage nach seiner Nachfolge. Als die Stelle ausgeschrieben wurde, bedeutete man mir in Münster unmissverständlich, dass ich mir mit meiner ‹DDR-Vergangenheit› keine großen Chancen für die betreffende Stelle ausrechnen solle. Trotz meiner Funktion als ‹Geschäftsführender Direktor› in meinem medizinpsychologischen Institut wurde ich nicht einmal in die Berufungskommission aufgenommen. Das Berufungsverfahren zog sich über Jahre hin und endete ergebnislos. Diese kostensparende Lösung, mit mir als dauerhaftem Lehrstuhlvertreter, trieb mich langsam immer mehr meiner Kündigung zu.» – «Das heißt also im Klartext: Du hast dich entschieden, lieber Romane zu schreiben?», erkennt Martha völlig richtig. Ich nicke.

«Und ihr? Wie ist es euch während der letzten Jahre der DDR so ergangen?» Martha berichtet, dass nach meinem Abgang aus Leipzig massenweise Ausreiseanträge seitens der Klinikkollegen gestellt wurden. Einige seien sogar, lange vor der «Wende», über Ungarn oder die ČSSR in den Westen getürmt. Auch mein Stasi-Betreuer hätte sich bald an einen unbekannten Ort abgesetzt, sagt sie. «Und die in der DDR Zurückgebliebenen?» Martha unterbricht kurz ihren Bericht mit einem etwas schmerzlichen Gesichtsausdruck. «Nach der Wende ist dann die ganze Schande aufgeflogen», sagt sie leise. Sie zählt dann mehrere mir noch gut bekannte Kolleginnen und Kollegen auf, die andere Menschen jahre-, manchmal jahrzehntelang ausspioniert und denunziert hätten, darunter enge Freunde, Verwandte und sogar Ehegatten. Ehescheidungen seien an der Tagesordnung gewesen. Das Schlimmste aber war, dies alles nachträglich in den angeforderten Stasi-Akten schwarz auf weiß nachzulesen, sagt sie. Selbst mir fällt es nach zwanzig Jahren wie Schuppen von den Augen. Hatte doch auch ich in erstaunlich kurzer Zeit mit einigen jener Stasi-Helfer Freundschaft geschlossen und meine Freizeit, ja Urlaube mit ihnen verbracht.

«Eine traurige Angelegenheit», schließt Martha ihren Bericht ab, als wir an der Haltestelle angelangt sind, an der inzwischen große, elegante und fast geräuschlose Straßenbahnen die damals in den Schienen kreischenden, alten Modelle abgelöst haben.

6. Der Wendepunkt in den familiären Schreibschoß?

Klaus Manns Vermächtnis und neue Brücken zur Heinrich-Mann-Linie. Die ersten belletristischen Gehversuche. Rückzug aus dem Universitätsdienst und Beginn eines Medizinstudiums.

In meinem Dienstzimmer im Medizinpsychologischen Institut in Münster, Anfang Dezember 1980. Das Telefon klingelt. Es meldet sich Berthold Spangenberg aus München, der Verleger Klaus Manns. Ich hatte ihm nach meiner aufwühlenden Erstlektüre des «Wendepunkt» einen Brief geschrieben und meine Begeisterung zum Ausdruck gebracht – aber auch meine Fassungslosigkeit über die geringe Bekanntheit meines Onkels im Vergleich zu vielen angeblichen Koryphäen am derzeitigen deutschsprachigen Literaturhimmel. Jetzt drücke ich nochmals meine Überzeugung aus, dass eine gekürzte Neuausgabe des Lebensberichts meines Onkels zur besseren Verbreitung seines Œuvres beitragen könnte. Spangenberg äußert sich «beglückt» über mein Engagement. Er rekurriert auch kurz auf seine eigenen Erinnerungen an die Mann-Kinder im Münchener Herzogpark in den zwanziger Jahren, vor allem an meinen Vater. «Eine gekürzte Ausgabe des ‹Wendepunkt›? Nein, das auf keinen Fall», weist er mich Ahnungslosen lachend zurecht. «Aber ein Vorwort oder Nachwort von Ihnen jederzeit sehr gern», klingt es fast überschwänglich. «Wir planen zum 75. Geburtstag Ihres Onkels im nächsten Jahr eine Sonderausgabe», kündigt er an. Ich bin überglücklich über Spangenbergs Bereitschaft und über diese Fügung. Wir verbleiben so, dass ich mich wieder bei ihm melde, sobald ich das Nachwort geschrieben habe.

Wenige Tage vor Weihnachten 1980, in einer Transatlantikmaschine am Flughafen Frankfurt am Main. C., Stefan und ich sitzen nebeneinander angeschnallt und bereit zum Nonstop-Flug nach San Francisco, wo wir die Feiertage bei meiner Mutter verbringen wollen. Ich blättere gerade in der Zeitschrift «Stern», die ich mir am Eingang der Maschine zum Lesen geholt habe. Plötzlich entdecke ich die für mich sensationelle Nachricht von der Nacht-und-Nebel-Aktion, in der Klaus Manns vor über zehn Jahren gerichtlich verbotener Roman «Mephisto» als rororo-Taschenbuch publiziert wurde, ungeachtet einer zu befürchtenden gerichtlichen Klage seitens Gustaf Gründgens' Adoptivsohn. Ich lese diese Nachricht mehrmals durch, als würde es mir schwerfallen, ihr Glauben zu schenken. Dann reiche ich sie an C. weiter, die sie ebenfalls liest.

Ich berichte ihr, dass ich gerade dabei bin, ein Nachwort zu Klaus Manns «Wendepunkt» zu verfassen. Schließlich bekenne ich ihr zögernd meinen Plan, nach dem Nachwort zum «Wendepunkt» auch mit einer Art Autobiographie oder einem autobiographischen Roman zu beginnen. Ihre Reaktion ist für mich überraschend verhalten, skeptisch, fast ablehnend. «Du musst aufpassen, dass du nicht ins falsche Fahrwasser gerätst», gibt sie zu bedenken. «Seine Memoiren schreibt man, wenn man alt ist, aber nicht mit vierzig», bringt sie die Sache auf den Punkt. Ich versuche ihr zu erklären, dass ich keinesfalls so etwas wie «Memoiren» schreiben wolle, sondern eine Mischung aus Autobiographie und belletristischer Fiktion, also einen «autobiographischen Roman». Meine Erläuterungen vermögen sie jedoch kaum zu überzeugen.

Ich grübele über meinen seit meiner Konversion zum Katholizismus geführten Kampf um Abgrenzung gegenüber meiner Familie, insbesondere gegenüber meinem Großvater. Natürlich bin ich mir bewusst, dass mein Schritt in das belletristische Milieu als «Rückkehr in die Familie» ausgelegt werden wird. Ich frage mich, ob es das tatsächlich ist. Ob ich über das Scheitern der neuen Denkansätze der Kirchenreformen des Zweiten Vatikanischen Konzils, des «Dritten Weges» zwischen Kapitalismus und Kommunismus, der neuen Therapiekonzepte dermaßen enttäuscht bin, dass mir nichts anderes einfällt, als es meinen Ahnen gleichzutun. Mir geht auf, dass die Abgrenzung weniger im Äußeren – meinen unterschiedlichen beruflichen Orientierungen –, sondern im Inneren zu suchen ist. Ich möchte mich frei schreiben, mir die Dinge von der Seele schaffen. Und dabei ist eine erneute Annäherung an meine Familiengeschichte unvermeidlich.

Ich will an den «Wendepunkt» anknüpfen. Denn es ist sicherlich kein Zufall, dass ich ungefähr in dem Alter bin, in dem mein Onkel seiner Familie sozusagen für immer den Rücken kehrte und den Freitod wählte. Allerdings denke ich nicht im Traum daran, jetzt etwa «Schriftsteller» zu werden. Ich werde selbstverständlich meinem Broterwerb an der Universität weiter nachgehen und das Schreiben lediglich als Freizeitbeschäftigung betreiben. Ich habe mich ja noch gar nicht lange in mein neues medizinpsychologisches Fachgebiet eingearbeitet. Die Aufgaben, die ich dort in Unterricht und Forschung im Dienste des Patienten in Angriff genommen habe, bleiben für mich eine reizvolle Herausforderung. Selbst wenn mir später einmal der Gedanke kommen sollte, aus meinem akademischen Beruf auszusteigen, so versuche ich C. zu überzeugen, als wir uns bereits hoch oben über den Wolken befinden, bin ich jetzt noch weit davon entfernt.

Ein Jahr später. C., Stefan und ich sind am Abend vor Silvester von unserer Ferienwohnung im Fassatal in den Dolomiten mit dem Auto nach Bozen hinuntergefahren. Nach unserer «reinigenden» Scheidung Anfang dieses Jahres sind es die ersten Ferien, die ich wieder mit den beiden gemeinsam verbringe. In

Bozen wollen wir uns mit unseren vor über zehn Jahren aus Prag nach Westeuropa geflüchteten und jetzt zeitweise in Südtirol lebenden Verwandten treffen. Schon als Kind – in Pacific Palisades und später in Kilchberg – habe ich andeutungsweise von Großonkel Heinrichs bei uns etwas schief angesehener Tochter Leonie, genannt «Goschi», gehört. Der Hauptgrund für die negative Haltung «Goschi» gegenüber waren wohl irgendwelche Streitigkeiten über den Nachlass ihres Vaters gewesen, unter anderem über die Rechte von dessen Werk, die sie an den ostdeutschen Aufbau-Verlag übertragen hatte. Als schwerfällig und ungeschickt belächelt worden war sie schon als Kind – als Spielgefährtin vor allem meines Vaters und Medis während der Sonntagszusammenkünfte der beiden Familien in der Münchener Poschingerstraße.

Ich wusste seit meiner Jugend von dem im Unterschied zu uns Glückspilzen in Kalifornien schrecklichen Schicksal ihrer Mutter Mimi im böhmischen «Musterlager» Theresienstadt und von deren baldigem Tod als Folge ihrer Inhaftierung. Dass Leonie 1968 zum zweiten Mal das Opfer einer militärischen Okkupation ihres Landes geworden ist, hat mich eher für sie eingenommen. Denn gerade dieses Land hatte ich inzwischen besonders lieben gelernt, und dort waren auch meine eigenen Hoffnungen auf eine neue lebenswerte Gesellschaftsordnung aufs bitterste zerschlagen worden. Irgendwann stand für mich fest, dass ich den aufgerissenen Familiengraben überspringen und wenigstens in der dritten Generation eine neue Verbindung zwischen den Brüdern Thomas und Heinrich knüpfen wollte. Eine immer regere Briefkorrespondenz zwischen uns kam in Gang. Diese gipfelte in der Vereinbarung des heutigen Besuchs bei Leonie und ihrem Mann Ludvik Aškenazy und deren beiden Söhnen Jindrich, genannt Jindra, und Ludvik.

Wir parken unser Auto in der Nähe des Bahnhofs Bozen und gehen dann zu Fuß durch die Arkaden der Altstadt bis zu dem auch in der Weihnachtszeit prallbunt mit Obst und Gemüse versehenen «Obstmarkt». Durch ein offenes Tor hinter dem Markt betreten wir einen Hinterhof, der uns zu einem Hauseingang führt, an dem wir die Klingel betätigen. Dann steigen wir die Treppe hoch. Oben steht schon fast die ganze Familie an der offenen Wohnungstüre neugierig und freudig versammelt. Als wir alle zusammen im Wohnzimmer sitzen, das auf mich ein bisschen wie ein Gemisch aus Wartesaal und Plüschsalon wirkt, kommen wir rasch ins Gespräch. Wir haben einander viel zu berichten und viele Fragen zu erörtern. Ich lasse mir von meinen Verwandten erzählen, wie und wo überall sie die Jahre nach ihrer Flucht aus Prag zugebracht haben, und ich versuche ihnen meinerseits ein Bild von meinem bewegten Werdegang und von meiner derzeitigen Tätigkeit an der Universität Münster zu vermitteln. Dann wiederhole ich meine bereits brieflich vorgetragene Andeutung, dass ich mit dem Gedanken spiele, die mir überaus interessant erscheinende Geschichte der «Prager Verwandten» als ein eigenes Kapitel und als besonderes Stück Familien- und Zeitgeschichte in meinen kürzlich begonnenen autobiographischen Roman einzubeziehen.

Die beiden Söhne Jindra und Ludvik hören fast nur still und aufmerksam zu. Jindra hat vor noch nicht langer Zeit seine Ausbildung an der Westberliner Filmakademie abgeschlossen und lebt in Berlin zusammen mit seiner Frau und einer kleinen Tochter. Sein jüngerer Bruder Ludvik studiert gegenwärtig in Siena Medizin. Die Mutter, ein quirliges Energiebündel, deren raues, schepperndes Lachen mir sogleich auffällt, lässt unter der Oberfläche ihrer liebenswerten Naivität Tiefsinn und Hintergründigkeit vermuten. Die ausweichende Art, mit der sie auf meine vielleicht allzu impulsiv und bedrängend gestellten Fragen zu ihrer bewegten Geschichte in Prag zwischen 1933 und ihrer Flucht von dort im Jahre 1968 antwortet, zeigt mir, dass sie nicht mit ungeschützter Offenheit darüber sprechen möchte.

Zu ihrer Abwehr gegen jegliche Vereinnahmung durch mich gehört wohl auch die lakonische Art, mit der sie einer möglichen Einbeziehung in meinen belletristischen Erstling begegnet: «Das muss mindestens so gut werden wie Thomas Mann», sagt sie. Diese Äußerung wird mich wie eine Art Fluch verfolgen. Ludvik Aškenazy senior gibt sich diesbezüglich wesentlich freundlicher und ermutigender. Als ich der Prager Familie die wichtigsten Etappen meines eigenen bisherigen Werdegangs umreiße und als wegweisenden Einschnitt meine Konversion zum Katholizismus erwähne, sagt er, kaum sichtbar in seinem riesigen Ohrensessel vergraben, mit bedeutungsvoll raunender Stimme: «Wer so etwas macht, wird es in seinem Leben weit bringen.»

Vater Ludvik, während seiner Zeit in Prag ein renommierter Schriftsteller, dunkel nicht nur in seiner Stimme, sondern auch in seiner ganzen gedrungenen Erscheinung, sogar in der Gesichts- und Augenfarbe, ist schwer nierenkrank und inzwischen dialysepflichtig. Sein Leiden hat mit dem Schock der stalinistischen Säuberungen und der Slánský-Prozesse in den frühen fünfziger Jahren in Prag eingesetzt, als er plötzlich mitten auf der Straße zusammenbrach. Und das Leiden hat sich dann über die Jahrzehnte der nur sehr langsam voranschreitenden politischen Reformen bis zu deren abruptem Ende und der Flucht in den Westen laufend verschlimmert.

Beim Abschied, ziemlich spät am Abend, sind wir uns einig, dass wir unsere neu hergestellte Verbindung unbedingt aufrechterhalten wollen, hierzulande oder in Westberlin, wo unweit von Jindras Wohnung auch seine Eltern ein Zweitdomizil haben. Leonie will mich in meinem Romanvorhaben gern unterstützen und mir unter vier Augen Rede und Antwort stehen. Dann brechen C., Stefan und ich auf und fahren bis tief in die Nacht die ganze Strecke zurück in unser hoch in den Alpen gelegenes Feriendomizil.

Seminarraum für Medizinische Psychologie an der Universität Münster, Anfang der achtziger Jahre: das dritte der sechs vierstündigen Pflichtseminare für Medizinstudenten. Meine heutige Mittagspause habe ich ausnahmsweise nicht für meine Arbeit an einem gerade recht schwierigen Kapitel meines autobiographischen Romans genutzt. Denn wir erwarten zwei besondere Gäste, mit denen ich mich innerlich jetzt schon stark beschäftige. Das heutige Thema ist die Krankheitsverarbeitung von Patienten. Eine aus drei Studenten bestehende Vorbereitungsgruppe hat anhand von Literatur einen Fragenkatalog für das Gespräch mit dem heute eingeladenen Kranken erstellt. Vor der Sitzung haben sie diese Fragen nochmals ausführlich mit mir durchgesprochen. Das ist mir besonders wichtig. Denn die Vorbereitungsgruppe weiß inzwischen, dass ein Oberarzt der Klinik für Mund-, Kiefer- und Gesichtschirurgie uns zur heutigen Seminarsitzung einen jungen Mann mit rapide fortschreitendem und mit Sicherheit rasch zum Tode führendem Zungenkrebs geschickt hat. Zu ihrer Beruhigung hatte mir der Arzt ausdrücklich versichert, dass der betreffende Patient ausgesprochen gern Nachwuchsmedizinern Einblicke in seine Krankheitssituation geben möchte. Bei Herrn X., glücklich verheiratet, seit zwei Monaten zum ersten Mal Vater, erfolgreich im Beruf und leidenschaftlicher Hobbysportler, war die Geschwulst erst vor sechs Wochen entdeckt worden. Daraufhin mussten in kürzester Abfolge dreimal größere Teile des Unterkiefers operativ entfernt werden. Zu dem heutigen Gespräch wird ihn seine junge Frau begleiten.

Die übrigen Kursteilnehmer wissen noch nicht, was auf sie zukommt, als sie sich im Seminarraum einfinden. An den beiden vorangegangenen Unterrichtsnachmittagen ist es mir auch bei dieser Gruppe weitgehend gelungen, die Vorurteile gegen das bei Medizinstudenten gern als Schwatz- und Absitzfach verschriene Psychologieseminar abzubauen. Gewisse Reste der ursprünglichen Abwehrhaltung und eine gewisse Schwierigkeit, sich vom «normalen» vorklinischen Medizineralltag auf mein «Orchideenfach» umzustellen, sind jedoch noch immer zu spüren. Einige Studenten tauschen bis zum letzten Moment vor Seminarbeginn hektisch Chemie-Formeln für die am Abend bevorstehende Klausur aus. Andere lassen einen makabren Scherz über den Anatomiekurs vom Vormittag fallen. Als ich dann gleich zu Beginn den in einem großen Kreis Zusammensitzenden eröffne, wen wir heute als Gast erwarten und dass wir uns in der verbleibenden halben Stunde auf das Gespräch mit dem betreffenden Ehepaar vorzubereiten und innerlich darauf einzustellen haben, wird es mucksmäuschenstill. Ich blicke in lauter versteinerte Gesichter.

Eine Teilnehmerin gibt ihrem Entsetzen darüber Ausdruck, dass ich mir einen so heiklen Fall ausgesucht habe und diesem zumuten würde, sich als Versuchskaninchen einer ganzen Gruppe von Anfängerstudenten zur Verfügung zu stellen. Ein anderer äußert seine Angst vor dem Risiko, im Gespräch mit einem so Schwerkranken Porzellan zu zerschlagen. Ich halte dagegen, dass auch in der Medizinpsychologie nicht früh genug mit herausfordernden Situationen begonnen werden könne, vergleichbar mit dem Sprung ins kalte Wasser des Präparierkurses der makroskopischen Anatomie an der Leiche. Ich füge hinzu, dass die das Gespräch einleitende Vorbereitungsgruppe auf jenen Herrn X. frühzeitig eingestellt wurde und dass vor allem auch der betreffende Patient nach den Angaben seines behandelnden Arztes mit rückhaltloser Offenheit über seine Situation reden möchte. Ich hätte, erkläre ich ganz offen, weniger Angst um den Patienten und dessen vom Schicksal so hart getroffene Frau gehabt als um die Seminargruppe und deren Belastungsgrenzen. Denn das Wichtigste für mich bliebe die dem Kranken gegenüber abgegebene Garantie, dass es hier weder um eine Befragung nach klinischer Symptomatik noch um peinliche körperliche Untersuchungen und schon gar nicht um ein Verhör gehe, sondern um ein Gespräch in persönlicher Atmosphäre.

Nach und nach weichen Angst und Unmut in der Gruppe und machen einer gewissen Neugierde und konstruktiven Anspannung Platz. Bald klopft es an der Tür. Ich stehe auf, um die beiden Gäste zu begrüßen, und führe sie zu den für sie freigehaltenen Plätzen. Nachdem einer aus der Vorbereitungsgruppe das Gespräch eröffnet, bekundet Herr X. freundlich seine uneingeschränkte Bereitschaft zu sprechen, wobei auf Anhieb seine durch die mehrfache Verstümmelung des Unterkiefers beschränkte Artikulationsfähigkeit deutlich wird. Herr X. berichtet trotzdem, so gut es geht und mit seiner unbewegt aufrecht sitzenden Frau an seiner Seite, den Anwesenden über den jähen Überfall auf seine Gesundheit und auf seine intakte, bisher nur glückliche Lebenssituation, und er verblüfft die Studenten mit dem offenen Bekenntnis, dass ihm jetzt nur noch sehr kurze Zeit zum Leben bliebe.

Das Gespräch kommt dann für längere Zeit auf die Therapiesituation des Patienten. Dies entschärft nicht nur die gefühlsgeladene Atmosphäre, sondern es ist den Studenten auch daran gelegen, möglichst viel über die Erfahrungen des Patienten mit den ihn behandelnden Klinikärzten vor und nach den Operationen zu erfahren. Auch darauf geht er ausführlich ein. Glücklicherweise beteiligen sich immer mehr Studenten an dem Gespräch, sodass Herr X. das Gefühl vermittelt bekommt, mit seinem Schicksal auf breites und echtes Interesse zu stoßen, und das wiederum ermuntert auch die Seminarteilnehmer zu immer mutigeren Fragen. Bald scheint wie selbstverständlich der Augenblick gekommen zu sein, auch die Frau des Patienten in das Gespräch mit einzubeziehen.

«Sie haben sich das alles angehört, Frau X.», äußert einer aus der Runde. «Wie werden Sie mit dieser Situation fertig?» – «Sie machen sich keine Vorstellung, wie hart das für mich ist. Es ist alles so über uns hereingebrochen. Und ich kann es immer noch nicht fassen», bekennt sie erstaunlich ruhig und mit klarer Stimme. «Man wird sicherlich sagen können, dass Sie jetzt und in Zukunft auf sich allein gestellt sind?», meint dann ein anderer. Frau X. betont, wie wichtig es ihr sei, dass sie und ihr Mann so eng zusammenhielten und einen so verständnisvollen Arzt hätten, der ihnen zur Seite steht. Doch die Bewegtheit in der Gruppe ist groß, und irgendwann prescht einer der Teilnehmer ungestüm mit der Frage vor: «Wenn Sie in den gemeinsamen Stunden mit Ihrem Mann manchmal darüber nachdenken, wie es später einmal sein wird, für Sie und Ihr Kind, wenn Sie allein sein werden … wie ist das, wenn Sie sich dessen bewusst werden? Was ist das für ein Gefühl?» Frau X. versucht die Contenance zu wahren und antwortet geduldig, dass jetzt einfach noch nicht die Zeit sei, sich zu überlegen, was sie dann tun würde, und sie hätten auch schon darüber gesprochen, aber nur selten. Dann allerdings kann sie sich ihrer Tränen nicht mehr erwehren. Gerade will ich der Bedrängten beispringen, als sich Herr X. einschaltet und seine Frau daran erinnert, dass sie mit ihrer Ausbildung als Krankenschwester doch letztlich eine gesicherte Existenz behielte, was sie leise und scheu bejaht. Daraufhin entspinnt sich ein kurzes, vertrauliches Zwiegespräch zwischen den Eheleuten. Ich weise nochmal darauf hin, wie wichtig es in dieser Situation sei, auf gute Freunde bauen zu können, und Frau X. bestätigt, sie hätten inzwischen bereits erfahren können, wer zu den echten Freunden gehöre und wer nicht.

Danach beenden wir allmählich das Gespräch. Herr X. beteuert zum Abschied nochmals mit einem etwas hilflosen und traurigen Lächeln, wie gern er den hier Anwesenden seine Erfahrungen weitergegeben habe, damit sie diese «für sich und ihren zukünftigen Arztberuf verwerten können», wie er sagt. Dann begeben sich alle in die Pause. Die beiden Gäste bleiben noch bis zum Schluss der Pause da und unterhalten sich angeregt mit den sie umringenden Studenten. Beim Abschied von dem Ehepaar versichere ich der Frau, dass sie sich jederzeit an mich wenden könne, wenn sie psychologischen Beistand bräuchte. Dann verlassen uns die beiden, und alle anderen kehren wieder zu ihren Plätzen im Seminarraum zurück.

Dort spreche ich mit den Studenten über deren Eindrücke und Gedanken. Ich gestehe mir während dieser «Nachbereitung» im Stillen ein, welches Glück mir bei dem ungeheuer bewegenden Seminarnachmittag zuteil geworden ist, mit meinen Studenten, mit der beeindruckenden Persönlichkeit von Herrn und Frau X. und nicht zuletzt auch mit dem Weitblick und der Feinfühligkeit des vermittelnden Klinik-Oberarztes. Zum ersten Mal beschleicht mich jedoch das Gefühl, dass ich solche Situationen vielleicht noch sicherer meistern könnte, wenn ich mich ihnen nicht «nur» als Psychologe, sondern auch als zusätzlich ausgebildeter Arzt stellen würde.

Zu Hause werde ich als Erstes den ganzen Seminarablauf möglichst detailliert schriftlich festhalten. Denn ich möchte dieses Erlebnis unbedingt in mein Romanmanuskript einbeziehen, das bald den Titel «Professor Parsifal» tragen wird. Aber vor meiner Vorlesung morgen früh um acht Uhr habe ich nur sehr knapp Zeit für die kurze Niederschrift. Denn heute am frühen Abend werde ich auch noch an einer Protestaktion der Münsteraner Sektion der «Ärzte gegen den Atomkrieg» (später in «Ärzte für den Frieden» umbenannt) teilnehmen, der ich seit einigen Monaten angehöre, gegen die Stationierung von Pershing-II-Raketen mit atomaren Sprengköpfen und von Cruise Missiles in der Bundesrepublik durch US-Präsident Reagan. Auch hier, denke ich, könnte ich mit dem Gewicht und der Kompetenz eines approbierten Arztes sehr viel effektiver mitwirken.

Landschulheim Oberried, Belp bei Bern, Frühjahr 1953. Ich sitze zusammen mit meinen Mitschülern im großen Klassenzimmer während der allwöchentlichen «Freistunde» am Samstagnachmittag kurz vor dem Abendbrot. Dort werden unter Aufsicht eines Internatslehrers Briefe nach Hause geschrieben, oder es wird gelesen. Ich habe eben meinen obligaten Wochenbrief an meine Eltern in Pacific Palisades verfasst, wo sie, noch rechtzeitig vor ihrer Japan- und Indienreise, den Verkauf meines großelterlichen Hauses betreiben, während zugleich mein Vater in Los Angeles mit Yaltah Menuhin Konzerte vorbereitet. Da noch etwas Zeit übrig ist, hole ich aus meinem Pult wieder einmal mein Naturkundebuch. Während ich den hochgeklappten Pultdeckel mit meinem Kopf offen halte, schlage ich das Kapitel «Der Mensch» auf. Auf der ersten Seite ist ein Skelett abgebildet und daneben eine stehende nackte Frau, an deren einen Längshälfte der Blick frei ist ins Körperinnere zu den Organen, Muskeln und Blutgefäßen. Ich vertiefe mich mit großem Interesse in die Struktur der dicht angeordneten, quergestreiften Muskulatur und inneren Organe und versuche, mir von diesem Gewirr auch eine Raumvorstellung zu machen. Zwischendurch fällt mein Blick jedoch immer wieder auf die entblößte Brust auf der anderen Halbseite der Abbildung.

Ich merke, wie mich dies erregt, weil ich unwillkürlich an mein nur ein halbes Jahr zurückliegendes Erlebnis mit der Christl im halbdunklen Holzschuppen kurz vor unserem Abschied aus Österreich denken muss und Vergleiche zwischen dieser Zeichnung und der damaligen Realität ziehe. Meine Beschäftigung mit dem Aufbau des menschlichen Körpers ist relativ neu und erst während meiner hiesigen Internatszeit entstanden. Ich habe bisher weder meinen beiden Großeltern in Erlenbach und in Zollikon noch meinen Mitschülern und Lehrern hier und schon gar nicht meinen Eltern verraten, dass ich leidenschaftlich gern Arzt werden möchte.

Anatomisches Institut der Universität Münster, Anfang des Wintersemesters 1984/85. Ich habe den ersten, langen Vormittag des Präparierkurses für makroskopische Anatomie hinter mich gebracht. Es ist mein zweites Semester als Medizinstudent neben meiner Direktorenstelle im Medizinpsychologischen Institut. Wieder eine Art Dr.-Jekyll-und-Mr.-Hyde-Situation an derselben Universität. Ich hatte nach meiner Bewerbung und einem Prüfungsgespräch vor einer Auswahlkommission erstaunlich rasch einen Studienplatz bekommen. Nach den naturwissenschaftlichen Grundlagenfächern im ersten Semester erfolgt jetzt mit dem Anatomiekurs die eigentliche Initiation.

Der erste Kurstag hatte sich für mich als noch schockierender und aufregender erwiesen als allgemein befürchtet. Das Schlimmste war gar nicht der Anblick der mit abgewandtem Gesicht bäuchlings auf dem metallenen Präpariertisch liegenden und stark nach Formalin riechenden Leiche mit ihrer bräunlich verschrumpelten Haut gewesen. Das uns gleich am Anfang übermittelte Wissen, dass es sich bei diesem unseren Studienobjekt für das ganze kommende Semester um die sterbliche Hülle einer alten Frau handelte, hatte mir im Gegenteil eine gewisse Orientierung gegeben, an der ich mich festhalten konnte. Die größte Anfechtung für mich war der erste Schnitt mit dem Skalpell durch die ledrige Haut hindurch zur obersten Fettschicht gewesen und danach die mühsame Freilegung der ersten, darunter liegenden Gewebe-Etagen. Nicht der Anblick des sich im Lauf der Stunden meinem Blick immer breiter öffnenden, weißlich gelben Gewirrs von Fett, Bindegewebe und dann von Muskelsträngen, Nervenleitungen und ersten feinen Blutgefäßen bewirkte, dass sich in mir alles zusammenzog. Die größte Hemmung, ja Angst bereitete mir das Bewusstsein, in einen Menschen hineinzuschneiden, die Unversehrtheit seiner Hautoberfläche zu zerstören, obwohl mir der Verstand sagte, dass dieser Mensch dies alles gar nicht mehr wahrnahm und dass er zu Lebzeiten aus freien Stücken und vertraglich festgelegt seinen Körper für wissenschaftliche Studienzwecke zur Verfügung gestellt hatte.

Für heute ist alles ausgestanden, denke ich, während ich in einem dem Präpariersaal vorgelagerten Waschraum an einem der vielen Becken mein Präparierbesteck säubere und mit aufgekrempelten Ärmeln meines weißen, stinkenden Kittels meine Hände und Arme fast bis zu den Ellbogen gründlich abseife. Morgen wird mir alles bestimmt schon sehr viel leichter fallen. Ich fürchte mich ein bisschen vor dem heutigen Mittagessen in der Klinikkantine, falls heute ein Rindfleischgericht auf dem Speiseplan stehen oder der Salat mit Mayonnaise angemacht sein sollte. Deshalb lenke ich meine Gedanken rasch auf den Prüfungskatalog für das Semester, der heute früh in der Vorbesprechung im Seminarraum verteilt wurde.

Die Fülle des auf ein Dutzend Seiten stichwortartig aufgeführten Stoffs lässt mich fast in Panik geraten: die endlosen Knochen, Bänder und Gelenke des ganzen Bewegungsapparats, Ursprung und Ansatz sämtlicher Muskeln und dazu das eng vernetzte Leitungssystem der Nerven und Gefäße – dies alles wird bereits abgeprüft im ersten der insgesamt fünf Testate in drei Wochen über die «unteren Extremitäten und Rücken». Das zweite mit den «oberen Extremitäten und Schulterregion» schließt sich nur drei Wochen später daran an. Der «Situs» mit den inneren Organen kommt noch vor Weihnachten dran, gefolgt von Kopf und Hals im neuen Jahr und schließlich vom zentralen Nervensystem am Semesterende Anfang Februar.

Ich habe den Verdacht, dass der immense Lern- und Prüfungsdruck unsere jetzige Empfindsamkeit gegenüber dem Leichenschneiden und unsere Auseinandersetzung mit Tod und Vergänglichkeit rasch austreiben und uns bald zu den berüchtigten, abgebrühten Medizinern machen soll, die ich in meinen medizinpsychologischen Kursen immer als Schreckgespenst an die Wand male. Wie soll ich bloß, mit meiner zusätzlichen vollen Arbeitsstelle als Institutsdirektor, das alles bewältigen?

Und dann muss ich auch noch zusammen mit meinem Verlag das Endlektorat meines im nächsten Jahr erscheinenden «Professor Parsifal» leisten. Dort sind gerade im Kapitel über Alexanders Erfahrung mit dem anatomischen Präparierkurs Änderungen anzubringen. Denn ich habe dieses Kapitel noch vor meinen eigenen Erfahrungen hier abgefasst und während meiner ersten Kurserfahrungen heute Vormittag die ersten Fehler entdeckt.

Dazu kommt, dass mich von fast allen Kommilitonen etwa 20 bis 25 Jahre trennen. Umso glücklicher bin ich darüber, dass ich mit allen anderen Mitgliedern unserer achtköpfigen Tischgruppe bestens auskomme und mich von ihnen akzeptiert fühle, auch weil ich weiß, dass wir eine über Monate eng zusammenwachsende Solidargemeinschaft sein werden. Im Übrigen habe ich herausgefunden, dass eine Teilnehmerin an unserem Tisch zugleich auch meine Schülerin in dem von mir geleiteten und heute Nachmittag beginnenden medizinpsychologischen Seminar sein wird.

Mit diesem ganzen Gedankenwirrwarr im Kopf und immer noch benommen von den Anspannungen des Vormittags, begebe ich mich aus dem Waschraum weiter zu meinem Spind, um dort meinen Kittel und den Kasten mit dem Präparierbesteck bis morgen Vormittag einzuschließen. Während ich meinen Kittel ausziehe, entdecke ich plötzlich Ulrike B., die ich heute vergeblich gesucht hatte, weil sie offenbar einem der weit entfernten Tische zugeteilt worden war. Ulrike war im vergangenen Sommersemester, als ich gleichzeitig mit ihr mit dem Medizinstudium begann, eine Teilnehmerin meines medizinpsychologischen Seminars gewesen, und sie hatte sich beim Thema «Sozialisation, Einstellungen und Rolle des Arztes» stark eingebracht. Heute begegnen wir uns zum ersten Mal als Kommilitonen. Jetzt sieht sie auch mich und lächelt mir zu. Sogleich forsche ich in ihrem Gesicht eingehend nach den Spuren des heutigen Vormittags und bemerke ihr angestrengtes Lächeln. Die Augen in ihrem erhitzten Gesicht verraten einen gewissen Schrecken über den Verlust einer heilen Welt. Ihr geht es wie mir, denke ich. Auch sie fragt sich, wie sie die kommenden Wochen bewältigen soll. Das tröstet mich ein wenig.

Amsterdam, Ende September 1985. Das Goethe-Institut Amsterdam hat im Theater De Balie eine ganze Reihe von Abenden über die Familie Mann organisiert. Da die noch lebenden Kinder Thomas und Katia Manns, Elisabeth, Monika und Golo, selbst an keiner dieser Veranstaltungen teilgenommen haben, hat sich der Zyklus vor allem auf Vorträge von Mann-Experten, Zeitzeugenberichte und Dokumentarfilmvorführungen gestützt. Da gerade zu diesem Zeitpunkt mein autobiographischer Roman «Professor Parsifal» erschienen ist, bin ich kurzfristig zum letzten Veranstaltungsabend eingeladen worden, um aus meinem Buch zu lesen. Eine holländische Germanistin soll im Anschluss an meine Lesung ein Gespräch mit mir in deutscher Sprache führen.

Schon bei der Ankunft im Theater merke ich, dass meine Gesprächspartnerin von meinem Buch wenig angetan ist. Dies bestätigt sie bei ihrer kurzen Ansprache vor dem Publikum, während ich im Zuschauerraum darauf warte, auf der hell erleuchteten Bühne meine Lesung zu beginnen. «Noch an keinem der vorangegangenen Abende unserer Reihe über die Familie Mann ist dieses Theater so glanzvoll besetzt gewesen wie heute Abend», erklärt sie. «Man könnte fast meinen, Thomas Mann persönlich wäre anwesend», um dann gedehnt und mit scharfer Betonung auf jedem Wort fortzufahren: «Dies ist jedoch nicht der Fall.» Dann stellt sie mich als Gast des Abends vor und komplimentiert mich auf die Bühne zu meinem bereitstehenden

Sessel, während sie sich auf den zweiten, danebenstehenden setzt.

Ich lese dann etwa eine Dreiviertelstunde lang einige Stellen aus meinem «Professor Parsifal» vor. Anschließend beginnt das Gespräch. Meine Gesprächspartnerin stellt mir kritische Fragen, auf die ich jedoch einigermaßen zu parieren weiß. Ich kann unter dem blendenden Licht auf der Bühne das Publikum vor mir im dunklen Zuschauerraum kaum sehen. Meine Gesprächspartnerin versucht mich wiederholt auf schwache Punkte in meinem Buch festzunageln und verrät mir deutlich ihre Ungeduld, mich endlich zu widerlegen. Ich lasse sie jedoch irgendwann mit einer humoristischen Wendung abblitzen, sodass ich den ersten größeren Publikumslacher auf meiner Seite habe. Beim anschließenden Zusammensitzen in einem Weinlokal im kleinen Kreis gesteht mir meine Gesprächspartnerin, dass sie durch unser öffentliches Gespräch einen sehr viel positiveren Zugang zu meinem Buch bekommen hätte als vorher. Dann geht sie zu meinem Erstaunen so weit, mich zu fragen, ob ich ihr denn böse sei wegen ihrer kritischen Einwände. Trotz meiner Beschwichtigungen reagiert sie immer unsicherer und entschuldigt sich beim Abschied ausdrücklich bei mir.

Kilchberg, Weihnachtstage 1954. An einem der gemeinsam mit meinem Großvater verbrachten Nachmittage übe ich mich mit seiner Hilfe und zu unserem großen beiderseitigen Vergnügen darin, seine Unterschrift nachzuahmen. Ich erinnere mich nicht mehr, wie es dazu kam. Vermutlich habe ich seine Unterschrift bewundert und sie nachgekritzelt – und dann ergab sich diese «Übung». Wir beschäftigen uns jedenfalls recht lange und ausführlich damit. Der Nachname klappt eigentlich schon ganz gut. Das von Kringel zu Kringel schweifende und steil herabfallende hohe «M» und dann das sich anschließende eckige «a» und das zweifache «n». Der ganze Nachname «Mann» zeigt, wie auch der Vorname, eine leicht nach rechts abfallende Neigung. Den Vornamen muss ich allerdings sehr viel länger üben, besonders die kunstvoll ineinander verhakten Buchstaben «T» und «h» am Anfang. Die folgenden Buchstaben fließen dann bis zum letzten «s», trotz ihrer fortgesetzten Eckigkeit, fast wie von selbst aus meiner Feder. Aber das Allerschönste folgt am Schluss: Die Unterstreichung des vollen Namens. Der gegen die leichte Abwärtsneigung sowohl des Vor- als auch des Nachnamens leicht aufsteigende und sich dann bogenförmig dem Geschriebenen zuneigende Strich, der dem Namen seine letzte Stütze und Gültigkeit verleiht. Gesagt, getan. Mit fröhlichem Schwung wird unter Großvaters Unterschrift der Schlussstrich gezogen.

Institut für Biochemie an der Universität Münster, etwa einen Monat nach der Lesung in Amsterdam und anderthalb Jahre nach Beginn meines Medizinstudiums. Ich befinde mich auf dem Weg zu Professor M.s Dienstzimmer. Ich hatte Kollege M. um Rat wegen meines Studiums gebeten. Ich kenne ihn als vertrauenswürdigen Kollegen aus der Zusammenarbeit in einigen Hochschulgremien. Da heute Nachmittag – am Anfang des vorletzten Semesters vor dem «Physikum», der ärztlichen Vorprüfung – das Seminar mit wöchentlichen Prüfungstestaten in Biochemie beginnt, steht spätestens jetzt meine Entscheidung für oder gegen eine Teilnahme an diesem Seminar und damit für oder gegen eine Fortsetzung meines Studiums an.

Für diese Entscheidung verspreche ich mir von meinem Kollegen und gleichzeitig Dozenten eine gute Hilfestellung. «Ich kann nicht drei Dinge gleichzeitig bewältigen, ein medizinpsychologisches Institut leiten, Romane schreiben und dazu noch voll Medizin studieren», hatte ich das Gespräch mit ihm begonnen. Kollege M. geht zuerst auf das Romaneschreiben ein. Anscheinend war der Rummel um meinen vor wenigen Wochen erschienenen «Professor Parsifal» auch ihm zu Ohren gekommen. «Ja, ja, bei Ihnen hat die Erblast zugeschlagen», meint der Naturwissenschaftler nüchtern. «Ja, und deshalb stehe ich vor der Entscheidung, das Medizinstudium abzubrechen», erwidere ich. Kollege M. versucht mich zu überzeugen, das Studium fortzusetzen. «Sie haben nach Ihrer so erfolgreichen Absolvierung des Anatomiekurses im vergangenen Winter auch jetzt in der Eingangsklausur in Biochemie bewiesen, dass Sie den Gesamtstoff für dieses Semester aus dem Effeff beherrschen», führt er als Begründung an. Ich schaue ihn erstaunt an. Woher weiß er das alles? Die Klausur in der vergangenen Woche war anonym gewesen, von allen Teilnehmern mit einem persönlichen Code versehen, dem man später am Aushang seine Punktezahl zuordnen musste. Die Anonymität war also in Wirklichkeit nicht gegeben.

«Doch, doch, das schaffen Sie», ermutigt mich Kollege M. noch einmal. Es ist für mich gut zu wissen, dass er meinem Medizinstudium so wohlwollend gegenübersteht. Ich beteuere ihm beim Abschied, dass ich im Fall einer negativen Entscheidung sofort im Sekretariat meinen Platz zugunsten eines Nachrückers auf der Ersatzliste zurückgeben würde. Der Kollege verabschiedet sich sehr freundlich und wünscht mir viel Glück und eine für mich gute Entscheidung.

Dann stehe ich vor dem Anschlagbrett des Instituts neben der Tür zum Sekretariat. Ich suche als Erstes die Nachrückliste. Der nächste Nachrücker ist ein Zahnmediziner. Ich stelle mir sein strahlendes Gesicht vor, wenn er heute, kurz vor Beginn des Seminars, die erfreuliche Nachricht erhält. Dann stelle ich mir die Folgen beider Alternativen meiner Entscheidung vor, und ich erwäge noch einmal intensiv und lange das Für und Wider. Sehr wichtig ist mir dabei das Bewusstsein, dass ich einen Abbruch meines Studiums nie als Niederlage werde werten müssen. Denn ich habe mit jener Eingangsklausur bewiesen, dass ich es kann. Mindestens eine halbe Stunde stehe ich heftig mit mir kämpfend vor der Tür, wissend, dass die Zeit rennt und ich mich entscheiden muss. Schließlich fasse ich mir ein Herz, klopfe an und trete ein. Ich gebe meinen Seminarplatz zurück. Mit etwas weichen Knien steige ich die Treppe hinunter ins Erdgeschoss.

Als ich durch die Glastür das Institut verlasse, merke ich, wie mir langsam leichter ums Herz wird. Eine schwere Last ist von mir abgefallen. Das war die richtige Entscheidung.

Großer Hörsaal der Medizinischen Klinik in den späteren achtziger Jahren. Ich habe eben meine Mittwochmorgen-Vorlesung beendet. Heute lautete das Thema «Phasen und Einschnitte in der ärztlichen Sozialisation». Zuletzt hatte ich etwas eingehender meine Erstsemesterhörer auf ihren im nächsten Wintersemester bevorstehenden und mir selbst ja nur zu gut bekannten Anatomiekurs vorbereitet und ihnen die Stelle aus meinem «Professor Parsifal» vorgelesen, an der der Protagonist Alexander von seinen ersten schockierenden Erlebnissen im Präpariersaal berichtet. Als ich meine Manuskriptseiten ordne und in meine Mappe stecke und mich anschicke, den Saal zu verlassen, eilt eine Studentin auf mich zu. Ich sehe ihren bittenden und bewegten Blicken an, dass sie ein dringendes Anliegen auf dem Herzen hat.

«Ich habe eine Frage, Herr Professor Mann», sagt sie. «Mir ist nach Ihrer Vorlesung endgültig klar geworden, dass das Medizinstudium für mich nicht das Richtige ist», bekennt sie mit schmerzlichem Gesichtsausdruck. Ich schaue sie überrascht und etwas beunruhigt an, weil ich mich frage, ob ich mit meinen letzten drastischen Schilderungen des Präparierkurses möglicherweise Unheil angerichtet habe. «Ich habe gemerkt, dass ich dem, was auf mich zukommt, niemals gewachsen bin», versucht sie das Problem vorsichtig zu verdeutlichen. «Meinen Sie den Präparierkurs?», frage ich mit etwas schlechtem Gewissen «Ja.

Aber das allein ist es nicht. Es ist mir schon in diesem meinem ersten Semester deutlich geworden, dass ich das falsche Fach gewählt habe. Heute ist jedoch der Groschen endgültig gefallen», antwortet sie zu meiner Beruhigung.

«Was soll ich denn jetzt machen?», fährt sie fort. Ich frage zurück: «Wie meinen Sie das? Wissen Sie noch nicht recht, welche andere Studienrichtung Ihnen eher liegt?» – «Nein, mir geht es darum, dass ich einen so kostbaren und schwer errungenen Studienplatz wie Medizin doch nicht einfach weggeben kann.» – «Warum nicht?» – «Ich weiß nicht, wie ich das meinen Eltern beibringen soll. Die waren so maßlos stolz, dass ihre Tochter Medizin studiert. Es war das absolut Höchste für sie. Und auch alle anderen im Dorf, aus dem ich komme, auch meine ehemaligen Mitschüler, werden mich für verrückt erklären, wenn ich es ihnen sage.» – «Und Sie meinen, Sie müssten deshalb das ganze Studium bis zum bitteren Ende durchstehen?», frage ich sie provozierend. «Das wäre in der Tat eine schreckliche Vorstellung», sagt sie. «Aber was soll ich tun?» – «Wenn Sie sich so sicher sind, dass das der falsche Weg ist, dann denke ich, können Sie auch dazu stehen und dies aufrechten Hauptes vor den anderen vertreten. Medizin muss nicht jedermanns Sache sein. Das merkt man manchmal erst, wenn man sich dort hineinbegeben hat, wie Sie, aber dann ist es noch nicht zu spät, es abzubrechen.» – «Meinen Sie wirklich?», haucht meine Gesprächspartnerin, offenkundig erleichtert über meine Absegnung ex cathedra. Ich erkläre ihr, dass es leider sehr viele Ärzte mit geringerem Reflexionsvermögen als sie gibt, die, ohne in dieses Fach zu passen, halbherzig bis zu Ende studieren und dann entsprechend schlechte oder unsensible Ärzte werden.

Und dann schildere ich ihr, wie ich selbst vor einigen Jahren das Medizinstudium beendet hatte und wie gut es mir damit gegangen wäre. Sie hört zu, staunt, fragt nochmals nach, wirkt langsam immer ruhiger und zuversichtlicher und meint schließlich: «Sie haben mir sehr geholfen. Ich werde noch vor Ende dieses Semesters meinen Studienplatz zurückgeben.» – «Und wissen Sie schon, was Sie stattdessen studieren wollen?», frage ich sie nochmals. «Das ist im Moment noch zweitrangig», antwortet sie. «Das Wichtigste ist jetzt diese Entscheidung. Dafür danke ich Ihnen sehr.»

Westberlin, in den frühen achtziger Jahren. Bald nach dem Kennenlernen der «anderen» Manns in Bozen reise ich von Münster nach Westberlin, um dort Jindrich zu besuchen. Wir treffen uns in seiner Wohnung an der Goethestraße in der Nähe des Ku'damms. Es hat sich eine bemerkenswert vielseitige Beziehung zwischen uns entwickelt. Mein erster Vorstoß in Bozen, die zerrissenen Familienbande neu zusammenzuknüpfen, hat uns zweifellos einander nähergebracht. Ein weiterer gemeinsamer Bezugspunkt ist das verlorengegangene Prag und meine Absicht, die faszinierende Geschichte der Prager Familie in meinen entstehenden «Parsifal-Roman» einzubeziehen.

Während auf dem Gasherd in der Küche das Wasser für den Begrüßungskaffee heiß wird, sprechen wir über seine sich immer noch in Bozen aufhaltenden Eltern, über sein Kinderfilmprojekt in der sonntäglichen Reihe «Bettkantengeschichten» im ZDF und über sein Lebensgefühl im Westberliner Exil. Insbesondere blickt er mit Missfallen auf einige linksgesteuerte Aktionen, Protestkundgebungen, Straßenkrawalle und Sit-ins der Berliner Achtundsechziger-Bewegung zurück, in die er direkt nach der Flucht aus dem Ostblock hineingeriet. Eines der größten «Missverständnisse», wie er sagt. Dann eröffnet er mir, dass sich seine Mutter nur ungern in einem Gespräch mit mir an die mit so viel Leid verbundene Prager Vergangenheit erinnern lassen möchte. Aber er, Jindrich, habe schon viel mit ihr über all dies gesprochen und könnte – mit ihrem bereits eingeholten Einverständnis – mir sein Wissen darüber wiedergeben.

Nach dem Kaffee setzen wir uns ins Wohnzimmer, und ich stelle meinen Kassettenrecorder an. Dann beginnt er seinen Bericht quer durch die Jahrzehnte der mehrfachen politischen Umwälzungen, die seine Familie in Prag durchgemacht hat. Eine Hinterhofszene, von der etwa fünfundzwanzigjährigen Leonie in dem von den Nazis besetzten Prag wiederholt nachts durchs Fenster beobachtet: Juden wagen sich aus ihrem Versteck und vertreten sich im Freien die Beine. Eines Nachts erscheinen sie nicht mehr. Die einzige Spur ihrer Existenz sind Bettlaken auf einer Leine. Dann der fünfjährige Jindrich: In der Zeit der stalinistischen Massenverhaftungen in Prag während der Slánský-Prozesse 1952 oder 1953 platzt er einmal in ein konspiratives Gespräch zwischen seinem Vater und dessen Freund. Die Herren verstummen jäh und bugsieren den Kleinen fast gewaltsam aus dem Zimmer. Oder wie Jindrich etwa zur selben Zeit zum Entsetzen seines Vaters von der Straße aufgeschnappte Sätze von sich gibt: «Der Vater von Jan hat gesagt: ‹Unser Präsident ist ein blutiger Henker.› Stimmt das?» Auch die Szene der sich gemeinsam in ihrem Sommerhaus außerhalb Prags beratenden Familie unmittelbar nach dem Einmarsch der Warschauer-Pakt-Staaten 1968 gehört dazu. Leonies Erkenntnis, die dann ausschlaggebend für die gemeinsame Flucht schon am folgenden Tag war: «Ich will den Kapitalfehler von 1939 auf keinen Fall wiederholen – ich möchte keinen Tag mehr länger in diesem Land bleiben.»

Unser Gespräch zieht sich über einige Stunden hin. Später wird es ungefähr im Monatsabstand mehrfach fortgesetzt. Das Ergebnis ist ein großes Kapitel in meinem «Parsifal»-Roman. Bei der Überarbeitung meines Buches kurz vor der Drucklegung wird sich jedoch herausstellen, dass das lange meinen Prager Verwandten gewidmete Kapitel in meine komplexe Autobiographie nicht mehr hineinpasst und diese sprengen würde. Die Darstellung der Saga dieses Familienzweigs wäre zweifellos ein eigenes Buchprojekt wert. Schweren Herzens verzichte ich auf die Hereinnahme des Kapitels in mein Buch. Mit Jindrich bleibt aber ein enger freundschaftlicher Kontakt bestehen.

Universitätsklinikum Münster, Anfang Januar 1991. Ich bin zum ersten Mal nach den Weihnachtsferien wieder in der Abteilung Kinderonkologie tätig gewesen und verlasse gerade den «Bettenturm» des Klinikums. Seit Herbst leiste ich als Medizinpsychologe hier fast täglich mehrere Stunden mit krebskranken Kindern aus allen Altersstufen therapeutische Textarbeit, zusammen mit einer Deutschlehrerin der Krankenhausschule, einem schon etwas länger dort tätigen Musiktherapeuten und einer Kunsttherapeutin. Wir versuchen gemeinsam, diese drei unterschiedlichen therapeutischen Angebote miteinander zu verbinden.

Mein Vorbild für die Textarbeit mit lebensbedrohlich erkrankten Kindern ist das schon seit einigen Jahren in der Universitätsklinik Tübingen angewandte, gleiche Verfahren. Aus der dortigen Textarbeit ist das aus zahlreichen Kindertexten und -zeichnungen bestehende, sehr eindrucksvolle Buch «Tränen im Regenbogen» entstanden. Für mich bedeutet diese wieder mehr praktische Tätigkeit auch einen schrittweisen Ausstieg aus der wissenschaftlichen Psychologie und damit aus dem akademischen Leben überhaupt. Mit Literatur hat die therapeutische Textarbeit wenig zu tun. Sie soll für die Kinder vielmehr eine Möglichkeit darstellen, sich im Krankenbett, im Spielzimmer oder im Heimurlaub aus ihrem Knäuel von Ängsten, Hoffnungen, Träumen, Sehnsüchten und Leiden freizuschreiben, in Form von Erzählungen, Klinikalltagsberichten, Gedichten oder fingierten Briefen. Mein Wunsch ist es, den Kindern ein wenig Erleichterung zu verschaffen und in ihnen neue psychische Abwehrkräfte zu mobilisieren.

An meinem ersten Arbeitstag im neuen Jahr ist mir das Zusammensein mit den kranken Kindern besonders schwer

Oben: Rückkehr nach Mill Valley mit meinem Sohn Stefan, 1975. Im Hintergrund das einstige Elternhaus
Unten: Mit Stefan und meiner Mutter am Aussichtspunkt bei der Golden Gate Bridge

Mein Vater mit meiner Adoptivschwester Raju, an der Wand ein Lenbach-Porträt meiner Großmutter Katia

Links: Beim Encounter in La Jolla, 1975

Unten: Eine Gruppensitzung des Encounters

Oben: Auf den Spuren meiner Urgroßmutter Julia in Paraty, Brasilien 1994 – im Hintergrund die Fazenda da Boa Vista
Unten: Karsamstag 1995 zusammen mit C. bei Kardinal Paulo Evaristo Arns in São Paulo

In der Pose der Großväter: mein Vetter Ludvik, Enkelsohn Heinrich Manns, und ich in Brasilien, 1997. Das Foto war allerdings «bestellt».

Mit George Tabori in Prag, 1994

Tabori mit meinem Buch «Terezín»

Oben: Das Ferienhaus meines Großvaters im litauischen Nida (früher Nidden)
Unten: Konzert mit dem Kaunas-Quartett in Nida, 1998

Oben: Mit C. im Museu da República in Rio de Janeiro, August 2001, bei der Eröffnung der Julia-Mann-Ausstellung. Hinter uns ein Foto meiner Urgroßmutter Julia, rechts Sabina Wenzel mit einem Bekannten
Unten: Drei Generationen Mann: mit meinem Sohn Stefan, dessen Frau Kristina und den Enkelkindern Konstantin, Lukas und Julia (v. l.). Konstanz, Januar 2008.

gefallen. Mir ist nach der knapp dreiwöchigen Pause deutlich geworden, dass ich im Lauf der vergangenen Monate auf dieser Kinderstation – wohl ähnlich wie im anatomischen Präparierkurs bald nach dem ersten Tag – einen inneren Schutzwall aufgebaut hatte, um die tödliche Bedrohung der wehrlosen Kinder und das Leid der Eltern und Angehörigen leichter ertragen zu können. Dieser Wall war über die Weihnachtsfeiertage offenbar wieder dünner geworden. Besonders habe ich mir heute das Gespräch mit der kleinen Lydia zu Herzen genommen, die während der Feiertage eine bezaubernde Fabel über das zarte Liebesband zweier schwer verletzter Rehe verfasst hatte. Wegen ihrer inzwischen wiederaufgenommenen Chemotherapie ging es ihr jetzt so miserabel, dass sie ihren begeisterten Vortrag immer wieder unterbrechen musste, um sich in die auf ihrem Nachttisch bereitstehende Nierenschale zu übergeben.

Ich fühle mich insgesamt recht mitgenommen von den unheimlich rasch wechselnden Extremen zwischen aufflammendem Lebenswillen und todesnaher Verfassung. In einem der Zimmer muss ich mir das herzzerreißende Wimmern eines fiebernden und sich in seinem Bett vor Schmerzen und Übelkeit windenden kleinen Mädchens anhören. Gleichzeitig nutzt dessen Zimmernachbar seine zwischendurch zurückkehrenden Kräfte dazu, im Flur ausgelassen mit seinem Infusator wie auf einem Tretroller umherzusausen. Schon morgen kann der Zustand dieser beiden Kinder genau umgekehrt sein.

Mit all diesen Bildern vor Augen und einem dumpfen Gefühl im Magen begebe ich mich nach dem Verlassen des «Bettenturms» zum Fahrradständer und hole dort mein Fahrrad. Dann fahre ich, mehr mechanisch in die Pedale tretend, durchs Klinikgelände zum verkehrsdichten Westring. In meiner Geistesabwesenheit achte ich zu wenig auf das, was um mich herum vor sich geht. Als Nächstes muss ich durch eine offene Hecke die Grenze zwischen Klinikgelände und Autostraße überqueren.

Kaum habe ich den Fahrradweg parallel zur Straße erreicht, erblicke ich zu spät einen seitlich hinter der Hecke plötzlich auftauchenden Radfahrer – und es gibt einen vehementen Zusammenstoß. Wie durch ein Wunder kommen wir beide unverletzt davon. Aber das Hinterrad meines Fahrrads ist so hoffnungslos verbogen, dass ich es durch die ganze Stadt bis zu meiner Wohnung im Ostviertel tragen muss.

Städtische Bühnen Münster, Ende April 1991. Generalprobe von «Der Kaiser von Atlantis oder Der Tod dankt ab». Ich bin im vergangenen Jahr bei der Lektüre des Buches «Und die Musik spielt dazu» von Ulrike Migdal auf diese Kammeroper gestoßen. Das Buch handelt von der Rolle der Musik in dem als idyllisches Musterlager getarnten Sammel- und Durchgangslager der Nazis im böhmischen Theresienstadt, und die betreffende Oper war ebendort geschrieben und geprobt worden.

Als Kind war mir, im Zusammenhang mit der Haft meiner Großtante Mimi in Theresienstadt, immer wieder von den Blumentöpfen erzählt worden, die rasch in alle Fenster des Lagers hineingestellt wurden, wenn das Rote Kreuz seinen Besuch ankündigte. Die Autorin Migdal erwähnt in ihrer eindrucksvollen Dokumentation besonders die etwa eine Stunde dauernde Kammeroper «Der Kaiser von Atlantis oder Der Tod dankt ab» aus der Feder des tschechoslowakischen jüdischen Schönberg-Schülers Viktor Ullmann. Ullmann hatte dieses Werk nach dem Libretto eines ebenfalls inhaftierten genialen jungen Malers und Dichters namens Petr Kien unter den beengten und bedrohlichen Lagerbedingungen auf den Rückseiten von Transportlisten bereits deportierter Mithäftlinge niedergeschrieben.

In diesem Szenarium lässt der Kaiser Überall von Atlantis den Krieg «aller gegen alle» verkünden. Das Leben, der Pierrot, hat aufgehört zu lachen. Der Tod ist müde. Er entscheidet sich, sein immer schwerer zu bewältigendes und immer unehrenhafter werdendes Handwerk aufzugeben und keinen Menschen mehr sterben zu lassen. Dadurch geraten die Menschen in einen unerträglichen Schwebezustand zwischen Nicht-leben-Können und Nicht-sterben-Dürfen. Dies führt zu Panik und zu einem Volksaufruhr, durch den sich der Kaiser zunehmend bedroht fühlt. Er ruft den Tod und bittet diesen um seine Rückkehr. Der Tod kommt unter der Bedingung, dass der Kaiser sein erstes Opfer sei. Dieser entscheidet sich zu sterben, da sein Machtgefüge zusammengebrochen ist.

Diese Oper gelangte im Konzentrationslager Theresienstadt bis zur Generalprobe, wurde dann jedoch wegen ihres allzu offensichtlich anklagenden Inhalts kurz vor der öffentlichen Aufführung verboten, und das Ensemble war vollzählig nach Auschwitz deportiert worden.

Bei der Lektüre von Migdals Reportage und Textzusammenstellung erinnerte ich mich an einen englisch verfassten Brief meines Onkels Klaus aus einem amerikanischen Armeecamp in Bayern an seine Mutter Katia in Kalifornien unmittelbar nach Kriegsende. Dort erwähnt er seine Besichtigung des befreiten Konzentrationslagers Theresienstadt als US-Kriegskorrespondent Anfang Mai 1945: *For it so happened that I visited the sinister place, Theresienstadt near Prague, where my deplorable auntie … had to spend the past years. The place has to be described …* In mir reifte ein Gedanke: Ich wollte versuchen, die Geschichte dieser Oper mitsamt deren symbolstarker Handlung in Form einer überzeitlich mahnenden Romanparabel wiederzugeben. Zu dieser Geschichte gehörte auch, dass die nach dem Krieg verschollene Partitur des Werks erst Jahrzehnte später unter abenteuerlichen Umständen wiederaufgefunden und die Oper 1975 in Amsterdam uraufgeführt wurde. Ab 1981 durchlief sie mehrere deutsche Bühnenhäuser und steht jetzt, zehn Jahre nach der deutschen Erstaufführung in Stuttgart, auf dem Spielplan der Städtischen Bühnen Münster.

Als ich davon erfuhr, besorgte ich mir Partitur und Klavierauszug dieses auch musikalisch hochwertigen Werks, bot meine Mithilfe bei der Erstellung des Programmhefts an und war dann von Anfang an bei fast allen Proben anwesend. Der Regisseur war ein junger Gast aus Wien, der bei der Einstudierung dieses heiklen Werks nicht sehr viel Fingerspitzengefühl zeigte und unter dem es während der Probenarbeit wiederholt zu Spannungen kam. Während meiner gleichzeitig fortlaufenden Textarbeit mit krebskranken Kindern erzählte ich einmal die Opernhandlung dem elfjährigen Simon auf der Station. Mit diesem kleinen Patienten beschäftigte ich mich so intensiv, dass ich auch seine Familie kennenlernte. Die Einbeziehung von «Der Kaiser von Atlantis» in meine Textarbeit mit krebskranken Kindern ergab sich dadurch, dass ich dem Mitarbeiterteam der kinderonkologischen Abteilung einmal zu unserer wöchentlichen Montagmorgenbesprechung Postkarten mit Kinderzeichnungen aus Theresienstadt mitbrachte. Bei unserem Vergleich zwischen jenen Kinderzeichnungen und den heutigen Bildern aus der Hand unserer kleinen Patienten entdeckten wir immer wieder erschütternde Parallelen.

Der kleine Simon, der durch seine Erkrankung bereits ein Bein bis zum Knie verloren hatte, äußerte nach meiner Wiedergabe der Opernhandlung spontan die Idee, eine eigene Version dieser Geschichte zu verfassen. Seine mit dem Titel «Es war einmal ...» überschriebene Erzählung handelte auch von einem Kaiser Überall, der durch seine Kriege die ganze Umwelt so verseucht, dass die Kinder dicke Bäuche und dünne Arme und Beine bekommen und, so wie auch immer mehr Erwachsene, krank werden und sterben. Da der Kaiser deshalb immer mehr Untertanen verliert, sucht er Rat beim König der Natur. Dieser sieht als einzigen Ausweg einen Verzicht des Kaisers auf seine Macht.

Ich zeigte diese Erzählung der für die Operneinstudierung

zuständigen Dramaturgin der Städtischen Bühnen. Sie beschloss kurzerhand, Simons Erzählung im Programmheft abzudrucken und den jungen Autor zur heutigen Generalprobe einzuladen – und Simons Familie für die morgige Premiere vollzählig mit Freikarten zu versorgen. Die Dramaturgin besuchte Simon auf der Krankenstation, um ihm die Einladung persönlich zu überbringen.

Nun ist Simon zur Generalprobe von einem Klinikfahrer zu den Städtischen Bühnen gebracht worden. Dort nehme ich ihn in Empfang. Er ist sehr stolz und glücklich über seinen bevorstehenden Theaterbesuch. Mir entgeht jedoch nicht sein besonders auffälliges Äußeres. Anstelle seiner Beinprothese streckt er im Rollstuhl demonstrativ seinen Beinstumpf vor – und auch seine sonst in der Öffentlichkeit immer dezent getragene Mütze zum Verdecken seines durch die Chemotherapie kahlen Schädels fehlt heute. Er will offenbar gerade bei der bevorstehenden Veranstaltung die öffentliche Aufmerksamkeit auf sich ziehen. Ist es eine Trotz- oder Protesthaltung? Hat es etwas mit dem Thema der Oper und dem Thema seiner eigenen Erzählung zu tun?

Ich schiebe Simon im Rollstuhl zum Bühneneingang und dann über den Flur in den Zuschauerraum. Auf der offenen Bühne müssen noch einige technische Vorbereitungen getroffen werden, die den Beginn der Probenaufführungen etwas verzögern. Ich sitze neben Simon im hell erleuchteten und von nur wenigen Mitarbeitern besetzten Zuschauerraum und warte. Irgendwo steht der Regisseur und gibt einem Bühnenarbeiter Anweisungen. Plötzlich dreht er sich zu uns um und erblickt Simon im Rollstuhl mit Beinstumpf und seinen sich im Deckenlicht spiegelnden kahlen Schädel. Auf dem Gesicht des Regisseurs malen sich Entsetzen und Fassungslosigkeit. Er starrt uns mit halb offenem Mund an. Ich befürchte, dass wir gleich des Saales verwiesen werden.

Mir wird bewusst, dass Simons Anwesenheit zwischen der

grausamen Entstehungsgeschichte des Bühnenstücks und der heutigen Realität eine Beziehung herstellt, die in der schöngeistig idealisierten Abbildung auf der Bühne als störend empfunden werden kann. Obwohl der Regisseur von der Bühnentechnik das Zeichen zum Beginn erhält, scheint er seinen Blick überhaupt nicht von uns lassen zu können. Irgendwann wendet er sich aber doch von uns ab und gibt der Bühne das Startsignal. Der Schock scheint ausgestanden zu sein. Und wir dürfen bleiben.

Prag, etwa einen Monat später. Ich habe mich am Bühneneingang des Smetana-Theaters mit Karel Berman verabredet. Er gehörte als angesehener Bariton bis vor wenigen Jahren dem Ensemble des Prager Nationaltheaters an und befindet sich jetzt im Ruhestand. Über seine besondere Rolle bei den Proben des «Kaiser von Atlantis» in Theresienstadt erfuhr ich von einem Opernregisseur, der vor zehn Jahren in Stuttgart die deutsche Erstaufführung der Oper einstudierte. Er wusste, dass Karel Berman in Theresienstadt den abdankenden Tod gesungen hatte und dass gerade er als Einziger des gesamten von dort nach Auschwitz deportierten Opernensembles überlebt hatte. Karel Berman war 1981 von Prag nach Stuttgart zur deutschen Erstaufführung der Oper eingeladen worden. Als er dort erfuhr, dass der in Stuttgart den Tod darstellende Bariton, genau wie er damals in Theresienstadt, 26 Jahre alt war, soll er völlig erschüttert gewesen sein. Ich wollte Karel Berman unbedingt treffen, weil ich ihn in meiner inzwischen konzipierten Romanparabel als überlebenden Erzähler einsetzen wollte. Ich nahm brieflichen Kontakt mit ihm auf, er antwortete sehr freundlich – und wir verabredeten uns.

Nachdem ich das Vestibül hinter dem Bühneneingang betreten habe und mich umschaue, kommt mir ein junger Mann entgegen und fragt mich, ob ich Professor Berman suchen würde. «Er sitzt schon seit einer Stunde im Café», erklärt er mir und führt mich dorthin. Ich sehe einen kleinen, hageren Mann mit markanten Zügen in einem der dunklen Ledersessel sitzen. In seinem zerfurchten Gesicht wölben sich schneeweiße Brauen über den fahl und erloschen wirkenden Augen. Er steht sofort auf und begrüßt mich lächelnd. Wir setzen uns.

An die Proben für eine Aufführung des «Kaiser von Atlantis» kann sich Karel Berman nur bruchstückhaft erinnern. Nachdem ich unablässig bohre, erwähnt er schließlich einen «Spiegel» und versucht mit einer Handbewegung dessen symbolische Funktion im Zusammenhang mit seiner Gesangsrolle als abdankender Tod zu beschreiben. Wahrscheinlich ist es der Spiegel, aus dem, im dritten Bild, der Tod dem Kaiser entgegentritt, als er bereit ist, zu den Menschen zurückzukehren. Im Schlussbild führt der Tod den zum Sterben bereiten Kaiser an der Hand durch ebendiesen Spiegel wieder zurück: «Komm, Tod, du werter Gast, in unser Herzens Kammer. Nimm von uns Lebens Leid und Last; führ uns zur Rast nach Schmerz und Jammer.»

Dann singt er kurz und leise, aber mit einer zu Herzen gehenden Sanftheit und einer eigentümlichen Trauer in seiner warmen Stimme die ersten Töne von «Herr Gott Abrahams, Isaaks und Israels» aus Felix Mendelssohn-Bartholdys Oratorium «Elias». Dieses Werk gehörte ebenfalls zum Repertoire der von der Lagerkommandantur von Theresienstadt zynisch verordneten Musikaufführungen durch die Häftlinge.

Schließlich erzählt er die wundersame Geschichte, wie die verloren geglaubte Gesamtpartitur wiedergefunden wurde. Er hatte nach seiner Rückkehr nach Prag seine Noten der Gesangspartie des abdankenden Todes, die er trotz seiner Deportation nach Auschwitz bewahrt hatte, einer neu errichteten Gedenkstätte als Ausstellungsstück überlassen. Fast dreißig Jahre später erblickte eine Besucherin die in einer Vitrine ausgestellten Notenblätter und erkannte, dass diese zu der Partitur gehörten, die sie bald nach dem Krieg aus der Hand eines der Holocaust-

Überlebenden erhalten hatte. Später stellte sich heraus, dass ein Mithäftling des Komponisten Ullmann sich von diesem die Partitur noch rechtzeitig vor seinem Abtransport hatte geben lassen. Der Mithäftling hatte den Holocaust überlebt.

Beim Abschied lädt mich Karel Berman für den nächsten Tag zu einem Konzert in einer Prager Kirche ein, in dem er, begleitet von einem kleinen Bläserensemble, Dvořák-Lieder singen wird. Ich sage dankbar zu.

Am frühen Morgen nach dem Gespräch mit Karel Berman beginne ich auf einer Sitzbank in der Grünanlage vor der Prager Burg über der Stadt mit der Niederschrift meiner Romanparabel.

Ein Jahr später werde ich alles heute Begonnene neu schreiben. Der noch allzu unverbindliche Schauplatz «Republik Sahara» in meiner Erstschrift wird in ein «Ghetto» umgewandelt, das eindeutig als die «Große Festung» Theresienstadt oder Terezín erkennbar ist. Kein anderer als mein Vetter Jindrich in Prag wird mich – als Enkel meiner einst in dem Elendslager inhaftierten Großtante Mimi – davon überzeugen, dass es redlicher und für eine Parabel auch überzeugender ist, streng bei der historischen Wahrheit zu bleiben, anstatt in eine abstrakte Fiktion auszuweichen.

Dann, wieder ein Jahr später, ist das Buch verlagsfertig. C. hilft intensiv und erfolgreich bei der Endredaktion. Obwohl noch offiziell geschieden, sind wir im Lauf der Jahre wieder enger zusammengerückt. Ich habe inzwischen die Zelte in Münster praktisch abgebrochen, besetze an der dortigen Universität sicherheitshalber und pro forma nur noch eine Viertelstelle. Die übrige Zeit halte ich mich, wenn ich mich nicht gerade auf Reisen befinde, in Göttingen auf, wo C. seit Anfang der achtziger Jahre beruflich tätig ist.

Stefan hat gleich nach dem Abitur das gemeinsame Haus verlassen und Agrarwissenschaft und Ökonomie studiert. Danach hat er im Bonner Landwirtschaftsministerium eine befristete Stelle angetreten. Von dort wird er bald in einer in Mecklenburg-Vorpommern neu errichteten Forschungsstelle eingesetzt.

Gleichzeitig erscheint auch das von mir mit herausgegebene Buch «Fliege nicht eher, als bis dir Federn gewachsen sind» mit Texten und Bildern krebskranker Kinder. Seine Vorläufer sind zwei klinikinterne Jahresschriften, in denen die über das jeweilige Jahr verteilte Textarbeit in gedruckter Form dokumentiert wurde.

1994 wird meine Romanparabel mit dem endgültigen Titel «Terezín oder Der Führer schenkt den Juden eine Stadt» veröffentlicht. Noch während der Drucklegung schickt der Verlag das Manuskript an den Dramatiker und Theaterregisseur George Tabori nach Wien. Tabori reagiert rasch mit der an mich gerichteten brieflichen Bitte, aus dem «play», wie er meine Romanparabel nennt, ein Theaterstück zu machen, sozusagen ein «Theater im Theater».

Ich entschließe mich, Tabori in Prag zu besuchen, wo er sich gerade wegen der Dreharbeiten für seinen Film «Mutters Courage» aufhält. Der hochgewachsene, hagere und gebückt gehende Mann mit den wachsamen und listigen, immer menschenfreundlich und doch auch etwas misstrauisch blickenden Augen beeindruckt mich sehr. Wir finden schnell einen guten Kontakt zueinander. Ich bitte ihn, den großen Dramatiker, das Stück zu schreiben. Er dagegen, zwingend direkt und klar: «Nein, Sie machen das. Fangen Sie irgendwie an. Das reicht völlig. Der Regisseur macht sowieso immer etwas anderes daraus. Sie schreiben das Stück, und ich führe es auf.»

In der Wohnung von George Tabori in Wien, Anfang Januar 1995. Wir sitzen am langen Tisch in seinem hell erleuchteten Wohnzimmer, Tabori hochaufgerichtet am Tischende, mit dem

Manuskript meiner ersten Bühnenfassung von «Terezín» neben sich, ich zu seiner Rechten. Ich warte mit Spannung darauf, dass er das Manuskript zur Hand nimmt und es mit mir detailliert durchgeht. Doch er lässt sich nur allgemein darüber aus, was man beim Verfassen eines Theaterstücks alles zu berücksichtigen habe. Er sagt inhaltlich eigentlich nicht sehr viel, wiederholt, mit seiner etwas nuscheligen und verwaschenen Sprechweise, immer wieder dasselbe mit etwas anderen Worten, so als würde er seine Aussagen aus unterschiedlichen Richtungen beleuchten und so langsam einkreisen wollen. Ich merke allmählich, dass von dieser Art seiner Erläuterungen eine sehr viel suggestivere Kraft ausgeht und das Gesagte sich bei mir viel bleibender einprägt, als wenn er einzelne Stellen meines Manuskripts durchgehen oder mir sonst eine Menge detaillierter Ratschläge geben würde.

Seine anfänglichen Hinweise betreffen noch einige vergleichsweise technische Dinge wie die möglichst geringe Zahl der im Stück auftretenden Personen, den Aufbau und die Stringenz der Handlung, die Wahl der ebenfalls möglichst sparsam einzuführenden Schauplätze usw.

Aber dann kommt Tabori auf eine bestimmte Stelle in Aristoteles' Schrift «Poetika» zu sprechen, zuerst noch unbestimmt, dann jedoch zunehmend klar und verständlich. Schließlich wiederholt er mehrmals, dass diese eine Stelle der eigentliche Ursprung allen abendländischen Theaters sei. Sinngemäß heißt es dort, der Dichter habe nicht das zu erzählen, was geschehen *ist*, sondern das, *was geschehen sein könnte*. «Alles, was seitdem an Theaterstücken geschrieben worden ist, bis heute, lebt von dieser Aussage», betont er schließlich. «Der Einzige, der behauptet hat, seine Stücke hätten nichts mit diesem Satz zu tun, war Bertolt Brecht. Aber auch den habe ich davon überzeugt, dass er geistig ganz und gar von Aristoteles herkommt.»

Mir wird klar, dass ich bei meiner Umarbeitung nicht nur generell, sondern auch im Einzelnen, in jedem Satz, mir diese

«Poetika»-Stelle werde vor Augen halten müssen. Das gibt mir von Anfang an das Vertrauen, dass mir diese Umarbeitung gelingen wird. Wir verbleiben so, dass ich ihm die umgearbeitete Fassung erneut nach Wien schicken werde.

Wien, Ende Februar 1996. Mein inzwischen umgearbeitetes Stück soll nach nur drei Tagen Einstudierung während einer Sonntagsmatinee im Wiener Akademietheater als «szenische Lesung» unter George Taboris Regie vorgestellt werden. Der inzwischen beschlossene Titel «Als ob» geht zurück auf das gleichnamige Gedicht, das Leo Strauss in Theresienstadt als Kabarettsatire verfasst hat und das auch auf der Innenseite des Buchdeckels meiner Romanparabel «Terezín» abgedruckt steht. Die ersten Strophen lauten:

Ich kenn ein kleines Städtchen,
Ein Städtchen ganz tiptop,
Ich nenn es nicht beim Namen,
Ich nenns die Stadt Als-ob.

Nicht alle Leute dürfen
In diese Stadt hinein.
Es müssen Auserwählte
Der Als-ob-Rasse sein.

Die leben dort ihr Leben,
Als obs ein Leben wär,
Und freun sich mit Gerüchten,
Als obs die Wahrheit wär.

George Tabori übt das Stück mit Burgtheater-Schauspielern zuerst in einem kleinen Probenraum auf dem Dachboden des Burgtheaters ein, dann auf der Aufführungsbühne im nahe gelegenen Akademietheater. In kürzester Zeit können alle ihren Text praktisch auswendig. Als Requisit wird für jeden Schauspieler nur ein Stuhl bereitgestellt, je nach Regieanweisung als Sitzgelegenheit, als Wurfgeschoss oder als Stapelelement für eine Art Stuhlpyramide. Diese Einfachheit kommt nach meiner Vorstellung der Kargheit eines Lagers am nächsten.

Das Publikum in der voll besetzten Sonntags-Matinee scheint dies zu würdigen, und auch die erstklassigen Schauspieler geben ihr Bestes. «Ein großer Theatermorgen», meint hinterher der Intendant Claus Peymann, und dann, zu Tabori gewandt: «George, ich wusste gar nicht, dass du in so kurzer Zeit ein Stück so perfekt einstudieren kannst!»

Zu einer Aufnahme als regulär zu inszenierendes Bühnenstück in der nächsten Spielzeit kommt es dann leider doch nicht mehr. In der Zwischenzeit hat sich auch bei mir und in meinen literarischen Arbeiten ein erneuter inhaltlicher Wechsel vollzogen. Die ersten Weichen hierfür waren bereits mit dem Fall des Eisernen Vorhangs 1989/90 gestellt worden.

Telefonanruf von meinem Vetter Jindrich aus Prag, rund ein Jahr nach der dortigen «samtenen Revolution» und der Wahl von Václav Havel zum tschechoslowakischen Staatspräsidenten im Juli 1990. Ich bin gerade von einer meiner mehrfachen Erkundungsreisen nach Terezín, 60 Kilometer nördlich von Prag, zurückgekehrt. In Prag war ich diesmal nur kurz, ohne meinen Vetter aufzusuchen. Aber wir haben uns seit dem Fall der Mauer schon des Öfteren in Prag wiedergesehen. Dort hat Jindrich inzwischen wieder das 1968 von seiner Familie verlassene und dann vom tschechoslowakischen Geheimdienst konfiszierte, aus dem 15. Jahrhundert stammende Haus im Botschaftsviertel auf Prags «Kleinseite» zurückerhalten und wohnt dort zusammen mit seiner zweiten Frau Michaela.

Jindrich und ich hatten in der euphorischen Aufbruchstimmung der politischen Wende von einer gemeinsamen Verlagsgründung in der befreiten Stadt Prag geträumt. Aber jetzt kommt es ganz anders. «Ich habe im Namen einiger Freunde in Prag eine Anfrage an dich», kündigt er am Telefon an. «Eine kleine Gruppe von Psychologen, Ärzten und Psychotherapeuten, die früher hier im Untergrund gekämpft haben und wiederholt ins Gefängnis mussten, einige zusammen mit Václav Havel», so beginnt er, «planen in Prag die Gründung einer humanwissenschaftlichen Universität, mit Schwerpunkt auf Psychotherapie. Es soll eine Alternative werden zur politisch belasteten Karls-Universität, und diese Universität soll mit EU-Fördergeldern aus Brüssel finanziert werden. Sie haben mich gefragt, ob ich mitmache, aber da habe ich gleich eher an dich gedacht.»

Ich bin auf Anhieb von dieser Idee sehr angetan. Wieder scheint sich für mich ein neuer Bezugspunkt zu Prag aufzutun. Ich freue mich darauf, meine Beziehungen zu dieser Stadt weiter vertiefen zu können, indem ich diesmal sogar mit einem konkreten psychosozialen Projekt dort tätig werde. Dazu kommt, dass ich mit meinem patientenzentrierten Therapiekonzept möglicherweise gerade «im Osten» dazu beitragen kann, beim Aufbau einer Demokratie mitzuwirken. Meine Hoffnung, Menschen auf ihrem Weg in eine bessere Gesellschaft unterstützen zu können, erwacht nach mehr als einem Jahrzehnt wieder zu neuem Leben.

7. Geographischer und kultureller Brückenschlag und erste Vernetzungsversuche

Prag und Litauen. In Thomas Manns Mutterland Brasilien. Interkulturelle Aktivitäten in Julia Manns Elternhaus in Paraty. Im Spannungsfeld zwischen Herkunft und Zukunft. Wiederheirat mit meiner geschiedenen Frau.

9. November 1989. Es ist ein für die Jahreszeit unglaublich warmer und sonniger Tag. Er beginnt mit einem Besuch zusammen mit einer Freundin bei einer Gedenkfeier in der Synagoge in Münster zum 51. Jahrestag des Judenpogroms von 1938. Die Feier ist sehr bewegend. Unmittelbar danach fahre ich allein mit dem Auto nach Westberlin, wo ich abends mit Jindrich, seiner ersten Frau Ludmilla und ihren beiden Töchtern verabredet bin. Tags darauf werde ich mich, wie schon länger vereinbart, am Ostberliner Bahnhof Friedrichstraße mit ehemaligen Kollegen aus der Leipziger Psychiatrie treffen, um mit ihnen den Tag im Osten der Stadt zu verbringen.

Schon am Grenzkontrollpunkt Marienborn fällt mir auf, wie rasch die DDR-Grenzbeamten die Transitreisenden abfertigen. Auf der Transitstrecke macht zum ersten Mal mein übliches Gefühl von Beklemmung und Angst einer erstaunlichen Leichtigkeit und Entspanntheit Platz. Bei der Ausfahrt nach Westberlin am Kontrollpunkt Drewitz verzichten die dort in ihren Containerhäuschen verschanzten DDR-Grenzbeamten überraschend auf ihren seit Jahrzehnten berüchtigten bohrenden Blick in die Augen, und die Autofahrer dürfen rasch und fließend weiter zum Alliierten Kontrollpunkt Dreilinden passieren.

Kurze Zeit später bin ich in Jindrichs Wohnung angelangt.

Während des gemeinsamen Abendbrots unterhalten wir uns ausgiebig über die unaufhaltsam fortschreitende Auflösung des kommunistischen Machtblocks, über die Massenflucht der Menschen an allen Ostgrenzen und über den immer häufigeren Wechsel der Machthaber in den höchsten Regierungsetagen. Jindrich gibt zu erkennen, dass er eine baldige Rückkehr in seine Prager Heimat erwägt. Um 22.30 Uhr stellen wir den Fernseher für die ARD-Tagesthemen an. Dort verkündet das DDR-Politbüromitglied Günter Schabowski bei einer Pressekonferenz überraschend und beiläufig die sofortige Öffnung aller Grenzen nach Westberlin und Westdeutschland. Als ich am nächsten Morgen den Kontrollpunkt Checkpoint Charlie passieren will, um am Ostberliner Bahnhof Friedrichstraße meine Leipziger Freunde abzuholen, kommen mir Dutzende blumengeschmückter und hupender «Trabis» entgegen. Ich bin praktisch der einzige nach Ostberlin wechselnde Fußgänger und habe Mühe, gegen den lawinenartigen Strom der anscheinend ohne Kontrolle von Ost nach West Ausreisenden anzusteuern.

Als ich am Bahnhof Friedrichstraße meine Freunde abhole, stellt sich heraus, dass die Nachricht von der Grenzöffnung offenbar nicht bis Leipzig vorgedrungen ist. Völlig fassungslos über diese Neuigkeit überzeugen sie sich mit einem Blick durch das Fenster der Bahnhofshalle von der riesigen Warteschlange vor dem Fußgängergrenzübergang nach Westberlin. Wir beschließen, unverzüglich alle zusammen nach Westberlin zu gehen. Nachdem meine Freunde, zum ersten Mal in ihrem Leben mir in westliches Territorium vorauseilend, die Sperre passiert haben, werde ich aufgehalten, weil ich mit meinem Schweizer Pass nicht diesen nur für deutsche Staatsbürger zugänglichen Grenzübergang, sondern nur den Übergang Checkpoint Charlie benutzen darf. Meine Freunde kehren durch die Sperre wieder nach Ostberlin zurück, und wir begeben uns alle zu Fuß zum «richtigen» Grenzübergang und passieren diesen unbehelligt. Endlich auf Westberliner Gebiet, tauchen wir im euphorischen Gesamtberliner Taumel unter.

Am Abend reihen wir uns in den feierlichen, von mehreren Politikeransprachen begleiteten Fackelumzug am Kurfürstendamm ein. Jetzt ist die «Wende» praktisch vollzogen. Und ich spüre deutlich, dass ich meinen Plan, die mir in den letzten Jahren immer stickiger vorkommende Enge in der Bundesrepublik Deutschland nach und nach gegen die für mich sehr viel heimischere Atmosphäre in der Schweiz einzutauschen, zumindest aufschieben werde. Mein Blick ist jetzt viel zu sehr auf die weiteren, äußerst spannenden Entwicklungen im befreiten Osteuropa gerichtet.

Nach einem ersten Treffen mit der vierköpfigen Initiatorengruppe für das neue Prager Universitätsprojekt und einigen Einführungsveranstaltungen von mir wird in Prag eine Multiplikatorengruppe zusammengestellt. Sie besteht aus rund einem Dutzend Teilnehmern, die aus den verschiedensten psychosozialen Berufsfeldern stammen. Diese Gruppe soll nach einer sich über drei Jahre erstreckenden Grund- und Zusatzausbildung den Kern der geplanten neuen Universität bilden. Die Ausbildung wird von Experten aus Westdeutschland in monatlich stattfindenden Wochenendseminaren in Prag durchgeführt und umfasst eine Reihe ergänzender Therapieverfahren. Zu dieser Kerngruppe gehören nicht nur Ärzte, Psychologen, Sozialarbeiter und Krankenpfleger, sondern auch Personen, die nach dem radikalen politischen Umbruch im Land von ihrem ungeliebten, möglicherweise staatlich verordneten Beruf in den psychozialen Bereich umsatteln möchten: so etwa ein Architekt, der über die Graphologie, oder eine Theaterdirektorin, die über das Psychodrama den Weg zur Psychotherapie fand.

Die Hauptinitiatorin des Ganzen, eine enge Freundin von Jindrich und dessen Vater noch aus der Zeit vor 1968, war nach dem Einmarsch der Truppen des Warschauer Pakts von ihrer Stelle als angesehene Schauspieldramaturgin zu gesundheitsschädigenden Arbeiten im staubigen Theaterarchiv zwangsversetzt worden. Während dieser Zeit hatte sie sich im Untergrund in oppositionellen Zirkeln bewegt und autodidaktisch als Psychotherapeutin gearbeitet.

Nachdem ein Antrag auf Finanzierung der neu konzipierten Prager Universität bei verschiedenen potenziellen Sponsoren abgelehnt wird, wird das hochgesteckte Ziel einer Universitätsgründung fallengelassen. Stattdessen gibt man sich mit dem Plan zufrieden, ein Psychotherapie-Institut aufzubauen, das langfristig in die medizinische Fakultät der Prager Karls-Universität integriert werden soll. Dessen Gründung und Finanzierung muss in kleinen Schritten erfolgen.

Als Erstes wird ein Etat für die dreijährige Ausbildung der Multiplikatorengruppe benötigt. Die Stuttgarter Robert-Bosch-Stiftung stellt mir dafür zwanzigtausend D-Mark zur Verfügung. Nur weil es mir gelingt, die zehn Gastdozenten aus verschiedenen psychosozialen Einrichtungen vor allem in Münster so weit für das Projekt zu begeistern, dass sie nur spesendeckend und ohne Honorar ihre Wochenendseminare durchzuführen bereit sind, werde ich mit diesem Betrag während der ganzen Ausbildungszeit über die Runden kommen. Die Ausbildungsthemen sind breit gestreut und setzen an den bereits in Prag erworbenen Basiskompetenzen der Teilnehmer an. Das Spektrum umfasst spezielle verhaltenstherapeutische Maßnahmen, kunsttherapeutische Verfahren, Shiatsu, Familientherapie, Sterbebegleitung und Kinderpsychosomatik sowie Textarbeit mit krebskranken Kindern. Die Wochenendseminare finden in einem baufälligen und verwinkelten Hinterhaus in einer Seitenstraße nahe der Eisenbahnbrücke über die Moldau statt. Es ist das Seminargebäude der Medizinischen Psychologie und Psychosomatischen Medizin der Karls-Universität, das uns dessen Direktor großzügig für alle Wochenendseminare frei zur Verfügung stellt, bevor wir später ins «Faust-Haus» nahe beim Karlsplatz umziehen.

Die Teilnehmer der Gruppe lernen viel Neues und Interessantes von den westdeutschen Instruktoren. Gleichzeitig ist für die Gäste aus der Bundesrepublik das Zusammensein mit den tschechoslowakischen Kollegen während eines ganzen, dichten Arbeitswochenendes ein besonderer Gewinn. Es gibt nicht nur einen fachlichen Austausch, sondern bei der Arbeit entstehen auch Freundschaften und ein enger zwischenmenschlicher Zusammenhalt.

Oft wird eine gewisse Art von Traurigkeit und Lethargie bei den tschechischen Kursteilnehmern spürbar. Auf mich wirken sie in diesen Momenten etwas verloren. Mir wird klar, dass dies nicht nur Nachwirkungen des Lebens unter einer Diktatur sind, sondern dass auch die Umstellung im Chaos des Umbruchs viele Herausforderungen in sich birgt. Für mich ist dieses erst Mitte der neunziger Jahre langsam auslaufende Lehrprojekt eine faszinierende und bereichernde Erfahrung. Und dass es in dem wirtschaftlich fast wieder bei Punkt null beginnenden Land nicht zu der erhofften Institutsgründung kommt, empfinde ich nachträglich keinesfalls als Versagen oder gar als Niederlage.

Die Gruppe konsolidiert sich zu einer «Alpha und Omega» genannten Stiftung. Deren Mitglieder werden noch über viele Jahre hinaus regelmäßig kollegiale Supervision betreiben und sich um eine Weitergabe ihres neuen fachlichen Wissens an andere Institutionen über Seminare und Kurse bemühen.

Ein ins Deutsche übersetzter Brief der kleinen Nailja Ibragimowa vor ihrer Rückkehr nach Minsk:

Ich, Nailja Ibragimowa, kam aus der Sowjetunion in die Stadt Münster mit einer Einladung am 27. August 1990.

Diese stille, schöne Stadt erschien mir fremd. Ich erkrankte und wusste, dass ich ernsthaft krank bin. Nichtachtend der Tatsache, dass Mama mir die Art meiner Erkrankung verheimlichte, hatte ich den Verdacht, dass man daran sogar sterben kann.

Wir kamen in die Klinik. Jedem kranken Menschen erscheint die Klinik bedrohlich, aber hier erlebte ich etwas ganz anderes. Alle begegneten mir mit jener Aufmerksamkeit und Freundlichkeit, dass ich den Eindruck hatte, ich sei die einzige Kranke überhaupt.

Die Krankenschwestern Gabi, Margret, Christa, Judith, Marion pflegten mich mehrmals am Tage. Sie liebten mich wie leibliche Schwestern. Mit Sabina, Sandra und Kristina lag ich in einem Zimmer und bedanke mich bei ihnen dafür, dass sie mir beigestanden haben, in den schwersten Minuten.

Sie wurden entlassen, in eine andere Abteilung verlegt, aber alle besuchten mich oft.

Als eine große Hilfe zeigte sich mir Wolfgangs Musik. Ich stimmte sehr stark mit ihm überein und wartete sehnsüchtig auf seine Lieder.

Eine große Unterstützung erhielt ich von der Deutschlehrerin Regina. Ihre Energie, Lebensfreude, Liebe und Aufmerksamkeit waren mir immer eine moralische Unterstützung. Außerdem begann Regina, mich in die deutsche Sprache einzuführen.

Stark beeindruckt hat mich Weihnachten. In die Klinik kam der Nikolaus und gab jedem Geschenke. Ich hatte befürchtet, dass er zu mir nicht kommt, aber dann hörte ich, dass jemand fragt, wo ist Nailja, und mein Gesicht hellte sich auf. Ich war erfreut, dass jemand an mich gedacht hat, mich liebt und mich hier nicht vergessen hat. *

Etwa zur selben Zeit sehe ich mir in Münster zusammen mit Stefan den preisgekrönten Film «Urga» von Nikita Michalkow an. Er spielt in der Mongolei und in China und zeigt die Gegen-

* Aus: «Fliege nicht eher, als bis Dir Federn gewachsen sind». Münster 1993

sätze zwischen einer archaischen Nomadenkultur und der die Zerstörung der Natur verursachenden Industriegesellschaft im Lauf der Generationen.

Der mich lange beschäftigende Film erweckt in mir die Idee, eine sich über mehrere Generationen und Länder erstreckende Familiensaga in Romanform zu verfassen. Sowohl die kürzlich neu aufgelegten Kindheitserinnerungen meiner brasilianischen Urgroßmutter Julia Mann-Bruhns-da Silva, «Aus Dodos Kindheit», als auch das historisch und geographisch weitgespannte Sensationsbuch «Im Netz der Zauberer. Eine andere Geschichte der Familie Mann» der Familiensoziologin Marianne Krüll bewegen mich dazu, Brasilien und Europa als Hauptschauplätze für meinen Roman auszuwählen. Je länger ich mich, zuerst noch aus der Ferne, mit diesem riesigen und vielfältigen Land beschäftige, desto deutlicher wird mir, dass Brasilien nicht nur einer der Hauptschauplätze meines Romans werden soll. Brasilien ist, über meine dortigen Vorfahren, auch ein Teil meiner eigenen biographischen Herkunft und damit auch ein Stück verlorengegangene Heimat, die ich möglichst bald aufsuchen und für mich erobern möchte. Und ich entdecke eine besonders interessante Parallele zu meiner Urgroßmutter Julia: Sie wurde genau im selben Alter unfreiwillig aus ihrem exotischen Kindheitsparadies nach Europa verpflanzt wie ich aus meiner kalifornischen Idylle in der nördlichen Hemisphäre desselben amerikanischen Kontinents. Sie kehrte jedoch nie nach Brasilien zurück.

Schon bald nach Beginn dieser neuen familiären Spurensuche nehme ich Kontakt mit dem brasilianischen Schriftsteller João Silvério Trevisan auf, der gerade sein Buch «Ana in Venedig» vorbereitet. Darin wird der zwischen drei Kontinenten zerrissene Lebensweg der ursprünglich zu Julias brasilianischer Familie gehörigen und dann nach Deutschland und Italien gelangten afrikanischen Sklavin Ana romanhaft nacherzählt. Ich erhalte von Trevisan Fotos von Julia Manns bis jetzt immer noch intaktem Elternhaus «Fazenda da Boa Vista». Es liegt am Rand der traumhaft schön gelegenen Küstenstadt Paraty zwischen Rio de Janeiro und São Paulo. In mir nimmt der Plan, Brasilien zu besuchen, immer konkretere Züge an. Die Buchpremiere einer brasilianischen Übersetzung von «Dodos Kindheit» in São Paulo und eine Einladung des Goethe-Instituts in Rio de Janeiro liefern den willkommenen Anlass.

In den letzten Februartagen 1994, am Ende eines besonders heißen Sommers in Brasilien, fliege ich nach Rio de Janeiro. Dort holt mich mein sich schon länger dort aufhaltender Freund Peter K. Wehrli ab. Er wird mir für mehrere Wochen als Dolmetscher und «Fremdenführer» hilfreich zur Seite stehen. Zu meiner großen Überraschung wird mein Brasilienbesuch von der dortigen Öffentlichkeit, vor allem der Presse, als eine Art Sensation gefeiert. Es ist fast so, als wäre Julia Mann selbst in ihre Heimat zurückgekehrt, die sie als Siebenjährige, nach dem frühen Tod ihrer Mutter, mit ihrem Vater und ihren Geschwistern verließ, um dann in Lübeck der Welt zwei ihrer größten Schriftsteller zu schenken. Darauf sind ihre brasilianischen Landsleute heute ungeheuer stolz.

Ich selber entdecke in Julias lebenslanger Zerrissenheit zwischen den Kulturen und Kontinenten immer mehr einen Grund und ein prägendes Muster für den schicksalhaften Heimatverlust, für Fremdheit und daraus erwachsende nationale Ungebundenheit und Weltbürgertum ihrer beiden Söhne Thomas und Heinrich und deren Nachkommen. Zugleich wird mir bei meinem ersten Besuch in Brasilien deutlich, dass dieses Land durch seine ethnische und kulturelle Vielfalt auch ein weltweites Modell für Multikulturalität und Toleranz ist. Mir ist, als prallten zwei nach ihrer Identität suchende Subjekte zusammen: auf der einen Seite das Mehrvölkergemisch eines riesigen, ethnisch kaum definierbaren Landes und auf der anderen der nach sich selbst suchende Sprössling einer über die Generationen und Kontinente verstreuten Künstlerfamilie.

Die Flut der bereits meine Ankunft ankündigenden, fast täglichen Zeitungs- und Zeitschriftenartikel, Pressekonferenzen, Interviews und Fotoshootings ist so gewaltig, als würde Brasiliens frühere Hauptstadt einen Filmstar empfangen. Ein zusätzlicher Anreiz für die große öffentliche Aufmerksamkeit ist die Tatsache, dass ich nicht bloß als interessierter Tourist auf den Spuren meiner Urgroßmutter wandle, sondern als Angehöriger der berühmten Schriftstellerdynastie beabsichtige, die brasilianische Story der Manns in eine belletristische Form zu bringen.

Ich hatte den Roman schon mehrere Monate vor meiner Abreise konzipiert und die ersten Seiten bald niedergeschrieben. Auch der weitverzweigte Stammbaum der Familie de Melo, die ich in den Mittelpunkt des Romans rücke, mit ihren bis nach Südafrika zurückreichenden Wurzeln ist schon zusammengestellt. Einer von mehreren Legenden zufolge leitet sich der Name «Brasilien» ab von «Pau Brasil» – dem von den ersten portugiesischen Siedlern überaus begehrten rötlichen Holz eines Baumes an der neu entdeckten Küste. Für mein Brasilienbuch wählte ich den Titel «Brasa» wegen der Glut im übertragenen Sinn: die Glut der Liebe, die Glut des Kampfes. Die Geschichte der Familie de Melo wird durch das leidenschaftliche Gedicht «Capoeira» von Vinícius de Moraes eingeleitet.

Erzählt wird das Schicksal der Familie über fünf Generationen – in den sich wandelnden Wirren des neunzehnten Jahrhunderts bis in die heutige Schweiz, wohin die Familie kurz vor dem Ersten Weltkrieg emigriert. Als der Stammvater Heitor de Melo der Jüngere eine Kaffee- und Zuckerfazenda im Südosten Brasiliens erwirbt, ahnt er noch nicht, welche Bedeutung die in der tropischen Küstenlandschaft gelegene Fazenda «Prosperidade» für seine Familie haben wird. Seine in der Schweiz geborene und dort aufgewachsene Urenkelin Bernice Santini kennt Brasilien nur aus Erzählungen ihres Großvaters Pedro José und ihres Onkels Gilberto – bis sie sich eines Tages in Zürich bei einer Lesung in den jungen brasilianischen Journalisten Ignacio Bandeiras verliebt und mit ihm gemeinsam versucht, ihren Wurzeln in Brasilien nachzugehen.

Erlenbach, Weihnachten 1953. Auf einem der Mittagsspaziergänge vor dem Essen während der Weihnachtstage erläutert mein Großvater mir seine brasilianische Abstammung mütterlicherseits. Er erzählt mir, dass sein Mitte des 19. Jahrhunderts nach Brasilien ausgewanderter Großvater Johann Hermann Ludwig Bruhns aus Lübeck unweit von Rio de Janeiro eine brasilianische Pflanzerstochter geheiratet und mit ihr fünf Kinder gehabt habe. Als seine Frau noch sehr jung nach der Totgeburt ihres sechsten Kindes starb, siedelte er mit seinen Kindern nach Lübeck um. Julia, die Zweitjüngste, heiratete mit achtzehn den Lübecker Senator und Kaufmann Thomas Johann Heinrich Mann, gebar ihm fünf Kinder und lebte mit ihm und den Kindern in der norddeutschen Hansestadt. Als er 1891 starb, siedelte sie nach München um. Nach Brasilien kehrte sie nie wieder zurück.

«Der Vater deiner Mutter war doch ein Deutscher. Dann war deine Mutter also nur eine halbe Brasilianerin, und du ein Viertel, mein Papa ein Achtel und ich ein Sechzehntel, oder nicht?», will ich wissen. «Meine Mutter hat immer großen Wert darauf gelegt, als vollwertige Brasilianerin zu gelten», klärt mich mein Großvater auf. «In Brasilien ist Brasilianer, wer dort geboren und die ersten Jahre aufgewachsen ist. Die Abstammung der Eltern spielt überhaupt keine Rolle. So jedenfalls habe ich das immer von ihr gehört.»

Ich habe zwar meinen Roman «Brasa» meiner brasilianischen Urgroßmutter Julia gewidmet. Trotzdem ist der Roman keine «autobiographische», sondern eine in Fiktion übersetzte Nachschreibung der brasilianischen Geschichte meiner Familie. Sogar Julia, die Hauptperson, lebt nicht als in einer Person der Romanhandlung nachgezeichnete Figur weiter. Sie existiert dort vielmehr als Prinzip, als prägendes Muster und erscheint daher im Roman in gewisser Weise allgegenwärtig.

Andere vereinzelt in die Handlung passende Mitglieder meiner Familie hingegen wurden da und dort hineinmontiert. Sie wurden jedoch fast nur in fremde Schauplätze, vor allem in Brasilien, und auch in Epochen hineinverlagert, in denen sie in Wirklichkeit nie gelebt haben. Dabei entspricht ihr Stammbaum kaum der Mann'schen Genealogie. Grundsätzlich tauchen allenfalls aus dem Zusammenhang gelöste einzelne Charakterzüge von ihnen auf.

Zum Beispiel mag das Dandytum des die Damenwelt im Teatro Municipal von Rio de Janeiro unsicher machenden Felipe, Heitor de Melos Bruder, mitsamt einigen physiognomischen Merkmalen an meinen Großonkel Heinrich erinnern. Auch lässt vielleicht das Amazonenhafte und Draufgängerische im Wesen von Leonora Augusta, der Schwester der beiden, an meine Tante Erika denken, so wie gewisse biographische Züge der lebensuntüchtigen und prätentiösen Mimose Maria Antônia an Monika Mann, und auch meine Tante Elisabeth taucht fragmentarisch in der Figur von Gilbertos Schwester Lelia auf. Die im Roman dargestellten Züge von Bernices teils aus Südafrika stammendem Onkel Gilberto Balthasar Johannes und insbesondere die Machenschaften seiner Adoptivfamilie in der Schweiz mögen teilweise meinem Onkel Golo und Lebensereignissen um ihn herum ähneln. Aber keine dieser Figuren ist ein detailgetreues Porträt aus der Mann-Familie. Mein Großvater übrigens kommt dort überhaupt nirgends vor, so wenig wie mein Vater oder mein Onkel Klaus.

Internationaler Flughafen Galeão von Rio de Janeiro, Ende Februar 1994. Schon bei der Zwischenlandung in São Paulo um sechs Uhr morgens waren mir am Pistenrand die ersten langohrigen Bananenblätter aufgefallen, und ich hatte durch die offene Flugzeugtür die für mich völlig neuartige, feuchte Hitze auf meiner Haut gespürt. Jetzt bei der Ankunft in Rio kann ich es kaum erwarten, brasilianischen Boden zu betreten. Als wir aus dem Flugzeug aussteigen, knallt die tropische Morgensonne bereits mit voller Wucht vom Himmel. Als ich dann mit Peter, der hinter der Zollschranke auf mich gewartet hat, ins Taxi steige, das uns ins Hotel bringen soll, fällt mir ein seltsam süßlicher Geruch auf. «Das ist der Alkoholtreibstoff der Autos», erklärt er mir. «Etwa die Hälfte aller Autos fährt mit Alkohol, der aus dem im Überfluss vorhandenen Rohrzucker gewonnen wird. Brasilien will sich vom internationalen Ölmarkt möglichst unabhängig halten.» Unsere Fahrt auf den Avenidas führt uns an Industriegeländen, Favelas und dem Hafengebiet entlang.

Nach den ersten Interviews durch Journalisten, die schon in der Hotelhalle warten, will mich Peter noch heute mit dem Ambiente des Stadtviertels um das Hotel Glória bekannt machen und mir im nahegelegenen Park einige interessante Beispiele tropischer Vegetation zeigen. Am nächsten Tag stoßen wir dann mit der Metro bis ins Stadtzentrum vor, um dort die wichtigsten barocken Kirchen und die sonstigen landestypischen architektonischen Besonderheiten zu besichtigen. Im Gepäck führe ich eine noch völlig unbeschriebene Kladde mit mir, in die ich alle wichtigen Fakten und Eindrücke als Material für meinen Brasilienroman eintragen werde.

Peter macht mich auch frühzeitig mit den gängigen Vorsichtsmaßnahmen gegen drohende Raubüberfälle auf den Straßen von Rio vertraut, wozu vor allem gehört, selbst die Armbanduhr im Hotelzimmersafe zurückzulassen und nur die notwendigsten Mengen Bargeld bei sich zu haben. Aber meine Kladde sollte ich unbedingt immer mit mir führen, meint Peter. Als Waffe würde sie nämlich notfalls auch taugen.

Vor unserer Weiterfahrt in Julias Geburtsort Paraty macht mich Peter noch mit einer langjährigen Freundin bekannt, Gerda Poppinga, die bis zu ihrer Pensionierung als Kulturbeauftragte im Schweizer Generalkonsulat (vormals Botschaft) gearbeitet hat und über eine Menge wichtiger Kontakte verfügt. Sie wird mir in der folgenden Zeit behilflich sein bei meinen Recherchen in Museen und Archiven und mich mit wichtigen Persönlichkeiten der Stadt bekannt machen, und ihr habe ich auch den bereits für übermorgen geplanten Zugang zum Teatro Municipal von Rio zu verdanken, in dem in meinem Roman der Besuch der Familie de Melo bei einer «Carmen»-Aufführung am 6. September 1913 vorgesehen ist, die wirklich stattgefunden hat und in einer archivierten Zeitungskritik festgehalten wurde. Peter und ich fahren mit unserem Taxi zufällig an diesem prunkvollen, 1909 erbauten Theater vorbei. Der Verkehr in der Innenstadt hat sich inzwischen so verdichtet, dass wir viel Zeit haben, nochmals unsere Reiseroute durch Brasilien abzustecken.

Auf Paraty bin ich besonders neugierig. Aber die landeskundlichen Forschungen für mein Romanvorhaben sind recht weit gestreut. Peter streckt mir lachend etwas entgegen, das wie die Hälfte eines Erdnusskerns aussieht. Es ist eine ungeröstete Kaffeebohne, die er für mich aufgehoben hat. Denn nach Paraty und einigen Zwischenstationen werden wir eine Kaffeeplantage und eine kleine Kaffeerösterei in Campinas südlich von São Paulo besichtigen. Die Kaffeeproduktion durch meinen Romanprotagonisten Heitor de Melo den Jüngeren in der Fazenda in seiner Wahlheimat Portobelo, in Wirklichkeit Paraty, soll in meiner Saga eine wichtige Rolle spielen. Und da dieser Heitor aus dem Flusslabyrinth des Pantanal im südlichen Mato Grosso nahe der paraguayischen und bolivianischen Grenze abstammt, wird eine jetzt als Hotel dienende ehemalige Viehfazenda mitten im Sumpfgebiet des Pantanal die letzte längere Station meiner Reise sein.

Um Heitors Reitabenteuer als Kind auf dem Schoß seines Vaters wenigstens ahnungsweise am eigenen Leibe zu erfahren, werde ich dort zum ersten Mal in meinem Leben den Rücken eines Pferdes besteigen und auf diesem die von Krokodilen belagerten Sümpfe durchmessen. Peter wird dann leider nicht mehr dabei sein, weil er bis dahin nach Zürich zurückkehren muss. Umso mehr freue ich mich darauf, mit C. dorthin zu reisen, die kurz vorher aus Europa eintreffen wird. Die etwa dreiwöchige Reise mit ihr nach Rio und Paraty und dann ins Pantanal ist als eine Art Hochzeitsreise gedacht. Denn zwei Monate vor meinem Abflug nach Brasilien haben wir ein zweites Mal geheiratet.

Kilchberg, April 1994. C., mein Bruder Toni, Peter K. Wehrli und ich steigen, jeder mit einem Blumenstrauß in der Hand, die Treppe zum Eingang in die reformierte Kirche in Kilchberg hoch, um an der Beisetzung meines Onkels Golo teilzunehmen. Er starb am Tag unserer Rückkehr aus Brasilien. Ein Anruf noch aus Göttingen bei Golos Zürcher Anwalt hatte uns bestätigt, dass nach Golos letztem Willen keiner seiner Blutsverwandten an der Beerdigung teilnehmen dürfe. Wir haben uns bewusst diesem Verbot widersetzt und sind nach Zürich gereist, der tragischen Vorgeschichte dieser Anweisung zum Trotz.

Nach dem Tod ihres Lebensgefährten Antonio Spadaro mehrere Jahre zuvor war meine Tante Monika aus Capri in die Schweiz übergesiedelt. Der Versuch, mit ihrem Bruder Golo im Kilchberger Elternhaus zusammenzuleben, scheiterte. Die Ehefrau von Golos inzwischen verstorbenem Adoptivsohn Hans Beck nahm schließlich die erkrankte Monika bei sich in Leverkusen im Rheinland auf und pflegte sie bis zu deren Tod. Ein Prozess um Monikas Erbe und schwere gegenseitige Vorwürfe und Intrigen entzweiten vollends die beiden Familien. Golo sagte sich dabei nicht nur schon Jahre vor seinem Tod von seinen Neffen und Nichten los, sondern brach zuletzt sogar auch mit seiner einstigen Lieblingsschwester Medi.

Entsprechend beklommen nähern wir uns jetzt dem offenen Kircheneingang. Wir fürchten, von einem davor stehenden, uniformierten Angehörigen des Beerdigungsinstituts abgewiesen zu werden. Denn wir haben schon von Weitem beobachtet, dass dieser Wächter alle Eintretenden sich durch einen Eintrag in ein «Kondolenzbuch» ausweisen lässt. Irgendwie bringen wir es fertig, uns an ihm vorbeizumogeln. In der Kirche setzen wir uns in die hinterste Reihe. Ganz vorn nimmt Golos Adoptivschwiegertochter in der Pose einer jovialen Empfangsdame zusammen mit ihren beiden Töchtern die Beileidsbekundungen und Ehrenbezeugungen entgegen und schwatzt lautstark mit der die Trauerfeier leitenden Pastorin. Kurz vor Beginn betritt meine Tante Medi die Kirche. Als sie uns sieht, kommt sie zuerst zu uns nach hinten, überlegt es sich dann aber anders und setzt sich ostentativ neben die mit ihr verfeindete Leverkusener Familie in die vorderste Reihe.

Dann beginnt die Abdankungsfeier mit Predigt und Musik, nicht sehr viel anders als bei der Beerdigung meines Großvaters im selben Gotteshaus vor fast vierzig Jahren. Sehr anders allerdings verläuft nach der Feier der gemeinsame Weg zum Grab. Anstatt uns als Familienangehörige an die Spitze des Trauerzugs zu begeben, reihen wir uns an dessen Ende ein. Auch führt der Zug nicht zum Familiengrab, sondern an diesem vorbei zu einer ziemlich weit entfernt liegenden, einsamen Grabstätte, die sich der Verstorbene gewünscht hatte. Während der Trauerzug unser Familiengrab passiert, recken sich alle Köpfe kurz in dessen Richtung.

Als wir schließlich an Golos Grab angelangt sind und ich an der Reihe bin, mein Schäufelchen Erde auf den versenkten Eichensarg zu werfen, verweile ich dort kurz. Trotz der schroffen Ablehnung, die mir während der letzten Jahre vonseiten meines einstigen Lieblings- und Patenonkels entgegengeschlagen war, ist es mir wichtig, mich mit Würde und im Gedenken an die weit zurückliegenden, guten Zeiten von ihm zu verabschieden. Kurz und verstohlen neige ich meinen Kopf. Dann werfe ich, nach dem Häufchen Erde, auch meinen in der heißen Hand halbverwelkten Blumenstrauß in die Gruft.

Paraty, einen Monat vorher. Ein Pulk aus drei Autos, eines vom Goethe-Institut Rio de Janeiro und zwei von den beiden größten brasilianischen Tageszeitungen «O Globo» und «Folha de São Paulo», trifft, nach einer etwa vierstündigen Fahrt von Rio de Janeiro die idyllische Küste entlang, auf dem Platz vor Paratys Hauptkirche «Igreja Nossa Senhora dos Remédios» ein. Als wir aussteigen, kommt eine Abordnung des Magistrats auf uns zu, an der Spitze der Stadthistoriker Diuner Melo. Er führt in einer Mappe eine ganze Kollektion von Dokumenten mit sich, die er aus Archiven kopiert hat und mir später überreichen will.

Peter und ich werden in einem Hotel gegenüber dem Hauptplatz einquartiert. Dort findet auch wenig später eine Pressekonferenz statt. Der Stadthistoriker händigt mir zuerst die Ablichtung einer historischen Landkarte von Paratys Umgebung aus dem 19. Jahrhundert aus und dann einen Auszug aus dem kirchlichen Taufregister, in dem Julias Taufe im Dezember 1851 in der Hauptkirche vermerkt ist. In dieser will man mir im Anschluss an die Pressekonferenz noch das Taufbecken zeigen. In einem Grundbuchauszug sind sämtliche Liegenschaften von Julias Vater Johann Ludwig Hermann Bruhns in Paraty verzeichnet. Dazu gehört auch die «Fazenda da Boa Vista», die wir morgen aufsuchen werden. Auf einer Seite des Gewerberegisters aus denselben Jahren wird Johann Ludwig Hermann Bruhns als Kaffeepflanzer ausgewiesen. Auch der frühe Kindbetttod von

Julias Mutter Maria Senhorinha da Silva, als Julia fünf Jahre alt war, ist in den Annalen der Pfarrei festgehalten.

Nach der Pressekonferenz verschaffe ich mir einen ersten Überblick über die unter Denkmalschutz stehende und vom Autoverkehr abgesperrte historische Altstadt. Sie liegt am Ende einer der vielen Meeresbuchten mit azurblauem Wasser und tropisch bewachsenen Inseln. Die feudalen Bürgerhäuser mit Satteldach, hölzernen Balkonen und geräumigen, grünbepflanzten Innenhöfen und die kleinen Kapellen, Brunnen und Türmchen überall sind nur in der Touristenmeile in baulich gutem Zustand. Dort dienen viele historische Bauten jetzt vor allem als Souvenirläden und Restaurants. Zwischen den schnurgerade angeordneten Häusergevierten verlaufen die nur noch für Eselsgefährte zugänglichen Buckelpflasterfußwege. Diese verwandeln sich, wie ich noch vor meiner Abreise erleben werde, während der sommerlichen Sturzregenfälle oft in reißende Bäche.

Vom Hafen aus ist Julias «Fazenda da Boa Vista» mit einem Boot in etwa fünf Minuten erreichbar. Am nächsten Morgen fahren wir auf dem Landweg dorthin. Wir werden von einem Kamerateam des örtlichen Fernsehens begleitet. In der abendlichen Nachrichtenschau werde ich mich sehen können, wie ich von einem Guayava-Baum vor dem Haus eine Frucht pflücke, mit etwas saurer Miene hineinbeiße und die Kerne ausspucke; und wie ich mir dann im großen Balkonraum im Haus alle wichtigen baulichen Details in meiner Kladde notiere. Es ist ein bewegender Augenblick für mich, in dem baufälligen, aber unverwüstlich scheinenden Riesenbau zu stehen und mir beim Blick auf die Bucht zu vergegenwärtigen, dass dies das alltägliche Panorama der kleinen Julia und ihrer Familie gewesen ist.

Ein Anflug von Heimatgefühl, wie in Mill Valley, kommt ein bisschen wehmütig in mir auf. Ich horche deshalb auf, als irgendjemand sagt: «Man müsste hier eigentlich ein Julia-Mann-Museum einrichten.» Aber sofort wehrt sich in mir etwas gegen diese einseitige, rein historische Rückwärtsbindung. Nur ein Museum wäre mir zu wenig. Da ich die Gegend und vor allem das Haus hier als ein Stück eigene Erde empfinde, spüre ich den Wunsch, die Vergangenheit mit der Gegenwart zu verbinden und hier etwas aufzubauen, das auch in die Zukunft weist.

Bald kehren wir wieder in unser Hotel zurück. Die restlichen drei Tage vor der Weiterfahrt verbringen Peter und ich mit historischen Recherchen an verschiedensten Orten in Paraty und Umgebung mit Hilfe des ständig präsenten Stadthistorikers Diuner. Die «Fazenda da Boa Vista» besuchen wir noch ein weiteres Mal, und zwar mit einem Boot in brütender Sonne. Dort werden uns im Keller die ausgetrockneten Tausend-Liter-Schnapsfässer und die Original-Destillieranlage meines Ururgroßvaters gezeigt. Sie sollen in «Brasa» ebenfalls ihren Platz erhalten. Zwischendurch versuche ich in dem von exotischen Blumen fast überquellenden Innenhof unseres Hotels an «Brasa» weiterzuschreiben. Aber die feuchte Hitze macht mir schwer zu schaffen. Ich werde noch einige Zeit brauchen, um mich an das Klima meiner Vorfahren zu gewöhnen.

Als Nächstes geht es über Rio de Janeiro per Flugzeug ein Stück weit ins Hinterland nach Belo Horizonte und von dort mit dem Bus in die hochgelegene Barockstadt Ouro Preto in die ehemaligen Goldminen. Das Städtchen soll auch zu den Schauplätzen meines Romans gehören. Bei den etwas niedrigeren Temperaturen in der bergigen Gegend komme ich mit dem Schreiben gut voran. Wenige Tage später fliegen wir von Belo Horizonte nach São Paulo, wo uns der Leiter des Verlags «Ars Poetica», Ubiratan Mascarenhas, zu seiner Buchpremiere der portugiesischen Übersetzung von «Dodos Kindheit» abholen wird.

Am Flugplatz kauft sich Peter diverse brasilianische Tageszeitungen. Während des Anflugs auf São Paulo entdeckt er in der «Folha de São Paulo» eine Ankündigung eines Vortrags von mir am nächsten Abend zum Thema «Deutsche Literatur seit 1945». Ich bin völlig verblüfft, weil mir von einem solchen Vortrag nichts bekannt ist. Als Initiator der Veranstaltung wird der Verleger Ubiratan Mascarenhas genannt. Wie soll ich so schnell einen Vortrag zu einem Thema aus dem Boden stampfen, in dem ich mich höchst ungenügend auskenne? Wir beschließen, uns heute gemeinsam so bald wie möglich im Hotel an diese Aufgabe heranzumachen. Peter hat als Journalist einen guten Überblick über die Entwicklung der deutschsprachigen Literatur und wird mir beim Zusammenstellen meines Vortrags helfen.

In São Paulo holt Ubiratan uns ab. Er ist ein freundlicher Jungverleger voller Elan und spricht fließend deutsch. Wegen des mir eingebrockten Vortrags verliere ich kein Wort. Mein Stolz und meine Höflichkeit, vielleicht auch etwas fehlende Courage in dem mir immer noch fremden Gastland verbieten es mir, mir die innere Anspannung anmerken zu lassen. Nach einem opulenten Mittagessen auf seine Einladung in einer Churrasceria werde ich gebeten, mich bei ihm zu Hause für eine Fernsehsendung über die Ziele und bisherigen Erfahrungen meiner Brasilienreise interviewen zu lassen.

Nach der Fernsehaufnahme stellen Peter und ich im Hotel stichwortartig den morgigen Vortrag zusammen. Abends schauen wir uns die Fernsehsendung mit meinem Interview an. In meiner Euphorie konsumiere ich drei der hochprozentigen Caipirinhas – ein Cocktail aus purem Zuckerrohrschnaps, Limettensaft und Rohrzucker. Nachts und am nächsten Morgen ist mir speiübel. Kaum habe ich mich mittags so weit erholt, dass ich in einer Salatbar einen kleinen Imbiss zu mir nehmen kann, bricht mir ein Teil eines Backenzahns heraus. Panisch rufe ich Ubiratan an. Er organisiert mir einen Zahnarzttermin in einer Praxis im Haus seines Verlags – zwei Stunden vor meinem Vortrag.

Davor findet ein erstes Treffen mit dem Schriftsteller João Silvério Trevisan statt, dem ich die ersten wichtigen Informationen über die «Fazenda da Boa Vista» verdanke. Wir verständigen uns auf Englisch. Er macht mich mit einem Enkel von Paolo Bruhns bekannt, dem jüngsten Bruder meiner Urgroßmutter Julia. Oscar Bruhns ist Kinderzahnarzt, spricht nur portugiesisch und zeigt kaum Interesse für seine Verwandtschaft aus Europa. Er erinnert sich schwach an seinen weißbärtigen Großvater Paolo. Nach diesem kurzen Treffen eile ich in Begleitung von Peter mit dem Taxi zur Zahnärztin, die in meine Backenzahn-Havarie ein hervorragendes Provisorium zaubert. Als ich das Behandlungszimmer verlasse, steht auch Ubiratan schon vor der Tür, und wir rasen zu dritt mit dem Auto zum Pressehaus.

Der Abend wird ein überraschender Erfolg. Schon während meines Vortrags entwickelt sich im vollbesetzten Auditorium ein bewegtes Gespräch zwischen Jung und Alt über das Thema nationale und kulturelle Identität und über interkulturelle Auseinandersetzung und Verständigung. Beim Verlassen des Pressehauses um Mitternacht passieren wir die Druckerei. Peter lässt sich von einem blaubekittelten Angestellten an einer Druckerpresse ein Exemplar der morgigen Zeitung durch einen Fensterschlitz reichen. Auf einer der ersten Seiten steht bereits ein ausführlicher Bericht vom Abend mit großem Foto.

Am nächsten Abend findet eine Veranstaltung im Goethe-Institut statt, und am frühen Morgen danach hole ich C. vom Flugplatz ab. Ubiratan fährt uns beide zusammen mit Peter in seine Chácara, sein Landhaus in Campinas inmitten einer parkgroßen Grünanlage mit Avocado- und Orangenbäumen und einem Swimmingpool. Drei Tage später fliegen wir nach Rio zu der schon lange vorher im dortigen Goethe-Institut geplanten Veranstaltung und fahren anschließend nochmals nach Paraty, ohne Peter, der von Rio nach Zürich zurückfliegt. Wieder zwei Tage später brechen C. und ich ins Pantanal-Gebiet zu den Pferden und Krokodilen und zu weiteren Recherchen für meinen «Brasa»-Roman auf.

Kurz vor Ostern kehren wir nach São Paulo zurück, wo wir die Feiertage verbringen. Am Nachmittag vor unserem Rückflug nach Frankfurt führt uns Ubiratan als letzte seiner unerschöpflichen Wohltaten zu einem afrobrasilianischen Umbanda-Priester, der uns bei dem in Brasilien überaus beliebten «Jogo de Búzios» («Spiel der Muscheln») die Zukunft voraussagt. «In einem halben Jahr werden Sie reich werden, nicht nur materiell», lautet seine Prophezeiung.

Zurück in Deutschland, finden wir einen Brief von Stefan aus Mecklenburg-Vorpommern vor, wo er inzwischen als Agrarökonom in einer neugegründeten Fachagentur für nachwachsende Rohstoffe arbeitet. Er und seine Freundin Kristina sind gerade von einer Indonesienreise zurückgekehrt. In seinem Brief teilt er uns überglücklich mit, dass wir in einem halben Jahr Großeltern sein werden.

São Paulo, Karsamstag 1995. Während dieses zweiten Brasilienaufenthalts bin ich vor allem damit beschäftigt, die von Ubiratan Mascarenhas in seinem Verlag herausgegebene portugiesische Übersetzung meiner Romanparabel «Terezín oder Der Führer schenkt den Juden eine Stadt» mit Lesungen, Vorträgen und Presseinterviews bekannt zu machen.

Heute hat Ubiratan, für mich völlig überraschend, auch einen Empfang beim Kardinal von São Paulo vermittelt, dem ich das Buch persönlich übergeben soll. Ich empfinde das als ungeheuere Ehre. Denn dieser hohe kirchliche Würdenträger, ein «Kardinal des Volkes» und Angehöriger der im Vatikan wenig beliebten «Befreiungstheologie», soll sich, wie C. und ich uns von Ubiratan haben berichten lassen, während der brasilianischen Militärdiktatur unter Einsatz seines Lebens für unzählige Opfer des Regimes eingesetzt und die meisten von ihnen gerettet haben. Wie ich erst später erfahre, begann sein Amt als Kardinal mitten in der Diktatur mit einem Paukenschlag. Er verkaufte sein Bischofspalais und verwendete den Erlös für den Bau von Sozialstationen am Randgürtel um seine Erzdiözesanstadt São Paulo. Ich bin ungeheuer gespannt darauf, diesen Mann kennenzulernen.

Ubiratan fährt uns zum Amtssitz des Kardinals in der Stadt. C. und ich betreten mit Herzklopfen das auffallend bescheiden wirkende Gebäude, und wir melden uns im Sekretariat an. Man führt uns in einen kleinen, karg aussehenden Raum nur mit einem Schreibtisch, einigen Stühlen und einem Kruzifix mit Papstbild an der sonst völlig schmucklosen Wand. Wir nehmen Platz und warten darauf, dass sich irgendwann die Türe öffnen und Seine Eminenz im purpurnen Ornat und umgeben von einer Aura von Glanz und Würde, womöglich in Begleitung, in den Raum schreiten wird, um sich dann, uns den Ring zum Kuss entgegenstreckend, wohlwollend zu uns herabzuneigen und uns mit einem kurzen, förmlichen Gespräch zu beehren. Irgendwann schreckt uns ein plötzlich losbrechender Lärm im Nebenraum oder im Flur von unseren Stühlen hoch, und wir schauen uns etwas unsicher um. Als plötzlich die Tür aufgeht, sehen wir im Flur eine große Menschenansammlung, die uns ein paar Schritte zurückweichen lässt.

Plötzlich taucht an meiner Seite ein untersetzter, bebrillter Herr in grauem Anzug auf und streckt uns lächelnd die Hand entgegen. Es ist der Kardinal Paulo Evaristo Arns. Er setzt sich an seinen Schreibtisch, bittet uns, Platz zu nehmen, und fängt an, sich im Plauderton mit uns zu unterhalten, erkundigt sich nach unserem bisherigen Ergehen in Brasilien und nach unserem Leben in Deutschland. Dann übergebe ich ihm mein Buch und erläutere es kurz mitsamt den Hintergründen seiner Entstehung. Irgendwann erwähnt er seine deutsche Abstammung von der Mosel, von wo seine Eltern nach dem Ersten Weltkrieg nach Brasilien ausgewandert seien, wo er geboren wurde. Die in Deutschland zurückgebliebenen Verwandten seien so arm gewesen, erzählt er, dass sie die Zustellgebühr für Hilfspakete aus Brasilien nicht hätten bezahlen können; deshalb hätten seine Eltern ihre Sendungen nach Übersee bald einstellen müssen.

Dann beginnt Kardinal Paulo Evaristo Arns von seinem pausenlosen Einsatz zur Rettung von Menschenleben während der schlimmsten Zeit der brasilianischen Militärdiktatur zwischen 1968 und 1974 zu berichten. Während dieser sechs Jahre habe er häufig so gut wie nicht geschlafen, weil er jede Nacht oft mehrmals wegen der Verhaftung eines Oppositionellen herausgerufen wurde. Morgens um sieben Uhr sei er dann mit einer Liste aller Verschwundenen bei dem für seine Erzdiözese zuständigen Junta-Chef vorstellig geworden. Denn das Gesetz sah vor, dass jeder Kardinal als Stellvertreter der weltlichen Regierungsgewalt jederzeit empfangen werden musste. Und im Präsidentenpalast habe er dann mit seinem vor der Nase des Generals fuchtelnden Zeigefinger gefordert, alle auf seiner Liste aufgeführten Verhafteten auf der Stelle freizulassen, andernfalls er den Vorfall unverzüglich dem Vatikan in Rom melden und damit einen peinlichen Skandal entfachen werde. Daraufhin hätte der Machthaber regelmäßig nachgegeben und eine allgemeine Amnestie versprochen.

«Und konnten die Opfer dann auch wirklich gerettet werden?», frage ich. «Zu neunzig Prozent ja», antwortet er, um dann mit schmerzlichem Ausdruck hinzuzufügen: «Das heißt natürlich nur alle die, die zum Zeitpunkt meines Erscheinens beim General noch lebten.» – «Dann ist Ihnen also eine Reise nach Rom erspart geblieben?», bemerke ich erleichtert lachend. «Aus diesem Grund schon», entgegnet er. «Aber ich bin trotzdem wiederholt vom Papst in den Vatikan zitiert worden, wegen meines politischen und sozialen Über-Engagements, wie man mir vorhielt.»

Bald ist die Unterredung zu Ende. Ich nehme mir vor, bei den nächsten öffentlichen Vorstellungen meiner von Tyrannei und Lüge handelnden Romanparabel «Terezín» den Mut und den Einsatz dieses Mannes als besonderes Beispiel im Kampf gegen Gewalt und Menschenrechtsverletzungen anzuführen.

Mill Valley, Sommer 1946. Meine Eltern, Toni und ich nehmen auf dem kleinen Balkon vor dem Zimmer meiner Mutter bei sonnig warmem Wetter unser Lunch ein. Mein Vater erzählt uns Kindern von besonders schönen Sommerferien, die er drei Jahre hintereinander als Zwölf- und zuletzt als Vierzehnjähriger verbracht habe. Er schwärmt von herrlichem Strandleben mit selbstgebauten Sandburgen und mit Schwimmabenteuern bei hohem Wellengang, von Bootsfahrten zusammen mit seinen Eltern und Medi zu Wanderdünen und von Indianerspielen in einem Zauberwald voller Elche und Wildschweine. Seinen begeisterten und mitreißenden Schilderungen nach können dieses Kinderglück und der Freiheitsrausch nicht sehr weit zurückliegen. Den traumhaften Ort, von dem er erzählt, nennt er Nidden, obwohl er seit der Abtretung des deutschen Memelgebiets an Litauen bereits nach dem Ersten Weltkrieg Nida hieß.

Nida auf der Kurischen Nehrung, Anfang Juli 1997. Mein erster Besuch in dem vom litauischen Kulturministerium, der Universität Klaipeda und der Kommunalverwaltung Neringa neu gegründeten Thomas-Mann-Kulturzentrum im ehemaligen Sommerhaus meines Großvaters. Als Erster meiner Familie hatte, unmittelbar nach der Befreiung Litauens, mein Sohn Stefan das Haus aufgesucht, das von der litauischen Bevölkerung wegen seiner eher bescheidenen Größe immer «Onkel Toms Hütte» genannt worden war. Zwei Jahre später folgte meine Tante Elisabeth – auch sie hatte viele Kindheitserinnerungen an dort verbrachte Ferien. Dieses Jahr halte ich im Rahmen eines

Seminars über Gerhart Hauptmann und Thomas Mann einen Vortrag.

Das Haus ist in gut renoviertem Zustand, frisch gestrichen und mit einem neuen Reetdach gedeckt. Zwischen den Seminarveranstaltungen genieße ich die farbenstarke Landschaft zwischen Haff und Ostsee. Ich durchstreife die Wälder, erfreue mich an den urigen Fischerhäuschen aus einer anderen, stehengebliebenen Zeit und erlebe einen der malerischen Sonnenuntergänge am Ostseestrand. In der Abenddämmerung besteige ich die berghohen, an die Sahara erinnernden Sanddünen. Zum Unglaublichsten in dieser Landschaft gehört der tagsüber mediterran blaue und nachts für nordeuropäische Verhältnisse phantastisch helle und dicht mit Sternen übersäte Himmel.

Der Grund für meinen Besuch an diesem idyllisch-melancholischen, fern von Europa scheinenden Flecken ist nicht in erster Linie die Spurensuche nach dem verblichenen Freiheits- und Ferienglück meines Vaters. Mir geht es vielmehr um den Versuch eines neuen, noch weiteren Brückenschlags zwischen zwei interkontinental getrennten, aber durch meine Familie miteinander verbundenen Kulturorten. Ich habe nach Nida eine Menge Material von unserem zwischenzeitlich konzipierten Brasilien-Projekt mitgebracht. Dazu gehört insbesondere das fertige Programm für das zehntägige Julia-Mann-Festival bereits im kommenden Oktober in Paraty. Organisiert wird es von unserem vor einem Jahr in Zürich gegründeten Verein «Casa Mann», gemeinsam mit dem von Dieter Strauss geleiteten Goethe-Institut in São Paulo, das dankenswerterweise den Großteil der Kosten für das Festival übernimmt.

In mehreren Gesprächen mit der Direktorin des neuen litauischen Thomas-Mann-Kulturzentrums, Vitalija Jonusiené, und deren deutscher Assistentin Ruth Kibelka erläutere ich die Ziele des von uns geplanten eurobrasilianischen Kultur- und Begegnungszentrums in Julias Elternhaus in Paraty. Von der

Fazenda da Boa Vista habe ich ein vergrößertes Postkartenfarbfoto dabei, das die ganzen folgenden Jahre das Direktorenzimmer des Kulturzentrums schmücken wird. Das Festival in Paraty soll eine vorweggenommene symbolische Eröffnung des Kulturzentrums sein.

Spontan lade ich die beiden Damen zur Teilnahme am Festival mit je einem Vortrag über die Arbeit des litauischen Thomas-Mann-Kulturzentrums ein. Sie sagen gleich zu. Eine schon lange nach Brasilien ausgewanderte Verwandte von Frau Jonusiené in São Paulo wird deren auf Litauisch gehaltenen Vortrag dolmetschen, und der Bruder jener Verwandten, der litauische Honorarkonsul in São Paulo, wird die Einreiseformalitäten erledigen und während der Tage vor dem Festivalbeginn in Paraty die beiden Damen bei sich aufnehmen und ihnen São Paulo zeigen.

Paraty, Ende Oktober 1997. Den Auftakt des Julia-Mann-Festivals bildet eine von Dieter Strauss vorbereitete Ausstellung über das Leben von Julia Mann in Brasilien, Lübeck und München. Es reisen viele Besucher hauptsächlich aus Rio de Janeiro und São Paulo an. Der «Jornal do Brasil» würdigt das Ereignis mit einem ganzseitigen Bericht über «A volta da Senhora Mann» («Die Rückkehr der Frau Mann»). Im Lauf der Tage folgen Rundtischgespräche, Lesungen, Vorträge und Konzerte. Nach intensivem Portugiesischstudium seit zwei Jahren in Göttinger Volkshochschulkursen und viel Gelegenheit zur Konversation mit in Deutschland studierenden jungen Brasilianern moderiere ich in den meisten Festival-Veranstaltungen auf Portugiesisch und stelle mich auch mehreren Presse- und Fernsehinterviews.

Wie Monate zuvor in Nida vereinbart, halten die beiden litauischen Gäste mithilfe ihrer Dolmetscherin Lichtbildervorträge über ihre Tätigkeit in Nida. In Gesprächen mit den beiden Damen nach ihrer Veranstaltung wird die Idee geboren, in Nida direkt im Anschluss an das nächste dortige Thomas-Mann-Musikfestival im nächsten Juli brasilianische Kulturtage mit Künstlern und Vortragenden aus Brasilien zu organisieren.

Da C. und ich den jahrzehntelang recht losen Kontakt zu meinem Bruder Toni wieder intensiviert haben, hatte ich auch ihn ausführlich über unser «Familienfestival» informiert. Ich weckte damit sein Interesse und seine Neugierde so weit, dass er beschloss, mit uns nach Brasilien zu kommen. Er hatte sich bisher in seiner lebenslangen Ablehnung gegen alles, was irgendwie mit der Mann-Familie zusammenhängt, von jeglicher Aktivität dieser Art ferngehalten. Jetzt aber ist es anders. Brasilien ist weit weg, faszinierend neu, fremd und exotisch bunt. Unsere Urgroßmutter ist nicht der verhasste Großvater. Der neue, weltumspannende Aspekt seiner Herkunft hat ihn offenbar ermuntert, mit uns die weite Reise auf sich zu nehmen. Nach unserer Rückkehr zeigt sich in seiner deutlich aufgelockerten Stimmung und einer ungewohnten Leichtigkeit in seinem Auftreten, dass ihm diese Reise ausgesprochen gutgetan hat.

Eine der beeindruckendsten Veranstaltungen in Paraty ist ein Tanzsolo des afrobrasilianischen Tänzers Ismael Ivo im kleinen Theater der historischen Altstadt am letzten Abend. Aus Platzgründen können nur knapp achtzig handverlesene Gäste bei der Vorstellung anwesend sein. Die Darbietung des Abends besteht in Ismael Ivos Solo «Delirium of a childhood», begleitet von Mahlers «Kindertotenliedern».

Kurz vor Beginn der Veranstaltung erfahren wir, dass die als Hauptrequisit gebrauchte Mundharmonika des von weit her angereisten Gastes gestohlen worden ist und dass wir deshalb alle draußen warten müssen, bis eine neue aufgetrieben ist. Als wir schließlich nach etwa einer Dreiviertelstunde den abgedunkelten Zuschauerraum betreten, sitzt Ismael Ivo in einem weit ausgebreiteten Rock auf der Bühne und spielt auf seinem Ersatzinstrument. Dann beginnt er seinen Tanz. Er handelt vom Trauma seiner seit seiner Kindheit zwischen Afrika und Brasilien (und jetzt auch noch Europa) zerrissenen Identität. Plötzlich sehen wir, wie Ismael auf der engen Bühne in einen großen Teller tritt, sodass dieser zu Bruch geht. Ismael tanzt jedoch weiter, sodass nicht recht ersichtlich wird, ob es vielleicht ein beabsichtigter «Misstritt» von ihm war. Irgendwann beginnt sich Ismael Blut ins Gesicht zu schmieren, wobei unsicher bleibt, ob es aus der Wunde seines Fußes stammt oder vielleicht nur Ketchup ist. Erst am Ende seines bravourös durchgestandenen Solos wird offenkundig, wie stark er sich am Fuß wirklich verletzt hat.

Alle sind in großer Sorge, weil Ismael bereits übermorgen in dem vom Goethe-Institut organisierten Teil des Julia-Mann-Festivals in São Paulo als «Othello» auftreten soll. Er zieht es jedoch vor, den Fuß notdürftig zu verbinden – und will lieber morgen in São Paulo ein vertrauenswürdigeres Krankenhaus aufsuchen als das hiesige, kleine in Paraty. Er befürchtet offenbar, dass durch die dortige unzureichende medizinische Versorgung sein Fuß dauerhaft geschädigt und damit seine Tanzfähigkeit beeinträchtigt werden könnte. Nach der gemeinsamen Busfahrt nach São Paulo erfahren wir, dass Ismael den ganzen folgenden Tag geschlafen und damit eine Art Heilschlaf durchgemacht hat, der es ihm ermöglicht, am folgenden Tag wieder zu tanzen.

Wenige Tage zuvor findet, als Höhepunkt des Julia-Mann-Festivals in Paraty, ein besonderer Kulturabend in Julias Elternhaus «Boa Vista» statt. Der Zugang zu diesem Haus war uns sehr bald nach meinem ersten dortigen Besuch bis heute verwehrt worden. Denn wie sich nach langen und mühsamen Recherchen herausgestellt hat, ist der gegenwärtige «Eigentümer» des Hauses eine mit einer Gruppe schweizerisch-italienischer Geschäftemacher vernetzte Briefkastenfirma in São Paulo. Irgendwelche Hintermänner versuchen schon seit Jahren, den Widerstand der staatlichen Institutionen und der lokalen Denkmalschutzbehörden von Paraty zu brechen und auf dem touristisch attraktiven Gelände einen einträglichen Hotelkomplex zu bauen, und sie betrachten deshalb uns «Kulturdeutsche» als störende Eindringlinge. Nach zähen Verhandlungen zwischen dem Leiter des Goethe-Instituts in São Paulo, Dieter Strauss, und einem sich als «Pächter» ausgebenden «Eigentumsvertreter» in Paraty wird uns für einen Abend das Haus geöffnet.

Dessen inzwischen ziemlich heruntergekommene Innenräume werden notdürftig hergerichtet und gesäubert und die Türrahmen neu gestrichen. Für den Festabend wird ein Fährbetrieb zwischen Hafen und «Boa Vista» eingerichtet, der die Gäste zum Ufer des mit Fackeln beleuchteten Hauses bringen soll. In einer im Haus vorbereiteten und Julias Epoche nachgebildeten brasilianischen «Sarau» (Soirée) wird musiziert und vorgelesen. Ein aus Studenten der Musikhochschule in Rio de Janeiro zusammengestelltes Streichquartett wird ein Haydn-Quartett spielen. Anschließend wird mich das Ensemble mit einem umgeschriebenen Orchestersatz beim Vortrag des langsamen Satzes eines Mozart-Klavierkonzerts begleiten. Danach sollen einige literarische Texte aus der Feder unterschiedlicher Mann-Generationen zu Gehör gebracht werden.

Für den geplanten Musikteil steht nur ein hoffnungslos verstimmtes Hafenklavier aus einem der Touristenrestaurants in der Altstadt zur Verfügung. Beim Transport des Pianos mit einem VW-Bus auf dem Landweg und zuletzt über die Schlaglöcher der zur «Boa Vista» führenden Schotterstraße bricht die Achse des Busses, und mehrere starke Männer müssen das Instrument mit bloßer Hand ins Haus verfrachten. Dann erst kann es notdürftig überholt und gestimmt werden. Als schließlich abends die etwa 150 Gäste eintreffen – es waren aus Platzgründen eigentlich nur 50 geladen worden –, ist der Klavierstimmer des Ortes noch mitten bei der Arbeit. Denn die Novemberhitze und die massive Luftfeuchtigkeit haben dem Instrument ärger zugesetzt als befürchtet. Minuten vor Veranstaltungsbeginn stellt sich zu allem Überfluss heraus, dass eine besonders häufig zu bespielende Taste in der Mitte der Klaviatur klemmt. Der Klavierstimmer behebt das Problem dadurch, dass er diese Taste gegen die unterste, nur äußerst selten bespielte Taste im Bass austauscht.

Dann endlich kann der Abend beginnen, zuerst mit dem Musikvorspiel, dessen technische Hindernisse wir mutig bewältigen, das jedoch atmosphärisch, in diesem Haus mit dieser Familiengeschichte, etwas Bewegendes an sich hat, ähnlich wie auch die anschließenden Lesungen. Danach wird aus der ehemaligen Küche ein Imbiss mit Wein gereicht, und der Abend klingt fröhlich aus. Als weiterer Urenkel Julias ist an jenem Abend, neben Toni, auch Ludvik Mann, Heinrich Manns jüngerer Enkel aus Prag und Berlin, anwesend. Als dieser sich irgendwann zu weit fortgeschrittener Stunde vor das Klavier kauert und ganz leise irgendeine Weise anstimmt, fühlt es sich für mich plötzlich so an, als sei durch die kurzzeitige Inbesitznahme der Wohnräume unserer Vorfahren ein Fluch gelöst worden, der seit Julias Weggang auf uns allen gelastet hatte.

Spätnachts, drei Tage später als vereinbart, trifft aus Rio de Janeiro die Theater- und Filmregisseurin Bia Lessa ein. Trotzdem schafft sie es, innerhalb eines Vormittags eine große Gruppe von Straßenkindern aus den Favelas außerhalb von Paratys Altstadt um sich zu scharen und sie für ihr Vorhaben zu begeistern. Sie führt ihnen Bilder aus dem Julia-Mann-Ausstellungskatalog vor. Einige Kinder zeigen sofort auf das von hier gut sichtbare Haus und geben die ihnen offenbar geläufige Legende von der «reichen Prinzessin mit den vielen Sklaven» wieder. Dann spielen sie mit improvisierten Requisiten vor laufender Videokamera einige Kindheitsszenen von Julia nach, die ihnen Bia Lessa kurz geschildert hat. Sie beginnen mit Julias Geburt inmitten des nahegelegenen Urwalds. Es folgt die Beerdigungszeremonie von

Julias früh verstorbener Mutter, und das Spiel endet mit dem Abschied der Siebenjährigen von allen ihren ihr hinterherwinkenden Spielgefährten.

Zum Abschluss unseres Festivals wird ein neu gestifteter «Julia-Mann-Kulturpreis» an zwei brasilianische Autoren für deren Kurzgeschichten mit einem interkulturellen Thema verliehen. Zum volkstümlichen Ausklang wird am späten Abend auf dem Hauptplatz vor Julias Taufkirche eine von Festreden umrahmte «Ciranda» veranstaltet, ein von Zupfinstrumenten und Schlagzeug begleiteter, öffentlicher Tanz für Jung und Alt.

Voller Euphorie kehren wir nach diesem erfolgreichen, nicht nur historisch zurückblickenden, sondern auch interkulturell in die Zukunft gerichteten Ereignis nach Europa zurück. Obwohl wir laufend aus Brasilien die entsprechenden Presseagenturen über das Julia-Mann-Festival in Paraty unterrichtet hatten, muss ich zu meiner Ernüchterung und Enttäuschung feststellen, dass keine einzige deutschsprachige Zeitung davon Notiz genommen hat.

Kurz vor dem Ende des nächsten Thomas-Mann-Festivals in Litauen im Juli 1998 treffen die acht über Hamburg nach Palanga eingeflogenen brasilianischen Gäste in Nida ein. Für einige von ihnen ist es die erste Reise aus Brasilien heraus. Ich gestalte zum ersten Mal das alljährliche litauische Thomas-Mann-Musikfestival ein wenig mit. Es werden Solo- und Kammerkonzerte mit litauischen, russischen und deutschen Musikern im Thomas-Mann-Haus und in der protestantischen Kirche von Nida veranstaltet und einige Vorträge und Lesungen abgehalten. Den Abschluss und Höhepunkt bildet die Aufführung von Haydns Oratorium «Die Schöpfung» mit Solisten und dem Staatsorchester Vilnius in einem Riesenzelt am Fuß der großen Düne zum hoch gelegenen «Tal des Schweigens». Auch alle Teilnehmer der sich anschließenden «Brasilianischen Kulturtage» sind anwesend. Die Aufführung beginnt während der hereinbrechenden Dämmerung und endet unter dem klaren Sternenhimmel.

Am folgenden Nachmittag wird dieselbe Julia-Mann-Ausstellung wie im Vorjahr in Paraty im Kulturzentrum der Stadt eröffnet. Im Gegenzug zu Frau Jonusienés litauischem Vortrag in Paraty vermittelt jetzt eine aus Paraty stammende Mitwirkende den Litauern ein Gesamtbild von der Natur und Geschichte Paratys und von den Bemühungen der Kommune um die Wahrung der dortigen rigorosen Denkmal- und Naturschutzbestimmungen.

Als Dolmetscherin fungiert diesmal eine in Brasilien geborene Litauerin aus der Hauptstadt Vilnius. Sie war als Kind zusammen mit ihren nach Kriegsende nach São Paulo ausgewanderten Eltern wegen deren Heimweh bereits Mitte der fünfziger Jahre wieder nach Litauen übergesiedelt. Für das damals neunjährige Mädchen war der Wechsel von Brasilien in die stalinistische Litauische Sowjetrepublik ein Schock und ein Verlust gewesen, den sie bis heute nicht überwunden hat. Die jetzige erstmalige Begegnung mit so vielen Brasilianern auf einmal löst in ihr immer wieder heftige Emotionen aus.

Am zweiten Tag bestreitet eine junge, in Brasilien angesehene Pop-Sängerin mit dem Künstlernamen «Titane» zusammen mit einem bekannten brasilianischen Gitarristen und einem Schlagzeuger im Kinotheater von Nida ein abendfüllendes Programm mit «música popular brasileira». Für die baltischen Ostseebewohner ist dies eine sensationelle Neuigkeit. Nach einer Lesung von João Silvério Trevisan aus seinem inzwischen erschienenen Roman «Ana in Venedig» im Thomas-Mann-Haus eröffnet ein Künstler aus dem nordostbrasilianischen Staat Ceará ebenfalls dort eine Ausstellung mit «literatura de cordel» («Literatur an der Schnur»). Es handelt sich dabei um Holzdrucke mit volkstümlichen Texten, die an quer durch den Raum gespannten Schnüren aufgehängt werden. Dadurch ändert sich das Gesicht des Thomas-Mann-Hauses so sehr, dass für die ahnungslosen, täglich mit Bussen anreisenden Thomas-Mann-Pilgerscharen Extraschilder angebracht werden müssen, auf denen die anstoßerregend exotische Aufmachung im Haus mit einem Kulturfestival im Namen der brasilianischen Mutter des deutschen Dichters entschuldigt wird. Die litauischen Einheimischen finden zunehmend Gefallen am Flair der kulturellen Darbietungen.

Beim neuerlichen Auftreten der temperamentvollen und vor Charme sprühenden Sängerin Titane zusammen mit ihren beiden Musikern am letzten Abend im Thomas-Mann-Haus ist eine deutlich größere Anzahl litauischer Gäste anwesend als beim vorangegangenen Thomas-Mann-Festival. Dagegen bleiben die in Nida sonst reichlich vertretenen deutschen «Heimwehtouristen» dieser Veranstaltung mehr oder weniger fern. Der Abend ist in der Tat ein einmaliges Ereignis, bei dem Titane das Thomas-Mann-Haus in eine völlig neue Farbe taucht. Wenn sie im ehemaligen kleinen Wohnzimmer der Manns unter den heißen Rhythmen ihrer beiden Begleiter und um den Konzertflügel tanzend ihre brasilianischen Lieder schmettert, drängt sich dem Zuhörer unweigerlich die Vorstellung auf, dass hier die brasilianische Mutter ihrem deutschen Sohn in dessen litauischem Sommerhaus einen Besuch abstattet.

Am Vormittag vor der Abreise der brasilianischen Freunde mit dem Flughafenbus nach Palanga werden wir noch vom Bürgermeister persönlich im Rathaus empfangen. Eine Bootsfahrt der ganzen Gruppe auf der Jacht des Bürgermeisters auf dem windbewegten Haff beschließt den fünftägigen Aufenthalt der Brasilianer auf der Kurischen Nehrung.

Wenige Monate nach dem Festival auf der Kurischen Nehrung reise ich erneut nach Brasilien, um den Aufbau des geplanten

Kulturzentrums in Paraty voranzutreiben. Dieter Strauss, nach kurzem Gastspiel als Leiter des Goethe-Instituts in Santiago de Chile nach Paris versetzt, kann nur noch aus der Ferne auf die Weiterentwicklung unseres Projekts einwirken. Der Zugang zur «Boa Vista» bleibt uns weiterhin versperrt. Sponsoren finden sich keine, solange die Eigentumsverhältnisse ungeklärt bleiben und auch an keinen der angeblichen Eigentümervertreter in São Paulo oder in der Schweiz heranzukommen ist.

Wir überbrücken die Wartezeit mit der Präsentation unserer Julia-Mann-Ausstellung in diversen Städten in Europa und in Südamerika. Lübeck, Bonn, München und Zürich sind die wichtigsten europäischen Stationen, außerdem einige brasilianische Städte und Santiago de Chile.

Den letzten Höhepunkt und vorläufigen Abschluss unseres interkontinentalen «Feldzugs» bilden die über einen ganzen Monat ausgedehnten Feiern zum 150. Geburtstag von Julia Mann im August 2001 im «Museu da República», dem ehemaligen Präsidentenpalast, in Rio de Janeiro. Dank Gerda Poppingas unermüdlichem Einsatz finden sich einige Sponsoren zur Finanzierung dieser Veranstaltungsreihe. Nach der Eröffnung der Julia-Mann-Ausstellung gibt es an Julias Geburtstag am 14. August eine Galaveranstaltung mit Ansprachen, Vorträgen und einem Kammerkonzert. Während der folgenden Wochen wird ein reichhaltiges Musik- und Filmprogramm geboten. Den Abschluss bildet ein Theaterspektakel im Museumspark mit einer szenischen Lesung aus «Dodos Kindheit» durch die bekannte dänisch-italienisch-brasilianische Schauspielerin Giulia Gam als Julia Mann.

Je länger wir in dem uns aufgezwungenen großen Bogen um die «Boa Vista» herum unsere Aktivitäten ausdehnen, ohne dabei unserem Ziel näher zu kommen, desto mehr schwindet unsere Hoffnung, unser geplantes Kultur- und Begegnungszentrum in absehbarer Zeit gründen zu können. Nach Abschluss des Festivals in Brasilien beschließt der Vorstand der Vereinigung «Casa Mann» in Zürich, die nächsten Jahre alles ruhen zu lassen, jedoch vorerst ohne Auflösung unseres Vereins. Für mich ist es wichtig, diese Pause für eine konzeptionelle Weiterentwicklung unseres Projekts zu nutzen.

Bald nach den brasilianischen Kulturtagen in Nida suche ich zum ersten Mal den weniger industrialisierten und ärmeren Norden Brasiliens auf. Der Hauptgrund dafür, vor allem die Stadt Belém in Amazonas- und Äquatornähe zu erkunden, ist nicht Julia Mann. Es sind vielmehr die beginnenden Recherchen für meinen dritten interkulturellen Roman «Nachthorn» – nach «Brasa» und «Hexenkinder». Im zweiten Roman «Hexenkinder» sind in die Thematik der Entwurzelung, der Heimatlosigkeit und der sozialen Ausgrenzung ethnischer Minderheiten erste Ansätze einer auch theologischen Interpretation eingeflossen. Das gilt sowohl für die historische Hauptfigur des Romans, die in den Salemer Hexenprozessen in Neuengland von 1692 als Hexe angeklagte indianische Sklavin Tituba, als auch für die eigentliche Protagonistin Judith Herbst, die Tochter jüdischer Emigranten aus Nazideutschland.

In «Nachthorn» rückt die theologische Thematik noch stärker in den Vordergrund. Der zwischen Brasilien und Deutschland pendelnde nordbrasilianische Pianist, Organist und Komponist Fernando d'Amora erhält eine Anstellung in einem ostdeutschen Opernhaus und wirkt mit dem dortigen Ensemble an einer Gastaufführung von Haydns Oratorium «Die Schöpfung» in der Domruine des ehemaligen Königsberg mit. Dort drängt es ihn aus theologischen Gründen immer stärker dazu, dieses Oratorium umzukomponieren. Dabei findet er einen Weg, die Idylle des dritten und letzten, im Paradies spielenden Teils zu ersetzen durch eine Darstellung des an den Abgrund führenden, menschengemachten Chaos nach der Vollendung des göttlichen Schöpfungswerks. Ein mir noch aus Deutschland bekannter und jetzt wieder in seine Heimatstadt Belém zurückgekehrter Musiker-Freund wird das Vorbild für meinen Romanhelden Fernando abgeben, und auch die Kathedrale der Stadt Belém mit ihrer aus Frankreich stammenden, großen Cavaillé-Coll-Orgel spielt in dem Buch eine zentrale Rolle.

Als Erstes suche ich den Schauplatz Königsberg, die jetzige russische Exklave Kaliningrad, mit ihrem traurig verfallenen nordostpreußischen Hinterland, auf. Einen Monat später bin ich in dem überaus reizvollen, stark indianisch geprägten Belém in Amazonas-Nähe. Beim zweiten Mal, ein gutes Jahr später zusammen mit C., erlebe ich den Ostergottesdienst in der dortigen Kathedrale und beobachte fasziniert die für einen Europäer sehr ungewohnte, extreme Ausprägung südamerikanischer Volksfrömmigkeit. Wieder ein Jahr später, nach dem Beginn der Feierlichkeiten um Julia Manns 150. Geburtstag in Rio de Janeiro, verbringen C. und ich einen kurzen Erkundungsurlaub in der nordostbrasilianischen Küstenstadt Fortaleza.

Während dieser entspannten Tage, überwiegend an den Badestränden der Küste, haben wir endlich Zeit für einen ausgiebigen Gedankenaustausch. Ich berichte C. vom Stand meiner Arbeit an «Nachthorn», das fast beendet ist. Und ich versuche, ihr zu vermitteln, wie sehr ich mich literarisch wie auch in meiner Kulturarbeit wieder der Theologie und Religion zuwende. «Nicht zur katholischen oder überhaupt christlichen», sage ich ihr. «Ich meine vielmehr eine religionsübergreifende, innere Sinnsuche. Aber meine Vorstellungen sind noch sehr vage – und ich stehe erst am Anfang dieses Ansatzes.» C. schaut mich skeptisch an. Ich kann gut verstehen, dass diese Andeutung für sie noch zu unbestimmt ist, um daran zu glauben, dass wir das schon bald nach unserer ersten Heirat verlorengegangene Religiöse gemeinsam wieder zurückgewinnen könnten.

8. Rückkehr zur Theologie oder Paradigmenwechsel?

Pause in Brasilien. Letzte Loslösung aus dem unerreichbaren Eltern(mutter)haus und das schaurige Ende. «Weltethos» als religionsübergreifendes und globales Überlebenskonzept. Literarische Umsetzungen.

Zürich, Juni 2003. Im Anschluss an die Eröffnung einer von Lübeck und Zürich gemeinsam ausgerichteten Ausstellung: «Thomas und Heinrich Mann im Spiegel der Karikatur» im Stadthaus an der Limmat findet ein großes Abendessen statt. Dort erfahre ich überraschend, dass eine Immobilienfirma in Chiasso an der schweizerisch-italienischen Grenze dem «Buddenbrookhaus» in Lübeck die «Fazenda da Boa Vista» in Paraty zum Verkauf angeboten habe und dass das Buddenbrookhaus die Firma an die Vereinigung «Casa Mann» in Zürich verwiesen habe.

Wir waren im Begriff, unser Projekt in Julia Manns brasilianischem Elternhaus langsam einschlafen zu lassen. Denn vor etwa einem Jahr hatte sich eine andere Nachricht lähmend auf jedes weitere Handeln unsererseits ausgewirkt. Der bisherige angebliche und sich uns gegenüber immer abwehrend verhaltende Eigentumsvertreter, ein Bankier in Lugano und Zürich mit vielen Geschäften in Brasilien, war wegen eines Millionenbetrugs in der Schweiz zu einer längeren Gefängnisstrafe verurteilt worden. Die jetzige Neuigkeit verbreitet sich wie ein Lauffeuer durch die Reihen unserer Vereinsmitglieder. Und schon bald erreicht uns auch ein Schreiben aus Chiasso mit einer Einladung zur Zusammenarbeit bezüglich der Liegenschaft Boa Vista.

Wir vereinbaren ein erstes Gespräch in Zürich. Als passender Ort erscheint uns das Thomas-Mann-Archiv. Denn in dessen

Bibliothek hat «Casa Mann» bisher fast alle Vorstandssitzungen abgehalten.

An einem heißen Augustnachmittag des Jahres 2003 steigen vor dem Archiv zwei seltsame Herren aus einer großen schwarzen Limousine. Es sind der Immobilienmakler und angebliche neue Eigentumsvertreter der «Boa Vista» und sein Architekt. Sie kommen die Treppe hoch zum Archiv, wo wir, der Zürcher Teil des «Casa Mann»-Vorstands und der Archivleiter Thomas Sprecher, sie erwarten.

Die beiden Besucher geben in den Räumen eines altehrwürdigen Literaturarchivs ein sehr ungewohntes, ja bizarres Bild ab. Der Architekt scheint von Anfang an aus etwas feinerem Holz geschnitzt zu sein als sein Kompagnon. Er blickt etwas verschämt zu Boden, als der andere, eine korpulente und ausgesprochen ungepflegte Erscheinung eher vom Aussehen eines Gemüsehändlers als eines Großgrundbesitzers, wie ein Elefant im Porzellanladen hereingepoltert kommt und sich sogleich in Szene setzt. Er sei der alleinige rechtmäßige Besitzer des Anwesens Boa Vista, also nicht nur der Eigentumsvertreter, erklärt er, nachdem wir uns alle am Sitzungstisch in der Bibliothek platziert haben. Dann nimmt sein Gesicht plötzlich einen leutseligen, fast schwärmerischen Ausdruck an. Er habe, so fährt er jetzt aufgeräumt fort, ein großes Projekt mit seinem Anwesen vor, in das er uns alle einbeziehen wolle. Das Schlagwort, mit dem er sein Vorhaben belegt, lautet «Kulturtourismus».

Derweil zieht der Architekt ein Heft mit Bauplänen aus der Tasche. Auf diesen ist, unter der Überschrift «Thomas Manns Refugium», um die «Boa Vista» herum ein ganzes Touristendorf eingezeichnet, bestehend aus Ferienhäuschen und Pousadas und mit einem Jachthafen am Ufer der Bucht. Dann erläutern uns beide anhand einer besonderen Skizze die Restaurierung und die innere Neugestaltung der «Boa Vista» zu einem dreistöckigen Ausstellungs- und Tagungsgebäude mit Restaurant- und

Cafébetrieb. Die Kosten dafür werde er selbst ganz übernehmen, kündigt uns der Padrone beiläufig an und eröffnet uns schließlich, dass er dieses Anwesen dem Verein Casa Mann zur freien Verfügung zu stellen gedenke. «Und Ihre Inneneinrichtung und die Unterhaltungskosten fürs ganze erste Jahr übernehmen wir auch», betont er mit vorgestreckter Brust, um dann sofort einzuschränken: «Aber Übernachtungsmöglichkeiten baue ich Ihnen keine ins Haus. Übernachtet wird nur in meiner neuen Pousada nebenan zu Freundschaftspreisen. Ich bin schließlich der rechtmäßige Besitzer.»

Wir «Casa Mann»-Vorstandsmitglieder schauen einander an. Diese unerwartete Großzügigkeit hat mit Sicherheit einen Haken. Dann folgt die entwaffnend ehrliche Äußerung: «Thomas Mann ist schließlich eine enorme Touristenattraktion», sagt er. «Thomas Mann ist die Nummer eins.» Wir versuchen ihm zu erklären, dass es sich bei unserem Projekt nicht um Thomas Mann, sondern um dessen brasilianische Mutter Julia handelt. «Ach so, ja, ja, aber indirekt geht es trotzdem um Thomas Mann», lachen die beiden Herren ungeniert. «Wir können trotzdem gern das Projekt umbenennen», konzedieren sie schließlich. Irgendwann haben wir den Mut, den Herrn zu fragen, wie er denn in den Besitz der «Boa Vista» gelangt sei. Sein Gesicht verfinstert sich kurz. Dann hellt es sich wieder auf – und er schwärmt uns von seiner Entdeckung des Hauses in Paraty vor. Die Pläne für seine Idee seien ihm schon beim ersten Anblick des Hauses und der atemberaubenden Landschaft gekommen.

Wir insistieren jedoch auf unserer Frage nach dem Eigentümerwechsel. Er lacht und weicht aus, sagt nur mit verlegener Miene, es gäbe da noch gewisse Dinge zu regeln. «Mit diesem Herrn da … aber das lassen Sie meine Sache sein», schreit er plötzlich unbeherrscht und klopft auf den Tisch. Dann beeilt er sich, uns zu sagen, er erwarte von uns als Nächstes ein Konzeptpapier für unser «Museum» und einen Kostenplan für das erste Jahr. Von «Kultur- und Begegnungszentrum» oder gar von einer Residenz für Stipendiaten nach dem Muster der Villa Massimo oder Villa Borghese in Italien oder der Villa Aurora von Lion Feuchtwanger in Pacific Palisades will er nichts wissen. Irgendwann im Herbst oder Winter wollen wir uns wieder treffen.

Die beiden Herren wünschen noch den angrenzenden Ausstellungsraum des Archivs mit Thomas Manns Schreibtisch und Sofa und den vielen Spazierstöcken zu besichtigen. Dann verlassen sie uns strahlend. Als sie fort sind, bemerkt einer von uns: «Die werden jetzt sagen: ‹Die haben wir in der Tasche›», woraufhin ich lachend meine: «Das sagt jetzt jede Partei von der anderen.» Wir sind uns einig, dass wir uns vor diesen Herren ungeheuer vorsehen und uns jeden Schritt sorgsam überlegen müssen. «Aber dass jetzt doch irgendetwas geschieht, gibt uns mindestens neue Hoffnung», spricht schließlich ein Dritter uns allen aus der Seele.

Im folgenden Herbst begebe ich mich auf eine von der Schweizer Stiftung «Pro Helvetia» geförderte Lesetournee durch Brasilien. Ich bin Gast der Universitäten in Curitiba, Florianópolis und Porto Alegre in dem mir bisher unbekannten, besonders von deutschen Einwanderern geprägten Südbrasilien. An den Veranstaltungsorten lese ich aus meiner Romantrilogie «Brasa», «Hexenkinder» und «Nachthorn».

Mein wichtigster Gastgeber ist Paulo Soethe, ein brasilianischer Germanist in Stefans Alter, der bei der Feier zu Julia Manns 150. Geburtstag in Rio de Janeiro einen brillanten Eröffnungsvortrag gehalten hatte. Zusammen mit ihm führt mich der Weg auch nach Paraty, wo gerade der durch mehrere brasilianische Städte reisende lateinamerikanische Germanistenkongress ALEG tagt. Dessen Organisatoren bitten mich, in einer Art Werkstattgespräch einen Einblick in die Entstehung meiner eurobrasilianischen Romantrilogie zu geben und etwas von den auto- und familienbiographischen Hintergründen der drei Romane zu erzählen. Kurz zuvor hatten die Kongressteilnehmer die Fazenda «Boa Vista» besichtigt. Sie freuen sich besonders auf den geheimnisvollen Mäzen, den italienisch-schweizerischen Hauseigentümer, der sich aus Chiasso ebenfalls beim Kongress angekündigt hat. Er will dort seine großen, das brasilianische Kulturleben bereichernden Umgestaltungspläne für die «Boa Vista» vortragen. Der Mann erscheint jedoch nicht und bleibt unauffindbar.

Den Abschluss meiner Reise bildet eine Leseveranstaltung in der deutschen Botschaft in Brasília und ein sehr gut besuchter Vortrag in der «Casa da Cultura alemã» im nordöstlichen Fortaleza. Mittlerweile habe ich meine Skizzen zu meinem nächsten Roman «Babylon» abgeschlossen und werde bald mit der Niederschrift beginnen. Es ist zum ersten Mal ein ausgesprochen theologisches Buch mit einer Rahmenhandlung, in die ein spannungsreicher und um einen Religionsfrieden bemühter Trialog zwischen den von Abraham abstammenden prophetischen Religionen Judentum, Christentum und Islam eingebettet ist.

In den immer freundschaftlicheren Gesprächen mit Paulo Soethe erzähle ich ihm, dass ich bereits in meinem Roman «Nachthorn» erste Anregungen durch das «Weltethos»-Konzept des Schweizer Theologen Hans Küng eingearbeitet hätte, das ich aus der Presse kannte, und dass dieses Konzept jetzt in «Babylon» eine noch größere Bedeutung bekommen werde. Daraufhin bietet mir Paulo an, einen Kontakt zu dem mit ihm befreundeten Theologen und Germanisten Karl-Josef Kuschel zu vermitteln, dem früheren langjährigen Assistenten von Hans Küng, der jetzt Vizepräsident der von Küng gegründeten und geleiteten Stiftung «Weltethos» ist und eine Professur für Theologie der Kulturen und des interreligiösen Dialogs in Tübingen innehat.

Einen Monat später kommt es in der theologischen Fakultät der Universität Tübingen zu einem ersten Treffen mit Karl-Josef Kuschel, aus dem sich in der folgenden Zeit eine enge Zusammenarbeit und eine persönliche Freundschaft entwickeln werden. Karl-Josef, bald auch Beiratsmitglied von «Casa Mann», vermittelt seinerseits eine persönliche Begegnung mit Hans Küng in dessen Tübinger Haus. Das Thema unseres ersten Gesprächs ist noch nicht «Weltethos», sondern Brasilien. Küng zeigt großes Interesse an diesem ihm bisher unbekannten Land. Denn er soll demnächst einer Einladung in mehrere Städte Brasiliens folgen, in denen man seine Ausstellung «Weltreligionen, Weltfrieden, Weltethos» kennenlernen möchte. Am Ende unseres Gesprächs gelingt es mir, auch ihn für eine Mitgliedschaft im «Casa Mann»-Beirat zu gewinnen.

Beim Abschied schenkt Küng mir das von ihm und Walter Jens verfasste und aus einer Tübinger Vorlesungsreihe hervorgegangene Buch «Anwälte der Humanität. Thomas Mann – Hermann Hesse – Heinrich Böll» und macht mich insbesondere auf den von ihm verfassten Beitrag: «Gefeiert – und auch gerechtfertigt? Thomas Mann und die Frage der Religion» aufmerksam. Ich ahne noch nicht, welche neuen, grundlegenden Erkenntnisse über meinen Großvater und indirekt auch über mich ich aus diesem Aufsatz ziehen werde.

August 2004, im «Cisalpino» von Zürich nach Mailand. Peter K. Wehrli und ich fahren durch den Gotthardtunnel und sprechen noch einmal die heute mit dem angeblichen Eigentümer der «Boa Vista» zu erörternden Punkte durch. Wir fühlen uns, nach den letzten Erfahrungen mit ihm und unserer ohnehin starken Skepsis von Anfang an, reichlich desillusioniert. Aber der freche Charme und das operettenhaft donnernde Auftreten dieser zwielichtigen «figura» zieht uns weiter in seinen Bann und lässt uns das Spiel noch eine Weile mitspielen – immer noch in der Hoffnung, dass wir uns mit unserem Misstrauen vielleicht doch geirrt haben. Nach seinem spurlosen Verschwinden zur Zeit des lateinamerikanischen Germanistenkongresses in Paraty war er vor einem halben Jahr überraschend wiederaufgetaucht und hatte sich zu einem Gespräch wieder im Thomas-Mann-Archiv eingefunden.

Diesmal hatte er einen anderen Architekten mit neuen, detaillierteren Umbauplänen mitgebracht. Er selbst hatte nur angedeutet, welche schweren Kämpfe er zwischenzeitlich mit seinem offenbar wieder aus dem Gefängnis entlassenen Vorgänger durchgemacht habe, und er hatte auch von Morddrohungen gesprochen. Dann hatte er nochmals sein Angebot an «Casa Mann» bekräftigt und gesagt, er habe inzwischen auch mit dem brasilianischen Kulturminister Gilberto Gil gesprochen, und den müssten wir bald alle zusammen in Brasilien treffen ...

Nach einer weiteren Besprechung bei seinem Zürcher Finanzberater um Pfingsten hatte dann das entscheidende Treffen in Paraty stattgefunden, wo ich an einem von der «Harry Potter»-Verlegerin Liz Calder organisierten und gesponserten Literaturfestival teilnahm. Der «Eigentümer» bereitete dort angeblich gerade zusammen mit seinem neuen Architekten den Umbau des Hauses vor. Zur Besprechung im gastlichen Haus unserer «Casa Mann»-Administratorin und Freundin Sabina Wenzel aus der Schweiz brachte unser Wohltäter zwei Anwälte aus São Paulo mit, «Casa Mann» eine Anwältin – zur Vorbereitung eines Vertrages zwischen Eigentümer und «Casa Mann», der uns noch in diesem Herbst ausgehändigt werden sollte. Unser «Eigentümer» beteuerte immer wieder aufs Neue, die Eröffnung des Kulturzentrums in der komplett renovierten und neugestalteten «Boa Vista» werde bereits in wenigen Monaten, zu Neujahr 2005, stattfinden, und zur Einweihung käme natürlich auch der Kulturminister Gilberto Gil aus Brasília.

Heute soll uns nun in seinem Büro in Chiasso der Vertrag

zur kostenlosen Nutzung der «Boa Vista», probeweise für ein Jahr, zur Unterzeichnung vorgelegt und uns ein Scheck mit der Summe unseres veranschlagten ersten Jahresbudgets überreicht werden. «Das zahle alles ich, ich bin der Chef», hatte er lärmend angekündigt, nachdem wir ihm bei der letzten Besprechung unseren Kostenplan vorlegten und er diesen nur mit einer verächtlichen Handbewegung quittiert hatte: «So ein Sümmchen gewinne ich in einer Nacht im Casino!»

Bald verlassen wir den Gotthardtunnel und fahren mit dem Zug den Südhang des Gotthardmassivs hinunter über Bellinzona und Lugano zu unserem Ziel, nach Chiasso, einer höchst unattraktiven Stadt, die vor allem wegen des Grenzverkehrs zwischen der italienischen Mafia hier und in Como berüchtigt ist. Wir arbeiten uns durch die Betonwüste des Zentrums hindurch bis zum Haus mit dem Büro unseres «Partners». Dort führt uns eine Sekretärin in einen kahlen Raum. Wir sind etwas hungrig. Da uns unser Gastgeber heute zur Mittagszeit zu sich bestellt hat, erhoffen wir uns wenigstens einen kleinen Imbiss.

Es dauert einige Zeit, dann kommt der Chef, mit rotem Kopf und völlig abgehetzt, herein. Er setzt sich zu uns an den Tisch und beginnt hektisch, lautes und unverständliches Zeug zu reden. Bisher musste ich bei allen Gesprächen mit ihm Peter bitten, für uns zu dolmetschen. Denn unser Sponsor spricht angeblich nur italienisch, und ich habe über das Portugiesische mein Italienisch fast vergessen. Das ist natürlich eine etwas mühsame Kommunikation zwischen designierten Vertragspartnern. Irgendwann beklagt er sich wegen einer «Diffamierung» durch irgendwelche Behörden in Brasilien und legt uns sein Antwortschreiben dorthin vor. Er spricht von «Erschwernissen» und redet wie ein Wasserfall, wohl eine halbe Stunde lang. Mein Magen knurrt immer heftiger gegen die lautstarken Tiraden unseres Gesprächspartners an. Unser Vertrag und der angekündigte Scheck werden mit keinem Wort erwähnt. Auch von einem Eröffnungstermin ist nicht mehr die Rede, ja nicht einmal von einem Umbaubeginn in der «Boa Vista».

Irgendwann hellt sich das Gesicht des «Eigentümers» plötzlich auf. Er erhebt sich, verlässt den Raum und kommt bald wohlgelaunt mit einem Handy zurück. «Ich muss gleich Gilberto Gil anrufen.» Dann lässt er sich krachend auf den Stuhl neben mir fallen, wählt auf der Tastatur eine Nummer und drückt das Handy mit erwartungsvoll fröhlicher Miene ans Ohr. «Hallo, Gilberto», schreit er, nach verdächtig kurzer Zeit, ins Handy. Dann parliert er fröhlich ein paar Sätze auf Italienisch. Ich höre allerdings aus dem Handy keinerlei Antwortstimme. Es ist offensichtlich, dass er das Telefonat mit dem brasilianischen Kulturminister nur fingiert. Das angebliche Gespräch endet mit einem dröhnenden Lacher und einem jovialen «Ciao, Gilberto». Dann legt er sein Handy weg und zwinkert fröhlich mit den Augen. Plötzlich blickt er streng auf seine Uhr. «So, wir gehen jetzt noch einen Espresso trinken, und anschließend nehmt ihr den Zug um 15 Uhr», bestimmt er. Dann bugsiert er uns, an der Sekretärin vorbei und durch die Bürotür, zum Lift.

Ich bin von dem ganzen Ablauf so konsterniert, dass ich kein Wort herausbringe. Aber Peter fragt nach dem Vertrag, als wir zu dritt im peinlich engen Lift stehen. «Wollten Sie uns heute nicht den Vertrag geben?», fragt er höflich. Vom Scheck spricht er erst gar nicht mehr. Daraufhin reckt der andere seine kleine, runde Gestalt in die Höhe und faucht Peter an: «Du bist wie meine Frau. Du willst immer alles wissen.» Peter reagiert empört, aber das ändert nichts. Eigentlich sollten wir die Kontakte zu diesem Mann sofort endgültig abbrechen. Aber eine irrationale Hoffnung auf eine Wende der Ereignisse hält uns zurück. Wir gehen also einen Espresso trinken, der auf leeren Magen sehr unbekömmlich wirkt, und hören uns geduldig seine inhaltlosen und öden Reden an. Dann verabschiedet er uns, und wir eilen zum Bahnhof.

Im Zug begeben wir uns gleich in den Speisewagen, weil es jetzt nach unserer Meinung nichts Sinnvolleres und Besseres geben kann, als unsere völlig nutzlose Exkursion mit einer lukullischen Mahlzeit zu beschließen. Allerdings: Ganz umsonst war die Reise doch nicht. Wir müssen wohl endgültig der Tatsache ins Auge sehen, dass «Casa Mann» erneut einem Schwindel aufgesessen ist. Wir nehmen uns vor, in einem Brief an den «Eigentümer» zum ersten Mal offen und direkt unseren Unmut und unsere Skepsis gegenüber dem ganzen Projekt zum Ausdruck zu bringen.

Sehr bald nach meinem ersten Besuch bei Hans Küng lese ich mit Spannung und Neugierde seinen Aufsatz «Gefeiert – und auch gerechtfertigt? Thomas Mann und die Frage der Religion». Weder in der mir bekannten wissenschaftlichen Thomas-Mann-Rezeption noch in Gesprächen im Kreis der eigenen Familie ist je irgendetwas Bemerkenswertes über die Haltung meines Großvaters zu religiösen Fragen geäußert worden. Dementsprechend bin ich bei Küngs Fragestellung anfangs noch etwas skeptisch. Der Theologe möchte wissen, wie weit ein Universalgeist wie Thomas Mann über die Dimension der rein humanistischen Gesinnung, der moralischen Verantwortlichkeit, für die er immer einer der wichtigsten Repräsentanten des zwanzigsten Jahrhunderts geblieben ist, wesentlich hinausgeht. Im Zentrum steht also seine Frage nach Thomas Manns Verhältnis zu dem im strengen Sinn Religiösen.

Was dann allerdings an Ausführungen folgt, zieht mich von Seite zu Seite immer mehr in den Bann. Wusste ich durchaus von Thomas Manns erstaunlicher politischer Wandlung vom Nationalisten der «Betrachtungen eines Unpolitischen» zum Weltbürger angelsächsischer Prägung während des Zweiten Weltkriegs, so nehme ich jetzt zum ersten Mal verblüfft eine sich parallel über die Jahrzehnte vollziehende Entwicklung auch von Thomas Manns religiöser Einstellung zur Kenntnis. Die Charakterisierung der distanzierten, ja ablehnenden Haltung des Lübecker Katharineumsschülers allem Religiösen gegenüber erscheint mir noch nicht weiter neu. Ähnlich verhält es sich mit Küngs Hinweis auf Nietzsches antimoralistischen Einfluss und auf den von Schopenhauers atheistischem, fast nihilistischem Pessimismus auf den vom Verfall und von der Endzeit des Bürgertums handelnden Vier-Generationen-Roman «Buddenbrooks» des gerade Fünfundzwanzigjährigen. Auch die dann von Küng nachgezeichnete erste große Wende Thomas Manns vom Skeptiker und von einer überwiegend ästhetischen Sichtweise zum visionär lebensbejahenden, sozialen und politischen Humanismus nach dem Ersten Weltkrieg im «Zauberberg» ist für mich ein leicht nachvollziehbarer Schritt.

Erste neue Erkenntnisse stellen jedoch Küngs anschließende Gedanken zu Thomas Manns biblischer Josephsgeschichte dar, in der zum ersten Mal das Religiöse als zentrales Thema auftaucht. Hier bleibt für mich allerdings offen, wieweit es in dieser Tetralogie «nur» um eine bildhafte, erzählerisch vermittelte Wiederbelebung alter Mythen auf einer universal kosmopolitischen Ebene geht oder wieweit sich darin bereits eine persönliche religiöse Erfahrung niederschlägt. Evident wird Letztere jedoch in dem unter dem Schock von Faschismus und Zweitem Weltkrieg geschriebenen «Doktor Faustus». Dieses Alterswerk ist ein leidensvoll tragisches und scheinbar hoffnungsloses Untergangsbuch, ganz und gar ohne die Selbsterlösung des Menschen am Ende wie in Goethes «Faust»-Drama.

Dennoch transzendiert in diesem Roman, wie Küng durch einige Selbstzeugnisse des Autors belegt, die Verzweiflung letztlich in eine Hoffnung jenseits der Hoffnungslosigkeit, als das Wunder, das über den Glauben geht. Und auch das Gebet, das der Erzähler Zeitblom für seinen schuldig gewordenen und in geistiger Umnachtung gestorbenen Freund Leverkühn und für das in tiefste Schuld gefallene Deutschland in den letzten Zeilen des Romans spricht: *Gott sei eurer armen Seele gnädig, mein Freund, mein Vaterland,* drückt für mich jetzt etwas Neuartiges aus.

Um Gnade, wie schon im Josephsroman, nun aber immer in Verbindung mit Schuld und Vergebung, geht es in Thomas Manns noch späterem Werk «Der Erwählte», in dem die Geschichte vom ödipal verstrickten Sünder, dann Büßer und schließlich von Gott erwählten guten Papst Gregorius erzählt wird. Küngs Betonung, dass diese Geschichte sehr viel mehr ist als nur ein arabeskes Spiel mit den christlichen Begriffen Sünde und Gnade und dass sie einen ernsthaften religiösen Kern enthält, wird von ihm durch Briefzitate und Essays überzeugend belegt. Am meisten beeindrucken mich einige persönlich gehaltene und mit fast leidenschaftlich religiösem Pathos geschriebene Ansprachen, die Thomas Mann nach Kriegsende vor verschiedenen Studentengruppen in Europa gehalten hat.

Diese neugewonnene Sichtweise liest sich für mich wie eine Hinführung zu einem weiteren, für mich ebenfalls überraschenden und für mein Verhältnis zu meinem Großvater besonders wichtigen biographischen Mosaikstein. Es ist das enge Verhältnis, das mein Großvater während seiner letzten immerhin fünfzehn Lebensjahre zur Unitarischen Kirche von Los Angeles und dessen Pastor Stephen Fritchman unterhalten hat. Auch darüber war in meiner Familie nie gesprochen worden, und mein Großvater selbst hatte sich mir gegenüber nie dazu geäußert. Jetzt kann ich es jedoch schwarz auf weiß nachlesen und auch die von Küng angeführten Selbstzeugnisse Thomas Manns selber nachprüfen.

Kurz nach der Übersiedlung von Princeton nach Kalifornien und vor dem Beginn seiner Arbeit am «Doktor Faustus» hat mein Großvater seine ersten Kontakte zu dieser Religionsgemeinschaft aufgenommen und sie bis zu seinem Tod gepflegt.

Ich hatte meine unitarische Taufe immer als einen von meinen religiös indifferenten Eltern aus Rücksicht auf bürgerliche Konventionen veranlassten symbolischen Akt der Eingliederung in unser amerikanisches Gast- und Exilland interpretiert. Es war später auch nie über diesen Taufakt mit mir gesprochen worden, so wenig wie über Kirche und Christentum, Glaube und Ethik überhaupt. Auch dass mein Onkel Klaus während seiner Zeit in der amerikanischen Armee im Krieg einmal kurz mit dem Gedanken einer Konversion in die katholische Kirche gespielt und deshalb den katholischen Feldgeistlichen seiner Einheit aufgesucht hatte, gehörte zu den Geschehnissen, über die man schwieg und die ich erst als Vierzigjähriger während meiner Lektüre des «Wendepunkt» erfuhr. Und jetzt lese ich bei Küng, dass mein Großvater es war, der mitten im Krieg die Taufe seiner vier Enkel in der Unitarischen Kirche veranlasste.

Dieses Ereignis wird in dem Essay meines Großvaters über «Die Entstehung des Doktor Faustus» ausdrücklich erwähnt: … *in der Unitarian Church mit einem Minimum an religiöser Prätention, in den verständig-menschlichsten Formen zu Christen geweiht. Es war die angenehmste kirchliche Erfahrung, die ich gemacht habe.* Auch die Leitung der Beerdigungszeremonie für seinen Bruder Heinrich im März 1950 durch denselben Pastor Stephen Fritchman erfolgte ausdrücklich auf Wunsch Thomas Manns. Wieder ein Jahr später bekennt Thomas Mann in einer Ansprache vor der Unitarian Church: *Der Unitarismus steht meinem Herzen seit vielen Jahren nahe … Und selten, wenn überhaupt, habe ich ein so lebhaftes und militantes Interesse an der Tätigkeit irgendeiner religiösen Gruppe genommen …* Und noch aus der Schweiz während seines letzten Lebensjahres schreibt er im Dezember 1954, kurz bevor ich die letzte Weihnacht mit meinem Großvater feierte, wieder an Pastor Fritchman: *Ich fühle mich der Unitarian Church auf mancherlei Weise verbunden, auf persönliche und allgemein geistige … Der Geist Ihrer Kirche, der christliche Humanismus, den sie vertritt …, ist es, der mich anzieht, seitdem ich ihn kennenlernte, und den ich in wahrer Sympathie bewundere.*

Gnade. Nicht umsonst spielt dieser Begriff in meine späteren dichterischen Versuche – schon in die Josephsgeschichten, dann in den «Faustus», dann in die Wiedererzählung der Gregoriuslegende – immer stärker hinein. Gnade ist es, was wir alle brauchen, und jenes «Gnade sei mit euch», mit dem in der Lübecker Marienkirche allsonntäglich die Predigt begann, – wie mein Blick über Sie hingeht, möchte ich es, das Herz bedrängt von dieser gefährlichen Zeit, jedem einzelnen von Ihnen persönlich, der deutschen Jugend insgesamt, Deutschland selbst und unserem alten Europa wünschend, zurufen: Dass Gnade mit ihm sei und ihm helfe, sich aus Wirrnis, Widerstreit und Ratlosigkeit ins Rechte zu finden. (Thomas Mann, Ansprache vor Hamburger Studenten, 1953)

Während ich mich, sehr neu, mit der Einstellung meines Großvaters zur Religion auseinandersetze, scheint der Pseudoeigentümer der «Boa Vista» langsam seinen Ausstieg aus dem Projekt vorzubereiten. Als wir uns wenige Tage nach unserem komödiantischen Fiasko in Chiasso brieflich bei ihm beschweren und daraufhin eine nichtssagende und ziemlich gereizt klingende Antwort erhalten, warten wir erst einmal weiter ab. Unser Verdacht, dass wir es mit einem Hochstapler und Wichtigtuer zu tun haben, scheint sich zu bestätigen.

Nichtsdestoweniger nutze ich diese Zeit dazu, das in unserem Projektpapier festgehaltene, interkulturelle Konzept weiter auszufeilen und einige neue Akzente zu setzen. Wir planen die Installation einer Dauerausstellung sowie die Organisation interkultureller Tagungen und Workshops. Unsere Absicht, aus aller Welt Stipendiaten mit einem zeitlich befristeten, interkulturellen Projekt ins Haus aufzunehmen, nimmt schärfere Konturen an. Ganz neu dazu kommt ein besonderer sozialethischer Auftrag: die «Erstellung und Durchführung von Programmen für Kunst- und Kulturerziehung von Kindern und Jugendlichen aus Paraty und Umgebung».

Zum 12. August 2005, dem 50. Todestag meines Großvaters, erscheint in «Spiegel online» ein großer Artikel: *Thomas Manns brasilianisches Erbe: Vielleicht hätte Thomas Mann die Weinhandlung seines Großvaters weitergeführt oder Zuckerrohrschnaps importiert – wäre da nicht seine brasilianischstämmige Mutter gewesen …* Dann wird in dem Artikel Julias Lebensschicksal umrissen und unser «Casa Mann»-Projekt vorgestellt. *Doch dafür muss das Haus erst mal in den Besitz des Trägervereins übergehen. Der steht bereit für das neue Kulturprojekt, hat sich aber eine Frist gesetzt: «Wenn bis 2007 nichts passiert, dann verwerfen wir unser Projekt», informiert (Frido) Mann. «Spätestens zu dem Zeitpunkt wird das Haus so baufällig sein, dass es nicht mehr zu retten ist.» Dann würde der Mutter der Mann-Dynastie nur in den Büchern ihrer Söhne und Enkel ein Denkmal gesetzt … Wer aber würde erfahren, dass sie es eigentlich war, deren Phantasie und Erinnerungen die Kaufmannsfamilie zu Schriftstellern und Nobelpreisträgern gemacht haben?*

Dieser Artikel sowie einige ähnlich lautende kürzere Meldungen in der Presse zum Todestag sind für den Vorstand von «Casa Mann» Anlass genug, ein letztes ultimatives Schreiben an den «Eigentümer» in Chiasso zu senden. Erwartungsgemäß bleibt eine Antwort aus. Weitere Versuche einer Kontaktaufnahme über die Immobilienfirma in Chiasso, zuerst per E-Mail und dann per Telefon, enden mit deren Bescheid, diese Firma hätte mit dem von uns Gesuchten nichts mehr zu tun und würde für jedwelche von diesem verursachte Kosten nicht aufkommen.

Jetzt bleibt uns nichts anderes übrig, als nach dem wahren Eigentümer der «Boa Vista» zu suchen, sofern es überhaupt einen gibt. Im Grundbuch von Paraty ist schon seit Jahren als Besitzer eine Firma in São Paulo eingetragen, die jedoch, jahrelangen Recherchen seitens mehrerer Anwälte zufolge, offenbar nur zum Schein existiert. Während der weiteren mühsamen Ermittlungen durch unseren Freund und brasilianischen «Casa Mann»-Vizepräsidenten Paulo Soethe taucht plötzlich ein dritter «Eigentümer», auch mit italienischem Namen, auf. In einer im Internet veröffentlichten brasilianischen Zeitungsmeldung wird der Betreffende als international von der Polizei und Justiz gesuchter Verbindungsmann zur italienischen Mafia bezeichnet.

Diese Nachricht lässt uns endgültig von allen weiteren Aktivitäten abrücken. Ein Jahr vor Ablauf unserer 2007-Frist sende ich, als Präsident der europäischen und der brasilianischen «Casa Mann»-Vereinigung, an das Bundeskulturministerium in Brasília, an das für Paraty zuständige Staatsministerium in Rio de Janeiro, an den brasilianischen Botschafter in Berlin und an alle Beirats- und Vorstands- und sonstigen Mitglieder beider Vereinigungen einen Rundbrief mit einem letzten Appell zur Rettung des Hauses.

In persönlichen Gesprächen mit dem brasilianischen Botschafter in Berlin und mit einem Staatssekretär im Kulturministerium in Brasília wird uns der Kauf oder eine Enteignung der «Boa Vista» durch die brasilianische Regierung in Aussicht gestellt – als Voraussetzung dafür, Sponsorengelder zu erhalten, um damit das immer mehr seinem Verfall entgegengehende Haus endlich instand zu setzen und unser geplantes Kultur- und Begegnungszentrum zu errichten. Doch nachdem den Versprechungen keine Taten folgen, legen wir das Projekt 2007 bis auf Weiteres auf Eis.

Göttingen, Ende Juni 2003. Ich bin vorgestern aus Zürich von der dortigen Ausstellungseröffnung «Thomas und Heinrich Mann im Spiegel der Karikatur» zurückgekehrt. Zuletzt hatte ich dort auftragsgemäß meine Mutter beim notariellen Verkauf ihres Hausdrittels in Zollikon vertreten.

C. und ich hatten nach dem Tod meines Vaters meine Mutter in regelmäßigen Abständen in Kalifornien besucht, und gelegentlich hatte sie uns von dort einen Zimmerteppich, einen Morgenmantel oder einen Weihnachtsscheck geschickt oder mitgegeben. Mehrfach hatten wir, wie auch andere Schweizer Verwandte, vergeblich versucht, sie zu einer Rückkehr nach Europa zu bewegen. Meine Mutter hatte den Kontakt zu ihrer Schwiegertochter aufrechterhalten, auch nachdem C. und ich uns getrennt hatten, und dadurch dazu beigetragen, dass wir wieder zusammenfanden. Nach dem Tod meiner Tante Monika hatte sie mich auch dazu gedrängt, gemeinsam mit meiner Tante Elisabeth gerichtlich gegen Golos Adoptivschwiegertochter vorzugehen, die Monikas Erbschaft ganz an sich gerissen hatte.

Heute am frühen Nachmittag klingelt das Telefon. Es ist meine Mutter. Sie gibt mich gleich an meine Adoptivschwester Raju weiter, die mir schrill lachend eröffnet, sie würde als Dank für ihre kostensparende Pflege meiner Mutter nach deren Schlaganfall vor vier Jahren das ganze Haus in Orinda vererbt bekommen, und mein Bruder Toni und ich könnten uns dafür das Zolliker Hausdrittel teilen. Nach den Erfahrungen mit Golos Adoptivfamilie läuten bei mir sofort die Alarmglocken. Denn mir ist völlig klar, dass ein eklatanter Wertunterschied zwischen beiden Liegenschaften besteht. C. und ich zweifeln daran, dass sich meine Mutter dieses Wertunterschieds ausreichend bewusst ist. Deshalb beschließt C., den beiden Damen in Orinda morgen in einem Telefongespräch dringend eine Schätzung ihres Hauses nahezulegen.

Während sich meine Mutter bei dem betreffenden Telefonat C. gegenüber noch einsichtig zeigt, ruft sie zwei Tage später wieder an und beschimpft mich. Bald danach teilt sie uns brieflich mit, dass sie den Erlös des Zolliker Hauses jetzt nicht mehr zwischen Toni und mir zwei-, sondern dreiteilen möchte, weil sie ein Drittel für wohltätige Zwecke selbst behalten will. Obwohl mich ihr Vorgehen sehr verletzt, bitte ich sie in einem Brief, nach einer anderen, einvernehmlicheren Lösung zu suchen. Dieser Versöhnungsversuch meinerseits verhallt jedoch ohne Antwort.

Im Frühjahr 2004, etwa ein drei viertel Jahr später, überrascht C. meine Mutter mit einem Besuch über die Ostertage. Sie möchte einen letzten Anlauf zur Schlichtung wagen. Meine Mutter äußert sich jedoch nur abschätzig über mich und beklagt sich, dass ich schon immer undankbar gewesen sei. C.s vorsichtig angedeutete Bedenken wegen der größtenteils elternlosen Kindheit von Toni und mir bei unseren Großeltern skandiert meine Mutter mit der verblüffenden Bemerkung: «Die sollen doch froh sein, denn bei den Großeltern haben sie es doch viel besser gehabt als bei uns.» Ernüchtert und enttäuscht verlässt C. das Haus. Es ist für sie ein Abschied für immer.

Wenige Monate später taucht plötzlich das Testament meines Vaters auf, von dessen Existenz niemand in Europa etwas gewusst hatte. Mein Bruder und ich erhalten, dreißig Jahre nach dem Tod meines Vaters, lediglich die Kopie einer Kopie davon aus dritter Hand. Jetzt können wir zum ersten Mal nachlesen, dass in diesem Testament mein Vater seine Frau als Alleinerbin eingesetzt hat. Nach kalifornischem Recht wird Kindern Verstorbener nicht einmal ein Pflichtanteil des Erbes zugebilligt. Das Testament ist auf den 23. Juli 1975 datiert. Am Tag danach trafen meine Familie und ich auf unserer ersten Kalifornienreise in Oakland bei San Francisco ein und wurden im Flughafenhotel einquartiert. Das war die Zeit, in der mein Vater uns nicht sehen wollte.

Nach dieser Überraschung richte ich an meine Mutter und

meine Adoptivschwester einen letzten schriftlichen Appell, in dem ich meiner Verwirrung und Bestürzung wegen des dreißig Jahre lang Toni und mir vorenthaltenen Testaments Ausdruck gebe. Ich erhalte jedoch keine Antwort.

Unermüdliche Vermittlungsversuche von Freunden und Verwandten führen zu keiner Annäherung. Dank der Mithilfe der beiden Michael-Mann-Biographen Fritz und Sally Tubach gelingt es immerhin, den Großteil des schriftlichen Nachlasses meines Vaters der Münchener Bibliothek «Monacensia» zu übergeben, in der sich der Nachlass der meisten Kinder der Manns befindet. Die Ambitionen meiner Adoptivschwester, für den Nachlass Michael Manns Geld für sich und ihre Mutter zu bekommen, können glücklicherweise abgewendet werden.

Göttingen, Montagmorgen, 21. Mai 2007. Als ich von meinem Frühlauf zurückkehre, teilt mir C. mit, meine Cousine Nica aus Mailand hätte im Auftrag meiner Adoptivschwester angerufen und ihr die recht mysteriös klingende Nachricht überbracht, meine inzwischen neunzigjährige Mutter sei gestern im Swimmingpool ihres Hauses ertrunken. Toni in der Schweiz sei bereits von einer anderen Cousine benachrichtigt worden. Bald danach melden sich auch meine beiden Schweizer Cousinen Lux und Connie. Sie haben per Telefon von meiner Adoptivschwester, die seit ihrer Kindheit durchgehend und inzwischen mit ihrer eigenen kleinen Tochter mit meiner Mutter zusammengewohnt hat, verwirrend widersprüchliche Angaben über den Ablauf des Todestages erhalten. Beide Versionen stimmen nur darin überein, dass meine Adoptivschwester am gestrigen Sonntagnachmittag zum Supermarkt einkaufen gefahren sei und dann bei ihrer Rückkehr meine Mutter tot im Pool aufgefunden hätte. In dem später uns zugeschickten Totenschein und dem Obduktionsbefund wird der Tod durch Ertrinken festgestellt. Allerdings werden auch Kratzspuren und Schürfverletzungen im Gesicht der Toten bescheinigt. Da meine Mutter, nach Angaben ihrer Adoptivtochter, ausdrücklich keine Beisetzung auf einem Friedhof und schon gar nicht eine Überführung in das Familiengrab ihrer Eltern und Geschwister in Zollikon gewünscht hat, sehen wir davon ab, nach Kalifornien zu reisen und dort die Umstände des Todes näher untersuchen zu lassen.

Nur zwei Tage nach dem Tod meiner Mutter ruft meine Adoptivschwester nochmals bei einer Cousine von mir an, der meine Mutter vor längerer Zeit eine Vollmacht über ihr Schweizer Bankkonto übertragen hat, und sie verlangt von ihr die Überweisung eines hohen Geldbetrags. Als Begründung dafür führt sie an, meine Mutter habe ihr unmittelbar vor ihrem Tod noch die Schenkung eines großen Grundstücks zusätzlich zum Haus in Orinda für ihre kleine Tochter versprochen. Meine Cousine antwortet, das betreffende Konto sei sofort nach dem Tod meiner Mutter gesperrt worden. Am Ende des Telefonats kündigt meine Adoptivschwester noch an, sie werde anstelle der regulären Bestattung meiner Mutter im Haus eine große «Party» mit etwa sechzig Geladenen veranstalten. Bald stellt sich heraus, dass im Testament meiner Mutter nichts von jener behaupteten Schenkung an ihre kleine Enkelin steht.

Die letzten Kapitel im Leben meiner beiden Eltern werden vermutlich für immer weitgehend im Dunkeln bleiben. Dies betrifft einmal die genauen Umstände und Hintergründe des Todes meines Vaters. Dabei bleibt für mich auch unsere völlige Enterbung durch ihn unklar sowie die Tatsache, dass er dies auch nach unserer Versöhnung aufrechterhalten hat. Und zuletzt wird auch, angesichts der sehr unklar und lückenhaft bleibenden Mitteilungen und Erklärungen zum makabren Ende meiner Mutter, diesem immer ein gehöriger Rest Obskurität anhaften.

Tschechische Botschaft Berlin, 16. April 2007. Eben wurde mir vom Botschaftsgesandten in einem der Diensträume feierlich die Urkunde für die Verleihung der tschechischen Staatsbürgerschaft ausgehändigt. Eine Verleihung im strengen Sinne ist es nicht, sondern die Bestätigung eines Status, der bereits seit meiner Geburt gilt. Aber der Fall mit all seinen Hintergründen liegt sehr viel komplizierter, und der Beginn der Geschichte liegt siebzig Jahre zurück.

Ende 1936 wurde mein Großvater aus Deutschland ausgebürgert. Wenig später erhielt er wie sein Bruder Heinrich, seine Frau Katia und fünf seiner sechs Kinder (Erika besaß bereits einen englischen Pass) vom damaligen Staatspräsidenten Edvard Beneš die tschechoslowakische Staatsbürgerschaft verliehen. Dank dieser lebensrettenden Maßnahme konnte meine Familie wieder frei reisen und später nach Amerika emigrieren. Da nach tschechoslowakischem Gesetz Kinder tschechoslowakischer Väter automatisch auch Staatsbürger dieses Landes waren, war ich, als ich in Kalifornien geboren wurde, zusätzlich zu meiner amerikanischen Staatsbürgerschaft auch Tschechoslowake. Als meine Großeltern und meine Eltern in Kalifornien 1944 die amerikanische Staatsbürgerschaft erwarben, gaben sie alle ihren tschechoslowakischen Pass zurück. Der Grund dafür war ein Abkommen zwischen der Tschechoslowakei und Amerika, nach dem beide Staatsbürgerschaften miteinander inkompatibel sind.

Erst kürzlich habe ich, hauptsächlich aus Neugierde, an die tschechische Botschaft in Berlin die Anfrage gerichtet, ob denn mit dem Erlöschen der tschechoslowakischen Staatsbürgerschaft meines Vaters automatisch auch meine eigene, in Amerika durch Geburt erworbene beendet gewesen sei. Nach einiger Wartezeit erreichte mich aus dem Prager Innenministerium der Bescheid, dass meine Staatsbürgerschaft bis heute weiter Bestand hätte und dass ich nach Einreichung diverser Unterlagen auch einen tschechischen Pass beantragen könne. Begründet wurde dieser Bescheid damit, dass ich, im Gegensatz zu meinem Vater und meinem Großvater, die mit der tschechoslowakischen Staatsbürgerschaft inkompatible amerikanische nicht freiwillig, sondern durch Geburt erworben hätte.

Nach diesem Bescheid hat die tschechische Botschaft für mich aus den USA alle erforderlichen Unterlagen – Geburtsurkunde, Heiratsurkunde meiner Eltern und so weiter – eingeholt. Heute bin ich nach Berlin gefahren, um in der Botschaft eine schriftliche Willenserklärung für meine Zugehörigkeit entweder zur tschechischen oder zur slowakischen Republik abzugeben, so wie dies alle tschechoslowakischen Staatsbürger nach der Teilung ihres Landes 1993 hatten tun müssen. Mir war von Anfang an klar, dass ich mich für die tschechische Staatsbürgerschaft entscheiden würde.

Nach dem Akt der Urkundenüberreichung führt mich der Gesandte kurz in das Dienstzimmer des Botschafters.

«Jetzt bin ich also zum ersten Mal auch Mitglied der Europäischen Union, was ich weder als amerikanischer noch als Schweizer Staatsbürger gewesen bin, und natürlich werde ich jetzt auch anfangen müssen, ein wenig Tschechisch zu lernen», erkläre ich dem Botschafter, nachdem ich ihm in wenigen Sätzen meine besondere Verbundenheit mit Prag dargelegt habe. Er stellt in Aussicht, dass die Botschaft als Nächstes für mich die Ausstellung einer tschechischen Geburtsurkunde beantragen werde als Voraussetzung für den Erwerb eines tschechischen Passes. «Sie wussten wahrscheinlich gar nicht, dass nicht nur Sie, sondern Ihre ganze Familie bis heute in Wirklichkeit die tschechoslowakische Staatsbürgerschaft behalten hat», teilt mir der Boschafter schließlich zu meiner Verblüffung mit. Er begründet dies damit, dass wenige Jahre nach Kriegsende in der tschechoslowakischen Republik das Gesetz dahin gehend geändert worden sei, dass die Inkompatibilität zwischen der tschechoslowakischen und der amerikanischen Staatsbürgerschaft nicht für Kriegsflüchtlinge in die USA gelte. Denn der tschechoslowakische Staat habe, so sagt er mir, seine Bürger nicht für deren lebensrettende Emigration und für die Annahme der Staatsbürgerschaft ihres amerikanischen Asyllandes bestrafen wollen. «Aber niemand in Ihrer Familie konnte das natürlich wissen», erklärt er weiter. «Denn es wurde von der damaligen Regierung vermutlich niemandem von Ihnen mitgeteilt ... An sich hätten alle 1993 noch lebenden Mitglieder Ihrer Familie dieselbe Willenserklärung für ihre Zugehörigkeit zur Tschechischen Republik abgeben können so wie Sie heute», beendet der Botschafter seine Erläuterungen. «Oder zur slowakischen», entgegne ich lachend.

Wien, Kantine des Burgtheaters, Februar 1996. Nach der ersten Leseprobe meines Bühnenstücks «Als ob» mit allen Schauspielern auf dem ganz oben gelegenen «Schnürboden» gehen einige von uns in die Kantine, um dort etwas zu trinken. Ich setze mich an einem der vielen kleinen Tischchen George Tabori gegenüber. Auf dem Weg die Treppe hinunter hatten wir uns über Theresienstadt und Prag unterhalten, und ich hatte George nach seiner Beziehung zu seiner Heimatstadt Budapest gefragt, woraufhin er mir geantwortet hatte, er fühle sich dort fremd, so wie eigentlich überall auf der Welt, als Schriftsteller ohnehin.

Jetzt am Tisch erzählt er mir eine Anekdote aus seiner Budapester Kindheit. Sein älterer Bruder war als Journalist für eine Zeitung in der Stadt tätig. Irgendwann erschien dort ein von ihm wiedergegebenes langes Interview, das er mit Thomas Mann in Budapest geführt hatte und in dem mein Großvater Hochinteressantes und Geistreiches über seinen neu erschienenen Roman «Der Zauberberg» von sich gegeben hatte. Dieses Interview war in aller Munde. Bald stellte sich jedoch heraus, dass Thomas Mann damals gar nicht in Budapest gewesen war und dass Taboris Bruder dieses Interview frei erfunden hatte.

Der flog daraufhin sofort aus der Redaktion. Bald fand er eine Anstellung bei einer anderen Zeitung. Aber auch dort erfand er bald wieder irgendeine sensationelle Story und wurde wieder fristlos entlassen. Daraufhin ging er nach England. Dort schrieb er ganz viele Romane. George sagte ihm dann später einmal: «Ich finde deine Romane eigentlich ziemlich langweilig. Deine Lügen damals in den Budapester Zeitungen waren viel interessanter. Denn das Lügen gehört doch nun einmal zur Arbeit eines Schriftstellers dazu.»

Wir reden dann noch eine Zeit lang über das Thema Wahrheit und Lüge. Irgendwann meint George Tabori, er würde sich oft fragen, warum wir eigentlich alle so viel lügen. Es gäbe zwei mögliche Gründe dafür, sagt er. Entweder weil es leichter sei zu lügen, als die Wahrheit zu sagen – oder weil Lüge und Wahrheit so nahe beieinanderlägen, dass man beides kaum mehr voneinander unterscheiden könne.

Nida auf der Kurischen Nehrung in Litauen, 16. Juli 2007. Das zehnte Thomas-Mann-Festival wurde vorgestern eröffnet. Heute Nachmittag werde ich zusammen mit dem russischen Jazzmusiker, Schlagzeuger und Komponisten Vladimir Tarasov ein Rezitationskonzert aufführen. Vladimir wird mit einer großen Schlagzeugbatterie meine gelesenen Texte musikalisch mitgestalten. Wir haben gestern Vormittag geprobt. Bei den Texten geht es hauptsächlich um das Verhältnis von Licht und Schatten, Hoffnung und Verzweiflung, Schuld und Vergebung – und um zwei aufeinander angewiesene, da untrennbar miteinander verbundene siamesische Zwillinge.

Es ist sieben Uhr morgens, und ich liege in meinem Hotelbett. Ich freue mich auf die heutige Veranstaltung, besonders, weil ich mit Vladimir, den ich erst gestern persönlich kennengelernt habe, ausgezeichnet zusammenarbeite und wir beide künstlerisch besonders gut harmonieren. Dazu kommt, dass ein Rezitationskonzert mit Schlagzeug ein faszinierend neues Experiment ist.

Plötzlich setzt draußen ein gewaltiger Platzregen ein. Bald zucken auch die ersten Blitze, gefolgt von krachenden Donnerschlägen. Das Gewitter scheint innerhalb von Minuten vom Meer heraufgezogen zu sein und ist von einer seltenen Heftigkeit. Nach einer Weile ebbt es kurz ab, schwillt dann jedoch wieder umso heftiger an. Das Gewitter dauert mindestens eine halbe Stunde. Mitten in diesem elementaren Tosen durchzuckt mich plötzlich ein Gedanke: Sintflut. Dann reihen sich Bilder von den in den letzten Jahren immer häufigeren Überschwemmungen, Tsunamis und Orkanen wie «Katrina» und anderen Flutkatastrophen auf fast allen Kontinenten aneinander. Alles globale Katastrophen und auch Folge des von uns Menschen beschleunigten Klimawandels. Sind sie vielleicht Vorboten einer neuen Sintflut?

Das jetzige Rauschen und Krachen vermittelt mir sicher nur einen vagen akustischen Eindruck. Mit einem Schlagzeug ließe sich das musikalisch gut darstellen, ein bisschen wie der Klang zweier aufeinanderschlagender Steine, denke ich. Dazu könnten, ausgehend vom biblischen Bericht in der Genesis, einschlägige Texte zu Gehör gebracht werden – nicht nur bezüglich der Flutkatastrophe, sondern auch über deren Hintergründe und Ursachen und über den Kampf zur Bewahrung und Rettung unseres Planeten. Natürlich müsste auch die Arche einen Platz erhalten. Und das Ganze würde mit einer modernen Version des Bundes Gottes mit Noah nach der Sintflut enden.

Ich muss heute Abend nach unserem Rezitationskonzert Vladimir unbedingt von dieser Idee erzählen. Wenn sie ihm gefällt, werde ich als Nächstes einen Text schreiben, wenigstens den Rahmen eines Librettos, ein erstes Grundgerüst. Und danach soll Vladimir entscheiden, ob er es bei einer Rezitation nur mit Schlagzeuggestaltung belassen möchte oder ob die Texte mit einem von ihm zu komponierenden Solo- oder Chorgesang vorgetragen werden sollen. Oder aber von mehreren Schlagzeugern oder sogar einem Orchester. Eine Art Jazzoper also. Ich bin gespannt, was Vladimir dazu sagen wird.

Eine Unterrichtsstunde in der von meinen Enkeln Julia und Konstantin besuchten Stephanus-Grundschule in Konstanz. Ich habe mit Julias Klassen- und Religionslehrer Herrn B. verabredet, mit Schülern des dritten und vierten Schuljahrs in einer einmaligen Doppelstunde die Grundlagen des «Weltethos»-Konzepts zu erarbeiten. Der Hintergrund hierfür ist, dass die Kinder in vorangegangenen Religionsstunden schon ein wenig mit den Themen Islam, indianische Naturreligionen und gewaltfreie Konfliktbewältigung vertraut gemacht worden sind. Trotzdem bin ich mir bewusst, wie schwierig es sein wird, das bisher schwerpunktmäßig in der Erwachsenenbildung, in Universitäten und allenfalls Gymnasien vermittelte Weltethos-Konzept an das Sprachniveau und den Erfahrungshorizont von acht- bis zehnjährigen Schülern anzupassen. Andererseits denke ich, dass nie zu früh damit begonnen werden kann, Heranwachsenden die spirituellen und ethischen Aspekte unserer globalen Verantwortung nahezubringen.

Mit ein wenig Herzklopfen trete ich vor die etwa sechzig im Klassenraum versammelten Kinder. Julia sitzt ziemlich weit vorn, der kleine Konstantin nimmt zusammen mit Mitschülern ganz vorn auf dem Boden im Schneidersitz Platz. Schade, dass mein Ältester, Lukas, nicht dabei sein kann, weil er bereits das Gymnasium besucht, dem ich aber auch gern mein Unterrichtskonzept vorstellen würde.

Wir gehen zuerst die Grundbegriffe des im Klassenzimmer hängenden Plakats zur Ausstellung «Weltfrieden, Weltreligionen, Weltethos» durch. Ich lasse von den Kindern die ihnen bekannten Weltreligionen nennen und zeige auf der großen

Erdkugel im Klassenzimmer die Orte und Regionen ihrer Verbreitung. Die mit Schrammen versehene und mit Heftpflastern überklebte große, alte Erdkugel quietscht laut beim Drehen, symbolisch sozusagen für das weltethosbedürftige «Quietschen» unserer wirklichen Welt. Die Kinder machen ungeheuer eifrig mit und nennen eine Fülle von Beispielen für Kriege, Naturkatastrophen und Armut, mit denen sie täglich im Fernsehen und in Videofilmen konfrontiert werden. Sie wissen, dass ihre Situation in Westeuropa, besonders in Deutschland und in der Schweiz, paradiesisch ist im Vergleich zu vielen anderen Teilen der Erde. Ich gebe ihnen einen Überblick über die vielfältige Aufklärungsarbeit der Tübinger «Gruppe» und sage ihnen, dass diese Gruppe heute über mich die Meinungen und Ideen der Kinder dazu kennenlernen möchte.

Dann erläutere ich die allen Religionen gemeinsamen vier menschlichen Grundregeln für ein friedliches und geordnetes Miteinander in der Familie, in Schule und Freizeit und im Erwachsenenleben – mit oder auch ohne Glauben an Gott. Und wir versuchen herauszustellen, was beim Übertreten dieser Regeln täglich passiert, zu Hause und in der Schule, im Straßenverkehr, im Sport und in der Politik. Nacheinander hefte ich vier große, bunte Blätter mit der jeweiligen Überschrift der «unverrückbaren Weisungen» des «Weltethos» an eine Stecktafel: *Gewaltfreiheit und Ehrfurcht vor dem Leben, Solidarität und Gerechtigkeit, Toleranz und Wahrhaftigkeit, Partnerschaftlichkeit und Gleichberechtigung von Mann und Frau*. Im Gespräch füllen wir diese Prinzipien mit immer konkreteren Detailbeispielen. Dann bekommen die Kinder die Aufgabe, in kleinen Gruppen mit Buntstiften auf Papier den gemeinsamen Nenner dieser vier «Weisungen» in möglichst wenige, eigene Worte zu fassen.

Nach dem Einsammeln und Durchsprechen der Texte und der abschließenden Erläuterung der die vier Weisungen umgreifenden «Goldenen Regel» – *Miteinander Mensch sein und miteinander leben, behandle die anderen so, wie du von ihnen behandelt werden möchtest* – betone ich nochmals, was für eine mühsame, aber notwendige Aufgabe es ist, sich angesichts der vielen Kriege, weltweiter Umweltzerstörung, Hunger, Armut und Gewalt für den Frieden einzusetzen. «Ideen und gute Ansätze dafür gibt es ja schon viele», erläutere ich. «Aber wenn ihr mal groß seid», sage ich, mit besonderem Blick auf Julia und Konstantin, «dann gibt es vielleicht noch bessere Ideen dafür, wie man an der Erhaltung unserer Welt und des Friedens mitarbeiten und das Leben verbessern kann. Ihr könnt das in jedem Beruf und überall, wo ihr dann seid, versuchen. Man muss dafür nicht Religionslehrer sein. Ich schreibe Bücher und versuche das so, und ihr werdet das mit dem, was ihr gelernt habt, ganz unterschiedlich machen. Vielleicht werdet ihr mit euren Ideen mithelfen können, Brücken der Hoffnung in die Zukunft zu bauen.»

Epilog

Ein Gespräch mit Stefan an einem gemeinsamen Wochenende, Februar 2005 in Zürich. Wir haben den ganzen Tag zusammen in meiner Wohnung am anderen Ende des Zürichsees Beethoven-Violinsonaten gespielt, von denen wir alle zehn nach und nach durchstudieren wollen, so wie schon auch das erste Mal vor fünfzehn Jahren in Göttingen – Stefan auf der Geige meines Vaters und ich auf dem Klavier. Jetzt unternehmen wir einen Spaziergang in der Stadt und unterhalten uns angeregt.

Noch unter dem Eindruck des gemeinsamen Musizierens geben wir uns heute zum ersten Mal gegenseitig Einblicke in die Entwicklung unserer Einstellung zur Religion. Als gemeinsamen Bezugspunkt erläutere ich Stefan meine Hans Küng zu verdankende Neuentdeckung, meinen Großvater und seinen Urgroßvater betreffend. «Wärst du mit Anfang zwanzig zum Katholizismus übergetreten, wenn du das gewusst hättest?», fragt er mich scharfsinnig. Ich muss eine Weile nachdenken. «Na, jedenfalls weiß ich jetzt, dass ich in meiner Familie nicht der Einzige bin, der sich mit solchen Fragen auseinandersetzt. Aber die Konversion zum Katholizismus hätte ich mir dann vielleicht doch auch sparen und mich gleich an der sehr viel toleranteren und gesprächsbereiteren Unitarischen Kirche orientieren können.»

Ich will von ihm wissen, was ihn denn vor zehn Jahren dazu bewogen hat, Mitglied der Quäker zu werden. Es ist das erste Mal, dass ich ihm diese Frage stelle. Er berichtet, dass er schon als Grundschüler bei seiner Suche nach guten Büchern in der Stadtbibliothek Münster einmal auf ein Buch über die Quäker gestoßen sei und dass die Lektüre ihn auf Anhieb sehr angesprochen habe. Aber schließlich hätte auch er seinen Umweg über die katholische Kirche gemacht, als er sich als Siebenjähriger auf eigenen Wunsch katholisch taufen ließ. «Doch während meines abschließenden Studienjahres in England», klärt er mich auf, «war neben meinem Wohnheim das Gemeindehaus der Quäker, und das habe ich dann mehrmals aufgesucht und bald beschlossen, Mitglied zu werden.» Mir wird erst jetzt bewusst, dass Stefan genau im selben Alter bei den Quäkern eingetreten ist wie ich in die katholische Kirche.

Was für bemerkenswerte Parallelen unserer Schicksalskurven. Zumal bei uns beiden die Suche nach größeren Zusammenhängen bisher unausgesprochen blieb und wir trotzdem einen Weg gefunden haben. Dies ist die Liebe, die auf einer anderen Ebene trägt, denke ich, und fühle mich eingebettet in ein großes Ganzes, das unsere Geschicke leitet. «Du empfindest deinem Großvater gegenüber sicher große Dankbarkeit», äußert Stefan nach einer Weile, als hätte er meine Gedanken gelesen. «Ich weiß nicht, was ich ohne ihn wäre», antworte ich spontan. «Denn für mich war er offensichtlich ein sehr viel größerer Segen als für seine drei Söhne, möglicherweise auch mehr als für seine Töchter. Aber es sind eigentlich nur er und meine Großmutter Katia, denen ich bis heute dankbar bin.»

Stefan fragt mich nach der Handlung meines Romans «Babylon», dessen Grundbotschaft ich ihm schon vor einiger Zeit angedeutet hatte.

«Er spielt in einer Kleinstadt nahe der deutsch-polnischen Grenze», erläutere ich ihm. «Dort führt ein jüdischer Gastdirigent ein von ihm neu entdecktes Oratorium ‹Babylon› aus der Vivaldi-Zeit auf. Er bleibt länger und gerät, auch durch die unglückliche Liebschaft mit einer jungen, verheirateten Pastorin, unversehens zwischen kaum sichtbare Fronten und in Lebensgefahr. Neonazis bereiten, von einer immer breiteren Bürgerschaft unterstützt, einen Brandanschlag auf ein islamisches

Ausländerheim vor. Das vielfache babylonische Sprachengewirr – religiös, kulturell, politisch und privat – führt trotz aller Bemühungen eines interkulturellen Dialogs zum Einsturz des in den Himmel gebauten idealistischen Turms, und es kommt zum Brandanschlag, bei dem der Musiker sein Leben verliert.»

«Oh, also eine Art nachbiblische Kleinstadtparabel für unseren drohenden Weltenbrand?» – «Ja, aber kurz vor seinem Tod entwirft der besagte Musiker und angehende Religionsphilosoph die Zukunftsvision einer grundlegenden Erneuerung der weltweit zerstrittenen Religionen. Mit seinem Reformmodell kann er zwar das Unglück in der Kleinstadt und sein eigenes nicht mehr aufhalten, aber es birgt vielversprechende Denkansätze.»

«Interessant. Und wie sieht dieses Modell aus?» – «Ausgangspunkt ist die Feststellung, dass alle während des ersten Jahrtausends vor und nach Christus entstandenen Weltreligionen bis heute immer noch weitgehend dem antiken Weltbild des griechischen Astronomen und Mathematikers Claudius Ptolemäus verhaftet sind. Diesem zufolge stehen die Erde und der Mensch im Mittelpunkt des Alls. Deshalb steht auch das eindimensionale Heilsgeschehen zwischen Gott und dem sündigen oder (im Buddhismus ohne Schöpfergott) leidenden, aber immer gottebenbildlich oder erleuchtungsfähig bleibenden Menschen im Zentrum unseres Denkens. In den von Abraham abstammenden Religionen Judentum, Christentum und Islam spielt die göttliche Schöpfung zwar eine wichtige Rolle. Aber sie ist im Vergleich zur Heilsverheißung an den Menschen immer sekundär, erscheint als ganz auf den Menschen und dessen Heil hin angelegt. Das seit Kopernikus gültige Weltbild dagegen, wonach sich umgekehrt die Erde um die Sonne dreht und das Bild vom Menschen als Krönung der Schöpfung nicht mehr überzeugt, scheint in unserem heutigen religiösen Denken kaum einen Platz zu haben.» – «Du meinst ... weil in diesem Weltbild für einen persönlich mit uns Menschen sprechenden Gott wenig Raum bleibt … allenfalls für eine abstrakte Grundkraft, ein umfassendes Ordnungs- und Sinnprinzip oder vielleicht auch das ‹Licht› wie bei uns Quäkern», bestärkt mich Stefan.

«Ich empfinde das auch als überzeugender und authentischer als jeden aus der Antike überkommenen, doktrinär festgefrorenen Gottesglauben», antworte ich. «Dogma und Erfahrung sind ohnehin ein Widerspruch in sich. Nach meiner Meinung ist die schärfste Provokation der Religionen und die beste Möglichkeit, sie aus ihrem oft selbstgerechten Tiefschlaf zu reißen, heute der gottferne Säkularismus. Aber ich denke, ein selbstkritisch fragender und immer doch auf einen inneren Lebenssinn hin orientierter und damit hypothetisch bleibender Atheismus ist zugleich auch die größte Chance für die Religionen. Atheismus sozusagen als Radikalkur gegen die Alterskrankheit der Religionen.»

«Oh, das klingt aber hart.» – «Eine Radikalkur ist immer auf Heilung angelegt und nicht auf Zerstörung», entgegne ich.

«Na gut, aber worin soll diese Radikalkur dann bestehen?» – «Darin, dass die Religionen sich mit einigen Jahrhunderten Verspätung dazu aufraffen, auch die kopernikanische Wende zu vollziehen und ihre einseitig am Menschen orientierte Spiritualität in eine Verantwortung gegenüber der Welt zu erweitern.» – «Eine neue Religion?» – «Nein, eine überfällige Korrektur, eine Anpassung an die wissenschaftlich erwiesene Entstehung unseres Universums … Eigentlich ist es nur eine Akzentverschiebung, ein Umdenken, so wie nach Kopernikus, Kepler und Galilei alle Wissenschaften, ja auch die Kunst, Wirtschaft, Politik, Recht und Staat dies schon längst getan haben. Warum dann nicht auch die Religionen?»

«Aha, darum auch der so erbitterte Kampf der katholischen Kirche gegen Galilei noch im siebzehnten Jahrhundert …» – «Genau. Die rein wissenschaftliche Entdeckung der Erdbewegung um die Sonne durch Kopernikus im fernen Krakau um 1500 und hundert Jahre später von Kepler in Prag war ja von

Rom noch fast unbemerkt geblieben. Erst als Galilei, zeitgleich mit Kepler, aber im papstnahen Mittelitalien, diese Entdeckung durch astronomische Beobachtungen erhärtete und laut über die theologischen Konsequenzen der kopernikanischen Wende nachdachte, wurde es ernst. Galilei verwarf die Bibel als astronomisches Lehrbuch und als naturwissenschaftliche Beurteilungsinstanz und wollte die Schöpfung in sieben Tagen nicht mehr wörtlich, sondern bildlich verstanden wissen. Für ihn blieben das Buch der Natur und das Buch der Offenbarungen jeweils ein Teil der einen, großen göttlichen Wahrheit.»

«Und das sagt einer schon im siebzehnten Jahrhundert? Ungeheuer. Die katholische Kirche hat ihn doch erst fast vierhundert Jahre später offiziell rehabilitiert und das Urteil gegen ihn als Justizirrtum bezeichnet … soweit ich weiß, Papst Johannes Paul II. kurz vor der Jahrtausendwende. Eigentlich ein Skandal.» – «Aber eben bezeichnend. Und der Kampf zwischen Galilei und der Kirche ist noch längst nicht ausgestanden», entgegne ich. «Denn im Grunde ist das kopernikanische Weltbild bis heute der hauptsächliche Stolperstein für die Verabschiedung der Religionen von ihrem einseitig geozentrisch-anthropozentrischen Weltbild zu einem umfassend kosmozentrischen hin. Natürlich wird heute jeder einigermaßen vernünftig denkende religiöse Mensch rein rational das kopernikanische Weltbild nachvollziehen können. Trotzdem sitzt das Bild vom Menschengeschöpf oder gar vom Stuhl Petri als Mittelpunkt des Weltalls noch tief in unserem Inneren. Und es geht uns, um mit Brecht in seinem ‹Leben des Galilei› zu reden, immer noch schwer in den Kopf, dass Gott sein höchstes und geliebtestes Wundergeschöpf auf ein so ‹abseitiges und immerfort weglaufendes Gestirnlein› wie das unsrige angesiedelt und zu allem auch noch seinen eigenen Sohn dorthin geschickt haben soll.» Stefan muss laut lachen. «Aber was bedeutet diese Erkenntnis jetzt für die Praxis? Ich meine, was hat denn da dein Roman-Protagonist zu spät vorgeschlagen, was die Akteure in deiner Kleinstadtparabel hätten anders machen sollen, um den Großbrand zu verhindern?», fragt er provozierend.

Ich nenne ihm die in meinem Roman ebenfalls diskutierten, von Hans Küng formulierten und 1993 vom Parlament der Weltreligionen in Chicago verabschiedeten Grundprinzipien des Weltethos. Obwohl diese Weisungen und Regeln als der Minimalkonsens zwischen allen Religionen gelten, weisen sie zugleich auch über die klassischen Religionen hinaus. Zumindest implizit sind sie mitgeprägt von den nachkopernikanisch-aufklärerischen Prinzipien der Neuzeit, unter anderem von den Inhalten der Proklamationen der Französischen Revolution und der «Allgemeinen Erklärung der Menschenrechte» durch die Vereinten Nationen von 1948. «Und wo sie es nicht sind, bedürfen sie einer deutlichen Übersetzung in unsere Gegenwart. Am augenscheinlichsten ist dies bei der vierten Regel, Partnerschaftlichkeit und Gleichberechtigung von Mann und Frau. Die abwertende Haltung der meisten Religionen gegenüber der Frau steht im krassen Widerspruch dazu. Und wenn man sich die Stellung der Frau heute in weiten Teilen der Welt vor Augen führt, ist diese vierte Weisung streng genommen eine Vision oder sogar eine Utopie.»

«Heißt das, dass dieses Weltethos-Konzept teilweise schon die kopernikanische Wende vollzogen hat?», fragt Stefan. «Zu einem wesentlichen Teil würde ich sagen ‹ja›. Allerdings bin ich mit der bisherigen Formulierung der ‹Goldenen Regel› noch nicht ganz glücklich. Mitmenschlichkeit als oberstes Prinzip erscheint mir immer noch zu vorkopernikanisch und anthropozentrisch. Mir wäre es lieber, wenn diese Mitmenschlichkeit auf die Ehrfurcht vor dem Leben insgesamt erweitert würde, die in der bisherigen Proklamation des Weltethos nur als eine der vier unverrückbaren Weisungen genannt wird. ‹Leben› ist schließlich weit mehr als nur menschliches Leben. Das Leben kann auch ohne den Menschen weitergehen, falls dieser sich selbst zerstören sollte. Und es kann sich auch genau so gut über den Menschen hinaus entwickeln.»

«Wenn ein religions- und geschichtsübergreifendes Weltethos so global umfassend ist, muss man das dann nicht ausdifferenzieren, je nach kultureller und beruflicher Zugehörigkeit der Menschen?», bohrt Stefan weiter. «Sicher, aber man darf das niemandem kasuistisch vorkauen. Die Menschen müssen diese Differenzierung selber vornehmen. Ein Musiker und Schriftsteller wird bei seiner Verwirklichung der Ehrfurcht vor dem Leben sicher andere Akzente setzen als etwa ein sich am Quäkertum orientierender und für den Umweltschutz kämpfender Agrar- und Wirtschaftswissenschaftler wie du.» – «Ja, sicher. Gerade bei der Musik kann ich mir das auch besonders gut vorstellen, wenn ich etwa an uns beide vorhin bei dir zu Hause denke», meint Stefan. «Natürlich als Erstes bei der klassischen Musik – sie ist doch ein geradezu ideales Medium für Verständigung und Frieden, wie man bei großen Künstlern wie Barenboim, Solti, Yo-Yo Ma und Rostropowitsch sieht. Barenboim hat einmal im Zusammenhang mit seinem aus jungen Israelis und Arabern zusammengesetzten ‹West Eastern Divan Orchestra› gesagt, dass gemeinsames Musizieren die Vorstellungskraft für Verständigung und Toleranz enorm erhöhen kann. Aber viele Vorstöße in dieselbe Richtung gibt es ja auch seitens der gehobenen Pop-Rock-Kultur.»

«Du meinst so etwas wie die Live-Aid-Benefizkonzerte von Bob Geldof gegen Hunger und Armut in Afrika?», frage ich. «Ja, aber auch andere Songwriter wie Sting, Bono oder Herbert Grönemeyer. Mich beeindruckt ungeheuer ihre Musik mit ihrem stark poetischen und spirituellen Anklang, und ich finde es toll, wie sie jede Gewalt und Ungerechtigkeit verurteilen und in ihren Liedern immer wieder ihren Einsatz für die Erhaltung unserer Erde, für unsere Kinder, für die Natur und für den Frieden anklingen lassen. Sie erobern damit nicht nur weltweit die Herzen ihrer Fans, sondern sie haben sich zum Teil sogar einen direkten Draht zu führenden Politikern auf der ganzen Welt verschafft. Ich erinnere mich, wie der aus Irland stammende Bono einmal in einer Fernsehsendung sagte, die Musik habe in ihm den Sinn für Gerechtigkeit geweckt.»

«Ja, da bin ich absolut deiner Meinung. Wir dürfen nicht vergessen, dass der ganze Jazz seinen Ursprung in den Spirituals der in Amerika versklavten Schwarzafrikaner hat», wende ich ein. «Und in der Literatur ist es doch auch nicht viel anders», meint Stefan. «Ja, da denke ich an Kafka, Rilke, Tucholsky, Hesse und auch an deinen Urgroßvater. Mit ihrem Ringen um eine ethisch-religiös klare Position und mit ihren aus Selbstzweifeln geborenen, oft widersprüchlichen Bekenntnissen haben sie meiner Meinung nach etwas von der heiligen Unberechenbarkeit des Redens über Gott zurückgewonnen, die vielen Priestern und Theologen abhandengekommen ist.»

«Also traust du den klassischen Religionen am wenigsten zu, einen sinnvollen Beitrag zu einer religionsübergreifenden Ehrfurcht vor dem Leben zu leisten?», lässt Stefan nicht locker. «Das hängt ganz von den Religionen selbst ab», entgegne ich. «Historisch bleiben sie die entscheidende Quelle für eine innere Sinnfindung und für ethisches Handeln. Aber dass sie heute, trotz der vielen von ihnen ausgehenden humanitären Hilfen, in wesentlichen Lebensbereichen versagen, weil sie zu realitätsfern und dogmatisch-autoritär auftreten und untereinander heillos zerstritten sind, das sehe ich äußerst kritisch. Zugleich denke ich, dass die mehr ‹weltlichen› Disziplinen wie Kunst und Wissenschaft von den Religionen genauso viel lernen sollten wie die Religionen von diesen. Das Wort ‹Kultur› kommt doch schließlich von ‹Kult›. Aber umgekehrt wird eine Religion keine wirkliche Lebenshilfe bieten können, solange sie die Grundmetapher Leben und deren Wirklichkeit nicht genau so in ihre Glaubenserfahrung einbezieht wie die beiden klassischen religiösen Grundworte Licht und Liebe. Uns alle treiben doch letztendlich dieselben Sinnfragen um: Wer sind wir? Wo kommen wir her? Warum sind wir? Wo gehen wir hin?»

«Und du? Wo siehst du deinen Platz auf dem ganzen Weltethos-Feld – als Theologe, als Psychologe oder als Schriftsteller?», fordert Stefan mich jetzt heraus, so als hätte er sich diese Frage für den Schluss aufgespart. «Ich möchte mich nicht gern ausschließlich auf eines dieser Gebiete festlegen lassen. Aber mein Wunsch und mein Ziel ist es, bei jeder möglichen Gelegenheit engagierte und verantwortungsbewusste Menschen aus den Bereichen Religion und Ethik, Kunst, Naturwissenschaft und Naturschutz an einen Tisch zu bringen und sie dazu zu ermutigen, einen allen gemeinsamen Nenner zu finden.»

«Und davon wird dann dein nächster Roman handeln?» – «Ich weiß nicht. Vielleicht sollte ich mich auch mal der Abfassung eines Sachbuchs zusammen mit meinen Tübinger Freunden zum Thema ‹Weltethos› stellen. Ich würde mich gern mit diesem wichtigen Thema in der Realität bewegen und nicht nur mehr im Verspielt-Fiktiven. Denn das kann leicht zu einer Flucht ins Unverbindliche werden, in ein nicht immer ganz redliches Versteckspiel zwischen Wahrheit und Traum, Fakten und Erfindung. Aber ich arbeite auch schon an ganz neuen Formen der Vermittlung. Die Zeiten ändern sich. Die Generationen ändern sich. Wir werden sehen.»

Namenregister

Bildnachweis

Literaturarchiv der Monacensia, München: Tafeln 3 unten, 6 oben, 18
Sammlung Uwe Naumann: Tafel 10 unten
Keystone/Thomas-Mann-Archiv der Eidgenössischen Technischen Hochschule, Zürich: Tafel 11
Peter K. Wehrli, Zürich: Tafeln 13, 20 oben
M. Ende, FOCUS-Magazin: Tafel 21
Gesa Neisen, Kreuzlingen (CH): Tafel 24 unten
Alle übrigen Abbildungen stammen aus dem Privatarchiv des Autors.